Harriet Caloidy □ Valse triste I

Harriet Caloidy

Valse triste

im Regenwald

Aus den Tagebüchern
der Lebensmitte

Erster Band

Bibliografische Information
der Deutschen Bibliothek

Die Deutsche Bibliothek verzeichnet diese Publikation in der Deutschen Nationalbibliografie; detaillierte bibliografische Daten sind im Internet über http://dnb.ddb.de abrufbar.

© 2011 Alle Rechte liegen bei der Autorin
Herstellung und Verlag: Books on Demand GmbH, Norderstedt
ISBN 978-3-8391-9618-2
Umschlag Titelbild und Innenbilder nach Vorlagen der Autorin

Vorspiel - Nachspiel

Eine Hütte für die Muse
in den Bergen von
Lah

Verfeinerung, Abstieg, *Aufstieg*
Die kleinen Szenen in Nza'ag,
Wo die Fremde, die Frau, die fraternal
Der *midlife crisis* oblag.

Getanzt *auf Halbhöhen-Lichtung*
Im Regenwald Afrikas
Valse triste, der Träume *Gruft*.

Valse triste – *o Muse verweile!*
Aus Tagebuch-Rohlingen feile
Die Form. *Die kleinen Szenen*
Den großen Monolog.

(Nach G. Benn, *Valse triste*)

Landschaft mit Graie
Am Dreiweg

Da hinab, dort entlang oder geradeaus? Es ist schon spät. Über grauem Haupte verdämmert malvenfarben ein Oktoberabend. Der Stein, darauf es sich geruhsam sitzt, ist noch warm vom Tag und der verhüllten Glut der Äquatorsonne. Die Horizonte sind weit, pastellen und sanft gewellt. Den staubigen Fußpfad, der unter leichter Sandale hinweglief, säumt das Elefantengras der Savanne. Nicht allzu weit da hinten, in grünviolett bewaldeten Bergen, steht eine Lehmhütte. Nach vorn, das ist da, wo die Sonne sinkt, führen drei Wege. Der zur Linken fällt steil ab in ein enges und steiniges Tal. Dorngestrüpp wuchert; es blüht keine Blume. Der zur Rechten führt gleichfalls bergab, jedoch gemächlicher und in eine weite Flußlandschaft. Zwischen Kartoffeläckern und Kuhwiesen würde er in einer Sandgrube unter Robiniengebüsch enden. Geradeaus ginge es durch ausgedehnten Blätterwald (Buchen) auf ein fernes Bauwerk zu, dessen Umrisse zerfließen – ein unvollendeter Palast? Eine verfallene Basilika?

Wohin?

Das Tal zur Linken: wie freudlos. Zwischen Dorn und Fels gleitet ein schmaler Schatten hin. Wie verloren klingt das dünne Zirpen einer Gitarre herauf, das Lied (‚Hab geliebt dich ohne Ende…') wie leidvoll. Als hingen bunte Seidenbänder tropfnaß herab. Daß der einsame Schatten da unten Grandelschmuck trägt und einen weißen Spenzer, bestickt mit kleinen Blüten; daß der Blick trostlos durch eine trostlose Landschaft schweift, läßt sich von fern nur erahnen. – Das Schicksal der Mutter, aufgezeichnet nach den Erinnerungen einer glücklos durchs Leben Gestoßenen, harrt der Abrundung durch Erinnerungen der Tochter. Ach, es ist alles zu nahe. Selbst nach zehn Jahren noch überschattet der Hinabgestiegenen Schatten das eigene abwärtsgleitende Dasein. Die Gedanken wenden sich nach der anderen Seite.

Der Weg zur Sandgrube, wenngleich nicht unbehindert durch Mutterschicksal, geht weniger steinig hinab ins Vergangene. Er führt, gesäumt von Kamille, Wermut und Familiensage (eine Handvoll Kleinigkeiten aus dem Leben kleiner Leute), nicht sehr weit zurück, nur bis zu den Urgroßmüttern. Unvollendet ist eine *Kleine Nekyia*, ergänzt durch lange Nachdenklichkeiten der Urenkelin im Hinblick auf ein Erbe, das durch Krieg und Nachkriegszeiten zu unerwarteter Entfaltung kam. Da entlang? Noch nicht. Noch mutet es zu mühsam an, auf Zettel verstreute Erinnerungen der Mutterschwester dem brüchigen Gewebe bereits vorhandener Aufzeichnungen einzuarbeiten und sich abzufinden mit der Weigerung einer älteren Kusine väterlicherseits, über die gemeinsame Urgroßmutter etwas mitzuteilen. Noch belasten Spannungen und Entfremdung in engstem Familienkreise. Blutsbande als schicksalhafte Fügung: aus den Fugen geratend bisweilen schuld- und schmerzhaft.

So bliebe denn der Weg geradeaus. Ein breiter ebener Weg, eine Allee durch Blätterwald auf ein geisterhaftes Monument zu. Es ist – es soll ein *Kenotaph* sein. Ein Werk autobiographischer Ambition. Tausend Blätter rauschen, oder, soll das Bild sich dem Bauwerk anbequemen: doppelt so viele flache Ziegelsteine stapeln sich. Ein halbes Tausend fehlt noch. Es fehlte bislang an Lust und Laune, ein langes Kapitel Bildungsroman zu Ende zu schreiben und das elliptische Dasein zwischen Europa und Afrika nachzuzeichnen. Anderes schien wichtiger. Sind zudem die Afrikajahre nicht bereits in fünf Büchern verfaßt? Das *Kenotaph* läßt sich aufschieben. Es ließe sich notfalls, statt einer Vollendung entgegenzusehen, als Steinbruch benutzen. Sollte die Lebenszeit nicht hinreichen, wäre das ambitiöse Bauwerk auch als Kunstruine ein sinnvolles Stück Selbstbesinnung.

Die Sonne ist untergegangen. Ein voller Mond geht auf. Die Graie erhebt sich. Wie greis, wie blind, wie taub, wie lahm? Sie mag auf Mitte Siebzig zugehen. Sie erhebt sich und geht den Weg, den sie kam, zurück.

Der Dreiweg ist ein Vierweg.

Spur im Mondlicht

Durch den hohen Korridor des Elefantengrases, durch das Gitterwerk der Licht- und Schattenspiele unter dem steigenden Mond führt eine *Spur im Staub* zurück in die Berge. Es windet der Pfad sich um Kuppen, er läuft geruhsam über Rücken, tastet an Abhängen entlang hinauf, hinab und wieder hinauf. Wie mühsam ging es hier einst voran in guten Wanderschuhen, weißbaumwollen behütet, eng umhüllt vom strenge durchgeknöpften Staubbraun eines Kasacks über weiten Beinkleidern – mühsam trotz Haselnußhaar, verziert mit erstem Spinnwebsilber. Nun erst, gänzlich ergraut und in leichten Sandalen, fühlt sich alles mühelos an. Ist es noch ein Steigen? Ist es nicht eher ein Schweben? Wie merkwürdig leicht schwingt um die Knöchel ein aschvioletter Rock aus schwerem Gabardine...

Beschwingter als hinab ins bedrückend Glücklose des Mutterschicksals oder in Überlieferungstrümmer aus Urmüttertagen; verlockender als hindurch zur Vollendung eines Memoiren-Kenotaphs geht es zurück in die Berge von Lah. Zurück geht es in eine Vergangenheit, darin sich ein krisenhafter Übergang auf dem Hochplateau des Lebens, verknüpft mit vorweggenommenem Abschied von Afrika, einst therapeutisch festschrieb ins Vorläufige der Tagebücher, Rohstoff anhäufend mit einem Seitenblick auf die Muse und später. Denn was sich damals, im Regenwald, durch die Jahre schob, war nur ihr Phantom.

Nun aber – ist sie selbst etwa schon um den Weg? Läßt sich ihre Spur im Mondlicht aus den Gedanken lesen, die im Aufwärtsschweben sich zu ersten Sätzen und Absätzen formen, die sich später so oder ähnlich in einem Buche wiederfinden könnten? Die Spur der Muse, unterwegs aufgelesen, aufgehoben, in einer Hütte über eine Schreibmaschine dem Papier eingeprägt:

Eine Graie weiß es. Alles endet mit –lein. Alles bleibt bescheiden und klein, bis hin zum Allein-Sein mit den Kleinigkeiten. Wünsche, Süchte und Sehnen, selbst die Schlange im Gras, ein Stern am Abendhimmel, ein blaßblütiges Hungerkraut im Garten – es war nur ein Kräutlein, ein Sternlein, ein Schlänglein: Diminutive.

Eine Graie weiß, daß es ein unscheinbares Kräutlein war, ein Unkräutlein zwischen nahrhaften Knollen, Kohl und Radieschen in einem wohlumhegten Garten. Ein Blümlein blau, aufsprießend zu einer gewissen Übergangszeit fast wie erwartet; etwas, das vor sich hin blüht, unschuldig guckt und sich gleichwohl in den Schatten des legitimen Gemüses duckt, als wüßte es, daß ihm zwischen Radieschen und Rettichen eigentlich kein Raum zusteht. Was bleibt dem Kräutlein übrig, als bescheiden und von einer gewissen Tristesse behaucht im Uneigentlichen zu blühen?

Eine Graie erinnert sich. Das Kräutlein ließ sich pflücken, trocknen und aufbrühen für Tränklein, deren wohldosierter Genuß maßvoll halluzinierende Tagträume hervorrief. Tanzträume vor allem – sieh doch, wie der mäandernde Silbersaum einer stahlblauen Prinzeßrobe über rissigen Zement unter offenem Gebälk hinschwingt! Tanzen! Wenn nicht mit Zwanzig, dann mit Vierzig. Auch sokratische Anwandlungen ließen sich induzieren, durchfunkelt von Geist und Witz, prickelnd wie Sekt in den Kapillaren eines hochzüchtig gebildeten Selbstgefühls. Die Muse freilich zeigte sich in fragwürdiger Gestalt. Verglichen mit der überfeinert komödiantischen von Bethabara, war es eher eine Vorspiegelung, ein Phantom, schleppfüßig; aber mit Harmattan im Haar, im Blick das Dunkel kühler Raffiagründe und ein Lächeln wie rieselnder Schnee – vier Grad über dem Äquator!

Was da auftaucht und wiederkehrt im Dahinschweben unter dem steigenden Mond, es sind die Jahre im Regenwald. Es ist auf einmal alles wieder da, *musazeengrün auf melanidem Grunde, taciturn, quadratisch, epiphan*. Alles und auch der Grund, warum einstmals und noch voller Lebenslust die romantisch von Mittsommer-Glühwürmchen durchflimmerte Neugier einer Fremden mit locker aufgebundenem Rosmarinhaar aus dem Waldland in die Berge von Lah gestiegen kam, durch die Gegend streunte und träumte und Luftwurzeln trieb. Das ist die Sage von der Suche nach der Graslandmuse, ‚mit wehendem Eukalyptushaar und Sternfunkeln im dunklen Unschuldsblick'. Es warfen sich in den Weg Säcke voller Reis, geräucherte Kaulquappen, schwarz-weiß gestreifte Wildkatzenfelle, rostrote Erdmassen, von Raupenbaggern bewegt, Lehmziegel, Zement und Wellblech und eine Braut. Ja, es ist auf einmal alles wieder da. Es zieht als lange Erinnerungsschleppe zusammen mit dem Mondenschatten dem Berganschweben nach.

Eine Eremitage für die Muse

Die Graie vom Dreiweg, einer dreißig Jahre zurückliegenden Spur, der eigenen des ersten Aufstiegs, durch Elefantengras und Palmenhaine, Reisfelder und Bergwald folgend, soll inzwischen die Hütte erreicht haben.

Sie krönt einen niederen Hügel. Es ist kein verräucherter Würfel aus Lehm, ohne Fenster und mit Stroh gedeckt, wie einst die Hütten drüben im Dorf. Es ist eher ein Häuschen, winzighübsch, aus luftgetrockneten Ziegeln, innen zwei Kämmerlein, außen marzipanfarben verputzt und mit Wellblech gedeckt. Es steht, beschützt von Schattenbäumen, abseits über einem weit anspruchsvolleren Großfamilienhaus. Eine Hütte ist das Gehäuse, weil es, wie eine gewisse antike Hütte in den ‚Wolken', gedacht ist zu Denken und Dichten. Ja, vor allem zum Dichten, wie länglich zu bedenken sein wird. Eine Hütte als Eremitage für die Muse. Inzwischen soll die Zurückgekehrte in süßen Schlummer sinken: unter einem aufgespannten, schräggestellten großen Regenschirm, der mit einem Überwurf aus engmaschigem Gardinennylon aus europäischen Nachkriegszeiten ein hinreichend sicheres Moskitonetz herstellt. Sie schlafe, die Graie. Sie mag auch träumen, während der Mond über das Dach abwärts wandert und durch die weiß getünchten Wände Fragen treten, die sich im Halbkreis um das breite Bett aufstellen. Fragen, die auf flachen Händen zugleich vorläufige Antworten wie Erdnüßlein zum Knabbern darbieten.

Wie ist eine Weiße, eine Frau und einstige *fraternal* zu einer Bleibe im Abseits der gebirgigen westafrikanischen Savanne gekommen? Nun, in Kürze und von außen betrachtet war die Sache etwa so gelaufen. Solch ein Häuschen war einst vor langen Jahren gedacht gewesen als Ort der Muße, an welchem *die Muse* eine Stätte des Verweilens wenigstens vorübergehend hätte finden sollen. Die Muse selbst, wer sonst, hatte den Wunsch eingehaucht. Selig verschollen zu hausen in einer Eremitage, schreibend den Erinnerungen und Tagträumen einer nicht nur Europas Überdrüssigen, vielmehr nach acht Jahren auch des tropischen Regenwalds Müden hingegeben: lange Jahre hindurch war es eine Vorstellung mit der Wirkung einer Euphorien auslösenden Droge gewesen. Gar manches hätte da schreibend den Weg ins Wort finden sollen: auch Alptraumhaftes. Erinnerungen an das Davongekommensein aus politischen Katastrophen, an Sinnkrisen, Versagungen und Versagen, an Schuld und Schicksalhaftes. Der Weg in die Mutterschlucht zur Linken, in die Sandgrube zur Rechten, und auch geradeaus auf ein papierenes Kenotaph zu hätte hier unter dem Ziegenfell der Muse zu Papier kommen sollen...

Als die Hütte, das Häuschen endlich gebaut war und dastand, war es zu spät. Ein letzter Besuch, drei Tage und vier Nächte, graues Haar und traurige Weisheit weihten den zu Lehm und Wellblech erstarrten Eremitentraum dahingegangener Jahre ein. Der siebente Aufstieg ins Abseits: ein Abgesang. In sphärisch gebogener Vogelfluglinie stehen sich seitdem zwei Kenotaphe, ein vollendetes aus Lehm, ein unvollendetes aus Papier, gegenüber. Die Entfernung zwischen beiden beträgt runde zehn Jahre und viertausend Kilometer.

Eine Eremitage und Zuflucht für die Muse soll das Häuschen in den Bergen von Lah dennoch und gerade deswegen sein. Mag es nördlich von Sahara, Mittelmeer und Alpen; mag es in zubetonierter Landschaft, durchrast von Autobahnen und Schnellzügen, mit einem flugzeugdurchfurchten Himmel darüber und einer Luft, die sich mühsam atmet; mag es in einer Kleinstadt unter schrägem Dach für eine Graie, die hier Heimatrechte bis hin zu einem Grabe hat, eine bequeme Möglichkeit geben, Gedachtes elektronisch zu Papier zu bringen: vor dem Bildschirm schrumpfen kontinentale Entfernungen ins Unwesentliche. Das Wesentliche findet in einer der Muse geweihten Hütte statt. In Gedanken und im Mondenschein von einem Dreiweg der Möglichkeiten zurückgewandert ins Abseits und eingekehrt in ein real existierendes Häuschen, soll eine redlich Ermüdete erst einmal durchschlafen. Die Fragen im Halbkreis lassen die flach ausgebreiteten Hände sinken. Der Schlaf der Schlafenden sei tief und gut und erleuchtet von Träumen.

Graie im Büchergehäuse
Ein Traum. Tee und Titelschau

In frühester Morgendämmerung, wenn ‚die Nacht zerbricht wie Soda, schwarz und blau', steigt es auf hinter geschlossenen Lidern. Es taucht aus nächtlichem Ozean und erhellt das Erwachen wie durchsonnter Wolkendunst: ein Raum so hoch und so hell, wie es die Räumlichkeiten eines alten Fachwerkhauses im Regenwald nie waren. Nicht einmal dann, wenn das wasserkühle Licht der Übergangszeit den Campus überflutete und bis zur Veranda emporstieg.

Es mag, während flüchtiger Morgentoilette (eine Emailleschüssel mit zwei Handvoll kaltem Wasser vom Bach) zum Nachdenken anregen. Warum war die längst verlassene Behausung im Traum so groß, so leer und von Glanz erfüllt wie ein Spiegelsaal in europäischen Rokokoschlössern? Die Fenster standen weit auf, pastellene Blümchenvorhänge wehten; sonst war da nichts, kein Bett, kein Tisch, kein Schrank, und hindurch ging ein Wind, ein wohlig warmer, fast wie Harmattan, und ein heller Schatten schwebte her und hin, bald in langen Schleppgewändern, sepia, umbra, mauve, bald in stahlblauer Prinzeßrobe mit Silbermäandern längs schwingender Säume; glitt dahin mit geschlossenen Füßen, erhobenen Hauptes, die Augen voller Traum, am Wimpernrand ein Tropfen *tristesse*...

Der Morgen in den Bergen von Lah – es sei ein saphirblauer Oktobermorgen; das bewaldete Bergland ringsumher eine Symphonie aus Smaragd-, Malachit- und Amethysttönen; die Atmosphäre klar wie Kristall, und überhaupt mag alles ringsum anmuten wie einem Fantasieroman entstiegen. Durch die weit geöffnete Tür fließt Morgenluft, frisch wie aus kühlem Raffiagrund. Von dem Bächlein, das da unten murmelt, kommt das Wasser; abgekocht auf einem Petroleumöfchen ermöglicht es eine große Tasse heißen Schwarztees und eine Schale mit aufgebrühten Haferflocken zum Frühstück. Nach einem Rundgang um den Hügel sollen sich, in Erwartung der Muse, die Gedanken ordnen.

Sie schweifen als erstes entlang an einem soliden Brettergerüst, das die fensterlose Schmalwand der Schlaf- und Arbeitskammer bis unter die Sperrholzdecke hinauf einnimmt und neben allerlei Utensilienfächern zwei Regalreihen Bücher enthält. Eine Hütte für die Muse: wäre sie denkbar ohne die Präsenz papierener Hervorbringungen des Geistes?

Mit Genugtuung mögen Blick und Gedanken zunächst entlangschweifen an allem, was bisher an Erdichtetem und Erinnertem einer gebildeten Sprache anvertraut wurde und in Buchform bis ins Abseits der Berge von Lah gelangt ist – für wen? Für Kakerlaken, Regenzeitschimmel und Trockenzeitstaub? Vermutlich. Sicher sogar. Aber auch Die Deutsche Bibliothek verzeichnet eine Anzahl der aufgereihten Bände. Wäre damit nicht schon das Lebensziel erreicht, auch ohne geneigte Leser?

Die Muse, deren Phantom einst von hier oben in den Regenwald hinabwehte und herauf ins Grasland winkte, hat sich über dreißig Jahre hin gewiß auch launenhaft gezeigt; sie ist indes, angesichts bescheidener Ansprüche (wer sollte hier zu Selbstüberschätzung neigen) leidlich treu geblieben. In früheren Jahren war sie hilfreich darum bemüht, aus Tagträumen Texte zu komponieren, die eigenen Ansprüchen genügten. Da steht der *Tagtraum Afrika* mit einem ‚Grillenlied' als Idyll, einer ‚Spur im Staub' als Reisemonolog, ‚Noch einmal vorm Vergängnis...' als Kurzroman und einer ‚Eukalyptusschaukel' aus Episoden und Zwischenspielen. Daneben steht *Der Korb*. Die schöngeflochtene Wölbung aus Raffiabast umfaßt Archivalien: Trauriges und Traumatisches aus dem Reich Persephones und engster Familienbande neben frühe konzipierten, immer wieder umgeschriebenen und spät ausgefeilten Tagtraum-Miniaturen: ‚Trokkenzeitfieber'. Glückhaft Erinnertes aus dem einen Jahr unter dem Harmattan, jenseits der acht Jahre im Regenwald, hat sich nachempfindend stilisiert zu dem Episodenkränzlein der ‚Sieben Gesichte am Bitu-Berg'. Nicht acht Gesichter, kein See und auch kein Abendschnee – nur ferne Anklänge an ein vergangenes Vorbild...

Späterhin zog die Muse sich auf das Rohmaterial der Tagebücher zurück, um abgelebtes Leben in neu durchformter Gestalt wiederaufleben zu lassen. Beherzt griff sie auf Uraltes zurück, auf erste Versuche aus ersten Ehejahren, auf das Erlebnis Sils-Maria, kurz nach dem Abitur, den Faden weiterspinnend durch frühes Liebesleid und krisenhafte Umwege, die eines Tages nach Afrika führten über die Stolperschwelle Bethabara hinweg. *Die Veranda* und *Die Komödie unsrer Seele* bedurften langer Jahre und großer Mühe, um eigenen Ansprüchen zu genügen. Sie stehen da nebeneinander, entstanden zu Beginn eines neuen Jahrtausends, Abgelebtes mitschleifend ins Ungewisse. Weniger Zeit und Sorgfalt beanspruchte das Aneinanderreihen der Allein-Reisen in Afrika. *Mbe-Mbong oder das ferne Leuchten* zeichnet die Spur der Illusion nach, die dahin führte, wo nun ein Buch darüber, pseudonym wie die meisten anderen, im Regal steht. Es stehen da ihrer noch drei, die unter eigenem Namen gelesen werden dürfen. Afrika-Rundbriefe – wer schreibt sie nicht oder noch? Das Dasein im Regenwald, Idyll, Verfall und wie es sich so dahinlebt, zeichnen vierhundert Seiten nach. Schließlich noch einmal Reisen: in die alte Heimat im Osten, nach Griechenland auf der Suche nach Hellas, und die letzte Reise in die Berge von Lah als Abgesang. Was noch zu schreiben bleibt, *Gitarre und Grandeln,* eine *Kleine Nekya* und die Vollendung eines *Kenotaph:* es lag an der abendlichen Gabelung der Wege vor Augen.

Zur Umkehr hat anderes an Unvollendetem bewogen.

Angesichts von Titeln mit belletristischem Anspruch (zwei Titel Wissenschaft, einen Titel Essayistik geflissentlich übersehend); vor Büchern beträchtlichen Umfangs ohne Verlag und geneigte Leser, gedruckt und gebunden auf die fragwürdigste aller Weisen, aus eigenen Mitteln nämlich; Titeln, die Seite an Seite stehen mit einer alten Ausgabe des Großen Dudens, zwei Anthologien Lyrik, drei Bänden ‚Deutsche Erzähler', einer zweisprachigen Auswahl griechischer Tragödien nebst Platon und Shakespeare und einigem mehr an europäischen Bildungsgütern – soll die causa finalis der Umkehr bedacht werden.

Ein bleigrauer Aktenordner

‚Es ist auf einmal alles wieder da' – wirklich? Auf dem Weg zurück lief es als Spur durch den steigenden Mond und ließ sich mühelos auflesen: Kräutlein, Schlänglein, Sternlein; ein ‚Lächeln wie rieselnder Schnee' schwebte voran. Hier in der Hütte aber steht neben allem, was bereits Daseinsrecht in der Deutschen Bibliothek erworben hat, bedrängend Ungefüges, schimmelfleckig und bleigrau: ein Aktenordner.

Er beschwert sowohl das Bücherregal als auch das Gemüt. Stählerne Spangen umklammern dicke Stöße dünnen Durchschlagpapiers, darauf schon bald nach der Rückkehr von zehn Jahren Afrika, vor knapp dreißig Jahren also, mit Schreibmaschine abgeschrieben wurde, was als Graphitspur von Tagebuch zu Tagebuch das gelebte Leben verdoppelte, monologisch und in bisweilen unleserlicher Handschrift: das Bemühen, ‚mit Anstand über die Runden zu kommen', drunten einst im Regenwald und im Gestrüpp einer Übergangskrise.

Ein grauer Ordner voller Regenwald drückt aufs Gemüt. So sehr, daß der immer noch und weiterhin saphirblaue Vormittag sich drinnen im Gehäuse und vor dem inneren Auge ins Bleigraue verdunkelt. Zwar hat der Druck der Materialmasse sich vor Jahrsfrist um vierhundert Seiten ‚Erinnerungen' vermindert; der Rest indes wiegt ein unwägbares Mehrfaches. Nach vorsichtiger Schätzung achthundert Seiten. *Zwar* also wurde die Masse bereits und beträchtlich verringert durch sorgfältige Auswahl an Erzähl- und Beschreibbarem: Idyll und Verfall auf einer Lichtung im Regenwald; Beruf als Berufung; größere Reisen und kleinere Ausflüge; die Langeweile der Sonntage und das Warten auf irgend etwas: dergleichen ward zu Papier gebracht. Einer klumpfüßig umherhumpelnden Muse wurde Erwähnung getan, vorsichtig allegorisierend im Hinblick auf ein Dorf in fernen Graslandbergen. Was es sonst noch mit der Muse auf sich hatte; welch reizvoll wehmütigen Doppelfarbklang sie oder ihr Phantom über ein dürftiges Dasein hauchte – es wurde sorgsam verwischt und übermalt.

Damit ist es *zwar* gelungen, sich selber Klarheit darüber zu verschaffen, im übrigen freilich nur anzudeuten, wie es kam, daß vor dreißig Jahren, als es im Regenwald sowohl als auch in einem fromm-vernünftigen Ehegehäuse ungemütlich wurde, das Erscheinen jener ‚Klumpfüßigen' (oder ihres Phantoms) einer ratlos vor sich hin kriselnden Daseinsverfassung Hoffnungen zuspielte und einen Ausweg öffnete. *Aber*: es bleibt der Rest. Aufs Gemüt drückt, was übriggeblieben ist: eine erkleckliche Menge Seelengewölle, einst unverdaut ins Tagebuch gewürgt, später gar maschinenschriftlich und überwiegend wörtlich dem grauen Ordner überantwortet. Läßt sich aus solch formloser Masse noch ‚etwas machen'? Zum einen: Was war es denn? Zum anderen: Ist es der Mühe wert?

Ist wirklich ‚alles wieder da'? Wo ist es denn? War es vielleicht nur eine Mondscheinhalluzination? Ein glücklich Fündlein, aufgelesen am Wegesrand; der Schabernack einer Muse, die da kommt und geht, wie es ihr beliebt und Tagebüchern, zumal dann, wenn sie therapeutisch abgezweckt erscheinen, nicht besonders hold ist? Die Form ist das Problem: die Formlosigkeit eines Tagesbuchs und die Frage nach der Wahrheit, wenn die Muse sich einmischt und ändert zum Schöneren hin.

Ein Schritt zurück in den Regenwald

Die Form zum einen wäre vorweg und ehe die Muse bemüht werden kann, zu bedenken. Zum anderen muß die literarische Rückkehr in den Regenwald, die der graue Ordner erfordert, einleitend schriftlich bewältigt werden; der Rahmen, die Aussenwelt, die im Tagebuch kaum vorkommt. Es fand das, worum es ging und gehen soll, ja nicht im Lande Utopia statt.

Ein Seufzen – warum? Wie oft ist die Bühne schon aufgebaut worden! Noch einmal also die Versatzstücke der grauen Bretter und grünen Palmwedel, koloniales Fachwerk und einheimisch fortschrittliches Wellblech; noch einmal die Kulissen bemalen mit verstaubtem Bougainvilleapurpur und dem Porzellanrosa helvetischer Rosen vor den morschen Latten einer Küchenveranda, das Ganze umsponnen von einer Atmosphäre aus frühmorgendlichem Hähnekrähen im Thujabaum, mittäglich drückender Hitze und abendlichen Mondaufgängen! Aus tagelang rauschendem Regen, grollendem Donner vom Berg herab, Malariamücklein, Webervögeln, streunenden Ziegen und dem Zwinkern des Abendsterns.

Das alles noch einmal; denn was das Tagebuch an Außenwelt widerspiegelt, ist so bruchstückhaft wenig, daß es sich zu keinem vorstellbaren Bilde zusammensetzen ließe. Noch einmal rahmenhaft vergegenwärtigt, soll eine Beschreibung der Lichtung im Regenwald sich diesmal mit wenigen Tupfern Lokalkolorit bescheiden. Es läßt sich erledigen am besten gleich und sofort. Die alte Schreibmaschine, versehen mit einem neuen Farbband, soll es in einem ersten Entwurf skizzieren.

Der Name des Dorfes sei Nza'ag. Ein Dorf im Regenwald Westafrikas und der siebziger Jahre eines vergangenen Jahrhunderts. Der umgrenzte Raum, dem Gastdasein in fremdem Lande zugewiesen, ist ein parkähnliches Gelände, weit und offen im Gegensatz zu den eng gereihten Bretterhütten eines langen Straßendorfes auf halber Höhe eines dicht bewaldeten Zweitausenders. In mäßigem Rhythmus hebt und senkt sich das grasige Gelände zu beiden Seiten der steinigen Straße und einer daran entlanglaufenden und abgrenzenden Hecke. Ein flacher Hügel jenseits der Hecke ist der Ort, wo unter Wellblech und Sperrholz in vierjährigem Zyklus an fünf Tagen in der Woche Lehrplanmäßiges stattfindet. Im Diesseits steht auf den Berg zu und auf Steinpfeilern ein verandaumranktes altes Fachwerkhaus, in dessen düstern Räumen die Wenigen derer residieren, die an diesem Ort *residents alien* sind. Da, wo das Gelände sich gen Abend senkt, liegen im Jenseits die Schlafbaracken derer, die noch nicht, wie alle übrigen, welche etwas erhöht gen Morgen in winzigen Häuschen hausen, den erstrebenswerten Status von Familienvätern erlangt haben. Im Diesseits hält die gleiche Senke die Möglichkeit bereit, einen Garten anzulegen. Die parkähnliche kleinere Lichtung inmitten der größeren, dörflichen Lichtung im Regenwald ist ein Campus.

Nachdenken über ein Tagebuch
Formloses. Narzisse – Melisse

Mit dergleichen Überlegungen und einer Schreibübung mag der Vormittag hingehen. Gegen Mittag käme eine Halbwüchsige von unten aus dem großen Hause leichtfüßig heraufgestiegen, auf dem Kopfe einen Korb balancierend mit einer eigens für den Gast, die Fremde, zubereiteten Mahlzeit, vermutlich Reis und Tomatensoße, vielleicht verziert mit einem gebratenen Hühnerbein oder auch nur mit ein paar geräucherten Kaulquappen als Beilage. Danke. Nach kurzem Mittagsschlaf soll eine große Tasse Tee (heißes Wasser aus der Thermosflasche) ermuntern zu weiterem Nachdenken über ein Tagebuch in Erwartung der Muse von Lah.

Einer Muse würdige schöne Literatur soll einem graufleckigen Aktenordner entlockt werden, der bei jedem flüchtigen Blättern auf monotone Weise die bisweilen peinlich trivialen, nicht selten pathetisch aufgequollenen, immer wieder nahezu manisch-depressiv anmutenden Stimmungsergüsse einer *midlife crisis* widerstrebendem Überfliegen unterbreitet. Unzumutbar. Gewiß finden sich auch Spuren ironisch überlegener und moralisch analysierender Besinnung. Sogar Lyrisches begegnet mitunter. Das meiste freilich ist formlose Masse. Unverdautes. Gewölleähnliches. Es bedürfte eines langwierigen Sichtens und Siebens, Rührens und Knetens, um etwas daraus zu machen, das bei einigem Wohlwollen lesbar wäre. Etwas, dem sich überdies und nach Möglichkeit Züge des menschlich *Allgemeinen*, des *Banalen* im höheren und tieferen Sinne, hinsichtlich Lebenserfahrung und Selbsterkenntnis nicht gänzlich absprechen ließen. Kurz, es muß über vieles im voraus nachgedacht werden, ehe die Muse die Hütte mit ihrer Gegenwart erfüllen und das eigentliche Schreiben beginnen kann. Ehe das Gehäuse, die Hütte, eine Schreibhütte sein kann, muß sie als Denkhütte dienen. Denken als Vorspiel des Dichtens. Überlegen als Vorspiel des Unterfangens, aus Formlosem etwas zu machen, das eigenen Ansprüchen genügt.

Es geht um ein Tagebuch. („Nicht kunstmäßige Form von monologischem Charakter'). Die Probleme sind indes nicht nur formaler Art. Es geht nicht nur um formlose Masse. Es geht auch um das, worum es geht. Um Innerlichkeit. Um Stimmungen. Es geht darum, daß die Außenseite eines von Europa aus betrachtet nicht alltäglichen Außenseiterdaseins im Regenwald Afrikas kaum Erwähnung findet. (Wenige dünne Linien würden genügen, anzudeuten, wie rechtschaffen einförmig die Jahre dahingingen in gewissenhafter Erfüllung von Berufspflichten zu Nutz und Frommen der kleinen Welt eines mehr oder minder frommen Campus.) Es ist die Innenwelt, die alles überwuchert und das Außen zur Pappkulisse macht. Ist so etwas zumutbar? Es mag das tägliche, das unaufhörliche Schreiben in den psychischen Turbulenzen der Lebensmitte eine Notwendigkeit gewesen sein. In diesen späten Jahren erweckt das Kriseln und Kreiseln um das eigene, innerhalb der hohen Palisaden gediegener Obliegenheiten und eines soliden Ehegehäuses sacht aus den Geleisen gleitende Dasein den Eindruck krankhafter Selbstbezogenheit. Es mutet narzißtisch an.

Eine Narzisse im Regenwald? Auch. Es ist nicht zu übersehen, daß es in den Labyrinthen der Tagebuchmonologe Nischen gibt und in den Nischen Spiegelscherben. Hier findet Selbstbespiegelung statt in wechselnden Weisen der Wahrnehmung. Am häufigsten verbunden mit romantisch-ironischen Reflexen über die eigene Schulter hinweg; bisweilen peinlich berührt vom Pathos im Blick auf die Falle, in die ein linker Fuß nicht ganz unversehens geriet. Nicht selten begegnet dem Blick in den Spiegel selbstkritische Zerknirschung. In besonderen Augenblicken jedoch findet Selbstwahrnehmung zweifelsfrei im Modus verzehrend melancholischen Selbstgenusses statt. Eine selbstverliebte Tristesse, ein Versinken in wehmütigen Betrachtungen stillen Vorsichhinverblühens im Regenwald, ohne daß freilich der Faden, das Seil, die Strickleiter nach oben, ins Licht nüchterner Selbsterkenntnis je aus den Händen gleitet. So etwas wie *Narzißmus* in einem herkömmlichen, wenn auch milde nachsichtigen Sinne, läßt sich nicht von der Hand weisen.

Eine Narzisse mag erinnern an das mythische Schicksal des Dahinsiechens vor dem eigenen Spiegelbilde bis zum Hinübersterben in eine bleiche Blume mit nackt aufragendem Stengel und betäubendem Duft, auf Gräbern blühend, auf der Grenze zwischen Frühling und Tod. Narzißmus als Krankheit und Strafe. Aber vielleicht war Ovid auf einer falschen Spur? Vielleicht verfiel der antike Unglückliche seinem Spiegelbild erst nachdem und *weil* eine Nymphe ihn verschmäht, ihn keines Echos gewürdigt hatte? Da erst sank unerwiderte Neigung am Wasser nieder, neigte sich über das eigene Spiegelbild und verfiel der Neigung zu sich selbst. Könnte es nicht eher so gewesen sein? Der mythische Tiefsinn ließe sich auf diese Weise mühelos übertragen auf ein Tagebuch, das zweifellos – und besonders im Vergleich mit dem Tagebuch eines Feldforschers – Neigung zu Selbstbespiegelung zeigt. Eine Beschäftigung mit sich selbst, die freilich nicht aus schwindelnden Tiefen holt, was analytische Halbkunst an Ur- und Umtrieben daselbst sucht und findet. Narzißmus vielmehr als Ersatz für unmögliche Möglichkeiten. Das echolos gekränkte, betrübte Gefühl wirft sich aufs Papier, um halbwegs bei Verstand und gesund zu bleiben.

                             Narzisse reimt sich auf Melisse. Eine Regenwaldnarzisse dieser besonderen Züchtung wäre von der guten alten Klostermelisse kaum zu unterscheiden. Wie anders als durch schreibende Selbstbespiegelung, durch den unmittelbaren Ausdruck von Eindrücken, durch Zergliederung von Empfindungen und Affekten hätte das Karussell, die Fieberkurve, das Auf und Ab der Stimmungen, bald langwellig gelangweilt, bald von flirrender Ungeduld; wie hätten die psychischen Amplituden und Frequenzen unter den Wechselspannungen einer Übergangskrise; die Irritationen der Lebensmitte, wie hätten sie, statt zu überwältigen, bewältigt werden sollen, wenn nicht durch ein Schreiben, das sich bald einer bewußtlosen *écriture automatique* überließ, bald in ironischer Reflexion Heil und Rettung suchte? Das tägliche Schreiben, Tagebuch um Tagebuch durch die Jahre; alles das, was auf den ersten Blick nach Narzißmus aussieht und es weithin auch ist, stellt sich einem zweiten Blick als Heilmittel dar.

Das Tagebuch als Therapeutikum: nichts Neues, nichts Besonderes. In diesem Falle weder Bekenntnisse vor Gott noch vor einem geneigten Publikum; ein Bedürfnis nach Rechtfertigung allenfalls vor dem eigenen Gewissen: das Tagebuch war ein Mittel, nach außen hin das Gesicht zu wahren, nach innen im Gleichgewicht und autark zu bleiben. Unabhängig von Heilverfahren, die anderwärts an der Tagesordnung sein mochten. Das Tagebuch hätte, vermutlich nicht nur, sondern mit großer Sicherheit, auch in Europa bewahrt vor professioneller Psychotherapie. Es wirkte wie das alte Hausmittel der Klosterfrauen von einst: beruhigend auf das Nervensystem, entspannend auf den Magen, lindernd bei Fieber und Migräne, besänftigend bei allgemeiner Reizbarkeit und vor allem bei nervösen Herzbeschwerden. Es konnte zudem bei Langeweile und Lustlosigkeit, wie sie sich besondern an Sonntagen einzustellen pflegten, auch anregend und aufmunternd wirken. Es war eine Zuflucht. Es nahm alles hin, auch das, was im nächsten Augenblick, vielleicht auch erst am nächsten Tag, spätestens beim Abschreiben viele Jahre später, abgeschmackt, maßlos übertrieben oder peinlich banal erschien.

Das Tagbuch mit der Wirkung eines Heilkräutleins gegen mancherlei Beschwerden der Lebensmitte, es gedieh immer dann besonders gut, wenn sonst nichts gedeihen wollte – weder die Gurken im Garten, noch die Wissenschaft im Arbeitskabinett, noch auch und vor allem die bescheidensten Glücksansprüche. Krimskrams und Krisenhaftes, tiefer hinab Gedachtes und an der Oberfläche Erhaschtes: alles hat das Tagebuch hingenommen zum Heile der eigenen Seele (und vielleicht auch zur Rettung einer Ehe vor dem Aus). Hätte es damit nicht seine Schuldigkeit getan? Sollte es nicht zum Altpapier oder durch den Reißwolf? Vernichten? Mitnichten. Ist nicht auch die Spur einer in sich verkrümmten, einer kranken, einer Seele, die nicht ganz bei Troste ist, ein nachdenkenswertes Zeugnis von des Menschen Glücksverlangen, Sinnsuche, Elend und Erlösungsbedürftigkeit? Ein Zeugnis wohl – aber ungenießbar in der Urform der Formlosigkeit. Mit dem Symbol der Dichternarzisse soll die Spur der Muse wiederaufgenommen werden.

Dichternarzisse, die Muse und ihr Phantom

Warum der antike Mythos Selbstbespiegelung mit einer Blume in Verbindung brachte, die im Frühling mittelmeerweit auf einsamen Waldwiesen und auf Gräbern blühte, ist unschwer zu verstehen: ein spröder Jäger und Jünger der Artemis, der weder vom Weibe noch auch vom Manne, außer sich selbst in der Betrachtung eigener Schönheit wissen will, ‚ist dem Tode schon anheimgegeben'. Die Farbe der Blume ist gar keine. ‚Weiß ist die Un-Farbe der Engel, Elfen und Gespenster. Das frühlingshaft Frische, Kühle, Reine grenzt so nah ans Über- und Unnatürliche, an reinen Geist und Abstraktion, an Noch-Nicht und Nicht-Mehr; es grenzt an Tod und blankes Nichts.' Das wäre das eine. Warum aber nennt man die reinweiße, wildwachsende Variation *Narcissus poeticus*? Was hat Poesie mit reinem Geist und Abstraktion zu tun? Greift sie nicht vielmehr hinein ins volle, bunte Menschenleben? Vermutlich war es die schlichte Schönheit der Blüte, die im 18. Jahrhundert eine Gedankenverbindung zum Poeten, zum Dichter herstellte, der als solcher bemüht ist, auch dann, wenn er Unschönes oder Schlimmes schildert, es so schön wie möglich zu sagen.

Die Dichternarzisse als Symbol formbewußter Widerspiegelung von Befindlichkeiten im Bereich des Selbstbewußtseins, des Geistes und der Sprache. Der malerisch spröde Reiz der reinweißen Form nicht weniger als die mythologische Sinntiefe mögen zu einer solchen Bestimmung Anlaß geben, hindeutend auf das, worum es letztlich, jenseits von Selbstbespiegelung und Therapie, gehen soll: um die Beschwörung der Muse. Gehen soll es wie schon einmal, an der Schwelle zu Afrika, als Dichternarzissen mit schmalem Purpurrand um den Blumenmund zum Sinnbild einer auf sich selbst zurückgeworfenen Suche nach poetischer Inspiration wurden. Was da einst durch die schattigen Laubengänge der Seele und die schmiedeeisernen Gerüste tugendfrommer Ideale hangelnd auf verworrene Weise als Rohstoff ins Tagebuch geriet, zeigte sich dreißig Jahre später in literarisch abgeklärter Gestalt. Aus zwiespältigen, monologisch im Unglück eines späten Frühlings schwelgenden

Glückseligkeiten war eine Tanzpantomime geworden, in bunten Röckchen schwebend über die Bühne eines Rokokotheaters, eine Schleppe lyrischer Gesänge nach sich ziehend. Tagebuch-Wortgestrüpp hatte sich zu gesitteten Sätzen, zu artistisch stilisierten Szenen und nachgeschönten Soliloquien kultiviert.

Etwas entfernt ähnliches soll noch einmal gelingen. Was vor dreißig Jahren als Narzisse-Melisse im Regenwald in trister Selbstversponnenheit, in tastendem Suchen nach dem Wenigen und Möglichen und bisweilen in wildem Harme, in jedem Falle in wahllosem Wortemachen mehr wucherte als wuchs, soll virtuell in den Bergen der Savanne als späte Dichternarzisse schön und stilvoll blühen. Als Symbol und Beschwörung der Muse. Der Muse von Lah. Das Vorwegbedenken aller Schwierigkeiten soll den Weg bereiten für ihr Erscheinen und Bleiben in eigens für sie erbauter Hütte.

Warten auf die Muse von Lah. Die späte, grauhaarige. Die wahre, von Weisheit gestreifte, um Formgefühl bemühte. Die vorweg- und nachgedachte Muse im Unterschied zu dem, was einstens drunten im Regenwald begegnet war, in ungewisser Nähe umherhumpelte und mit dunklem Unschuldsblick zum Schreiben animierte: eine Erscheinung, ein Phantasma. Es war das *Phantom* der Muse, als solches erkannt und hingenommen. Es war nicht sie selbst; es war ihr zwielichtiger Vorschein. Das, womit als einem Wenigstens und Vorläufigen sich leben und schreiben ließ im Blick auf eine noch offene Zukunft.

Das Phantom der Muse von damals flüsterte den Gedanken ein, es könnte, es sollte, es müßte aus dem Formlosen späterhin einmal schöne Literatur werden. Die Umtriebe des Phantoms der Muse gaben dem Tagebuch über Selbstbespiegelung und Heilwirkung hinaus den Status eines Thesaurus. ‚Sammelt euch keine Schätze auf Erden, die Rost und Motten fressen.' Allenfalls die Kakerlaken knabbern sie an. Es war zu Ende der Afrikajahre an materiellen Schätzen nichts Kostbareres vorhanden als beschriebenes Papier. Eine Ansammlung von Rohstoff für die späte Muse von Lah.

Kleine Szenen. Lange Monologe

Spätere Bearbeitung. Schön. Und wo sind wir? Nahe am afrikanischen Äquator? Nördlich der Alpen, zwischen Reben und Atomkraftwerken? In einem Häuschen aus Backstein und Wellblech? Unter der Dachschräge eines bequemen Mehrfamilienhauses mit Teppichboden zu Füßen? Hier wie dort sitzt bedrückten Gemütes eine Graie. Ein grauer Aktenordner voller ungeordneter Emotionen aus drei Jahren im Regenwald harren der Bearbeitung. Was nach sorgfältiger Auswahl und Buchwerdung von Erzähl- und Beschreibbarem noch vorhanden ist, jene ‚erkleckliche Menge an Seelengewölle', soll zu etwas Lesbarem *gemacht* werden: *Poiesis*. Dazu bedarf es, poetisch betrachtet, der Muse, formbewußt und vor allem geneigt. Auf nächtlichem Pfad, zurück in die Berge von Lah, war ihre literarische Spur im Mondlicht bereits zu lesen: ‚Eine Graie weiß es. Alles endet mit –lein. Alles bleibt bescheiden und klein.'

‚Klein' – ein Stichwort. Für die Graie unterm Wellblech wie überm Teppichboden. *Kleine Szenen* soll die Muse feilen aus Tagebuch-Rohlingen. ‚Rohlinge' erfordern einen Bildwechsel: Statt Gewölle oder Gestrüpp - Schrott. Schrott, der sich einschmelzen und in Rohformen gießen läßt, an welchen sodann noch fleißig gefeilt werden muß. Nicht nur unterm Zwang des Verweile-Reimes soll die Muse feilen. Aus dem Tagebuch-Rohzustande soll sie ausgewählte Ereignis-Kleinigkeiten erzählend und deutend zu kleinen Szenen verfeinern; rahmenlose Schilderungen soll sie erläuternd einleiten. Innerlichkeit ist selten hermetisch. Wechselwirkungen mit der Außenwelt bestimmen Energie, Impuls und Spin der Befindlichkeiten, die in langen Monologen die Jahre und die Tagebücher füllen.

Lange, längere, langatmige, nicht selten ins Monotone abgleitende Monologe: *groß* in einem durchaus uneigentlichen Sinne. Das Monologische der Tagebücher ist kein unendliches Meer; es gleicht einem größeren, binsenumstandenen Teich, den der Wind einer Übergangskrise kräuselt, riffelt, wellt und bisweilen aufwühlt. Die *kleinen Szenen* sollen sich darin ausnehmen wie

Inseln aus dem Gestein der äußeren, der erzähl- und beschreibbaren Wirklichkeit. Die erste Begegnung, die zweite, das gewechselte Wort, die eingegangene Verpflichtung; Alltägliches und Besonderes, Episoden mit Folgen: zu Beginn müßte sogar mehr erzählt als monologisiert werden. Erst nach und nach schwillt es an (aus dem Konditionalis gerät es ins Präsens: die Muse, alles im voraus überblickend, ist erschienen und greift ein!), nimmt überhand und überschwemmt sogar die vielen kleinen Szenen des ersten Jahres. Im zweiten Jahre wird ein ganzer Block erzählender Prosa aufgebaut: Zeichen eines ersten Ausbruchs aus reiner Innerlichkeit in einen Gemüsegarten, von der geistigen Ebene hinab ins Erd- und Wurzelhafte. Das Tagebuch wird dafür nur wenige kleine Szenen einfügen; der Monolog, zerstückt nach Monaten und Tagen, wird das Erzählen um mehr als das Doppelte überholen. Das dritte Jahr und der zweite Band fallen zurück in den Dauermonolog, nur ein einziges Mal erzählend unterbrochen von wenigen Vor- und Zwischenbemerkungen rund um einen zerstückten Bericht über die Erlebnisse einer lange vorweg geplanten Reise und eine auszugsweise Wiedergabe des anschließend zu Papier gekommenen Urfragments der bis heute unvollendeten *Reise nach* *.

Im nachhinein vorweg, in einem Vor- und Nachspiel, wäre somit dargetan, wie aus den Tagebüchern der Lebensmitte schöne Literatur werden soll. Und weil die Muse sich gelegentlich geneigt zeigt, das Gebaren einer Oberlehrerin nachzuahmen, mag sie zusammenfassend erläutern:

Ein Teich ist kein Fluß. Tagebuchmonologe folgen nicht dem Wildwasserlauf eines Abenteuerromans von der Quelle geheimnisvoller Zufälle über das Felsgestein vielfältiger Gefahren bis zur Mündung in ein Meer der Glückseligkeit oder des Untergangs. Sie reihen, wofern es sich nicht um Reisetagebücher oder Forschungsdiarien handelt, keine äußeren Fakten und deren Deutung aneinander. Sie überantworten das Unmittelbare wechselnder Stimmungen kunstlos dem Papier. Autobiographische Sinnlinien ließen sich (neben allfällig intendierten psychoanalytischen oder tiefenpsychologischen Erkenntnissen) mit einiger Geduld auch aus dem emotional Formlosen einer Übergangskrise und ihrer schreibtherapeutischen Bewältigung lesen. Um Sinnlinien allein geht es. Aber sie sollen sich abzeichnen in einer nachträglich gegossenen und ausgefeilten Form, die einen Mindestanspruch darauf, schöne Literatur zu sein, erheben kann. ‚Kleinen Szenen' sind eines: erzählerische Miniaturen. Das Monologische, kreisend um ein immer Gleiches und Allgemeines in exotischer Umgebung, soll sich zu lyrischer Prosa erheben. Zu diesem Zwecke bedarf es bisweilen weit ausschwingender Ausweichbewegungen auf der Überholspur der Übertragungen, des Verschleierns und Verfremdens. Es bedarf des Bemühens um allerlei poetische Verfeinerungen, nachträglich erfundene Metaphern und Paraphrasen, um originale Plattheiten hier, Schwülstigkeiten da zu überformen. Solche Verfeinerung verändert das Ursprüngliche – verfälschend durch dichterische Lüge? Veredelnd zu poetischer Wahrheit? Die schönere Form soll das Wesentliche der ursprünglichen Erfahrung bewahren.

Überblendung. Ein Wälzer

Merkwürdig verschwommen sind die Erinnerungen an jene drei von acht Jahren im Regenwald. Sie wabern vor dem inneren Auge wie dichter grauvioletter Nebel, in dem es bisweilen grün und gelb flackert und blitzt. Sperrig indes und kompakt vorhanden ist der graue Aktenordner, aus dessen einst frisch und hellrot sprudelndem, seitdem braunrot verkrustetem und bröckeligem Lebensrohstoff ein Werk der schönen Literatur entstehen sollte, soll, und entstanden sind achthundert Seiten – vielleicht Literatur und schön; vielleicht nur ein Buch.

Eine Graie, nächtens bei Vollmond von einem Dreiweg, der ein Vierweg war, zurückgewandert in die Berge von Lah, soll nach einer traumerleuchteten halben Nacht und einem gedankenvollen nächsten Tag in der Denkhütte am übernächsten Morgen zu schreiben anfangen. Auf einer alten Schreibmaschine soll sie schreiben (ein umfänglicher Vorrat an Papier und Farbbändern befindet sich samt Tipp-Ex, Schere und Klebestift in einem Blechkoffer unter dem Bett). Eine Schreibmaschine, eine mechanische, soll das Häuschen seiner lang vorweggeträumten Bestimmung zuführen, es zum Schreibgehäuse, zur Musenhütte machen. Hier soll eine Graie hausen zusammen mit einer aus längst vergangenem Regenwald-Phantom-Dasein erlösten Muse. Im Abseits der Berge von Lah soll ein langjähriger Traum traumhaft in Erfüllung gehen. In der Musenhütte von Lah wird es vor sich hin schreiben, während diesseits der Glaswand der Fiktion und der Alpen, des Mittelmeers und der Sahara das Geschriebene elektronisch über einen Bildschirm und durch den Drucker läuft. Ein Häuschen in der afrikanischen Savanne heute überblendet sich mit einer Alterswohnung unter süddeutscher Dachschräge, ein Zuspät aufhebend durch die Kraft der Vorstellung und des Wortes.

Etwa zwei, vielleicht auch drei Jahre sollen vergehen bei Tee und Kaffee, bei Tages- und bei Petroleumlicht, bei Sonne und Regen und Übergangsstürmen, bei guter Gesundheit und gutem Schlaf, versorgt mit Reis und Fisch, Wasser und allem übrigen Lebensnotwendigen von den Inwohnern des großen Hauses am Fuße des Hügels. Das Schreiben mag unterbrochen werden von Wanderungen durch die Gegend und Besuche drüben im Dorf, allein oder zu zweit, in Begleitung des Herrn eines Palazzo, dessen Vorhandensein sich der Gebeseligkeit vergangener Zeiten verdankt.

Über das, was sich am Ende in einem anderen Ordner, in einem fast ebenso sperrigen, aber dunkelblau marmorierten, verziert mit silbernen Rauten, stapeln wird, um als Kopflast bergab, bergauf und dann mit einem Taxi in die ferne Stadt mit Elektrizität und Kopiermöglichkeit transportiert zu werden, mag sich alsdann mit skeptischem Blick die späte Muse neigen und stirnrunzelnd murmeln:

Wie? Das – ein Walzer? Ein Wälzer!

Valse triste der Lebensmitte
Splitter aus einem Gedicht

Ein Buch, zwei Bände: ein Wälzer zur Melodie eines traurigen Walzers. In den Melancholien und Fieberschüben einer Übergangskrise von einer Stimmung in die andere sich wälzend, von einer Szene zur nächsten, von einer Seite der Betrachtung zur mehreren anderen, die auch möglich wären: es macht das, was aus den Tagebüchern dreier Jahre und zwei Zwischenzeiten entstanden ist, so umfänglich.

Valse triste. Wenige Zeilen aus einer Lyrikanthologie, die, im Regenwald Afrikas dem Schimmel und den Schaben preisgegeben, gelegentlich durchblättert ward, ziehen vor dem Bildschirm der späten Jahre eine lange Kette von Gedanken herbei. Wenige Stichworte, Splitter, herausgebrochen aus einem Gedicht von G. Benn; Kulturphilosophisches aus späteuropäischer Künstlergestimmtheit; vor allem der Titel, inspiriert von einem Tonkunstwerk, sie mögen, ohne jeglichen Bezug auf Mythologumena, im nachhinein andeuten, worum es ging, damals, auf einer Lichtung im Regenwald, und was alles *nicht* ging und daher in so vielen Worten im Tagebuch umging.

Valse triste. Es hatte nichts gemein mit einem mythisch-ekstatischen Totentanz vor finnischen Schären; es läßt sich auch nicht vergleichen mit genußvoll langsam dahinschwebenden Gesellschaftstänzen im westlichen Parkett- und Wortverstande. Nichts von dem, was einst und selten genug auf heimatlichem Tanzboden Leib und Seele selig erhoben und in Schwingungen versetzt hatte. Es war vielmehr – es war viel weniger. Es war zum einen die erbärmlich magere Substanz dessen, was in nicht mehr als zweien unter vierzig ‚kleinen Szenen' im Petroleumlichte geselliger Öffentlichkeit über grauen Zementboden scharrte. Zum anderen war es die arme Seele von Solo-Szenen hinter zugezogenen Vorhängen, auf dem Bretterboden eines alten Hauses aus kolonialen Zeiten im flackernden Dämmer einer Kerze und innerlich verwildernder Gestimmtheit.

Valse triste der Lebensmitte. Es war, im übertragenen Sinne, ein langsamer Walzer über drei Jahre hin. Es war weithin ein in sich gekehrter *einsamer* Walzer, getanzt zudem auf halbhoch über eine Bougainvilleahecke gespanntem Seil. Was als ‚Narzisse im Regenwald' sich selbst und dem Tagebuch zugekehrt blieb, fand in kleinen Szenen ein ungenaues, ein vages, halbdunkles, bisweilen vielleicht nur eingebildetes Gegenüber. Etwas von so vexierbildhafter Gestalt, daß Verwirrung kein Wunder und Vorsicht vernünftig war. Drei Jahre lang drehte es sich um eine uneindeutige Mitte. Nicht beschwingt und mit seligem Lächeln – schleppfüßig walzte es dahin, mit verschattetem Blick und hängenden Armen. Nach dem ersten Jahr (und wofern sich vier Jahre zu einem Dreivierteltakt stilisieren lassen) wich ein Fuß zur Seite, zog den anderen nach und trat in ein Leerjahr, erfüllt von strenger Geistesarbeit nördlich der Sahara und der Alpen. Dann, nach der Rückkehr in den Regenwald, kam und verging ein weiteres Jahr, auf der Stelle tretend, nur einen kleinen Schritt hinab in einen Garten wagend; mit dem linken Fuß erwartungsvoll hinauf ins Grasland gespannt, den rechten durch den dunklen Heilschlamm resignativer Vernunft ziehend und widerstrebender Einsicht in die Fremdheit der Lebenswelten, die da einander begegneten. Das dritte Jahr brachte den ersten Aufstieg hinauf in die Berge von Lah. Von da an ging alles Trachten hinauf ins Grasland: überzusiedeln, zu wandern, Energien zu vergeuden unter dem Harmattan. Über dem Hin und Her von rollenkonform selbstbewußtem Auftreten auf festen Grund und vorsichtigem Balancieren auf dem Seil der Möglichkeiten, verfärbte sich der Himmel ins Aschviolett poetisch überhauchter *tristesse*. Trauer wäre abgründiger und schwärzer, Traurigkeit farbloser.

Valse triste. Sollen Gedanken aus dem Benn'schen Gedicht als Leitmotiv dienen, mag sich dem ersten Jahre als Leitmotiv das kulturgeschichtliche Motiv der *Verfeinerung* zuordnen. Rückwärtsblickend auf das Verhältnis Europas (und seiner einstigen Kolonien in der Neuen Welt) zu Afrika soll eine Art Gedankenkarawane daran erinnern, in welche Richtung der Weltgeist sich durch die Sandwüsten und Salzseen der Geschichte bewegt hat, ehe auf einer Lichtung im Regenwald eine *Valse triste* getanzt werden konnte. Das zweite Jahr will unter dem Stichwort *Abstieg* das Verlassen der Ebene rein impressionistischer Ästhetik und daraus resultierender Irritationen in den Mittelpunkt stellen – der Abstieg führt näher zu den Graswurzeln: in einen Gemüsegarten. Für das dritte Jahr schließlich soll nicht die Gemütsverfassung ‚Trauer' das vorgegebene Stichwort sein, sondern ein hoffnungsvolles Ereignis: der langersehnte *Aufstieg* in das Dorf im Abseits der Berge von Lah.

Um *Aufstieg* soll es nicht nur geographisch gehen. Mit dem Aufstieg nach Lah ergeben sich die ersten Schritte hinauf ins Vorgebirge des Parnaß, in sehnlich erstrebte Gefilde der schönen Literatur. Daß sich solcher Aufstieg ins Poetisch-Idealische letztlich der Paarbildung Narzisse-Melisse verdankt und der Festigkeit des Bodens unter den Füßen einer *Valse triste*, der nie aufzuweichen und hinwegzusinken drohte, bedarf es besonderer Erwähnung? In langsamen Schleifen und geziemendem Abstand drehte sich eine doppelte Bedürftigkeit um einander, nahm, was innerhalb der Grenzen des Möglichen zu haben war und gab sich damit zufrieden: materielle Mittel, um ein weniger ärmliches Leben zu fristen auf der einen Seite, auf der anderen das vorsichtig entgegenkommende Lächeln des Phantoms der Muse, schleppfüßig zwar, aber mit Harmattan im Haar und Sternfunkeln im dunklen Unschuldsblick…

Valse triste. Was dem grauen Aktenordner und drei Jahren im Regenwald an Stoff entnommen und an Stil aufgeprägt worden ist, ergibt weder Lust- noch Trauerspiel, weder Idyll noch Satire; es ist kein symphonischer Totentanz und auch kein Weihefestspiel vor blutendem Zaubergerät mystischer oder animistischer Herkunft. Es ist Monolog in allen Stimmungslagen und Gattungsanklängen, unterbrochen von kleinen Szenen. Es läßt sich einem Tanz vergleichen, der sich bald trübselig verträumt, bald ratlos-rastlos hin und her und durch die Jahre zieht. Die Benn'sche *Valse triste*, Ausdruck eines Zwiespaltes zwischen Intellekt und Leben, Archaik und Großhirn, soll Sinnbild einer Krise der Lebensmitte sein, die überall hätte einholen können, in diesem Falle jedoch eine Europäerin und sentimentale Intellektuelle einholte nahe am Äquator Afrikas. Was ein mäßiges Maß an moderner Exotik (Regenwald, Trommeln, Malaria und Musazeen) statt antiker Dekadenz (Hermenfrevel) bewirkte und fromm-irritierte Vernunft ins Vorläufige ablagerte, soll, mit Valery'scher Künstler-Intellektualität weit weniger als mit Hilfe einer altmodischen Muse, sich ausformen zu etwas, das literarische Ansprüche stellt. Dabei soll es zum einen und cum grano salis um die Aufsplitterung der *einen* ‚großen Szene am Nil' in viele kleine Szenen auf einer Lichtung im Regenwald gehen und zum anderen um eine bereits weitläufig vorbedachte Verfeinerung der Rohmasse Tagebuch.

Gedankenkarawane Richtung *Verfeinerung*

Ehe eine solche Verfeinerung der Form und damit das eigentliche, von einer späten Muse angeleitete Schreiben beginnt, zeitgleich unter einer Dachschräge im süddeutschen Rebenland und in einer Hütte in den Bergen der afrikanischen Savanne, legt es sich in einem Vorspiel, das zugleich und wie üblich Nachspiel ist, nahe, im Anschluß an die herbeizitierte und vorangestellte Benn'sche Kulturphilosophie nachzudenken über die Bedingungen der Möglichkeit dessen, was sich auf einer Lichtung im Regenwald Afrikas einst als *Valse triste* ereignete und durch die Jahre hinzog bis hinauf in die Berge von Lah.

Verfeinerung. Ein langer Weg, ein langsames Voranschreiten der Geschichte, mühselig und beladen. Nachvollziehbar vielleicht im Bild eines Dahinwatens durch den Sand der Daseinsmühsal, schwankend unter der Last mitgeschleppter Vorurteile, verpackt zu Bilderballen zwischen dem stützenden Gestänge der Ideologien. Es könnte sich wohl auch zu einem Kulturkreis-Reigen reihen. Aber Kamele tanzen nicht. Was vor dem inneren Auge vorüberzieht, sind die Schattenrisse lastbarer Tiere, dahinziehend, eins hinter dem anderen, auf der Dünung einer Düne und in einiger Entfernung: es ist alles schon eine Weile her. Geschichte als langer und mühsamer Wüstenweg.

Die Karawane der Gedanken mag zunächst nach Ägypten ziehen. Das liegt auch in Afrika und zog sich einst hinab bis ins schwarze Nubien, das sich hinaufschwang auf den Pharaonenthron. Ägypten! Pyramidale Geschichte und Architektur! Hieroglyphen, Lotos-Exotik, Esoterik, opernhaft! Europa staunt, vergißt beinahe die alten Griechen und Römer, studiert, komponiert, adoriert, sitzt verzückt in den Logen. Holde Aida!

Die Kulisse sei hier nur aufgebaut, um der Frage nachzugehen: wann beginnt *Verfeinerung*, wann Verfall? Beginnt beides zugleich, wenn ein Feldherr der Pharaonen den Liedern einer Sklavin verfällt? Das Gedicht insinuiert es. Aber die Sklavin ist eine geborene Prinzessin, denn Minderes nimmt man nicht als Geisel. Sie stammt aus Äthiopien, allwo es schöne Menschen gibt, gestaltet wie edle Bronzen. Keine pechschwarze Berg-Nuba steht auf der Bühne, nicht einmal eine hellere Nil-Nubierin. Gewiß, eine gesellschaftliche Schranke ist vorhanden zwischen den Liebenden. Abstieg jedoch, gar Verfall – findet nicht eigentlich statt. Es findet sich Edles zu Edlem. Die ‚Sklavin' steht in den doppelten Anführungszeichen der Uneigentlichkeit. Verfeinerung heißt hier: es siegen die tiefen und schönen Gefühle des Helden über eine königliche Rivalin und die Aussicht auf den Thron. Verfeinerung der Empfindung bis hinab ins Todessüchtige – ohne Tristan-Skandal.

Die Konstellation ist europäisches spätes neunzehntes Jahrhundert. Standesschranken werden überwunden durch Gefühle, angefangen bei Ferdinand und Luise bis zur Kameliendame. Drama. Oper. Der Roman wechselt bereits die herkömmlichen Rollen: Mathilde de la Môle von oben, Julien Sorel von unten: das psychologisch exquisit geklöppelte Abenteuer zweier Ausnahmenaturen. Im nächsten Jahrhundert tritt im Gegenzuge zu Verfeinerung Lady Chatterley auf (deren Wildhüter immerhin Offizier in Indien war). Heutzutage fliegt frau mal eben nach Afrika, um sich daselbst in einen malerischen Rinderhirtenkrieger zu verlieben und ihn auch zu ehelichen. Verfeinerung? Die moderne Europäerin flüchtet aus steriler Zivilisation und bröckelnden Traditionen ins möglichst Naturbelassene. Technische

Transportbequemlichkeiten, weltweite Wirtschaftsnetze und vor allem politische Umwälzungen haben ihr den Weg ins exotische Abenteuer geebnet: die Unabhängigkeit europäischer Kolonien im Gefolge zwei Weltkriege.

Die Gedankenkarawane hat Ägypten längst verlassen und ist umgebogen ins Prinzipielle. Wo Verfeinerung gefeiert werden soll, muß höhere Gesittung blühen aus etwas, das, von außen betrachtet, nach Barbarei aussieht oder es tatsächlich ist. Menschenrechte müssen vor Überheblichkeit und Eigennutz schützen. Geschichtliche Stadien solcher Verfeinerung lassen sich nachzeichnen in der Art und Weise, wie Europa (die ‚Neue Welt' als bloßer Ableger betrachtet und die arabische Welt ganz beiseite gelassen) mit Schwarzafrika umging. Alte Fotografien in Missionsarchiven und noch ältere Stiche in alten Büchern über Forschungsreisen in Afrika zeigen das Anfangsstadium des langen Weges der Verfeinerung von Gewalt und Verachtung zu Menschenwürdigerem.

Da ist die alte braunstichige Fotographie mit dem *Neger*. Nackt, im Lendentuch, den Hals in eine Holzgabel geklemmt, wird er in langen Märschen mit Weib und Kind und zahllosen Leidensgenossen aus dem Landesinneren zur Küste getrieben. Für den weißen Mann (wie für den Araber in Ostafrika) war er *Sklave*, *Ware*, und in den überseeischen Plantagen wenig mehr denn *Arbeitstier*. Transatlantischer Sklavenhandel (vor allem der Seemacht England): das Trauma Schwarzafrikas bis heute (wenngleich afrikanische Häuptlinge an dem Handel mitverdienten und Sklaverei in Afrika, wie in der gesamten Antike, ökonomische Notwendigkeit, mithin eine Selbstverständlichkeit war und daher sittlich gerechtfertigt erschien).

Im Stadium der Kolonisierung und Missionierung Afrikas überschneiden sich Ausbeutung und Erziehung. Die eine von zwei alten Fotografien zeigt *Eingeborene* fast nackt bei der Arbeit an einer Eisenbahnlinie, nicht als Sklaven, aber als billiges Menschenmaterial im Dienste der wirtschaftlichen Erschließung ihres eigenen Landes. Auf dem anderen Foto sitzen in der

Mitte zwei Weiße mit Tropenhut, ein Mann und eine Frau, vermutlich ein Ehepaar. Hinter dem Rücken und zur Rechten des Mannes steht und sitzt eine Doppelreihe von jungen schwarzen Männern; hinter und neben der weißen Frau schwarze junge Mädchen, alle weiß gekleidet wie die Weißen: Eingeborne als Missions- und Erziehungs*objekt*e. Der Eingeborne wird erzogen wie ein Kind. Er muß und er will lernen und eignet sich für ihn geeignete Elemente westlicher Zivilisation an. Der weiße Mann bringt Schulen, Krankenhäuser und Kirchen, baut Kakao und Kaffee an und nimmt sich die Bodenschätze. Alles roh und grob, um es zu verfeinern mit dem Schweiß eines Industrieproletariats, dem es in den Maschinenfabriken und großstädtischen Hinterhöfen Europas kaum besser erging als schwarzen Sklaven in den Plantagen.

Verfeinerung beginnt, wenn ein schnauzbärtiger christlicher Theologe als patriarchaler Urwalddoktor jahrzehntelang (damals noch) *Neger* operiert, Ehrfurcht vor dem Leben lehrt und vorlebt. Verfeinerung beginnt, wenn Europäer, junge Menschen, so Mann wie Frau, an den malariaverseuchten Küsten Westafrikas landen, nicht um eigennützig Handel zu treiben, sondern um die frohe Botschaft ihres Glaubens, daß Gott wolle, daß *allen* Menschen geholfen werde, zu verkünden nicht nur, sondern auch in die Tat umzusetzen und dabei in ein frühes Grab zu sinken. Kolonisierung und Missionierung als *Paideia* – gab es. Es gäbe sonst weder afrikanische Staaten noch junge Kirchen. Erziehung setzt Erzieher und zu Erziehende voraus. Zwischen beiden kann es noch keine Gleichheit geben.

Gleichheit, wenigstens der Idee nach, von Schwarzen und Weißen ergab sich, gewollt oder ungewollt, aus solcher Erziehung. Verfeinerung also im Sinne der alten Stoiker und Kyniker, und später auch der ersten Christen. Verfeinerung, die mit politischer Freiheit, materiellem Wohlstand und dem Streben nach Glück nicht unbedingt kongruent sein muß. Aber es sollte, in einem dritten Stadium der Verfeinerung, keine Rassenschranken mehr geben; legales Konnubium zwischen Schwarz und Weiß wurde nach und nach möglich. Eingeborene Frauen als

Konkubinen europäischer Händler, Pflanzer, Kolonialbeamter hat es ‚natürlich' gegeben; wenngleich, von Südafrika vielleicht abgesehen, nicht in dem Ausmaße wie in Lateinamerika. Den Fall Desdemona holte die Wirklichkeit erst (und unter weit weniger dramatischen Umständen) in nachkolonialer Zeit ein.

Romanhafte Biographien. Weiter zieht die Gedankenkarawane durchs Nachkoloniale. Auf der Ebene des dritten Stadiums können sich heutigentags mannigfache Verästelungen ergeben und ebenso viele Fragen. Was veranlaßt weiße Frauen, in Afrika zu bleiben und einen Afrikaner zu ehelichen? Der romanhaften Biographien dieser Art gibt es inzwischen eine ganze Reihe, aufs Geratewohl angefangen bei einer Künstlerin aus Graz, Jahrgang 1915, die mit deutschem Ehemann und knapp Vierzig nach Nigerien kommt, angetan von den Yoruba und ihren Göttern sich scheiden läßt, einen Trommler heiratet, einen heiligen Hain rettet und mit ihren Kunstwerken bestückt, um hochbetagt und weitberühmt als heidnische Hohepriesterin ihr Leben zu beenden. Weiterhin etwa eine Französin mit Universitätsdiplom, die, als Missionarskind in Ostkamerun aufgewachsen, nach Heimkehr und gescheiterter Ehe mit zwei Kindern plötzlich ein solches Verlangen zurück nach Afrika überkommt, daß sie nicht anders kann – heim ins Bamilekeland! Die Ehe mit einem Häuptling integriert sie in den Harem – alle Ethnologinnen müßten vor Neid erblassen. Zwei weitere Kinder, Hackbau am Flusse Noun, europäische Besucher und Bewunderer, ein Buch, das Fernsehen, Berühmtheit. Ein erfülltes Leben. – In Europa am heißesten bewundert aber wird zweifelsohne das Abenteuer einer jungen Frau, die nach Kenia fliegt, einen schönen Massaikrieger ehelicht, in diverse afrikanische Fettnäpfchen tappt und schließlich mit Kind und Abenteuer in die Schweiz zurückkehrt, um mit Buch und Film berühmt zu werden.

Auf dem weitverzweigten Ast der dritten Ebene unter dem Zeichen einer Gleichheit, die ein Konnubium ermöglicht, sitzen weiße Frauen mit großen blauen Augen: fasziniert von dem Fremden, dem Exotischen, dem ungewöhnlichen Abenteuer.

Verfeinerung und Verfall. Manche der romanhaften Biographien legen die Vermutung nahe, daß das *fascinans* Afrika selbst ist: ein lebendiger Mythos, Exotik und Abenteuer, Natur im Naturzustande; der Afrikaner als Mann wird als Zutat und symbolische Geste mit hinzugenommen. Bisweilen mag die höhere gesellschaftliche Stellung (eines Häuptlings oder Staatsmannes) reizen, wenn eine Weiße sich entschließt, einen Afrikaner zu ehelichen. Auf dem gleichen Ast kann indes auch mit nüchternem Blick die Einsicht sitzen, daß es keine andere Möglichkeit gibt, eine Ehe einzugehen. Wer als Frau (zumal als *fraternal,* als Mitarbeiterin einer Missionsgesellschaft*)* lange Jahre in Afrika einem Beruf nachgeht, der schön und sinnvoll erscheint, weil er anderen zu besserem Leben verhilft, dem mag keine andere Wahl bleiben als entweder auf Ehe zu verzichten oder einen Afrikaner zu heiraten. – Auf einer ganz anderen Ebene bewegt sich moderner europäischer Massentourismus, der afrikanische Exotik nicht nur mit Wildreservaten verbindet, sondern auch mit Prostitution – wer beutet da wohl wen aus?

Wo zieht die Gedankenkarawane hin? Vielleicht am Katheder einer Moralistin vorbei, die da moralisiert: ‚Jeder Verfeinerung folgt wir ein Schatten der Verfall. Der endlich erreichten, sittlich als höherstehend erachteten Gleichheit von Schwarz und Weiß, die auf menschenrechtlichen Wegen zu ehelicher Verbindung führt, folgt, an den Hotelstränden Kenias etwa, in stetig sich verringerndem Abstande eine Gegenseitigkeit, die den materiell bedürftigen Afrikaner als ‚beach-boy' zum Reiseziel sexuell bedürftiger weißer Touristinnen macht.' Honni soit qui mal y pense? Gab es nicht schon vor drei Jahrzehnten vereinzelt europamüde Frauen, die sich auf einer ‚Reise in die schwarze Haut' aller Vorurteile zu entledigen wußten?

Verfeinerung und Verfall: es ist, als ziehe das eine das andere mit einer gewissen Notwendigkeit hinter sich her. Die Kunst nicht nur, auch ein gewisses Maß an Selbstachtung bestünde darin, eine Mitte zu finden, die im Gleichgewicht zu halten vermag. Beim Tanzen etwa einer schleppfüßigen *Valse triste*.

Hyperbolisches

Im Gegensatz zu dem grob wirtschaftlich motivierten Stadium der physischen Ausbeutung des *Negers* und selbst zu dem patriarchal-philanthropischen Stadium der Erziehung des *Eingeborenen* besteht die Verfeinerung des dritten Stadiums unter anderem auch in beruflicher Zusammenarbeit. Es gibt einen Ast des dritten Stadiums, auf welchem nebeneinander Frauen und Männer, schwarz und weiß, gemischt wie eine Klaviertastatur sitzen – das Kollegium einer Universitätsfakultät etwa, eines Krankenhauses, einer Verwaltungsinstitution. Es bewegen sich (von hierarchischen Strukturen allgemeiner Art abgesehen) Gleiche unter Gleichen: gleich an Bildung, fachlicher Kompetenz und entsprechendem Selbstbewußtsein. Hier herrscht Verfeinerung im Blick auf Gegebenheiten des objektiven Geistes. Daß es, wie überall sonst auch, kräftig dazwischenmenscheln kann; daß die Weißen als solche, so Mann wie Frau, die Ranküne, das Ressentiment der einstigen Kolonisierten und nun nicht selten Vorgesetzten zu spüren bekommen: es kommt vor.

Vielleicht wäre darüber hinaus denkbar ein weiterer Ast, auf welchem weder eine blauäugig Faszinierte schaukelt, noch eine Realistische mit beiden Beinen bis auf den Boden reicht. Ein nicht zu krummer Ast, ermöglichend ein vorsichtiges Balancieren auf der Suche nach – der Muse etwa. Ein Bedürfnis abseits von tropischen Treibhäusern und akklimatisierter Nüchternheit würde sich bemerkbar machen, schwebend wie über Narzissenwiesen in platonisch-platinweißem Mondenschein. Etwas Hyperbolisches, über sich selbst hinaus Strebendes, die Asymptote naheliegender Möglichkeiten nie berührend. Etwas, das einem zu Vorbildlichkeit verpflichtenden Dasein im Rahmen eines anspruchsvollen Berufs einen Veilchenhauch Poesie beimischen würde. Könnte einer Europäerin in Afrika bei einem solchen, von tänzerischen Anwandlungen und allerlei schönen Illusionen heimgesuchten Balancieren etwas begegnen, das vexierbildhaft der Muse nahe käme, die Melancholien und Irritationen einer *midlife crisis* bekämen einen subtileren Sinn. Die Gedankenkarawane hätte das Ziel erreicht.

Zurück zum Anfang

Das eigentliche, von der späten Muse angeleitete Schreiben könnte beginnen im Rückgriff auf ein Traumbild, welches sich mühelos von hier nach dort in die Morgenfrühe nach nächtlicher Rückkehr vom Dreiweg übertragen läßt:

...durchsonnter Wolkendunst: ein Raum so hoch und hell, wie es die Räumlichkeiten eines alten Fachwerkhauses im Regenwald nie waren. Nicht einmal dann, wenn das wasserkühle Licht der Übergangszeit den Campus überflutete und bis zur Veranda emporstieg. – Warum war die längst verlassene Behausung im Traum so groß, so leer und von Glanz erfüllt wie ein Spiegelsaal in europäischen Rokokoschlössern? Die Fenster standen weit auf, pastellene Blümchenvorhänge wehten; sonst war da nichts, kein Bett, kein Tisch, kein Schrank, und hindurch ging ein Wind, ein wohlig warmer, fast wie Harmattan, und ein heller Schatten schwebte her und hin, bald in langen Schleppgewändern, sepia, umbra, mauve, bald in stahlblauer Prinzeßrobe mit Silbermäandern längs schwingender Säume, glitt dahin mit geschlossenen Füßen, erhobenen Hauptes, die Augen voller Traum, am Wimpernrand ein Tropfen tristesse...

Das Traumgesicht hat veredelt. Es hat ein altes Haus im Regenwald leergeräumt von wurmstichigem Urvätermobilar, reingefegt von Moder und Mühsal und zu etwas wie einem Saal mit Parkett und Einladung zum Tanz verwandelt. Zu einer Bühne für neuinszenierte Auftritte von einst? Für den Versuch, die Versuchung verfeinerter Selbstdarstellung? Das nächtliche Traumbild, unerfunden, aufgestiegen angesichts eines grauen Aktenordners: ein Wink aus dem Unbewußten? Der Kreis schließt sich. Das Traumgesicht hat bestärkt in dem Unterfangen, einem beträchtlichen Teil dessen, was einst, vor dreißig Jahren, in wirrer, wilder, überwiegend struppiger Ur- und Ungestalt zu Papiere kam, möglichst ohne Verfälschungen eine schönere Gestalt zu geben. Die großen Linien, das Eigentliche und Entscheidende, es soll bewahrt bleiben: eine Lichtung im Regenwald Afrikas; ein Ehegehäuse, die Krise der Lebensmitte und ein Tagebuch als Spiegel, als Heul- und Heilmittel auf der Suche nach der Muse beim Tanzen einer *Valse triste*.

Zurück in eine Hütte für die Muse in den Bergen von Lah.

Bereits am ersten Tage nach der Rückkehr vom Dreiweg ist auf einer alten Schreibmaschine mit neuem Farbband der erste Entwurf einer Beschreibung der Lichtung im Regenwald skizziert worden. (‚Der Name des Dorfes sei Nza'ag.') Was wäre hinzuzufügen? Schön und sinnvoll erscheint es, des Lebens beste Jahre in solcher Umgebung zu verbringen. Ein halbes Jahrzehnt, erfüllt mit beruflichen Pflichten in schönstem Gleichgewicht mit innerer Neigung und einem Ehegefährten auf gleicher Ebene. Ein halbes Jahrzehnt lang geht es trotz unterschwellig mitgeschleppter Verwundungen und Schwierigkeiten gut. Das ganze Spektrum europäischer Kulturgenüsse – Theater, Konzerte; Museen, Vernissagen, Symposien, Parties; Feuilleton, Studienreisen; eine Villa in schöner Hanglage bauen, Karriere machen – nichts davon wird vermißt. Allenfalls und allein die Möglichkeit zu tanzen. Zu denken und zu reden gibt es genug im Umkreis täglicher Geistesbeschäftigung; mit Unterschwelligem sich zu befassen, tut weniger gut; als Freizeitbeschäftigung bieten sich dem einen Feldforschung, der anderen liegengebliebene Wissenschaft an. Die afrikanischen Kollegen pflegen ihr Familienleben, bauen sich ein Häuschen oder ihre gesellschaftlichen Beziehungen aus; die weißen Nachbarn erziehen ihre Kinder. Alles geht seinen gewohnten Gang durch Regen- und Trockenzeiten.

Eines Tages indes, knapp vor Vierzig, beginnt es zu flackern. Trübsinn, Gereiztheit und Ratlosigkeit – die Krise der Lebensmitte kündigt sich an. Das Tagebuch nimmt an Umfang zu.

Dreißig Jahre später. Auf einer geisterhaft alten Schreibmaschine beginnt es zu schreiben. Es beschreibt, was gleichzeitig unter einer Dachschräge in Europa über den Bildschirm und durch einen Drucker läuft:

Die kleinen Szenen in Nza'ag
Wo die Fremde, die Frau, die *fraternal*
der *midlife crisis* oblag…

Verfeinerung
und das Phantom der Muse

Das erste Jahr

‚Aller Glanz bröckelt ab ...'
Rückblick

Die Krise der Lebensmitte - unterschwellig war sie herbeigeschlichen (vielleicht schon seit dem Aufbruch nach Afrika). Plötzlich, mit einer unerwarteten Frage, war sie da und blieb, dumpf bedrückend, quälend. Sie erreichte schmerzhafte Höhepunkte in dem Jahre, das in der großen Welt, auf der innerpolitischen Ebene der westdeutschen Republik, mit einem Geiselmord, drei Selbstmorden und allgemeiner Hysterie in Erinnerung blieb (die Maschinengewehre im Anschlag auf dem Flughafen, beim verspäteten Rückflug aus dem Heimaturlaub). In der kleineren Welt des Bekanntenkreises waren Tote bei einem Flugzeugabsturz zu beklagen (auch ein ungeborenes Kind war darunter); in der engsten der Welten, auf ehelicher Ebene, trieb es in verquältem Erwägen von Für und Wider auf eine Entscheidung zu, die in einem Verzicht das Vernünftigere zu erkennen glaubte. Die Stimmung war unfroh, lange ehe eine *Valse triste* die Farbe des Daseins aus tieferem Trauerschwarz ins Malvenfarbene hinüberspielte. Ein Tagebuchmonolog vom 18. März 1978 grübelt dem inneren Ungenügen nach.

- Was fang ich an? Aller Glanz bröckelt ab von diesem Leben. Was hab ich hier? Ein Lesezeichen, gewebt aus Ashantifarben, Chr's Foto, ein Zweiglein Thuja aus dem Grasland, erinnernd an Sokratisches der ersten Jahre in diesem Campus, Jünglingsglück am frühen Nachmittag. Auch vorbei. Ich lie- (im Präteritum) - was heißt das schon. Ich hing an dem Gehangel, ich hatte etwas, wohinein ich mich verkriechen konnte. Etwas wie ein Webervogelnest. Der äußere Frieden ist wahrlich ein großes Gut und Gottesgeschenk. Aber wo sind die Höhepunkte des Daseins, und wohin verliert sich alles Schöne, das gewesen ist? Von Chr konnte ich einst Verstehen erwarten. Nun geht es, wie es gewöhnlich geht. Jeder geht seines Weges.

Ein großes Faszinosum weiß ich, aber den Namen nicht. Es ist etwas Insichgekehrtes. Ein Abglanz, die Fülle im Mangel. Wortloses, Erahntes. Eine Art participation mystique, fern von Betastbarem, rein und allein im Seelischen beheimatet: da ist die wahre Leidenschaft und das wahre Absolute. Was hat der Geist für einen Teil am Leiblichen, außer der Lust an seinem Untergang? Da, wo die Energie als Spannung erhalten bleibt; das Seil des Seiltänzers sich spannt - da entlang. Der Komödiant von Bethabara hätte verstehen können. Chr verstand auch, aber Falsches. Erinnerte sich und mich an ‚Le bonheur'. Auf diesem Kontinent hier versteht keiner. Hier mag Schönes, Halbwildes oder Halbgezähmtes begegnen. Das ist auf anderes aus. Hier versteht sich keiner auf eine Seelenkomödie, auf ein Spiel in schöner Unverbindlichkeit - so weit es denn möglich ist und nicht irgendwann doch umkippt. Kg, der Jüngling, war einen langen Brief und eine lange und abenteuerliche Reise wert. Sogar die Muse ließ sich sehen; in ihrem Halbschatten entstanden ein paar Gedichtlein, die noch auf wackeligen Versfüßen stehen. Zu einem Roman reicht es nicht. Der eine Sommer für den reifen Gesang, der will nicht kommen. Es fehlt etwas. Ich warte. Ich stehe auf der Kippe und habe Angst, nach der falschen Seite zu kippen. Niemand kann mir die Entscheidung abnehmen, auch Chr nicht. Ich sehe die Tage kommen und gehen und werde müde.

Das war wenige Tage vor dem Karfreitag, der schriftlich Rechenschaft gab über Für und Wider im Hinblick auf eine endgültige Entscheidung.

Dann kamen die Regenzeit und der Flug in den europäischen Sommer, wo mit hinreichender Verbiesterung, würgend durch Urtexte, Literarkritik und Hypothesen, ein Stück Wissenschaft in den Griff kam. Ein Unternehmen, das, nach einem Jahr und ersten Begegnungen mit einem Musazeengrün, ein ganzes Freijahr in Europa erfordern sollte – jenen Schritt zur Seite nach dem Anheben einer *Valse triste*, die am Ende des ersten Jahres dazu drängte, eine altbekannte Melodie und einen sacht aus dem Takt schwankenden Rhythmus in Ölfarbe auf Pappe umzusetzen. Tags darauf entdeckte sich in einem frommen Blättchen etwas, das einen Weg aus uneindeutig schwebenden Möglichkeiten herab auf festen Boden unter den Füßen wies. Fast ein Jahr sollte es dauern, bis *clare et distincte* vor Augen stand, in welcher Gegend über dem Horizont der Lebensmitte neuer Glanz und das Lächeln der Muse im Aufgehen waren.

Über malvenfarbener Wüste
Auftakt

Nichts kommt aus dem Nichts. Nichts vergeht spurlos. Manches taucht auf als Nachklang, manches als Vorschattung, manches als beides zugleich. Sollte es nicht ein Zeichen sein, daß etwas unterschwellig noch lebendig ist?

Nachklang sicherlich und Vorschattung vermutlich war, was unterwegs von Europa Richtung Äquator, Ende September 1978, beim Alleinflug zurück aus dem Privaturlaub (im blauen Nebenzimmer der Mutter, Tage und halbe Nächte an der Schreibmaschine, *Work, for the night is coming*, Wissenschaft auf Zweiundvierzig zu) als ‚Phantom' auftauchte: Nachklang der Komödie von *Bethabara*, Vorschattung kommender Tagträume im langsamen Rhythmus einer *Valse triste*. Die Erscheinung über den Wolken (lichtgrauer Blick, schwarz umwimpert und von angenehmer Losgelöstheit, das Gegenüber nur flüchtig streifend) bewirkte, daß eine verschwebend nachklingende Gemütslage Ausdruck in Worten fand –

– *Wenn ich nur deines Lides Dünung erinnern darf / Im Viertelprofil über malvenfarbener Wüste* –

ein vorletztes Gedicht deutete sich an, kündend von Bescheidung, Anspruch erhebend auf Weniges: eine Erinnerung wie Narzissenduft, der nächtens durch verwildernde Gärten geht...

Schweren Schrittes ging bei der Ankunft vorüber fremdes Schicksal, offiziell verabschiedet am Flughafen, ein Jahr nach dem Unglück, dem Absturz, dem Tod im Nebelwald. Ein wie schwerer Eimer aus wie tiefem Brunnenschacht müßte hochgezogen werden, um auch nur andeutend dessen zu gedenken, was das voraufgegangene Jahr belastet hatte, Entscheidungen fällend für den Rest des Lebens – es soll bleiben wo es ist. Wer kann des anderen Last tragen zu der eigenen hinzu? Wer kann leben ohne vergessen zu können?

Rückkehr ins Ehegehäuse nach zehn Wochen Abwesenheit. Äpfel und Rosen als Mitbringsel. Eine gewisse Traurigkeit und Dankbarkeit desgleichen. Auch hier ist weniges viel und mehr soll es nicht sein. Zu müde, das Moskitonetz herabzulassen, des Nachts spät in einem Gästehaus der Hafenstadt. Am nächsten Tag mit dem Landrover hinauf nach Nza'ag. Möge alles gehen wie bislang. Jeder Abgrund schreckt zurück ins Alltägliche. Wer wollte mehr wollen, oder gar das Besondere mit einem Anhauch von Mittsommer und Romanreife?

Die flüchtige Begegnung mit dem ‚Phantom' über den Wolken zeitigte indes ein weiteres Gedicht aus dem Zyklus *Bethabara*, wenige Wochen später, als bei einer Geselligkeit ein Pflichttanz zu absolvieren war und das autochthone Gehoppel sich als gar schales Vergnügen erwies. Da, auf einsamem Heimweg unter dem vollen Mond, verdichtete es sich noch einmal: *Von allen ungetanzten Tänzen blieb / Nur dieser eine –* Es schaukelte auf den Wellen melancholischer Erinnerungen an dionysische Tanzekstasen in festlichem Abschiedsrahmen, damals, umblutet von Junirosen, ertrinkend in Lindenduft; an ein Solo, dargebracht einer Verzichtenden, wie gelähmt an den Rand Gerückten, im Inneren Hingerissenen. *Die Jahre und die Fernen reihen sich / Um deinen Tanz, der in der Mitte steht, / Erstarrt zum Diorit des Augenblicks.* Es war der Komödie letzter poetischer Seufzer.

Es wollte sich fortan trotz wiederholter Aufwallungen nichts Sagbares mehr ergeben. Das herkömmlich verdoppelte andere Glück, es hatte, drei Jahre nach Bethabara zu Besuch weilend in Nza'ag, auf der vorderen Veranda gesessen, und die Muse war in den Busch entwichen. Drei weitere Jahre sollten vergehen; das eigene schwierige Glück vollendete sich nicht ins Herkömmliche; das andere, vollendete, zerbrach. Wie seltsam, im nachhinein zu erfahren, daß an demselben Oktobertage, an welchem unter Palmen ein erster Schimmer von Musazeengrün sich zeigte, weiter westlich am Abendstern vorbei vom Äquator nach Norden hin das Urbild des ‚Phantoms' und all dessen, was noch immer und vergeblich literarischer Vollendung harrte, endgültig zurück nach Europa flog.

Das Phantom der Muse
Vorschau

Nichts kommt aus dem Nichts. Nichts vergeht spurlos. Nur die Worte fehlen bisweilen, dem Kommen und Gehen und der Erinnerung an das, was war, Gestalt zu geben. Die flüchtige Begegnung über malvenfarbener Wüste glich einem Wetterleuchten aus fernen, schallgedämpft an einander vorüberziehenden Hochsommergewittern. Der Augenblick verdichtete sich zur Erscheinung, zu einem Phantasma, einem Phantom der Muse, die weniges gewährte und sich wieder entzog, um sich hinter einer Maske zu verstecken, die aller Erwartung spottete.

Im nachhinein möchte es scheinen, als verdankte sich die *Valse triste* im Regenwald dem kaum bewußten Wunsch nach einer Wiederholung nicht, wenigstens jedoch nach einem dünnen Aufguß und bescheidenen Schattenbild dessen, was da gewesen war. Jede kurze Einkehr in das altehrwürdige ‚Haus des Übergangs'; die wenigen Begegnungen, und es waren in alle den Jahren nur zwei, ließen Vergangenes wieder aufleben; die schwarzschattenden Kastanien wußten davon, die Laubengänge flüsterten es weiter, und die Dielen in den oberen Stockwerken knarrten wie einst. Alsdann versank der Regenwald samt allem ‚innerseelischen Firlefanz'. Jedesmal von neuem ließ Bethabara Vergangenes als große Sinfonie aufrauschen. Die stumme Zwiesprache auf gleicher Ebene der Bildung und der Gemütsverfassung, vor gleichem Traditionshintergrunde ein filigranes Spiel der Bedeutungen ermöglichend: wie versponnen, wie naiv war die Erwartung, etwas dergleichen, selbst in ermäßigter Form, könnte im Regenwald Afrikas begegnen? Selbst eine Lichtung war nicht licht genug...

Die Suche nach der Muse: im Arm ein Bündel Dichternarzissen, in der Linken einen Pinsel, die innere Landschaft anzumalen mit einem Mischton aus leise verblutendem Leben und blaßblauen Tagtraumschatten (ein pastellener Zwischenton, malvenfarben wie die Sahara aus zwölf Kilometer Abstand Richtung Unendlichkeit mit Fensterplatz und dem gleichförmigen Continuo der Turbinen), führte weit ins Abseits. Sie führte nicht ins Umsonst. Nach dem ersten Jahr im Regenwald waren die ersten Gesänge *Bethabara* entstanden, nach einem weiteren nur weniges mehr, inzwischen abgelenkt von Näherem. (*A few words only, but exquite...*) In der Schublade lagen, von den Kakerlaken angefressen, unvollendet lyrische Gesänge. Zwanzig Jahre mußten vergehen, ehe die Muse geruhte, die Fragmente einer umfänglichen Trilogie einzufügen. Mit einer *Valse triste* im Regenwald sollte es schließlich ähnlich gehen.

Die Muse: eine unterschwellige Obsession. Etwas, das bisweilen einer Schwimmblase glich, bewahrend vor dem Untergehen im Alltagstümpel. Oder auch einer Seifenblase, schaumgeboren, aufsteigend ins *Lichte*, *Leichte*, *Goldgestreifte*. Mochte es fürs erste und für lange nicht die herkömmliche, die genuine Muse sein. Mochte es nur ihr Phantom sein, ein frustgeborenes Trugbild, ein Etwas aus Lebenshunger und Sprachverlangen. Das Phantom der Muse, es war wirklich selbst als Trugbild – ist nicht wirklich alles, was etwas bewirkt?

Das poetische Echo auf die Flüchtigkeit des Erblickens eines ‚Phantoms' über den Wolken (*Wenn ich nur...*) deutete an, wie lebendig Sehen und Suchen nach verinnerlichtem Abenteuer waren. Es ging nicht um das Erlebnis an sich und um seiner selbst willen. Es ging um die Vorstellung, das Erleben samt allem Leiden, festgehalten im Tagebuch, könnte sich eines Tages als Rohmaterial für die Muse erweisen. ‚Es soll doch Literatur daraus werden': die Tagebücher wiederholen es wie eine Beschwörung, bisweilen auch wie eine Rechtfertigung im Blick auf ein Driften an den Rand dessen, was vor dem eigenen Gewissen verantwortbar schien. Das Tagebuch als Zeuge: es zeigt nicht nur eine Narzisse im Regenwald; es war auch nicht nur Therapeutikum. Es war ein unterschwelliges Warten auf die Muse. Über dem Zusammengescharrten aus unaufhörlich vergehendem Leben schwebte wie ein metaphysischer Trost die Hoffnung, es werde ‚irgendwann' sich ‚etwas daraus machen lassen'. Das Phantom der Muse, über eine Lichtung im Regenwald hin auf unhörbaren Saiten eine *Valse triste* begleitend, werde eines Tages die Maske abwerfen.

Ein Musazeengrün
Übergangszeit

Oktober
Der Tulpenbaum blüht

Rückkehr ins Gewohnte. Die Tage vergehen, alles gleitet in die alten Geleise. Alles ist, wie es war. Die kühle Düsternis der abebbenden Regenzeit liegt träge auf den grauen Brettern der Veranda; drinnen riecht es muffig. In der Küche wirtschaftet brav der Koch; über dem Haus steht der Berg, der schöne, um dessen Schultern sich bei jedem Aufblick eine dunkelgrünseidene Stola der Bewunderung schmiegt. Vor dem Haus liegt kurzgeschlagen der Rasen; in steinernem Brunnenbecken, Relikt aus Zeiten, als es noch keinen Wasserhahn im Hause gab, blühen goldbraun verwildernde Tagetes; über das zerfallende Gatter zur Dorfstraße hin wölbt sich purpurviolett die Bougainvillea, darüber wuchtet seine Laubmassen ein schwarzer Thuja; seitwärts gen Westen stehen Eukalyptusbäume, darinnen bisweilen der Abendstern nistet. Im Arbeitskabinett liegt auf dem Schreibtisch das Tagebuch bereit für Stimmungsbild, Rückblick und Fragen an die Zukunft.

Noch einmal vorm Vergängnis...

Montag, 2. Oktober. *Der Berg dämmert vor sich hin, wolkenverhangen. Trüb und traurig fängt hier alles wieder an. Alte Wunden brachen auf, als man beisammen saß, am Kaminfeuer nebenan; denn es ist kühl. Resigniert-böse Bemerkungen kritzelten sich wie von selbst ins Protokollheft einer Dienstbesprechung und blieben ungesagt. - Wo bin ich? Seit zwei Tagen wieder da und doch nicht da. Auch nicht da, wo ich irre zehn Wochen lang war. Erst die Misere in der Mutterhöhle, am Rande eines Nervenzusammenbruchs, vierzehn Tage lang. Dann die irre Arbeit, den ganzen August hindurch, am Rande eines Formulierungsrausches, in der Sonne auf der Terrasse, mit weißem Klee im Gras. Nachmittags Kaffee, abends Wein, und die vielen Rosen. Und ich schrieb und schrieb, wie eine Irre eben. Dann noch ein paar friedliche Septembertage; Spaziergänge durch Obstwiesen und Weinberge, mit der Mutter. Eine Reise nach Bethabara, wo ich das Schöne und Vergangene suchte und statt dessen der Alptraum einer unerlösten Gegenwart mich verfolgte. Es ward mir kein Heilsorakel zuteil. Könnte ein Freijahr, könnte die Wissenschaft die Krise beenden, die Dinge zum Besseren wenden? Mögen die vergangenen zweieinhalb Jahre einem gnädigen Vergessen anheimfallen. Dieses Hin- und Herschieben der Entscheidung, die Gereiztheit und Labilität, das Briefeschreiben von einem Zimmer ins andere, weil das Reden unmöglich wird. Und dann wieder das Dahinvegetieren ohne Ziel, ohne Inhalt. Ich brauche das Tagebuch nur irgendwo aufzuschlagen, im März etwa, am achtzehnten...*

Und nun? Wird alles so weitergehen nach dem Irgendwie-Prinzip? Chr mit seiner Feldforschung beschäftigt, ich mit meinem Midlife-Crisis-Konglomerat? Ist das Würgen um die letzte Entscheidung vorbei? In Bethabara las ich Benn: ‚O Nacht, ich nahm schon Kokain /.../ Noch einmal vorm Vergängnis blühen.' Es heißt ‚Vergängnis'; ich las ‚Verhängnis'. Wo ist mein Kokain? Ich möchte ein neues Leben anfangen.

Zwei Wochen vergehen

Die erste Woche verging. Nza'ag lag tief in Nebel- und Regenwolken. Mann und Frau saßen beim Kaffee, redeten ein bißchen mit einander und fühlten sich ‚im Mülleimer'. Halbzeit. Noch vier, fünf Jahre, dann geht das Abenteuer Afrika zu Ende. Die erste Dienstbesprechung fand statt und ein Empfangsabend ‚in aller Glanzlosigkeit'. Die Neuen, ein Häuflein klein und erstmals der einzige Nachwuchs im Campus, zwischendurch lustlos in die Bücherei eingeführt, stellten sich vor; mehrere kamen aus dem Grasland. Eine deutsche Kollegin, wenig älter, ledig, kam ebenfalls aus dem Grasland und übernachtete im Arbeitskabinett. Der grüne Salat und eine Pampelmuse, seltene Genüsse, mitgebracht von der Küste, wurden von offiziellen Gästen ‚weggefressen' – erstaunlich, was das Tagebuch alles weiß. Was es nicht wußte: das Phantom der Muse, ihr Vexierbild, Schatten, Maske oder was auch immer, war bereits um den Weg, herabgeweht aus dem Grasland...

Die zweite Woche brach an. Als Vorbote der Übergangszeit wölbte sich ein glasklarer Himmel über dem Campus und dem Bergland im Südwesten. Das ist notiert; sonst nichts. Was in der Woche *vor* dem zweiten Montag im Oktober sonst noch im Campus umging, mußte im nachhinein mühsam und verwundert aus dünnen Erinnerungsspuren zusammengelesen werden: die Art und Weise, auf welche das Phantom der Muse sich ins Bewußtsein eingeschlichen hatte.

                In welch fragwürdiger Gestalt…

Sicherlich kam es durch die Labyrinthe des Unterbewußtseins, darinnen noch das ‚Phantom über malvenfarbener Wüste' geisterte (aus welchem, wie verräterisch, nach so kurzer Zeit im Tagebuch bereits ‚ein junger Priester' geworden war; zweifellos eine Verschiebung: ein älterer Salesianer, dreißig Jahre Dienst im Kongo, hatte ein Gespräch begonnen und derart, im Verein mit dem Zauber der Wüste, immer wieder von dem ‚Phantom' in Zivil abgelenkt). Heimlich aus Unterschwelligem also kam es, und wie raffiniert (*verfeinert*!) ließ es sich ablenken auf anderes, Ansehnliches, auf eine geradezu elegante Erscheinung hin! (Wer, in Klammern – doch nicht die Muse! – hatte sich da einen Seehundschädel übergestülpt und einen Bauch vorgeschnallt, um, über das Verandagatter vor der Küchentür gelehnt, Almosen einzusammeln für das Gemeinwohl und bei der offiziellen Vorstellung am Abend eine Verbeugung zu wagen, die beinahe vornüberkippte, während quer durch die Empfangshalle aufs Podium zu deutlich Namen und Herkunft bekanntgegeben wurden? Es blieb schattenhaft im Hintergrunde. Es verlief sich ins Blaßlilafarbene, als hätte Bescheidenheit oder ein Mangel an Mitteln sich in eine alte verwaschene und zu knapp sitzende Jeansjacke gezwängt.)

So oder ähnlich müßte es gewesen sein; die Spur davon ließ sich im nachhinein noch leidlich aus der Erinnerung klauben. Merkwürdig erscheint einzig, daß das Tagebuch, sonst so geschwätzig darauf bedacht, jedes Krümelchen aufzupicken, nichts weiß von alledem. Eine ganze Woche lang spazierte da etwas am hellichten Tage umher, in der Tarnkappe der Latenz gewissermaßen, ohne auch nur einen kleinen Zeh über die Sprachschwelle zu setzen. Es war, als drückte es sich, wenn ihrer alle beisammen saßen, ins linke hintere Eck, um aus diesem Winkel heraus sich bemerkbar zu machen – wie durch eine Halbmaske hindurch. Vielleicht durch bloßes verdrucktes Dreingucken, mißtrauisch, abwartend? Sickerte etwas davon hinab ins Unbewußte? Etwas, das ein Abwägen bis in die Mitte des Monats hinzögerte? Inzwischen begann der Tulpenbaum über der alten Kapelle zu blühen.

Kleine Szene 1
Musazeengrün mit Tisch dazwischen

Es kam der Montagnachmittag, an dem es aufstieg und dastand. Ohne Tarnkappe. Ohne übergestülpten Seehundschädel, ohne vorgeschnallten Bauch. In ein locker von den Schultern zu den Hüften fallendes Musazeengrün gehüllt stand es da. Reglos. *Demure*. Ein Gong ertönte. Ein voller, runder, hell umrandeter Tiefton aus dunklem Gold. Die Regale ringsum erbebten sacht. Die Lamellen der Fenster klirrten leise. ‚In addition, the catalogue boxes need revision.' ‚Yes, Na'any.' Der breite Tisch der kleinen Bücherei schob sich dazwischen. Der Vorhang fiel. Das Züngleich an einer Waage schwebte noch vier Tage lang unentschieden waagrecht.

Erwartetes war unerwartet *erschienen*. Im Gegenüber zu strengen Nadelstreifen im Graublau eines ausgewaschenen Polohemdchens stand es statuenhaft, aufrecht und linienscharf wie eine gemeißelte Hieroglyphe. Breit und kleidsam offenbarte sich ein festlich leuchtender Farbklang: in nordischen Gegenden einem kühlen Apfelgrün vergleichbar. Im afrikanischen Regenwald dem kaum entrollten Blattgrün tropischer Musazeen. Es war der Augenblick in seiner Unerfindbarkeit, zurückhaltend ehrerbietig, aufmerksam, leicht ins Träumerische verschoben, ein *moment lyrique*. Etwas, dem sich späterhin Gedichtähnliches verdanken sollte (*taciturn, quadratisch, epiphan*) und das erste Gemälde, Öl auf Pappe, eines Triptychons.

Ereignet hatte sich eine Szene ohne Größe, ohne Nil und ohne Lieder; eine kleine Szene zwischen Büchern und Regalen mit einem Tisch dazwischen. Jenseits stand ein würdiger Ernst, verhalten, wortkarg, in höflich distanzierter Aufmerksamkeit Weisungen entgegennehmend. Diesseits des Tisches war jenes fast unhörbar irrationale Klirren zu vernehmen gewesen, und eine Augenbraue hatte sich gehoben, leise irritiert.

‚Wenn es ein Roman wäre…'

Es hatte sich etwas vorgestellt in der formlosen Form einer Möglichkeit. Es mutete seltsam abgehoben an. Es drängte sich (trotz des visuellen Eindruckes einer Art von Grün-Epiphanie) nicht auf. Warum wohl? Vermutlich, um der Freiheit einer Wahl nicht im Wege zu stehen. War es nicht gut ausgedacht? Drei Tage später führte sich nämlich wie zu Prüfungszwecken eine andere Möglichkeit vor: schlank und schmalschädelig, mit dem intellektuellen Flair einer Brille (vermutlich Fensterglas), um den Hals einen weißen Schal drapiert. Sehr lebhaft und gewandt trat der Nachzügler auf, selbstbewußt, geradezu dandyhaft weltgewandt und mit großen, neugierigen Augen.

Angesichts der Neuerscheinung deutete ein unsichtbarer Finger seitwärts: und nun sieh dir das da drüben an! ‚Das da' ging in einiger Entfernung vorüber – nein, es ging nicht. Es stelzte durch das Gras wie ein Marabu durch seichte Tümpel, dünnbeinig, dickbäuchig, rundköpfig, breitschultrig, sackartig, ohne Hals und ohne Schal, würdig, aber unschön, nahezu grotesk. Ohne Gong, ohne grün-goldene Aura, ohne die Zufälligkeiten einer kleinen Szene mit Tisch dazwischen – einfach so schob ‚das da' entlang.

Die Entscheidung vertagte sich auf den nächsten Morgen. Am Abend zuvor hatte sich ein öffentliches Erfolgserlebnis mit Wandtafel und Kreide ergeben. Ein erster Aufschwung zu neuen pädagogischen Taten. Am Morgen drauf am Frühstückstisch gab das Tagebuch endlich unvermittelt Laut.

Wenn es ein Roman à la Thomas Mann wäre (gerade ‚Die Betrogene' zu Ende gelesen, recht lehrreich; es könnte bewahren vor Illusionen. Aber was ich suche, ist ein Mittel zum Zweck; eine Inspiration, um dem Dasein einen inneren Sinn zu geben zu dem höchst ehrenwerten äußeren hinzu) - wenn es also ein Roman wäre, dann könnte er folgende Passage enthalten: <Beim Frühstück, zwischen Räucherkäse, Zwiebeln und schwarzem Pfeffer, entschied sie (die Heldin) sich für die ruhige Würde eines Marabu. Die Dandy-Variante in ihrer Gewandtheit machte alles zu einfach und war dazu angetan, schnell langweilig zu werden. Das Marabuhafte versprach mehr Charakter und Geheimnis. Es hielt stand mit klarem, distanziertem Blick, ohne sich etwas zu vergeben, ohne etwas zu wollen, mit einem leichten Anflug von Verträumtheit - oder Befremden? Oder Verwunderung wie vor etwas Neuem, so noch nicht Erlebtem? In sich gesammelt, bedachtsam, langsam, nahezu statuenhaft des Kommenden harrend.>

‚Wenn es ein Roman wäre...' Es warf sich kein Schicksal in den Weg. Was da zu haben war, es war herbeigewünscht mit kühler Zweckbestimmung. Noch ehe die eigene Wissenschaft über die Runden gebracht war, geisterte das Phantom der Muse umher, der versinnbildlichte Wunsch nach etwas, das über den Beruf hinaus der eigenen Entelechie entsprechen und der Feldforschung des Kollegen und Ehemannes gleichwertig sein sollte. Das Widerfahrnis in Grün, es war, wenn auch im Konditional, einem literarischen Zweck geweiht. Daß alsbald etwas Therapiebedürftiges daraus werden sollte, wer hatte das gewollt?

Der Tulpenbaum

Es war Mitte Oktober. In der Krone des Tulpenbaumes drehten und schälten sich die Blüten aus den prallen Knospen und entfalten sich zu prunkhaften Kelchen, daraus ein dunkles Orangerot flammte. Der Wipfel stand wie in Flammen. Nichts hinderte, von der Veranda aus den Blick wie eine hungrige Krähe oder eine neugierige Elster hinüberfliegen zu lassen, um sich sattzusehen an der Pracht, die Augenweide abzuweiden bis die Weile lang wurde oder der Kollege Ehemann sich wunderte. Der Tulpenbaum nahm jegliches Anstarren gelassen hin.

Es sei denn – ein Musazeengrün

Hin gingen die Tage mit gewohnten Pflichten am Vormittag, am Nachmittag mit Erholungsschlaf, didaktischen Vorbereitungen, abendlichen Spaziergängen zusammen mit dem Kollegen Ehemann. Es war, als wäre nichts gewesen. Die kleine Szene No 1 – ein Gong, gewiß, aber alsbald auch wieder verklungen. Selbst die romaneske Entscheidung im Hinblick auf etwas wie einen ‚Marabu' – ein Achselzucken. Es war, als läge das Leben verschüttet unter dem Geröll der Krisenjahre und den Ermüdungsfolgen der voraufgegangen Geistesarbeit.

Ich steige wieder hinein, indolent, ohne Spannung, ohne Lust, ohne Unlust, wie in ein lauwarmes Bad, docendo; bald leise und sanft, bald laut und energisch, je nach Thema, je nach Stimmung. Alles ist harmlos. Es sei denn...
Die Wissenschaft lag brach, aufgeschoben.
Ich werde es wieder packen, wie man eine Reckstange packt, um sich nach oben zu ziehen in einem Klimmzug: in einem Jahr um diese Zeit. Aber jetzt, aber hier? In dieser Zwischenzeit, in diesem Regenwald, unter diesen Neuen?

Im Tagebuch ein paar Impressionismen:
Wo nichts ist, kann man sich immerhin an einen Farbton klammern oder Trommelklängen nachhangeln. Die Freitagabende, wenn fromm die Arbeitswoche ausklingt, sie haben etwas für sich. Das Hineinsteigen in volltönenden Männergesang. Zu entdecken, wer an der großen Trommel sitzt. Ein Sichvertiefen in die Dialektik von Nachtschwarz und Apfelgrün. Aber Äpfel gibt's hier nicht. Was gibt's hier? Banale Bananen. Musazeen. Es gleicht dem Grün frisch entrollter Bananenstaudenblätter. Ein sanft leuchtendes Hellgrün, kühl, edelsteinhaft. Ein exquisiter Kontrast zu kleidsam dunkler Pigmentierung. Weiß erscheint daneben nackt. Im Westen stand, als ich hinüberging, ganz tief der große helle Stern. Er stand über Accra. Wo ist das hin? Wohin vergeht alles, was einmal verwunschen und verwundend schön und traurig war? Was bleibt? Nur dieser Stern – ‚ein einziger großer Stern überm Dickicht der Tropennacht'. Da bin ich schon beim Selbstzitat. Und was ist hier noch zu haben? Zurückhaltung und fragendes Schweigen würden schon viele Bedingungen erfüllen. Was könnte hierzulande das Ziel verbleibender Lebenssehnsucht sein? Nichts. Es sei denn – ein Musazeengrün.

Die Tage vergingen. *Tonio Kröger* entlockte ein paar Tränlein, weil sich so gut nachempfinden ließ, was den Helden davon abhält, am gewöhnlichen Leben teilzunehmen. Wieder kommt der Gedanke an einen ‚Roman' und eine ältere ‚Heldin'.
Eine Gefühlsverwirrung würde ihr die Gewißheit geben, daß sie lebt und noch nicht ganz korrekt tot ist. Nichts Großes und Tragisches; kein Skandal. Banale Kleinigkeiten würden hinreichen zu distanziertem Genuß erlesener Gefühlsnuancen.

Kleine Szene 2
Taubenblau an einer Böschung

Ein Abendspaziergang durch das Dorf. Eine Schar kleiner Kinder sammelt sich um die Weißen; der Erwerb einer Bastmatte zieht sich hin. Die geistesabwesende Geduld der Gattin überläßt den Gatten der Lust des Feilschens. Längs der breiten, zerfurchten Straße zieht sich eine begehbare Böschung aufwärts. Oben steht oder erscheint von ungefähr ein Taubenblau, bodenlang und überhöht durch eine Art Fez. Ein Blick empor bleibt merkwürdig leer. ‚Oh, he looks like a Fon', ruft jovial der Gatte, die erhandelte Matte unter dem Arm, und stellt eine freundliche Frage nach oben. Ach, das ist doch - ?! Es ist ein Taubenblau. Warum nur ergeht die knappe Antwort so gefriergetrocknet seitlich an einem Feldforscher vorbei an eine Zerstreute? Nescafé? Eine Mischung aus Ehrerbietung und Argwohn, gänzlich ohne verbindliches Lächeln, stand da oben und sah herab. Zerstreutheit – was gehört sich hier? – stieg zwei Schritte schräg auf das Taubenblau zu und streckte eine Hand aus. ‚She did not recognize you,' lachte der Mann mit der Matte. Der mit dem Nescafé (eine kleine Dose), dem Fez und dem bodenlangen, feierlich strengen Gewand, sagte nichts mehr. Das Tagebuch ließ sich die Episode erzählen. Ein Kopfschütteln.

Was war das? Sonderbar. ‚Ein Schlitzohr', sagte Chr im Weitergehen. Verschlagenheit - wie? Warum? Chr, der Hellseher, wo ich selber noch im Dunkeln tappe? Wir hatten einen Abendspaziergang durch das Dorf gemacht.

Bazar-Impressionen

Was soll das nun wieder? Die grasgrüne Bluse, so gut wie nie getragen, ich wollte sie loswein. Sie kam in den Besitz des Besitzers eines musazeengrünen Kittels, und es kroch eine leise Überraschung über nackte Arme hin. Warum bloß? Hier steht alles frei zur Versteigerung. Grün zu Grün; vermutlich zieht diese Wellenlänge ihresgleichen an im ewigen Regenwaldgrün. Das war das eine, vorne und von vorn. Dann verschob es sich seitwärts, ungenau zwar; aber wiedererkennbar. Das kleinkindhaft Runde, oben frontal abgeplattet, unten energisch ausgeprägt; ganz untypisch schmal und beherrscht die Horizontale unter der Vertikalen; der Blick ruhig, bisweilen forschend und mit einem Anflug von Mißtrauen: das Ensemble hat sich bislang selten so ungestört als Studienobjekt dargeboten. Dennoch wagte ich kaum zu studieren. Ist es schon vorbei mit der Unbefangenheit? Sie hätte nicht lange gedauert. Wie und wann war das - etwa schon an jenem Montag: das Wühlen, vierhändig, in den Karteikarten?
Chr, zuweilen müde, guckt traurig verträumt drein, daß mir das Herze warm wird, das altersfröstelnde. Ich weiß, wo ich hingehöre, bin dankbar, fühle mich sicher im Käfig. Was ist es, das da zerrt und zehrt und noch etwas will - was? Keine Theatralik mit vielen Ahs und Ohs. Eher in sich gesammelte Ruhe, ein aufmerksamer Blick, schmal umrandet von einer Spur, die nach Schwermut schmeckt.

Kleine Szene 3
Grüner Tiger im Türspalt

Eines Nachmittags, schon glüht die nahende Trockenzeit, bedarf es der Nachhilfe für Unbedarfte. Kanonisches Griechisch. Die Tür steht eine Handbreit auf. Da ergibt es sich – ein inspirativer Augenblick. Das Tagebuch nahm sich seiner dankbar an.

Metamorphose. Draußen vor der Tür: kein Marabu. Etwas wie eine Wildkatze aus Bergwäldern, gezähmt auf Schulbänken. Es schritt einher, langsam, träge, geradezu majestätisch. Durch den Türspalt blitzte es herein - scharf und schmal umrandet. Als grüner Tiger wandelte es vorüber. Nur einen Türspalt breit ließ es sich blicken; in einem hellen Streifen Sonnenlicht: der Bruchteil einer Vision, ein Splitter smaragdener

Glanz, und drinnen, innen - hüpft ein aufgeschreckter Frosch in den Frühlingssalat, ein Herz in den Hals, und die Deklination von logos gerät ins Stocken. Wahrlich, es sprang mich an, schmal, verhalten, so viel Glanz versprühend zwischen den Lidern... Nun soll ich korrigieren und muß doch allererst sagen, wie schön es war, als das aufgeschreckte Fröschlein in den Salat sprang. Es war so lebendig. So dreht sich das Mühlrad der Tage, et sous le pont Mirabeau coule la Seine...

Erleben, um zu schreiben

Eines Morgens rauschten Buschmesser durch das Gras rings um das Arbeitskabinett. In kanariengelbem Trikot zeigte sich der Schöne, Schlanke und Dandyhafte; in knapp sitzender Jeansjacke ein würdig Langsamer und Schwerfälliger. Am Frühstückstisch hatte sich gelehrter Zwist über Kriterien der Religionsphänomenologie ergeben.

Da hüpft kein Frosch in den Salat. Es ist Unbestimmtes in mir. Ich möchte noch etwas erleben, aber schon in Abschiedsstimmung. Schreiben will ich, aber nicht aus dem Vorrat dessen, was andere gedacht haben, sondern aus eigenem Erleben. Allerlei groteske Vorstellungen blitzen auf wie Sternschnuppen und verglühen wieder. Ringsumher ist Jugendblüte versammelt, mit Buschmessern befaßt statt mit Büchern, um das Gras zu schlagen. Das mollige Mägdelein von nebenan ist auch dabei. Warum? Es stört. Was kaspert da drüben unter dem Lyrabaum herum? Ein Lilagrau neben einem Kanariengelb, abseits der anderen, als wüßten die beiden, daß nur sie zur Auswahl stehen. Das Lilagrau, von fern nicht ganz so ungestalt wie von näherem, frisiert das Fiebergras, von dem ich einst die erste Malaria bekam. ,Glänzende Geistesgaben' werden dem Dandy von den Kollegen bereits attestiert. Dem anderen werden sie nicht schlichtweg athetiert, aber es fehle ihm jegliche ,smartness', heißt es. Wie alt? Älter als die übrigen. Mit einem gewissen je ne sais quoi im Unschuldsblick. Ich will etwas, das mich zum Schreiben bringt. Hier im Tagebuch. Pêle-mêle. Später dann, wer weiß wann, soll etwas daraus werden. Wer weiß. Die Muse - in welch fragwürdiger Gestalt geht sie um. Bislang nichts als ein Phantom. Das Phantom der Muse auf einer Lichtung im Regenwald.

November
Tanzträume: Mumien

Die beginnende Trockenzeit beginnt das Gras zu gilben. Die Zeit der Feste, auch der Totenfeste, naht. Ein Krüppelkind stirbt, siebenjährig, ein Mädchen, endlich erlöst und begraben mit viel schönen Reden. Ob ein solches Leben sinnvoller war, als ein gar nicht geborenes? Es können nicht alle alles haben. Schweigen breitet sich aus über Krypten und darüber fließen die Tage hin wie ein Bach zwischen Endmoränen. Kiesel glitzern im Sonnenlicht; Wellen interferieren im Anhauch von Bergwind; in leiser Strömung treibt grünes Nixenhaar. Man erzählt einander bisweilen die Träume der Nacht. Sie schwemmen in leichter Verfremdung (bleiche Knöchelchen, ein Spielball, ein Lachen von nebenan) herauf, was in Grüften liegt.

In der Seitennische einer besonderen Gruft liegen die Tanzträume der Jahre, die vergangen sind, seit einst aus Abgründen fester Boden wie eine Insel sich hob und der Schlehdorn blühte, dornig, mit Blütenschauern weiß und winzig, duftlos, und die mattblauen Beeren schmecken herb. Insel und Schlehdorn und schließlich eine späte und schwierige Ehe: Ermöglichung von Sinn und Leben seit so vielen Jahren bis hinein nach Afrika. Die Tanzträume der frühen Jahre freilich, sie mußten hinab. Da liegen sie im Dunkel, halbwach, Arme und Beine mit Mumienbinden umwickelt und noch immer nicht ganz tot.

Europäischer Gesellschaftstanz in später Verfeinerung und Sittsamkeit (mußte nicht einst der Walzer verboten werden, galt der Tango nicht ehedem als obszön?) – das Glück rhythmischen Schwebens und Dahinwirbelns im Walzertakt, die sportliche Gewandtheit eines Foxtrott, selbst die kaum gezähmte, abrupte Dialektik des Tangos, es war in frühen Jahren nur selten zuteil geworden. Tanzstunde, Schulfeste ums Abitur herum (auch ein Abiturball und ein höfliches Abgehaktwerden mit einem Pflichttanz); ein Studentenfest in Tiliapolis (‚Ich bin sehr eingedrückt von Ihrem Tanzen' sagte der Däne. ‚Wollen Sie mir nicht beichten?' fragte beim Faschingsball der Dozent und wies auf ein goldenes Kreuz, ‚Ich bin ein Kardinal.' ‚Ich habe heut kein Gewissen', sagte die Studentin, so brav und so bieder, daß ihr nicht bewußt wurde, was sie sagte.) Alles Neuere blieb vor zugeschlagener Tür. Der Abgrund tat sich auf, der politische, das Bewußtwerden im nachhinein, der Ritt über den Bodensee, der Sturz, den die Insel auffing, die emportauchte aus Schulfreundschaftstagen. Das Leben war fortan zu ernst und zu schön, erleuchtet von Dankbarkeit, erfüllt mit vertrauten Gesprächen, Frömmigkeit und Vernunft und mit dem Blick auf Afrika. Wer wird da tanzen wollen? Dem Freund und Ehemann war der Geschmack am Tanzen abhanden gekommen während der Tanzstunde. So lebte man dahin ungetanzte Jahre, beschäftigt mit ernsthafteren Dingen. Bethabara, die Stolperschwelle zu Afrika, weckte den Traum wieder auf zu unverbindlichem Spiel über dem Parkett diffiziler Gefühle, auf dem Hochseil komödiantischer Artistik. Eine Tanzpantomime aus ungetanzten Tänzen zu zweit und einem Solo, *Diorit des Augenblicks,* fielen als späte Früchte vom Baume des Verzichts.

Das war es, was in der Gruft lag, in einer Seitennische. Nach einem halben Jahrzehnt im Regenwald regt er sich wieder – tanzen! Hier, unter Palmen, wo zwischen grauem Zement und rötlichem Sand nur Staub und Schlamm und allenfalls ein Bretterboden unter den Füßen zur Verfügung stehen. Man tanzt vorwiegend auf Zement; aber was ist das, was hier tanzen heißt! Es ruckt auf und ab, wiegt Schultern und Hüften, schlenkert die Arme und scharrt mit den Füßen. Schön daran ist nur, daß man einander nicht anfaßt. ‚Kein Arm engt ein, keine Hand umklammert, keine erhitzte, steife oder stumm verlegene Körpernähe beklemmt, verwirrt oder widert an. Noch auch tanzt es in narzißtischen Selbstgenuß hinein; denn es ist immerhin ein Gegenüber da und Zuwendung und, wenn das Glück es will, ein Lächeln' – eines späten Tages wird durchformuliert sein, was in ersten Tagebuchnotaten über die eigenen Füße stolperte und hier in einem Zwischenstadium der Verwortung und Verfremdung aufgefangen werden soll. Was war es, was da vorschwebte und nicht zu erhangeln war?

Vorschwebte Tanz als Verfeinerung, als filigrane Linierung uneindeutiger Beziehungen. Wäre es nicht schön gewesen? Hätte es nicht sein können? Ach, wie emotional verklumpt, wie unsouverän verwirklichte sich eines Tages der Traum in aller Öffentlichkeit! Was half es? Die Tanzträume, einmal hervorgelockt, verkrochen sich nicht wieder; sie irrten umher, vor allem bei Vollmond. Vieles haben die Tagebücher jener Jahre bewahrt: nichts so hoffnungslos hoffnungsvoll wie den im November geweckten Wunsch, zu tanzen. Zunächst und während der Tulpenbaum fort und fortblühte, tröpfelte aus dürftigen Kleinigkeiten ein nüchterner Alltag.

Kleine Szene 4
Jenseits von Grün und Taubenblau

Die einzige Frau im Kollegium hatte bei gleichen Rechten gleichen Pflichten zu genügen. Das war in Ordnung. Nicht ganz in Ordnung schien bisweilen, daß die darzustellende Autorität noch nicht richtig alt und grau war. Es galt, sich möglichst neutral durchzuschummeln, eher streng als freundlich aufzutreten, so männlich wie möglich, und nur sonntags in lange Röcke zu steigen und die Festgewänder überzuwerfen, die der Kollege Ehemann im Laufe der Jahre geschenkt hatte. Eines Tages waren wieder die Unterkünfte zu inspizieren, und eine kleine Szene zeichnete sich ins Tagebuch ab.

Freitag. Verweilen? Ich huschte nur so hindurch. Das Ben-Bübchen lag krank. Weiter. Aus der nächsten Haustür trat der Hausherr - nackt, um die Lenden ein Handtuch gebunden, in der Hand einen Eimer, Wasser zu holen. War es ein Wunder, daß perfektes Englisch sich verhedderte? Eine solche Begegnung auf des Hauses Schwelle war nicht vorgesehen. In die Anrede hinein hob sich die freie rechte Hand und suchte mit gespreizten Fingern und langsam kreisenden Bewegungen die Nacktheit der Brust zu bedecken. Glatt, glänzend und makellos - wie kann so etwas wahrnehmen, wer mit beherrschtem Blick gerade nicht hinsieht? Sachbezogene, wenngleich nicht ganz geradlinige Rede (den Schlüssel zur Bücherei betreffend) verirrte sich in einem (grundlos?) bekümmerten Mienenspiel. Ich wandte mich abrupt und ging.

Novembernovelle

Wie wär's mit einer Novelle, in der dekadenten Manier der Betrogenen, spielend hier, in tropischer Trockenzeit, wo oben der Himmel blaut und unten das kurzgeschorene Gras gelb wird. Der Tulpenbaum wird noch eine Weile blühen. Vielleicht blühte er schon in der Regenzeit, und ich dachte, er fange an zu blühen mir zuliebe. Was alles vorstellbar wäre. Etwa, daß nicht nur einer, sondern eine ganze blühende Palästra ihr grausames Spiel triebe mit einer alternden Hypathia, die nicht von fanatischen Kutten ermordet wird, sondern an subtilen Illusionen dahinsiecht. Ihre letzte Sehnsuchtsabendröte zappelt im Netz der Schönen, die vor ihrem Katheder sitzen, wenn sie sich den Sand von den glänzenden Gliedern geschabt, des Bades genossen und sich frisch parfümiert haben. Rhetorik und Umgangston geraten ihr zwar nicht ins Schleudern; sie bleiben durchaus beherrscht; aber sie gewinnen an Nuancen, die nicht unbemerkt bleiben. Und so entstünde wortloses Einverständnis, wo ein jeder das Spiel durchschaut, das Vor und Zurück zwischen freundlichen Avancen und strenger Distanz. Was hilft es, sich selbst zu mißtrauen. Das Spiel ist zu schön, selbst wenn es ein Gebilde der Einbildung wäre. In kleinen Wellen schwappt es um Kleinigkeiten wie um dunkelbraun gebänderte Muscheln am Meeresufer: um eine Handschrift an der Wandtafel, ebenmäßig, wohlgerundet, die Alpha, Beta, Gamma, kalligraphisch hingemalt, so schön kompakt und klar, ein ästhetischer Genuß, der rückschließen möchte von der Hand zur Stirn, zum Intellekt. Dann war da jenes nächtliche Erlebnis, das nach neuen Worten sucht für das Fallen von Mondlichtflocken durch Türritzen auf Zementboden: Steinernes zerfließt, als erweiche ein Schildkrötenpanzer zu Klarapfelmus - es geht nicht anders. Es löst sich sonst auf ins Nichtgewesene.

Weiter und wiederum: Wo nehme ich ein Lächeln her, das mehr ist als ein Dingwort; dazu hin zwei Tropfen Traurigkeit, einen Suppenlöffel Gelassenheit aus Herzenseinfaltstöpfen, vermischt mit einer Prise Befremden? Es gibt zu denken, wo nicht gar zu träumen. Wo war es zuvor, das hier unvermutet wiederbegegnet: die Rundung innerer Ruhe, der Anhauch äußerer Kühle, flüchtig berührend wie eine Brise Abendwind? Wo wäre dieser Blick schon einmal begegnet: erwachsener und sicherer als der eines sensiblen Jünglings, der ausweicht in zu großer Empfindsamkeit. Hier ist alles schon ein Stück weiter und gereifter. Hier künden Müdigkeit sich an und erste Späte an den Rändern des Unvollendeten. Würde es reichen zu einem Roman? Zu einer Novelle aus tropischem November?

Kleine Szene 5
Tanz-Clownerie in Hellblau

Ein Wochenende mit Veranstaltungen. Am Nachmittag ein Fußballspiel; am Abend gesellschaftliche Verpflichtungen in der Bildungsanstalt jenseits des Elefantenpfades. Das Fußballspiel zu sehen, wäre reizvoll gewesen (wie verhält sich Intelligenz in den Beinen zu höheren Geistesmögen?), zumal vom Standpunkt eines provozierenden Wohlgefühls im Hellbeige weiter Beinkleider, mehr noch in den geringeren Weiten eines dunkelblauen Polohemdchens, dessen Nadelstreifen zu Selbstbetrachtungen Anlaß gaben. *Es sitzt recht knapp, und das weiße Krägelchen ist so sportlich. Ich verhehle mir nichts. Aber der Gemahl liegt auf dem Lotterbett mit drei Büchern vor der gelehrten Nase, hat keine Lust, mitzukommen, und alleine? Nein. Alleine empfinde ich zu sehr das, was mich hinzieht.*

Bis spät in die Nacht zog sich das Gesellschaftliche hin. Man tanzte, nach Landessitte frei auf der Stelle tretend, zum Dröhnen eines Grammophons. Einer der Kollegen von jenseits absolvierte einen Pflichttanz mit der Kollegin von diesseits. Das Tagebuch erstattete Bericht. *Mitternacht vorbei. Ich muß schreiben, nachdem ich tanzen - mußte. Das also, nach so vielen Jahren und so vielem bloßen Zusehen, das gedämpfte Sackhüpfen, das vierbeinige, und meine verlegenen Ausflüchte, ‚It's a long time since...' Ach, ach, ach. Der Gemahl saß ungeduldig Zeit ab und langweilte sich. Tanzen? Es tut dem Geiste Abbruch. Dann saß ich wieder da in weißem Jackett und allen ungetanzten Tänzen in den Beinen. Dachte zurück, wie einst Kg solo tanzte, grinsend und eine Bierflasche schwenkend, der Inhibierte, plötzlich nach außen schleudernd. Dachte an das Solo beim Abschiedsfest in Bethabara, als plötzlich hier im Regenwald dicht neben den Bewegungsarabesken von Intellektualität und Fensterglas Kastenförmiges in Hellblau auf Stelzen in Beige sich produzierte, auch solo, aber herumhampelnd wie ein Clown aus Zirkus Sarrasani. Es* kippte bisweilen fast vornüber. Ihr Leute, wollt ihr nicht lachen? Das zischende Licht der Gaslampen sorgte für grelle Effekte, schnitt schärfere Schatten in die Schwärze. Es meißelte ein weißes Lachen aus schwarzem Basalt und warf es, gänzlich ohne Befangenheit, einer Honoratiorin zu, die da saß und nicht ganz zufällig zusah. Die es auffing und vermutlich abweisend blickte. Das künstliche Licht modellierte unbarmherzig an der Rundung eines nackten Schädels herum, kratzte Falten in die Augenwinkel, ziselierte hier und da herum, als wäre noch etwas zu retten an den Verzerrungen grotesk erheiternder Selbstdarstellung. Müde. Morgen weiter.

Von allen ungetanzten Tänzen…

Am nächsten Morgen, Sonntag, wurde dem Tagebuch noch einiges hinzu erzählt. Mitternacht war es geworden, weil man von dem einen Fest zu einem anderen gezogen war, wo genau so vergnügt getanzt wurde – zu einem Totengedenkfest. (Es war einer im Gefängnis an Folterungen gestorben; der Bruder erwies ihm die traditionelle letzte Ehre, indem er die Leute zu Essen, Trinken, Singen und Tanzen einlud.) Das Kollegium mußte hin, anstandshalber. Einen Feldforscher interessierte zudem der politische Hintergrund eines solchen Todes.

Das ist seine moralische Überlegenheit über meinen ästhetischen Impressionismus. Denselben will ich hier nun weiterpflegen. Denn aus solchen Trivialitäten wie dem bißchen Tanzerei gestern abend jenseits des Elefantenpfades besteht das triste Abenteuer auf der Sparflamme des vergehenden Lebens. Wie armselig Weniges ward mir zuteil! Wie unschön, wie stillos, wie bar aller Anmut und Wohlgestalt! - es warf zurück in die dornigen Rosenrabatten von Bethabara, wo mir einst anderes zuteil geworden ist – o Xenias-Salome! Auf dem Vollmondpfad gestern nacht flog es mir zu, stoßweise, mehr Gefühl als Sprache, aufwallend noch einmal: Von allen ungetanzten Tänzen blieb / Nur dieser eine mir im schweren Blut… Wenn wenigstens ein Stück Gedicht von Ungestalt und Grimassen abprallt - mehr will ich ja nicht. Denn tanzen - hier? Dieses primitive Hinken auf beiden Beinen zum Gewackel der Gesäße. Das - ?! Und mit wem? Es ist unter der Würde des weißen Mannes. Hier sitze ich, eine weiße Frau, die nicht weiß, ob sie will oder nicht.

Es kam an diesem Sonntag noch schlimmer. Vor versammelter Gemeinde hampelte mit Halbwüchsigen herum auch der neugewählte Präfekt. *Es war grausam. Wegsehen. Fort. Hinaus und hinauf in die Eukalyptusbäume! In die wenigen Augenblicke, die nicht wegsahen, stürzte ein Fladen widerlicher Grimassen und obszöner Verrenkungen, der alles zuschüttete, was da an Erwartung vorhanden war. Seitwärts durch die Lamellenfenster machte es sich fluchtartig davon, in die schwanken Zweige, sich festklammernd im Sichellaub...*

Kleine Szene 6
Vollmond hinter Wolken

Wenige Tage später war Nacht und Vollmond und alles ganz anders. In den Abendstunden war Geistesarbeit verordnet. Man saß bei Petroleumlicht in der Bücherei, las und schrieb. Es mochte dieses oder jenes zu besprechen sein. Eines Abends – das Tagebuch war bemüht, die kleine Szene festzuschreiben: *Weniges war zu reden, mit halber Stimme, ernsthaft und verhalten. Eine Handbreit Höhenunterschied macht, daß eine leichte Schräge entsteht von unten nach oben, und Leises fast tonlos herabweht und einsinkt, sanft wie Vollmond in Wolken. Anordnungen und Hinnahme lösen sich fast auf zu Musik,. Ein Adagio. Fast. Denn es ist ein Hinnehmen ohne entgegenkommende Freundlichkeit dem gegenüber, was in bedachtsam abgewogener Strenge in kühle Zurückhaltung hinein verlautbart wird. Einem Gegenüber, das mit ruhiger Stimme und ohne die geringste Verwirrung standhält Auge in Auge, ohne Mühe und ohne Zwang, in gleitenden Übergängen zu einer wohligen Melancholie – es ist wie ein Waten durch lauwarmes Wasser, nackten Fußes und mit leisem Zögern. Es ist wie Vollmond hinter Wolkenvoile. O Mond, du trauriger Magier. Du Unbegriffenes hinter siebenfachem Schleier.*

Während solch lyrischer Begegnung zog der Kollege Ehemann Hintergrunderkundung ein, brachte in Erfahrung und erzählte: der eine unter den Neuen, aus städtischem Milieu im Regenwald, sei ein Liebling aller; ein anderer habe früh den Vater verloren, deshalb keine höhere Schule besuchen können und komme aus einem winzigen Bergnest irgendwo in der Savanne. Spielend schafft es der eine, mühsam der andere?

Kleine Szene 7
‚I wanted to dance with you'

Viel Geschiebe ist nicht erforderlich, um die spannungsvolle Primzahl aus dialektischer Drei und magischem Quadrat einer Szene zuzuordnen, die, wie schon die erste und fünfte, zur Dublette wird. Durchs Nadelöhr der Möglichkeit zwängte sich, wo nicht das sprichwörtliche Kamel, so doch die locker bandagierte Mumie neu erwachender Tanzträume...

Wieder war da ein Sonntag, und jenseits der Bougainvillea wurde ein Familienfest gefeiert, bei welchem man, wie üblich, ein sechstes oder siebentes Kind weißen Paten in die Arme warf. Als *fraternal* fand man sich im allgemeinen bereit dazu, bisweilen ohne recht zu wissen, warum, und in diesem Falle vermutete man vermutlich das Falsche. In diesem Falle war es Vorwand. Ein Fest ist eine Gelegenheit für Selbstdarstellung, in stahlblauem Prinzeßkleid aufzutreten, vor dem Spiegel wohlgefällig festzustellen, wie die frischgelockte, hochgemut aufgebundene Pracht angesilberten Kastanienhaars gefällig in den Nacken fällt. Ein seltenes Selbstgefühl fühlt sich als Mittelpunkt. Mehr ist nicht zu haben vom vergehenden Leben.

Die Festversammlung sitzt beisammen, man trinkt sein Glas Tonic, man knabbert seine Erdnüsslein, man hört den Reden zu, und man wird tanzen. Die Reden waren lang und klug. Es waren ihrer drei. Zwei aus dem Stegreif, besonnen und ernsthaft über ernsthafte Dinge wie Gottesgabe und Kindererziehung. Die letzte und längste Rede stand auf dem Papier. Sie war so kunstvoll aufgebaut, so sorgfältig durchdacht, daß man sich hätte wundern können. Für wen war das alles gesagt? Was sollte die Nennung von Namen besagen? War da manches nicht eine Spur zu persönlich? Es mochte wohl sein und es mochte auch seine Gründe haben. Aber wer hätte dem nachgrübeln wollen. Der Kollege Ehemann saß still und brav zur Seite. Er mochte sich seine eigenen Gedanken machen. Er hatte nichts gegen die Art und Weise, wie man Weißen zusätzlich Verantwortung aufdrängte. War man nicht sozusagen verpflichtet?

Man saß also, man redete, und dann begann man zu tanzen. Die Honoratioren sahen eine höfliche Weile zu, um sich alsbald zu verabschieden; ein kurzes Zögern, ein knapper Wortwechsel, ein Lachen im Davongehen: Kleinigkeiten, aus welchen alexandrinische Elegiker ein Epyllion drechseln würden. Das Tagebuch begnügte sich mit einer bescheideneren Übung.

Manches verschlägt erst im nachhinein den Atem. In dem Augenblick, da es begegnet, läßt es sich lachend abwehren. - Das Grammophon quäkte; auf der engen Tanzfläche zwischen den Tischen waberte das Gedränge festlich verhüllter Hüften, Busen, Beine, Schultern und Arme. Gehen wir? Gleich. Ich habe noch dieses Bündel hier, den Anlaß und Vorwand zu allem, abzugeben. Ich beschwere mich damit, ich weiß nicht warum. Oder weiß ich es doch? Es macht unnahbar. Man kann damit nicht tanzen. Will ich? Wollte ich? Gehen wir. Das Bündel ward an den Busen gelegt, an den es gehörte, und dann, und da, im Umwenden, auf die Tür zu, stand es im Wege. Es stand ehrerbietig, sprach das Wort und benannte es heraus und es klang wie eine Entschuldigung : Ich wollte. Ich weiß, daß ich sollte. Es wäre meine Pflicht gewesen. Aber. Wahrhaftig und doch wohl zum Glück. Geistesgegenwart vertröstet höflich aufs nächste Mal. Wer lachte da?

'I wanted to dance with you. Only you had that bundle.' 'Next time.' Und man lachte. Warum? Ein Präfekt weiß, was sich gehört. Oder was er darf. Schließlich hat er die Honoratiorin kürzlich tanzen sehen. Ach, wie so harmlos.

War es so harmlos, wie es sich darstellte? Immerhin ist eine Beschreibung gelungen. Aber was ist es an sich? Es steht wie hinter Craquelé-Glas. Man lächelt einander zu und hält alles für harmlos. Unschuld vermischt mit Neugier, Unbefangenheit, versetzt mit einer Prise Mißtrauen. 'I wanted to dance with you' - es ist dergleichen in diesem Campus noch nicht vorgekommen. Es ist der Zauber eines Begriffs, der wirkt. Tanzen! Hier?! Diese unbedarfte Art, sich Bewegung zu verschaffen, soll das reizen? Freilich ist es selbstbeherrschter als das, was in westlichen Discos außer sich gerät, was in Bethabara aufflammte und Verwirrung stiftete. Eine enge Pforte hat sich aufgetan. In den Spiegelsälen der Innerlichkeit tanzt es auf Zehenspitzen solo einen langsamen Walzer...

Ein Gruppenbild

Der Trockenzeittod ging um im Dorf. Ein gelähmtes Mädchen, mit welchem das tätige Mitleid der Weißen sich durch Jahre hindurch viel Mühe geben hatte, starb, zur Erleichterung seiner Mutter, und ward begraben mit vielen nutzlosen Worten. Der Tulpenbaum begann, Verblühendes herabzuwerfen und vor den Stufen der Kapelle einen Teppich auszulegen. – Von dem Kindsfest war ein Gruppenfoto gemacht worden, schwarzweiß, arrangiert unter Bäumen. Als es ausgehändigt worden war, setzten dem Betrachten kein Anstand und keine vergehende Zeit eine Grenze.

Wie doch die Versuche nicht enden, den pointillistisch bunten Vogel der Impressionen zu fangen und einzusperren im handgeflochtenen Körbchen der Wörter, die zur Verfügung stehen. Alle sind sie abgelichtet, im Vordergrund sitzend die Schlitzohren, die sich eine Verpflichtung geangelt haben, der das alles fürs erste herzlich gleichgültig ist (der edlen Skepsis sieht man nichts an als Festgewand und Frisur). Freundlich in sich gesammelt und wie auf Wunsch eine Nuance melancholisch steht im Mittelgrunde eine unausgeglichene Spannung aus breit und schmal, rund und eckig, die sich verteilt auf Schultern, Mund, Stirn (wenig davon), Nasengerade und die Gegend, wo der liebe Gott dem Maulwurf Löcher in den Pelz geschnitten hat. Diese Ein- und Ausfallpforten des ganzen Seelenzirkus zu beschreiben, wird immer wieder versucht der, den es unvermittelt angeht, bewegt, reizt, umtreibt oder zum Träumen bringt. Vertrauensvolle Distanz. ‚I wanted to dance with you.' Hier ist etwas Seltenes. Eine Hand, die ein heißes Eisen anfaßt, ohne sich zu verbrennen. So hat man im Mittelalter subjektive Unschuld zu ermitteln versucht, die objektiv Schaden anrichten konnte. Denn nun ist die Pforte aufgestoßen. Das Wort, das sie aufstieß, geht um in leeren Spiegelsälen. – Derweilen schlendern die Tage so dahin und lassen den Wünschen freien Lauf. Sie kommen nicht zurück, um zu Füßen zu legen, wessen die darbende Seele bedürftig ist. Sie schweifen frei im Blauen. Es fällt mir immer schwerer, mit Chr zu reden. Er würde nicht verstehen, was ich suche, das Wenige am Wegesrand abwärts, das Nervenenden berührt, die noch nicht abgestorben sind und ins Reich des Sagbaren führen.

Dezember
Ein Schlänglein

Tropische Vorweihnachtszeit. Das große Mißvergnügen an den sonntäglich-kultischen Versammlungen stellt sich wieder ein. Ein Lotterladen, keine ordentliche Liturgie, jeder kommt und geht wie es ihm paßt, und manche bleiben ganz weg. Offenbar hat nicht nur eine *fraternal* kein Gefallen an solchem Schlendrian. Eine geistliche Erneuerung wäre vonnöten, und sie kommt auch, nicht mit klerikalem Kragen um ordinierte Adamsäpfel, sondern mit dem erwecklich wogenden Busen der Frauen, darunter junger, charmanter und gescheiter. Im Geistes- und Redekampf um Wahrheit, Macht und Einfluß versagen sämtliche weiblichen Reize. Mann und Amtskirche fühlen sich bedroht von Laienpredigt und weiblichem Enthusiasmus, der von jenseits des Elefantenpfades kommt.

Daselbst geht indes auch ganz anderes über die Bühne und erfreut Herz und Kunstverstand einer *fraternal*. Sekundarschüler führen *Julius Cäsar* nach Shakespeare auf. Welcher Lichtstrahl im Halbdunkel der eigenen Disziplin! Aber nur für eine, die bewundernd zu Genie und Muse Williams des Großen aufblickt und die Seltenheit eines europäischen Kulturereignisses in afrikanischer Umsetzung genießt. Schwarze Jünglinge in weißen Römertogen! Es lenkte für Tage völlig ab von allem anderen. Es brachte auf den Einfall, das Kunst-Schöne, das die eigene Seele erbaut, auch denen zuzumuten, die tagtäglich mit ganz anderer Kost gefüttert wurden. Es nahte sich der Gedanke, den Lehrplan mit Shakespeare nicht nur, sondern auch mit anderen Größen europäischer Literatur zu unterwandern.

Wie grün war im Oktober das Gras gewesen! Nicht ganz so grün wie das epiphanose Musazeengrün, das eines Nachmittags sich offenbarte; aber doch recht frisch und erfreulich für nackte Füße in Sandalen, die unbekümmert hindurchstreiften. Im Dezember wurde es gelb und gelber, und das Schlänglein, das darin zu schlängeln begann, war auch gelb.

Die Unruhe der Trockenzeit: wohin damit? Dem Schlänglein ausweichen, zurück in verblassende Träume, Briefe schreiben – es half ein bißchen, aber nicht viel. Ein Krankenbesuch half auch nicht viel, und ein Gesellschaftsabend zog sich lustlos hin. Der Campus verwaiste, das Dasein verlor an Sinn. Der Feldforscher machte sich auf, ein neues Feld zu erforschen und kam zurück, kolportierend: ‚Wo ist deine Weibe?' Die Weihnachtsfeiertage gingen vorüber mit einem Zuviel an liturgischem Schlendrian und häuslicher Langeweile. Was nützen ein brauner Satinrock und eine weiß-goldene Lamettabluse mit rosa Rose am Kragen, wenn keiner da ist, der es sieht? Eine Fotografie mit Rückenansicht erinnert daran. Ein bißchen Wissenschaft stakste vor sich hin; im Dorf fand eine Beerdigung statt, die Teilnahme erforderte, und im Garten wurden ein paar Gurkensetzlinge gepflanzt. O du fröhliche...

Erst der vorletzte Tag des Jahres brachte Bewegung in die schreibtischgelähmten Beine und angenehme Leere ins Hermeneutik-Hirn: eine Wanderung hinauf zu einem verwilderten Kolonialschloß zusammen mit der Soror aus dem Bungalow nebenan. Den letzten Tag des Jahres bedrückten Befürchtungen im Blick auf eine Reise hinab ins Tiefland – an Neujahr, wenn alle Taxifahrer alkoholisiert am Steuer sitzen!

Drei Wochen ohne eine einzige kleine Szene, die im nachhinein der Stilisierung wert wäre. Nur spröde Spreu und das immer Länglichere der Tagebuchmonologe. Selbst das erste Auftauchen des gelben Schlängleins läßt sich nicht szenisch darstellen. Das Hauptereignis dieser Wochen war Shakespeare. Der tropische Dezember begann mit Unrast und Neugier.

Herumspionieren

Die zartere Jugend war versammelt in einem der Klassenzimmer, sang und betete und ließ sich fromme Geschichten erzählen von einem Älteren und Gesetzten, der vorn an dem Tische saß, von dem aus ihm selber die Woche über Belehrung zuteil zu werden pflegte. Da kam die *fraternal*, ganz in Weiß, Jackettanzug, setzte sich mitten in das Singen hinein und sah, wie hold verschämt und kokett zugleich die Mägdelein, die da saßen, dem Leben entgegenträumen. Als sie wieder ging, mit einem huldvollen Kopfnicken zu dem Vorsitzenden hin, stand der auf und folgte vor die Tür. Ob sie nach ihm gesucht habe. Das Krümelchen ward ins Tagebuch geklebt und breitgedrückt:

Welch unhold unverschämtes Nein log sich hinweg! Was hatte mich hingezogen? Der Wunsch nach ungestörtem Anschauen, gerade und voll in eine Gegend hinein, in der sich etwas zeigt, das seltsam fremd und vertraut anmutet. Ein Gemisch aus Vertrauen, Verträumtheit und Trübsinn lagert da. ‚Verdruckstheit' würde Chr es nennen. Es singt da kein ‚süßer Vogel Jugend', wie einst bei Kg oder Muy und nun bei dem Ben-Bübchen. Es ist alles reifer und mutet bisweilen auch resignierter an. Warum ist so etwas noch - noch auf der Suche?

Krankenbesuch

Nicht nur allgemeine Unrast und Gereiztheit zeitigte die Trokkenzeit, sie war immer auch Krankheitszeit, und es war fromme Sitte, Kranke zu besuchen. Das Kollegium teilte sich in die Pflichten. Es trat ein Fall auf, der unsicher machte. - *Wessen Pflicht wäre es nun, sich zu kümmern? Wer fürchtet sich hier vor Herzklopfen und Befangenheit? Hält im Traum eine geschlossene Hand hin: Look, I have something for you, und ist im Wachszustande ein Feigling? - Die Tür war angelehnt, ein leichter Vorhang davor. Auf dem Bett richtet es sich halb auf. Da hinein, auf Abstand, die Frage, was los sei. Kopfschmerzen. Gute Ratschläge. Redensarten. Alles trüb und glanzlos. Da steht ein Bambushocker. Nein. Geh. An den klebrigen Fäden des Verzichts bleibt so manches hängen.*

Gestern, während des Diskussionsvollbades, angeregt von kolportierten Erweckungspredigten, blieb es in einer Ecke still. Warum guckte das am Nachmittag so abgrundtief melancholisch in die Gegend? Als grübelte es an etwas herum und wüßte nicht, was denken oder fühlen. Wer soll solch hilflostraurigem Blick standhalten? Statt ein freundliches Wort, ein Zweiglein Immergrün in den Tümpel der Trübsal zu werfen, sickert es herüber und zieht hinab. Hilflosigkeit macht hilflos.

Eine rituelle Handvoll Wasser

Es entstand in jenen Tagen auf der Etage der größeren, wenn auch immer noch provinziellen Welt, eine Erweckungsbewegung, an welcher sich Kirchengeschichte im Sandkasten studieren ließ. Wiedergeburt und Wiedertaufe – eine rituelle Handvoll Wasser: ein atavistisches Requisit aus der Mottenkiste der Schwärmer? Für die Handvoll religiös Begeisterter war es Zeichen für eine Erfahrung, die sich klerikalem Machtanspruch entzog. Die zukünftigen Machthaber protestierten heftig. Das Tagebuch ergeht sich in kritisch-distanzierten Kommentaren.

Das Gezeter der zukünftigen Leithammel, die sich von einer jungen und hübschen Erweckten überrundet und überrumpelt fühlen. Eine nette Verwirrung. Die Laien sagen, wo's lang geht. Bedarf das überströmende Gefühl nicht jederzeit eines Gefäßes? Eines Zeichens, einer Bestätigung? Einst war eine weiße Sternenblume Symbol für ein Lächeln, das eine trübe Seele erhellte und Verkrampfungen löste. Noch ist da kein Symbol für etwas, das Sinn stiften könnte in den sentimentalischen Übergängen dieser abwärtsgleitenden Lebenszeit. Einer war nicht da, um mitzuzetern. Ein anderer flatterte umher wie ein dürres Nachtgespenst in weißem Kaftan, mit fast nur Brille und überlangen Händen. Begeisterung, ein bißchen Gemeinschaft und eine Handvoll häretisches Wasser - da fährt die Administration dazwischen und droht mit Sanktionen.

Lyrik als Kitsch?

Wenn zwischendurch die Wissenschaft zur Mühsal wurde, lag nahe eine Lyrikanthologie, und es mochten sich Gedanken aneinanderreihen, die ein Unbestimmtes zu ergründen suchten.

Was ist das Wesen eines Gedichtes? Es kann etwas ausdrücken, das da ist und überquillt. Romantische Gefühlslyrik (für den Dichter). Es kann aber auch (für den Leser) etwas evozieren, das noch nicht da ist, sich erst andeutet. Da schimmert etwa in östlicher Ferne ein Moschusthron (und duftet!), darauf sitzt ein Lamasohn (,süß', exotisch, vermutlich kahlköpfig), und dann zaubern ,buntgewirkte Zeiten' und Reime einen Tibetteppich, auf oder in dem sich die Wie-lange-schon-

Umschlingung darstellt. Kitsch? Jedenfalls sehr ornamental. (Und süßlich.) Mir genügt der Teppich, den der Tulpenbaum zu den Stufen der Kapelle herabwirft. Was nicht von selber kommt, das läßt sich unter Umständen herbeizaubern mit Worten, nicht wie ein weißes Kaninchen aus schwarzem Zylinder, aber vielleicht wie ein Maulwurf aus einem Zuckerhut. So surreal geht das natürlich nicht. Es müßte schon der Abendstern sein, ‚Siehe, da strahlt im Westen auf Astarte' - oder wenigstens ein Diminutiv, ein Sternlein, das da ein wenig glitzerte und zwitscherte im Eukalyptuslaub.

Zum ersten Male: das Schlänglein

Es war auch nur ein Diminutiv. Fürs erste zumindest. Aber seltsamerweise wie erwartet. Eines Nachmittags, nach offizieller Geschäftigkeit drüben im Campus, auf dem Weg zurück ins Haus, schon im Agavenweg, bei einem Blick hinüber zur Veranda der Nachbarn, war es auf einmal da.

Oh! Schon? Soeben ist es mir zum ersten Male um die nackten Knöchel gekrochen. Ein gelbes Schlänglein im gelben Gras. Etwas sagte: No, no, no - so laut vor sich hin, daß der Thuja und die Minimagnolien es hören konnten. Oh, oh, oh, das darf doch nicht sein. Was denn? Das mollige Mägdelein von nebenan, das so süß verschämt vor sich hinlächeln kann, soll es verkuppelt werden? Was trieb sich da vor seiner Tür herum, um bei meinem Nahen allsogleich zu verschwinden? Das Bootchen schwankt, dreht nach Lee (als ob ich davon was verstünde!) Im Windschatten von Smartheit und Apartheit, die sich gefällig erweisen, kann ich vielleicht eine Weile ankern und mich erholen. Ich suche gar nichts. Meine Eifer-, ich meine, mein pädagogischer Eifer sucht nur Pflichten zu genügen. Alles andere wäre doch - ach, lachhaft?

Amtsgeschäfte, Tagträume, Briefe

Wieder kam und verging ein Sonntag. Am Vormittag Gewand- und Rollenwechsel, große kultische Performanz für ‚die Leute'. Einer amtlich Erschöpften hatte der Kollege Ehemann beim Campari danach Freundliches zu sagen. Ein maronenbraunes Mondblumenkleid inspirierte im Dahinrauschen Episoden mit

Rosmarinduft und Silbereffekten im offenen Haar, darin streunende Träume hängenblieben und sich abklauben ließen ins Tagebuch. Am Nachmittag kamen Briefe von Ehemaligen, lenkten ab in Betrachtungen von pädagogisch konstruierten Neigungswinkeln. Auch davon nahm das Tagebuch Kenntnis.

Wahrgenommenwerden. Es wäre doch möglich. Das Blütenweiß eines halb offenen Oberhemdes spielt das erprobte Spiel der Ambivalenzen, der bewußten und beabsichtigten Zweideutigkeiten. Sicher waren in dieser Don-Juan-Rolle schon Erfolge zu verbuchen. Das macht den Unterschied zu oben ohne im Lendentuch auf einer Türschwelle. Naiv kommt von native und das heißt ein- und angeboren. Natürliche Unbefangenheit bis auf die langsamen, unbewußt anmutenden Bewegungen der rechten Hand. So etwas - Naivität und ein gutes Gewissen - ist sich des Eindrucks nicht bewußt, der auf veilchenblauem Seidenpapier entstehen kann. Es raschelt und es knistert, und es bleiben Spuren zurück. ‚Träumende Unschuld' vor dem Fall. Das Bewußtsein beginnt, wie Eos, rosenfingrig eben erst zu dämmern am Horizont; aber dann auf einmal ist Er ostentativ und obstinat da, oszillierend zwischen kühlen Schauern und plötzlichen Gluten. Immerhin läßt sich so etwas noch denken und formulieren.

Einen so langen Brief hat Muy-chen geschrieben in seiner schönen, flüssigen Handschrift, und ich bin ganz hingerissen. Er schreibt mit einem Charme und einer knabenhaften Koketterie, die mich butterweich machen. Das ist eine seltene Kombination von Intelligenz, Flatterie und Hübschheit. Mit diesem Witz und dieser Brillanz, diesem Schwung in Stil und Gedankenspiel kommt Kg nicht mit. Der hat sich nämlich auch zu einer Epistel aufgerafft, ‚in deep thought', und rührt einiges wieder auf. Er will sich weiterbilden, und es wärmt mir das Herz. Hätte ich mehr von solchen Charmides und Kritias um mich, brauchte ich nicht nach anderem zu suchen. Das, was einst die Muse von Bethabara herüberzog in den Regenwald, waren Intelligenz und Sprödigkeit, Wimpernspiele und ein nach innen verglimmendes Lächeln, das bei völliger Windstille Eukalyptuslaub erzittern ließ und in der Abenddämmerung das Weiß der Sternblumen zum Leuchten brachte. Nach etwas ähnlichem suche ich, wandelnd an den Rändern von Kraterseen, die Abstiegstelle suchend.

Erledigt

Das Trimester ging zu Ende mit üblen Gerüchten und einem geselligen Abend. Der Campus leerte sich, der Kollege Ehemann ging auf Forschungsreise. Das Tagebuch kramte Kleinkram zusammen.

Schlecht geschlafen, Kratzhals, die Nase läuft mir davon. Nebenan saß der Präfekt, über den man herfiel, weil ihm ein Formfehler unterlaufen ist. ‚A man from the bush', sagt Chr; er habe wie ein begossener Pudel bei ihm gesessen und: ‚Findest du nicht, daß er ziemlich verdruckst in die Gegend guckt? Und wie er Bauch und Brustkasten vor sich herschiebt...' Jaja, achach. Steht einfach so da und guckt ins Leere. Im Dorf gehen Gerüchte um aus trüben Tümpeln, die Unbeweibten betreffend. Wie weit davon abgehoben ist die Ebene, auf der die Muse ihr Phantom vor sich herschiebt? Es kommt darauf an, wo der Grenzbalken ist, ob erhabener Türsturz oder Schwelle, unter der es brodelt. Das Sublime, Raffinierte, kann es nicht abstürzen, sich vergröbern? Ein schöner Stern, kann er nicht in den Staub fallen? An wen reichen die Verdächtigungen heran, an wen nicht? Wer hätte hier wirklich noch kein Weib erkannt? Mönchische Askese als Ursache von Trübsinn?

Wieder so ein Gesellschaftsabend. Eine lauwarme Atmosphäre. Der Präfekt ging umher und bediente demütiglich bei Tische. Da war alles wieder beisammen, das leibhaftig Ungraziöse, wie mit Sägespänen gefüllt; das Hohlkreuz, die knochig dünnen Extremitäten - eine irgendwie verkorkste Form und disproportionale Figur. Wie kann man einen Mitmenschen so mitleidlos betrachten. Das Menü war gespendet. Die Cocoyam-Puffer verschwanden in unbekannten Mägen. Das Schlußlicht fraß meinen grünen Salat, der Dandy löffelte gesittet mein zartrosa Papayadessert, das Ben-Bübchen trank meinen schwarzen Tee mit Zitrone. Von all den guten Sachen, die ich hatte zubereiten lassen, blieb nichts für mich übrig. Für den Präfekten auch nicht. Als sie zu tanzen anfingen, gingen wir, und der Vollmond schien. Nachts Hustenreiz. Der Campus leert sich. Hoffentlich kehrt jetzt Ruhe und Besinnung ein. Es kann mich in diesem alten Jahre jedenfalls kein gelbes Schlänglein mehr aufstören. Das erste Trimester ist erledigt. Ich auch.

Erlebnis Shakespeare

Der Feldforscher zog ab in aller Frühe. Die Wissenschaft – wie ein angefaulter Apfel. Man mochte sich eine Schüleraufführung des *Julius Cäsar* jenseits des Elefantenpfades ansehen. Danach: *Wenn so etwas an Kunstgenuß öfters zu haben wäre, es bedürfte der Muse und ihres Phantoms nicht. Schwarze Jünglinge in weißen Togen – ein langsam steigender Rausch. Cassius und Brutus wirkten wirklich wie republikanische Römer. Der nachdenklich zögernde, innerlich zerrissene Brutus: ein schmales, energisches Gesicht. Cassius heftiger, dann auch zerknirschter. Cäsar eher konturenlos. Anthony stabil, kompakt, ein Rundkopf, der wußte, was er wollte und seine Rede sehr wirkungsvoll hielt. Am Ende dann Octavian, der zukünftige Augustus, ein fragiles, mädchenhaftes Bürschchen, von eben der jungfräulichen Verteufeltheit, die zum skrupellosen Friedefürst und schließlich zur Vergottung taugt. So hübsch, so zart, so blumenhaft, aber was für eine Willensstärke und Zähigkeit in dieser zerbrechlichen Gestalt! Höhepunkt: die eigentliche Tragödie im Feldherrenzelt vor Philippi. Die Regie war gut, das Trommeln, das Defilieren der Heere vor der großen Schlachtszene. Ich saß in der ersten Reihe, in einem bequemen Sessel, und kam aus dem Staunen nicht heraus.*

Der Rest

Der Feldforscher kam zurück. ‚Wo ist deine Weibe?' habe der holländische Pater in entgegenkommendem Deutsch gefragt. Das Tagebuch gähnte. Es ließe sich auffüllen mit eine Karikatur: wie da einer in kolonialem Eilschritt zu einer Beerdigung die steinig-staubige Dorfstraße hinaufstolperte und ‚die Weibe' wider Willen hinterher. Weihnachten? Zu viel Sitzen unter offenem Gebälk. Die Soror kam. Man unternahm zusammen eine Tageswanderung. Auf der Veranda saß ein schüchternes, schon etwas älteres Mädchen, für das der Vater, ein armer Mann, Schulgeld erbettelt hatte. Dafür sollte sie etwas tun. Sie zog neuen Gummizug in alte Dessous. Gerüchte von Taxiunfällen gingen um. Der Fahrer des Landrovers hatte gekündigt; man saß zu dritt ohne Führerschein da. Beklemmung blickte der ersten Reise im neuen Jahr entgegen.

Der Träume Gruft
Trockenzeit

Januar
Es steigt herauf

Das Zeug, aus dem die Szenen sind; die der Trockenzeit nicht nur (sie begann gewöhnlich schon im November und dauerte bis zu den ersten Regenstürmen der nächsten Übergangszeit im März), sie nicht nur, sondern alle Szenen oder doch die allermeisten der kleinen Szenen: ihre Substanz, das Zugrundeliegende der Impressionen, Episoden, Illusionen und halbwachen Zwischenzustände, es nahm nach und nahm die Gestalt eines Luftballons an, um nach drei Jahren sich loszunesteln, abzuheben und hinaufzuschweben ins Grasland. Von dort wirkt ‚das Zeug' weiter bis heute. Daher also und deshalb erscheint es der Schreibe wert. Es ist, als sollte ein Jugendstilrahmen aus Altsilber und Ebenholz im nachhinein ausgrenzen und veredeln, was im Rohzustande des gelebten Lebens und der Tagebuchmonologe als Durcheinander willkürlich hingeklecksster Farbfladen erscheint: melancholisches Dunkelblau, hektisches Fieberrot, grelles Hormongelb, düsteres Bleigrau, verträumtes Violett und dazwischen ein Musazeengrün. Weil solches Zeug eines Tages die reine Innerlichkeit aufbrach, sich sozialisierte und materialisierte, deshalb soll es und nicht zum ersten Male mit Nachbedacht und weithin anderen Worten verschönert, überhöht, vertieft und neu gesagt werden.

Valse triste, der Träume Gruft. Kein Totentanz, bald schleppend, bald hektisch, vor finnischen Schären soll hier evoziert werden und auch kein ‚Schoß' als Quellgrund der Träume. Der Tanzträume. Dieselben nämlich gingen sowohl auf als auch unter. Ihr Ort war jene Gruft, in der sie, bandagiert mit Mumienbinden, aber nicht ganz korrekt tot, lagen, wofern sie nicht im Mondenschein über den Campus geisterten seit dem Tage, da sie aufgeweckt worden waren durch das Zauberwort der kleinen Szene 7 und sich zu regen begonnen hatten.

Es verschlägt wenig, daß das Wenige, das möglich war und in drei Jahren zweimal stattfand und enttäuschte, kein langsamer Walzer auf gepflegtem Parkett war, sondern ein langweiliges Geruckel und Gezuckel auf rissigem Zementboden. Was an Erwartungen aus der Gruft früher Erinnerungen stieg, hätte ebensogut aus dem Ideenhimmel Platons herniederschweben können – mit rosigen Füßen und Libellenflügeln. Ist irdische Verwirklichung nicht immer nur Schatten des Wahren und Schönen? Daß sie freilich so jämmerlich ausfallen würde – war es vorauszusehen gewesen? Die Träume stiegen zurück in die Gruft (oder in den Ideenhimmel) und lagen da wieder und weiter mit offnen Augen, erwartungsvoll. Die Enttäuschung brachte ihnen nicht ewigen Schlaf, sie weckte neue Hoffnungen.

Zweimal während des erstes Jahres wurde, was mit vier Füßen nicht gelang, mit zweien versucht, allein hinter zugezogenen Vorhängen, im März und im Mai, nach dem Rhythmus europäischer Tänze. Es kam Wunschvorstellungen wenigstens auf halbem Wege entgegen. Zweimal wurde das Mißlingen, zweimal das halbe Solo-Gelingen und schließlich das Ideal ‚Nachts in der Bar' Gegenstand literarischer Darstellung: *Die Form, das Auferstehn...* Im übrigen läßt sich im Tagebuch die Spur von einem Stadium unmittelbarer Herzensergießungen zu dem Versuch, das Erlebte szenisch darzustellen, verfolgen.

Die drei Monate bis zu den Osterferien und einer Reise hinauf ins Grasland waren, von der Einlösung des Novemberversprechens im Januar und dem ersten Solo hinter zugezogenen Vorhängen im März, heimgesucht von Reiseängsten und einer Malaria, durchflackert von Nachwirkungen Shakespeares und dem Besuch eines Ehemaligen, von physischer Erschöpfung beim Brennholzholen im Walde, aufgelockert von Gesang in der Küche, Einladungen, Mondscheinlyrik und manch anderem, das dem Vergessen anheimgefallen war. Nur das gelbe Schlänglein ist neben dem Aschviolett eines Tanztraums ohne Tagebuch in Erinnerung geblieben: es biß zum ersten Male schmerzhaft zu.

*

Reiseängste

Fast drei Wochen gehen hin ohne Szenisches. Im Dämmer der Gruft, im Verborgenen der Träume regt es sich eher abweisend. Ins helle Licht des Alltags drängen sich zu Beginn des Jahres Reiseängste: der Ehemann will sich in ein Neujahrstaxi setzen, um von der Kleinstadt im Tiefland an ein entferntes Ziel zu gelangen. Befürchtungen, geäußert in einem Hause voller Kinder und Affen, wurden von einer resoluten blonden Gastgeberin als Angsthaserei verspottet. *Da werde ich eben mitfahren. Wer sich in Gefahr begibt, verlernt das Fürchten.* Es fand sich eine andere Lösung. Man kam wohlbehalten zurück.

Wunsch und Verzicht

Zurück im Campus, lebte ein ganzer Tag lang nur von Dankbarkeit, lebenswichtigen Alltäglichkeiten und ein bißchen Musik, ganz ohne Tagebuch. Dann aber:
Nun, da die Angst, das Beengende sich hinweggehoben hat und das Leben friedlich weiterfließt, hangelt die liebe Seele wieder nach den Seifenblasen der kleinen Reize und Verspieltheiten und erfreut sich an Gefällig-Zufälligem. Etwa, wenn native Sitte eine über das Gatter zum Willkommen gereichte Hand langsam und bedacht mit beiden Händen ergreift und ein angebotenes Lächeln arglos erwidert, freundlich und schon ein wenig zerknittert.

Ein Nachttraum verriet inneren Zwiespalt oder fromme Vernunft: ein Ausweichen vor der Erfüllung dessen, was in der Träume Gruft seufzte und sich sehnte.
Eine Menschenmenge, festlich versammelt auf einem großen Platz vor einem Barockschloß, begann zu tanzen. Ich saß und jemand stand von ferne, wollte auch und kam langsam herbei. Das Herbeikommen war schön. Wie Mondaufgang. Als ein Ausweichen eben noch möglich war, stand ich auf und ging hinweg. Flucht vor heiß Erwünschtem. Warum? Weil es überwältigen könnte? Oder weil nur der Verzicht das Verlangen wachzuhalten vermag? Vielleicht ist das Ersehnte nur in kleinen Portionen genießbar. Als matter Glanz etwa in einem ruhig-aufmerksam und still verträumten Blick; in einer ausgewogenen Stimme, einem angenehmen Bariton.

Besinnliches

Die Tage gingen geruhsam-arbeitsam dahin. Die Wissenschaft kroch nebenher auf dem Bauche und fraß den Staub vergangener Forschungsjahrzehnte. *Julius Cäsar* hatte im Lehrplan nichts zu suchen; die Lektüre schob sich außerplanmäßig dazwischen.
'I cannot drink too much of Brutus' love' - wie Durst zum Symbol der Sehnsucht wird, in diesem Falle nach Versöhnung, und Wein zu dem der Erfüllung, bis zum Rausch, bis in den Tod. Darüber ließe sich sinnvoller predigen als über die alten ausgeleierten Texte... Inbrünstige Liebe zu Gott kann die abgründige Freiheit Gottes überbrücken. Auch der amor Dei intellectualis kann das. Im Zwischenmenschlichen hingegen bleibt so manches undurchsichtig wie ein Küchenfenster, das die Dämpfe aus den Kochtöpfen der täglichen Primärbedürfnisse beschlagen. Die Liebe als Ethos ist ein jämmerliches Ding, Heuchelei oder Mühsal. Die Liebe als Leidenschaft kann Sklaverei sein, weil sie willen- und vernunftlos macht. Allein die Liebe, die zugleich Freiheit ist; der vollkommene Balanceakt zwischen Pflicht und Rausch, wäre reines Glück.

Als Zuschauer am Fußballfeld hatte der Kollege Ehemann Gelegenheit, sich milde lustig zu machen über die ungraziöse Erscheinung eines ‚zu groß geratenen Zwerges', der da würdevoll dem Ball nachstakste. Das Tagebuch vermerkte anderes.
Über den Campus geistert ein Grün, dessen Wellenlänge die Frequenz des Pulsschlags beeinflußt. ‚To burn always with that hard, gem-like flame' - niemand versteht das hier. Wenn ein freundlicher Blick sich ganz von selbst quer über die Köpfe der anderen hin spinnt, dann ist das schon fast wie ein Blick in den Spiegel, der sich mit Selbstgefühl aus einer lockeren Fülle, durchwirkt mit viel Silber, beschenken läßt. Ein Anblick, der Verwirrung stiften könnte, aus welcher Weisheit reift.

Sunder warumbe. Einfach so, und es ist schön, weil es so wenig ist und mehr nicht will. Sua sponte überbrückt es Entfernung, steigt wie eine leichte Luftblase aus flachem Ufergewässer, von Sonne erwärmt, das grüngoldene Atmen der Algen, das von sich selbst nichts weiß: abendlich wortlos im Vorübergehen gibt es sich hin, vertraut es sich an, ohne mißtrauisch zu werden oder verlegen. Es lächelt zurück wie ein Kind, in großer Unschuld. Fast wie - es ist bald sechs Jahre her.

Kleine Szene 8
Ein Präzedenzfall, glücklos

Achte Szene. Sie reimt mit Achtbarkeit, achtungsvoll achthabend auf guten Ruf und gute Beziehungen. Ein Achselzucken? Schon zweimal ist die Szene Gegenstand literarischer Darstellung geworden; was soll ein drittes Mal noch daraus machen? So wenig wie möglich. Um am Ende mit einem schmalen Band aus dem Inneren von gebändertem Achat um den kleinen linken Finger wieder hinabzusteigen in der Träume Gruft...

Es glänzt kein Nil im Mondenschein; keine Pyramiden stehen erhaben am Rande unendlicher Wüste; keine Saiten erklingen, kein Lied kündet von stiller Sehnsucht und einsamem Leid. Was alle sehen und hören konnten, war weder bühnenreif noch operngroß. In zischendem Gaslampenlicht krächzte ein Grammophon; der rissige Zementboden grinste dem lecken Wellblech über neugierig hergewandten Köpfen zu. Das Ereignis war als gesellschaftliches weder banal noch Skandal. Es tappte irgendwo im Ungenauen dazwischen. Man mochte es spaßig finden, mutig, merkwürdig, peinlich oder ganz in Ordnung. Es war jedenfalls in diesem Campus noch nie vorgekommen. Ein Präzedenzfall. Es war die Einlösung eines leicht und lachend hingeworfenen Versprechens aus der Szene 7 vom November. Der Träume Gruft öffnete sich, heraufstieg ein mumifizierter, ins nahezu Reglose bandagierter Traum mit halb ungläubig erstaunten, halb verlegen abgewandten Grauaugen.

Es hatte am Nachmittag ein sportliches Vorspiel stattgefunden. Ein Fußballspiel. Hoch unterlegen verlor die eigene Mannschaft; das Ehrentor kam dem würdigen Präfekten ganz zufällig vor die Füße, der gegnerische Torwart ließ es großzügig ins Netz. So war das erledigt. Zu einem Begrüßungsabend für ältere Amtsbrüder versammelte man sich in der ‚Festhalle' unter offenem Gebälk, saß eng gedrängt auf harten Bänken, hatte Bier und Erdnüsse vor sich, hörte den Reden zu und rückte schließlich die Tische beiseite. Alles ging dann unerwartet schnell. Eines Präfekten mutmaßliche Pflicht, eine Art Vorrecht, nie formuliert, nie in Anspruch genommen, näherte sich dem Podium, und es blieb keine andere Wahl. Das Versprechen wurde eingelöst mit dem Eröffnungstanz des Abends. Vierfüßig vor aller Augen: ein Scharren auf Zement, Sägemehl in den Armen. Die Böschung am Straßenrand, ein Taubenblau bodenlang, Silbermäander am Saum, hochgeschlossen bis zum Kinn. Statt Nescafé das schmalgeschnittene innere Schwarz von gebändertem Achat, tiefdunkler Glanz, unbefangen zugewandt.

Das Tagebuch danach, es blieb so gut wie stumm. Das Wenige, es war so erbärmlich wenig. Etwas mehr, das vielleicht zu haben gewesen wäre, sickerte in den Sand des Verzichts; es blieb nichts übrig, Worte daraus zu machen. Notiert ist Steifgemessenes, Verlegenheit, und das Bemühen um Konversation im Lärm der plärrenden Musik. Erst ein halbes Jahrzehnt später, beim Exzerpieren des Tagebuches zu literarischen Zwecken, fügte sich vieles aus frisch gebliebener Erinnerung hinzu, mit deutlichen Worten vergegenwärtigend, wie glücklos ein bescheidener Wunsch aus der Träume Gruft in Erfüllung gegangen war.

Ein Tanz als Präzedenzfall. Eine Erweiterung bislang üblicher Sitten und Gebräuche. Kein ruhmreicher Feldherr, keine schöne Sklavin; zudem eine Rollenvertauschung. Vergleichbar vielleicht einzig im Hinblick auf *Verfeinerung* – ins Spielerische eines netten Einfalls. In diesem Falle zu wenig, um zu genügen, zu viel, um sich als Nebensächlichkeit beiseiteschieben zu lassen. Es ballte sich zusammen, um wieder hinabzusteigen in die Gruft der Tanzträume, aus der es aufgestiegen war. Es lag daselbst nicht länger ruhig. Es übertrug Energie auf anderes Weißbandagiertes, und eine Welle breitete sich aus – durch Regenwald-Hochnebel und Grasland-Harmattan, über Narzissenwiesen und das salzige Wasser der Resignation, über schwankende Hochseile des eben noch Vorstellbaren und sumpfige Niederungen der Trübsinnigkeit, suchend durch abwärtsgleitende Jahre hin nach Endgültigem und nach Worten, es wenigstens zu schreiben. Aus dem primitiv-naiv Realen sowohl als dem verfeinert Glückhaften der Tagträume ein formalideal Schönes in Worten zu entfalten.

Nachbeben Shakespeare

Nach einem *dutifully* absolvierten Tanz zogen sich wieder die geraden Linien etablierter Hierarchien durch die Tage. Wie gut, daß es Shakespeare gab.

Julius Cäsar als Mittel zum Zweck. Als Sokrates, der commoner, in den Palästren unter den Jünglingen saß, da hatte der aristokratische Eros sich schon verfeinert ins Allgemeinere, auf Herkunft weniger Wert legend als auf Geistesgaben neben Körperschönheit. Frauen durften nur ausnahmsweise und indirekt Weisheit verbreiten. Diotima etwa. Das ist alles anders geworden; trotzdem bleibt eine Spannung und Irritation. Man glaubt nicht, daß eine Frau etwas von Männerfreundschaft à la Cassius und Brutus versteht. Pädagogischer Eros? Die Motive sind gemischt. Das Shakespeare-Exerzitium ist zwiespältig. Wenn ein kurzer Blick in Gärten träumender Unschuld imstande ist, den Atem zu benehmen; wenn Vorgesetztes angebunden am Maste steht, um sich nicht in die mondglänzende Schwärze eines Sirenenmeeres zu werfen, dann weiß der alte Sokrates Bescheid.

Brutus und Cassius, siebzehnjährig, grüßten und setzten sich in die Nähe. Da wurde es enge; da war etwas noch nicht ganz ausverkauft. Der Wunsch, alt zu erscheinen, legte Stirn und Hals in Falten, entwich seitwärts in die Eukalyptusbäume und wiegte sich daselbst in Tagträumen, listening to the whispering of distant memories, that once kept the heart from growing cold too soon. Während es durch die Liturgie stolperte.

Besuch eines Ehemaligen

If dreams become true they appear less real than before. Chr's Besonnenheit zähmte das wilde Herzklopfen der Überraschung und überspielte die Verlegenheit auf beiden Seiten. Die Bücher, der Brief. Alles zu exaltiert. Nur einer redete vernünftig und humorvoll, seeing my confusion. Das Gastzimmer wurde angeboten, man saß zu dritt beim Abendessen, Studienpläne und eine neue fiancée. Beklommenheit fand keine Worte. Die Erinnerungen überschwemmten. – Fort ist er wieder, Kg, der Jüngling von einst. Ein paar wirre Träume zur Nacht, und so ist das auch dahin.

Februar
‚O Nacht, ich will ja nicht so viel...'

Februar: von allen tropischen Monden im Regenwald Westafrikas der trockenste. Es knistert im Nervensystem. Es drückt und tropft herab, bei Tage die Hitze, deren geballte Umrundung auf dem Gemüt lastet wie weißes Blei; bei Nacht geronnene Traummilch, gemolken aus den Eutern des Wiederkäuers Unterbewußtsein, versetzt mit dem Essig der Deutungen.

Eine Flottille umhertreibender Erinnerungen verankert das Tagebuch im Februar 79: Holzholen in einer entlegenen Farm; ein Ausflug zu einer schönen Kirche auf einem Berg, wo die Savanne beginnt und der Blick über das Waldland schweift, zurückgeholt von dem Bemühen, etwas Erbauliches zu Papier zu bringen für öffentlichen Vortrag. Plötzliche Regengüsse, Hustenanfälle, und wieder das gelbe Schlänglein. Ein erster Tanzanfall am hellen Tage; in der Tiefebene ein Wiedersehen mit Ehemaligen. Auf der Kirchentreppe eine kleine Szene, beobachtet im Vorübergehen; am nächsten Tag ein großer Auftritt mit Flügeladjutanten und über alle Köpfe hinweg. Eine Lehre für immer. Die erste scharfe Auseinandersetzung mit dem Rudel (angeführt von einem neuen Präfekten) der pädagogisch Anvertrauten. Es überschwemmte das Tagebuch mit Emotionen und Nachdenklichkeiten mit Schlagseite in den Windschatten der Innerlichkeit, wo bunte Fischlein schwimmen.

Atmosphärisches

Kleine Zwischenregenzeit. Ein wenig Erholung von der Hitze. Eine große - ach, lieber ein klotzig anmutender Pothos als eine verschlissene Sehnsucht - es stürzt sich an einer Art leukadischem Felsen hinab und niemand fängt es auf. Plötzlich ist alles kühl und frisch und der Berg steht wie von Giotto gemalt, klar und kraftvoll. Leicht, durchsichtig und wie über dem Erdboden schwebend war einst das Leben mitten in der Bedrückung, wenn ein grundloses Lächeln im Vorübergehen es erhellte. Das ist dahin. Zu haben ist nur noch trockenes Gekrümel - Kaffeesatz vom Kaffee-Ersatz.

Shakespeare noch einmal

Weniges erschüttert noch von fern. Der Streit Cassius-Brutus und ihr Abschied nach der Versöhnung: For ever and for ever farewell. If we do meet again, why, we shall smile: If not, this parting was well done. Das ersehnte Lächeln, vorweggenommen und dahingegeben. Keine Worte sind der Seelenregung mächtig, wenn zwei in tiefem Einverständnis Blick und Lächeln tauschen, und dahinter die Nacht, der Verzweiflungskampf, der Tod steht. Sie wissen doch, daß ihre Sache verloren ist. Mit dem vorweggenommenen Lächeln des Wiedersehens wird der Abschied leicht. Warum ist in diesen kargen Worten und dem Schweigen dazwischen so viel mehr als in ganzen Kapiteln Heiliger Schrift? Warum sind die Sympathien auf Seiten der Verlierer? Weil wir am Ende alle Verlierer sind, gegen das Leben und gegen das Glück?

Von der sauren Lust der Muskeln

Um der Wissenschaft, die sich an den Wochenenden lustlos hinzog, auszuweichen; vielleicht auch, weil Teilnahme erhofft war, wo kein Interesse vorlag, kam das Abenteuer der Beschaffung von Feuerholz gelegen. Es bot sich geradezu als Luxus an. Mit zwei Unbedarften aus dem Rudel zog eine Schreibtischüberdrüssige in den Wald, in die Farmen, wo zwischen den Kaffeesträuchern das Feuerholz zu Scheiten gespalten lag. Das Tagebuch nahm sich des Abenteuers ausführlich an.

Da stand ich, statt vor akademisch angeregtem Geist vor den Holzscheiten, groß und schwer wie vermutlich Hammelkeulen. Drei davon aufs Haupt zu hieven mit lahmen Armen erforderte einige Verbissenheit. Dann aber drückte das aufs Schädeldach mit nichts dazwischen als Haut, Haare und ein weißes Baumwollhütchen. Da begann die Mühsal, die geradezu Strapaze, die Willensprobe, der Schwindel, die Angeberei. Die beiden anderen locker voraus. Weit und breit niemand, dessen Bewunderung Durchhaltekraft verliehen hätte. Das Holz drückte hart, die hochgehaltenen Arme begannen zu schmerzen, der Schweiß brach aus, in den Ohren begann es zu summen, die Füße zogen alle Aufmerksamkeit zu Boden, wo Kraut und Gewurzel sich anhänglich zeigten und zum Stolpern einluden. Zweimal die Last abgeworfen und wieder aufgerafft; beim dritten Male versagten die Arme; in Brusthöhe gelangten die Scheite bis zur Straße, wo der Landrover sie abholen wird. Da stand ich erschöpft, Reste des verdutzten Geistes zu scherzhaften Bemerkungen sammelnd in das verlegene Lachen der Männer hinein. Sie machten weiter; ich machte mich davon, mit zitternden Knien, nach dem Bette lechzend, keuchend die Steigung zum Dorf hoch, das Herz rasend, der Atem kurz, und kam an, schweißgebadet, verdreckt und merkwürdig glücklich. Wasser, ein frisches Hemd, aufs Bett fallen und das Gefühl, wie sich alles wieder beruhigt, genießen. Das leichte Spiel des Geistes erscheint vorübergehend geradezu verächtlich. (Frei nach Gorkis Glück der Wolgatreidler, die auf Repins Bildern einen anderen Eindruck machen.) Ich weiß, welchem Schicksal ich ausgewichen bin. Eine Strapaze eben mal zwischendurch kann ein großes Erlebnis sein. Schon die Wiederholung wäre eine Zumutung.

Entwurf zu einem Kurzroman

Noch vier Monate, dann ein ganzes Jahr lang nichts als Wissenschaft? Wer wird in meiner Abwesenheit Impressionen pflücken, Blüten vom Magnolienbaum der Unverbindlichkeit? Was macht das Leben hier so lauwarm, so sublim-andersartig? Welches Abenteuer ließe sich mit Anstand noch bestehen? Wer würde sich in die Resignation dieser Übergangszeit mit hineinziehen lassen? Chr hat in seiner Feldforschung gefunden, was den Jahren hier bleibenden Sinn geben kann. Was er leidet, erleidet er nicht mit mir, sondern wegen mir. Kg ist mit vollen Segeln auf neues Glück aus. Ich träume eine Novelle, einen Kurzroman - er müßte im Grasland spielen. Exotische Kulissen für ein Spiel, das unversehens ernst wird. Könnte nicht mit dem Feuer spielen, wer selber am Erlöschen ist? Häuptlingsgehöft, Ahnenfest, Trommeln und Vollmond. So stellt Lieschen sich das vor. Unter dem Firnis unterschiedlich geprägter Kulturen die gleiche uralte Macht. Sie tanzt freilich nicht im Sand mit nackten Füßen, sondern in Sandalen auf importiertem Zement, im Geheimnis wortlosen Einverständnisses, das eine Grenze kennt, an der sie scheitern soll. Wo nicht, würde das Schöne verfallen, verfaulen und verächtlich werden. Ekstatischer Verzicht. Der Mond ist schön, weil fremdes Licht ihn verschönt. Wer oder was würde hier das Licht später Tagträume widerstrahlen? Ein Musazeengrün?

Verzicht-Reflex

Einem Unbescholtenen wurde das rechtmäßig zuerkannte Amt wieder aberkannt. Er ließ bereitwillig los. Es gab fortan keinen Vorwand mehr, Pflichttänze zu absolvieren, dafür unmittelbar einen Anlaß zu Freundlichkeit im Vorübergehen irgendwo oder auf der Veranda. Das Tagebuch sammelte die Spreu.

Friedfertig vom Thron gestiegen, der ihm streitig gemacht wurde. Gentle vielleicht, aber reasonable? Eher naiv. Wer spielt hier mit dem Feuer in aller Unschuld und Unbefangenheit? Ein Fänger, nicht im Roggen, sondern im Bananenhain, hinter dem die Klippe des Altwerdens lauert. Die da umherirrt, würde sich gar zu gern ein bißchen hinabwerfen und ein bißchen aufgefangen werden. Ein bißchen nur. Der Verzicht-Reflex ist stärker. Der Becher ist voll, ich schiebe ihn weg. Geh! Diese Langsamkeit, dieses Zögern in der offenen Tür irritiert. Ein Stein war zur Hand, eine Ziege unterhalb der Veranda kaperte erschreckt davon. Solche Begegnungen am Nachmittag dürfen nur sehr kurz sein. Sie bewirken zu viel, die Adjektive flattern davon, das Subjekt steht allein auf der Piazza della signoria und bemüht sich, die Verwirrung zu zerschreiben. Nur eine Stichflamme. Aber.

Weitblick und Theologie

Der Nachmittag saß auf dem Berg vom Bang. Der landschaftliche Weitblick lenkte ab. Er machte es mühsam, etwas Sagbares zu denken. Theologie bedarf der Erfahrung, um sinnvoll zu sein. Gott erfährt die Erhabenheit seines Seins in der Verehrung von unten. Unten und unter sich kann es auch etwas' sein, dessen Erscheinen Verwunderung erregt, vielleicht auch ambiguöse Gefühle. ‚Is Na'any no longer looking this way?' Das Rudel der Alten, denen hier Ungewohntes vorüberrauscht, will beachtet sein. Eine Frau als Lehrautorität. Das Weib in intellektueller Verfremdung. Spröder, älter, vom Geist zerfressen. Aber die langen Gewänder rauschen und langes Haar weht vorüber. ‚If we cannot enjoy Christ's presence, do we at least suffer from his absence?' Eine Abwesenheit kann sich in der Tat sehr aufdrängen. – Vollmond. Sie trommeln. Wahrscheinlich tanzen sie auch. Ist das das Leben, das vorbeigeht? –

Cocoyam-Sack und Pythia-Schale

Ein Feiertag mit Aufmärschen der Jugend gab Anlaß, Impressionen zu sammeln, zu vergleichen und Besonderem mit Worten nachzutasten. Das Volksfest samt einem tropischen Regenguß: nebensächlich. Es ging darum, einen Ausdruck zu finden für optische Winzigkeiten. Auf dem Grund einer griechisch-antiken Schale liegt im nachhinein die Veranschaulichung.

Eine Wiederholung dessen, was da schwarz in Schwarz und Seite an Seite vorbeimarschierte? Schön, schlank, elegant und intelligent, was will frau mehr? Aber nein. Das Ungefüge, das Danebengeratene, das den Spott einer spitzen Zunge provoziert: der wandelnde Cocoyam-Sack, der Kasten auf Stelzen, der aufrecht krabbelnde Maikäfer, der Marabu des ersten Eindrucks, auf den es mit nacktem Finger wies. Vielleicht fehlt dem Marabu ein T. Es fehlt der Erscheinung fast alles, was den Reiz des Äußeren ausmacht. Und mir fehlen die Adjektive, den Augenblick zu umranden. Bisweilen ist es ein Kinderblick, ohne Arg und Falsch, der da anrührt und ein kleines Beben verursacht. Im Gespräch freundlich-korrekt, sachlich-distanziert, nur selten verkniffen von einem allzu konzilianten Lächeln. Das tut weiter nichts. Wenn indes das Anschauen von sich selbst nichts weiß, wenn es völlig verloren woandershin träumt, dann weicht der Boden unter den Füßen auf, es sinkt und schnappt nach Luft. Schlimmer noch: einfach zu kommen und dazustehen und nichts zu sagen unendliche Sekunden lang, mit einem Lächeln in den Augen, das lyrisch stimmt und nur zu sagen scheint: Da bin ich. Grundlos. Ein wortloses Dasein, seiner selbst völlig unbewußt. Andernfalls wäre es eine Grenzüberschreitung oder ein Anfall von Geistesfinsternis.

Der Blick, das Anschauen. Griechische Vasenmaler haben es darzustellen vermocht mit spitzem Stift und einem Minimum an Linie. Da steht im Rund einer rotfigurigen Schale ein älterer Orakelheischender vor der Pythia auf ihrem Dreifuß und richtet sinnend den Blick auf sie. Ruhig und erwartungsvoll, ernsthaft-verträumt, freundlich-fragend, still verwundert: alles ist darin und nichts ist definiert. Ausdruck und Empfindungen verschwimmen in einander. So etwa. Ein verhaltenes Lächeln, das in den Augenwinkeln nistet, am Wimpernrande hängt.

Krümel und Herbarium

Freude, schöner Götterfunken? Wer will hier Feuer aus einem Steinzeitflint schlagen? Sprüh doch noch einmal, schöner Funke! Was für ein hinkender Ersatz für die Hochseilartistik von Bethabara! Die Tage sind ein Suchen nach Krümeln und Körnchen - wie ein Vogel im kurzen Gras herumhüpft, hier und da pickt und nie satt wird. Oder wie das Sammeln in ein Herbarium - das frisch Lebendige kann nur in Worten auf dem Papier bewahrt werden, und da ist es schon welk und plattgedrückt. Das dunkle Licht eines Blumenangesichts, Augentrost, veilchenfarben, tropft in einen Seelenkelch, darin es zu perlen beginnt - auf dem Papier ist es dann kaum erträglich. Nichts. Nichts, nichts. Via negationis. Nichts Erschreckliches, nichts Verwirrendes. Aus der sicheren Ecke der Unschuld kommt es wie auf Wellen und wirft eine Bootsladung Traum (Verschlafenheit?) und Traurigkeit (Trübsinn?) so achtlos an den Strand der Erwartung, daß alle Schätze der Empfindung zurückrollen ins Meer der Ungewißheit. Bei anderer Gelegenheit begegnet ein dumpf brütender Blick, düster wie eine totale Sonnen- und Geistesfinsternis. Auch das hat seinen Reiz und ist des Sammelns wert. Augenblicke wiederum, die ein ganzes Gesicht, einen ganzen Menschen aus seiner Gewöhnlichkeit ausgrenzen - ein Anblick, schön und klar wie ein Morgenhimmel, voll kindlicher Selbstvergessenheit. Dann wieder ein so dumpf in sich versackendes Vor-sich-Hinbrüten, so altgeschrumpft, so verdruckst und wie abgeschaltet - a total refusal of response. Bei Geselligkeiten Verrenkungen, grotesk und abstoßend. Allein für sich in einer Ecke hüllt es sich in ein Lächeln gelöst und schön. Und so füllt sich das Herbarium, und auch das Krümelkörbchen bleibt nicht leer.

Glücksvision als Plakat

Das Glück - das Glück am Morgen ist ein Apfelsinenschnitz am hohen Himmel und auf Erden ein Musazeengrün, das sich entschlossen hat, mit in die verwildernde Farm der armen Witwe zu pilgern, wo ein Preis für das Grasschlagen ausgehandelt wurde, der Abstand nehmen ließ. Beim Holztragen neulich fielen Gorkis Wolgatreidler ein; bei der Aussicht auf das Grasschlagen stellte sich ein Plakat sozialistischer Färbung vor Augen, gemalt von dem Glauben, Arbeit verbinde Weib und Mann auf besonders heroische Weise. Sie schreiten in die Zukunft, die Frau einen halben Kopf kleiner und dem Manne ohne Abstand voran, beide erhobenen Hauptes, die Hand am Schwert oder am Pflug, an Hammer, Sichel oder Fahnenstange, zwei Hände, ein Griff - an etwas Drittem, das verbindet und trennt. Hier stünde statt blondem Korn oder stählernen Krähnen Elefantengras ringsum, Schaft an Schaft, armstark und übermannshoch, und die Rede ginge über das umzulegende Mammutgras. Da ist ein Buschmesser, das der eine dem anderen aus der Hand zu nehmen im Begriff ist. Das ist der Augenblick, über den die Ameise krabbelt. Denn einen Blitz oder auch nur einen Funken zu bemühen, wäre nicht nur zu aufwendig, sondern auch trivial. Eine Winzigkeit würde genügen für diese Art von éducation sentimentale.

Kleine Szene 9
Das Schlänglein in der Küche

Es war ein Sonntag, der Nachbar mit Frau verreist, ein knapp dreijähriges Kind der Obhut einer sechzehnjährigen Verwandten überlassend. Pflichtgefühl, sich um die jugendliche Hüterin des Hauses zu kümmern, rauschte in Sonntagsröcken hinüber, betrat die Veranda, trat in die Küche und – kam eilends zurückgerauscht, um sich aufs Tagebuch zu werfen.

Ach, nun hat es zugebissen, kräftig, herzhaft, das gelbe Schlänglein. Da braucht kein prophetisches Gemüt bemüht zu werden. Und von wegen nichtsahnender Ahnungen! Gestern schon schlich etwas wie Neid herbei, als die Jugendblüte, Knaben und Mägdelein, unter Aufsicht eines musazeengrünen Kittels der armen Witwe drüben einen Zaun ums Gärtchen pflanzte. Hier nun und heute saß (und sitzt vermutlich noch immer) - es saß selbige Aufsicht auf einem niederen Hocker und blickte still und freundlich in das Gestotter von oben. Die junge Mollige stand seitlich und köpfte einen Fisch; auf einem anderen Hocker saß bescheiden nicht nur, sondern sichtlich verschämt die ‚arme Sue' von Neujahr, schon älter, mager, kränklich. Zwischen den Dreien wuselte das Kind und haute um sich. Das ist nun bitter, solch ein Biß - warum bloß? Hat der Nachbar Auftrag gegeben, sich zu kümmern? Kam der Sonntagsbesuch von selber der Mädchen wegen? Wer will sich hier versehen am Natürlichen? Ach, es scharrt mit bloßen

Händen die täglichen Kleinigkeiten aus dem Staub, das biß-chen Geglitzer und Gefunkel, das Splittrige; es läßt sich genügen an den wenigen Tropfen, die in dürren Sand fallen, in das Elende vergehenden Daseins. Es tröpfelt noch einmal Tau auf ein ergrauendes Gemüt, ein paar Blümchen sprießen, ach wie dürftig, und da zischt nun das Schlänglein dazwischen mit spitzem Zahn. Das Gift belebt ganz sonderbar. Was will ich denn? Den Gesang der Sirenen noch einmal vernehmen, solange das Ohr noch nicht völlig taub und tot ist; festgebunden am Mast eines Schiffes, das zu verlassen Torheit nicht nur, sondern Schwachsinn wäre.

Kleine Szene 10
Eine Küche voller Gesang und Tanz

Der Tagebucharie folgte unmittelbar die nächste Szene, zu Protokoll gegeben erst am Montag. Es drängte in die eigene Küche, sei es wegen eines knurrenden Magens auf Mittag zu, sei es, weil Analogiezauber sich nahelegte. Da kam das Kind herüber, geschickt oder von selbst, und es war da etwas zum Herumschäkern. Als drüben der Besuch gegangen war, fing es plötzlich an zu singen und zu tanzen.

Die ganze Küche war voller Gesang und Tanz, und das Kind hampelte so schön mit. Das Gift löste Seele und Glieder zu Walzer und Tango, Foxtrott und selbsterfundenen Rhythmen. Der braune Cognacrock schwang hin und her, das Kind hielt sich an den Schürzenbändern fest, die vorne herunterhingen, und trippelte munter mit. So kochte ich Krautsuppe, schnipfelte Speck in die Pfanne und tanzte die Küche voll und erzählte dem Kind zwischendurch: ‚I am a witch. I can transform. During the week, I am a man, on Sundays I am a woman.' - Das war gestern. Heut begegnete ein anderer, guckte nicht verdruckst oder geistesabwesend in die Gegend, sondern blitzte um sich, aufmerksam, allzu aufmerksam, and I did not like it. Diesen Anflug von Mephistopheles.

Was folgt, ist weder Szene noch Lyrik. Es ist Lagebetrachtung aus Anlaß eines Wiedersehens mit Ehemaligen drunten in der Kleinstadt, wo man, in die gleichen Baracken gepfercht wie alle anderen, als *fraternal* keinerlei Privilegien genoß.

Melancholie des Gewesenen

Verschwitzt und verstaubt kam man an, es gab weder Wasser noch einen Anspruch auf Sonderbehandlung. Das Tagebuch indes war zuhanden für Betrachtungen überwiegend melancholischer Art.
Die Inspiration wiederzubeleben, dazu bedarf es einer Muse. Ist sie schon erschienen? Suche ich noch? Nicht im Lästerladen der fraternals und nicht in freier Wildbahn ist sie zu erwarten. Wäre sie da, wo kein objektiver Geist, kein Lehrplan und keine Lehrautorität die gröberen Lebensinteressen zähmt und verfeinert? Der Campus von Nza'ag ist ein schönes Gehege, in das sich sogar die Muse verirren könnte oder wenigstens ihr Phantom. Der Morgen ist noch frisch und neu, die Sonne steht groß und blaßgelb im Dunst. Hier, unter diesen Freigelassenen, wird sich keine sokratische Stunde mehr ereignen. Da erhebt sich kein Jüngling mehr, schlank, stolz, spröde, aufrecht mit zurückgeworfenem Haupt und dem Blitzen des Geistes im Mandelaugendunkel. Da wird nicht nur einer, da werden ihrer mehrere fett auf den Suzukis.
Nach dem Absolvieren des Tagesprogramms verbrachte man den Abend in einer Bar. Im Schatten des Kollegen und Ehemannes, der die Gespräche souverän lenkte, saß eine lilagraue Eminenz, wechselte Worte mit diesem und jenem und merkte gar wohl, wer sich mit Witz und Charme Chancen als Favorit in Höhe eines Stipendiums in den USA ausrechnete. Es schlug sich nieder in melancholischen Tagebuchbetrachtungen.
Keiner derer, die da versammelt waren, wird dermaleinst noch etwas von uns wissen wollen. Es sei denn, man würde sich Anhänglichkeit mit großen, fortlaufenden Summen erkaufen. Es könnte traurig stimmen und Enttäuschung nähren; aber so ist es nun einmal in diesen Breiten und in dieser Rolle. - Wie vergeht alles so schnell. Wie kann ein Tropfen Wein so weinerlich stimmen, wenn er sich vermischt mit einer traurig-frommen Melodie. ‚When I survey the wondrous cross...' Mit Kg ergab sich kein Wort mehr. Er blickt bisweilen noch immer grimmig. Was wird bleiben? Ein epiphaner Augenblick, vier Jahre zurück, etwas wie ein Saphirhimmel, und das Gedicht, das daraus entstand, A few words only, but exquisite, choice... Es fehlte noch eine Schlußarabeske. ‚Let me dance with the bridegroom...' Als Vorstellung geradezu poetisch; mehr aber auch nicht.

Kleine Szene 11
Im Jenseits auf der Kirchentreppe

Zurück im Campus plagte die Mühsal, etwas öffentlich Sagbares zu Papier zu bringen. Wen sollte es erbauen? Noch schleifte der Saum der Seele im Tiefland durch den Staub der Resignation, grau und weiß gestreift in breiteren Steifen als die Nadelstreifen eines Polohemdchens. Im Geholper des Landrovers zurück hatten sich so schöne Abschiedsträume gewiegt. Am nächsten Tag, nachmittags, ein zufälliger Blick von der Veranda über die Hecke hinüber zur breiten Kirchentreppe –

Und nun und ach, was müssen meine Augen, die vergeblich Ausschau halten, sehen! Warum will das Schlänglein nicht beißen? Es kriecht mir nur müde um den kleinen linken Zeh. Im Jenseits auf den Stufen sitzt, der kürzlich auf einem Hokker in einer Küche saß, und oben neben der Tür lehnt ‚die arme Sue', die Arme hinter dem Rücken, den Kopf gesenkt. Da geht etwas vor. Da sitzt zwar kein König Kophetua vor einem Bettlermädchen; aber doch ein Ehrenwerter und Angesehener vor einer armen kleinen Unscheinbaren. Welch trauriger Zufall hat mir diesen Anblick über die Hecke herübergespült! Ich könnte das gelbe Schlänglein getrost an den Busen nehmen. Es züngelt nur ein bißchen. Es beißt nicht zu. Es weiß, daß es sich nicht gehört. Und daß da drüben alles mit rechten Dingen zugeht. Wer also wollte da etwa an Stelle der armen Sue an der Wand lehnen, die Arme hinter dem Rücken, den Kopf gesenkt, und sich eine Frage stellen lassen? Was will ich denn?
O Nacht, ich will ja nicht so viel. Ein kleines Stück Zusammenballung, ein Abendnebel, eine Wallung von Raumverdrang, von Ichgefühl.

Ein Fall von Selbsterbauung

Trotz der großen Mühe, die zwei Wochen lang daran herumgebastelt hatte, anderen, und sei es nur wenigen, zu sagen, was selber so tief betraf, ging ‚das Wort' in homiletischer Gestalt über die Köpfe der Zuhörer wie meeres- oder mondscheinwandelnd hinweg. ‚People went home empty': ein Ältester sprach es unverblümt aus. Nun denn. Tant pis pour les pieux. Es führte nicht zu Einsicht. Es verkroch sich ins Selbsterbauliche.

Selbst meine Naivität merkte, daß da etwas nicht stimmte. Aber das Bedürfnis, öffentlich zu sagen, was dem eigenen verfeinerten Geschmack schmeichelt, kam von Cassius und Brutus nicht los und zahlte den Preis für die Selbsterbauung. Die beiden Flügeladjutanten machten als Übersetzer zwar brav mit, haben aber vermutlich auch nicht viel kapiert.

Der Kollege Ehemann mokierte sich, daß dieses Fiasko ausgerechnet ‚true Christian fellowship' zum Thema hatte. Zum Nachgespräch geladen, kamen die Flügeladjutanten und guckten verdutzt in ihre Kaffeetassen. Der eine zeigte sich sodann recht gesprächig; der neue Präfekt hatte auch etwas zu sagen; der alte hingegen, der abgewählte, blieb stumm –

– stumm wie ein Fischlein im Aquarium und guckte auch wie ein solches. Er hat doch nicht etwa zuviel verstanden? Trete ich der Gemeinschaft der Versager, der Bekloppten und nicht ganz bei Trosten bei? Begoßner Pudel steht mir nicht, ich belle und beiße, ehe ich mich wieder zurückziehe in die Mondscheingärten der Innerlichkeit. Die Gedanken zu dieser Homilie kamen auf dem Berg von Bang mit dem weiten Blick über das Waldland mit aufziehendem Gewölk. Idealistische Träumereien sollten sich, schwarz in weißen Togen, in altrömischer Männerfreundschaft darstellen und sich dann auch noch taufen lassen. Funny indeed.

Schweigen inmitten

Der Februar ging zu Ende mit Ausfälligkeiten von Seiten derer, welchen für akademische Leistungen ‚confusion below standard' attestiert worden war. Peinlich, daß nur eines Einzigen Arbeit etwas taugte? Der schwieg inmitten des Aufruhrs.

Der Adrenalinspiegel stieg, aber ohne lustvolles Prickeln. Ich wäre gern ruhig überlegener geblieben. Wozu die Aufregung. Ich will ja nicht so viel. Einen Teelöffel Tee, in dem sich ein Stück Glukose auflöst. Langsam und leise fließt ein Streifen hellgrünen Nachmittagslichts die Veranda entlang und durch die weit offene Tür. Es reicht nicht bis an den Schreibtisch, aber es stimmt friedlich. Es regnet zwischendurch, ein bißchen Grün sprießt auf, ein bißchen Sentimentalität, eine Melodie, ‚Am Tag als der Reeegen kam…'

März
Ein Solo. Malaria. Verworrenes

Nur vier Szenen lassen sich wie Inseln in einem Meer von Stimmungen ausmachen. Das Tagebuch schwillt unmäßig an, mit sich führend eine Unmenge an Seelengeröll – Treibgut längst untergegangener Lebensphasen und neuauftauchender Verworrenheiten, Gestalt annehmend in Nachtträumen; naive Wunschvorstellungen und deren Kritik, rhetorisches Pathos und ironische Zurücknahme, ein Verlangen nach dem Absoluten: der Zirkus einer labilen Übergangsphase tanzt vorüber.

Das erste Solo hinter zugezogenen Vorhängen ging über die Bühne, gefolgt von einer Malaria mit Krankenbesuch; eine abendliche Einladung ins Haus enttäuschte Erwartungen; es war wieder einmal Geburtstag zu feiern, und der Tag zerstückte sich in Verworrenheiten. Die Arbeit in der Bücherei beruhigte ein wenig. Die Muse flüsterte stockend ein paar erste Zeilen ein – auf englisch. Ende März eine Reise ins Grasland mit fauchendem Zwischenspiel. Die Gereiztheit besänftigte sich erst in abendlichen Tanzträumen unter dem Harmattan.

Clownerie mit Zipfelmütze

Phantom der Muse oder Proteus selbst? Es wechselt die Gestalt, gefällt sich in unmöglicher Ungestalt, dazu angetan, aus der Fassung zu bringen. Eine gelbe Zipfelmütze auf dem kleinem Kopf, mit krummem Buckel und gebogenen Beinen zuckelt da etwas im Halbkreis über das Fußballfeld, wo man Laubhütten für das Volksfest baut, und tutet vor sich hin in die hohlen Hände. Eine groteske Clownerie, ein ‚impossible' zwischen den Zähnen hervorpressend vor der Frage ‚What are you performing?' ‚O this is traditional music.' Und tutet vorbei unter dem Lachen der Umstehenden. – Zwischen der Morgenröte des Geistes und der Abendröte des natürlichen Laufs der Welt: ein Balancieren und das Vorwegwissen, nach welcher Seite es umkippen wird. Da sind so Zustände... Dazwischen und statt Wissenschaft Malen mit Buntstiften auf Karton, Blumen und Blätter. Etwas zum Verschenken.

Kleine Szene 12
Erstes Solo hinter Vorhängen

Ein Feldforscher war wieder unterwegs. Durch des Hauses eine Hälfte geisterte Einsamkeit, während in der anderen an einer anderen Suppe, der herkömmlichen, gelöffelt wurde. Es wurde Abend, es war ein Freyastag. Es gähnte ein Wochenende. In den altväterischen Räumlichkeiten, in einem Wust von Büchern und Papieren, fand *es* statt, bis ein weißes Oxfordhemd ganz durchgeweicht war vom Schweiß der einsamen Ekstase. Am nächsten Morgen im Tagebuch:

Gestern abend fand es statt, das Höhenkultfest auf der Höhe der Vereinzelung, hinter zugezogenen Vorhängen, beim Flakkern zweier Kerzen und dem Sirren einer Diamantspitze in den schwarzen Rillen der einzigen Tanzmusikplatte, die wie aus Versehen zwischen Bach und Brahms geraten ist. Sobald der Mensch überzeugt ist, ein Recht auf etwas zu haben, fallen die Hemmungen. Warum sollte Tanzen ‚unmöglich' sein? Sicherlich ist es Sublimation, und gewiß ist das Überschwellige eine Verfeinerung und Verhüllung nackter Unmittelbarkeit. (Die sich vielleicht gerade dadurch mit einem um so größeren Reizpotential auflädt.) Ich stelle mir des Eheliebsten Kommentar vor: ‚Na, dann tanze mal. Vielleicht mit einem zu groß geratenen Zwerg, der seinen Brustkasten mühsam auf krummen Beinen vor sich her schiebt'. Das Schönste war die Erschöpfung danach, die, keines Tagebuchs bedürftig, selig in sich selbst dem Schlaf entgegensank.

Kleine Szene 13
Malaria mit Besuch am Fußende

Das Vorfiebergefühl, das mit der Tanzerschöpfung kam, verdeutlichte sich am folgenden Tag. Das Fieber kam, stieg schnell, warf aufs Bett und schüttelte durch mit Maßen. Nivaquin schlucken, ins Bett und durchschwitzen. Gegen Abend kam der Feldforscher zurück, saß am Bett und war freundlich -
mein Zuhause, mein Seelengehäuse, das schützende Gewand, das Gottes Erbarmen mir um die Schultern warf, mich zu schützen vor der Kälte der Welt. Das sind Wirklichkeiten, die des Tagebuches nicht bedürfen. Das Tagebuch ist das Niva-

quin für die Seele. Das Tagebuch hilft, des Herzens Schüttelfröste abzureagieren. Gestern, am Sonntag mit Volksfest, gab es keinen großen Auftritt in wallenden Gewändern. Es regnete in Strömen wie zum Trost. Die Stunden vergingen wie üblich mit Schwitzen, viel kaltem Tee und Gelenkschmerzen.

Mit größter Unbefangenheit kam an diesem Sonntagabend (nach vorsorglicher Anfrage des Ehemannes, ob Betreten des Schlafzimmers gestattet sei) Besuch, sich mit zwei Silben höflich nach dem Befinden zu erkunden. Stand am Fußende des Bettes, hielt einen Regenschirm gefaltet vor sich hin und ließ sich bewillkommnen. ‚Are you paying back the visit I paid you when you were sick?' Erstaunlich korrekt formte sich ein so langer Relativsatz. Den rechten Arm über die Stirn gelegt, fragte es vom Krankenbett her nach dem Fest; Verlegenheitspausen zuvorkommend. Eine ruhig freundliche Stimme antwortete. Um das Gesicht des Besuchers zu erkennen, angelte der Arm nach der Brille; die lief an von den Ausdünstungen der Haut, und so war da im gedämpften Licht der Nachttischlampe nichts als Gegenwart und Stimme und eine umgängliche Art, die da wußte, was sich gehört. Ein Krankenbesuch: nichts Besonderes. Das Besondere war die Fürsorglichkeit des Ehemannes, der Wasser warm machte und das Nachtgeschirr leerte. *Das ist's, wovon Leben und Wohlbefinden im Notfalle abhängen. Daß einer sich kümmert und niedere Dienste tut, die man gewöhnlich und ganz ‚natürlich' sonst nur Frauen zumutet.*

Nachtphantasien

In den Stunden, da der Schlaf nicht kam, phantasierte es zum ersten Male Abenteuerliches ins Sprachlos-Visuelle im Spannungsfeld von Musazeengrün und dem Unbekannten.

Der Ort, wo es stattfinden könnte, müßte erfunden werden, damit es so spröde und splittrig wirken kann wie es sich darstellte. Vielleicht das geheimnisvolle Lah, das bislang nichts weiter ist als eine Silbe. Sehen, wie es aussieht da, wo einer, der hier herumhampelt, herkommt. Ein Fluß wäre da und eine Furt zu überqueren; übernachten müßte man im Wald bei Lagerfeuerromantik. Im Dorf würde ein Tanzfest bei Voll-

mond stattfinden. Trommeln natürlich, und alles ganz urtümlich - statt in weißem Oberhemd mit Schlips und Schirm ein Auftritt in glänzender Nacktheit. Das ist Lieschen Müllers exotischer Traum, und Lieschen weiß es. Leider. Oder zum Glück? Vielleicht ist das Phantom der Muse ein filou.

Das Festschreiben solcher Phantasien erwies sich als willkommene Ablenkung von dem, was touristisch aus dem Landrover quoll, herumsaß und von den Zentnern Salz erzählte, die der deutsche Winter forderte. Die Gefräßigkeit eines langen, dürren Menschen, der Brot und Kuchen über die Maßen verschlang und ungeniert mehr verlangte, führte zu ehelichen Mißhelligkeiten. Das Tagbuch wirkte auch hier therapeutisch.

Lyrik und Phlegma

Träumen im milden Mondenschein ist eine noch bessere Seelenmedizin. Schlafwandeln über den Campus, wie einem magischen Zwange folgend; von der anderen Seite schwebt ein mondlichtgebleichtes Musazeengrün herbei und vorbei und es genügt. Es stimmt friedlich. Das Traumwandlerische, der sanfte Zwang, dem kein Geist widerstrebt. Das Kindlich-Unschuldige am Rande des Bewußtseins. - Begossener Pudel? Für den empfindsamen Blick: Lyrik des Dahinfließens. Und - wessen? - Seele ist ein Weib vor - wem? Da werden ernsthafte organisatorische Dinge auseinandergesetzt, und etwas sitzt wie in Trance, völlig geistesabwesend. Scheu, schüchtern, wie manchmal Kinder, zugleich mit einer Ernsthaftigkeit, die anrührt. Eine Apathie, die sich fallen läßt wie in eine Ohnmacht. Könnte man es nicht auch Phlegma nennen?

Schlänglein und Ichneumon

Wo eben noch etwas wie Harmattan wehte, ein warmer Dunst, der friedlich und zufrieden stimmt, wenn er ein wenig Gegenwart an die Schwelle erwartungsvollen Zeitzubringens weht, da - nun, da ringelt sich wieder das gelbe Schlänglein durch den Staub. Da trotteln sie zu viert ins Nachbardorf, wo fromme Pflichten und ehrbares Vergnügen warten. Das Schlänglein hat ein Mäuslein erwischt und nicht etwa sofort totgebissen und hinuntergewürgt, nein es zerrt und schüttelt das arme Ding hin und her, wie Katzen oder junge Hunde tun. Abseits, in den Logen der Großen Oper, sitzt Turandot und sieht sich auf der Bühne, wo der Thron sie festleimt; sie kann nicht herunter, sich in ein Ichneumon verwandeln, den Entwichenen nachspüren und womöglich unterwegs das giftgelbe Schlänglein überwältigen. Wer oder was überfällt hier wen und entwindet der Sprache Worte, die nicht ganz bei Troste sind? Das sind so Anwandlungen (etwas, worin Geist überwältigt wird von dem, woraus er hervorging), die des Tagebuchs bedürfen, um sich zu übergeben und wieder zu Verstand zu kommen.

Das Spielerische? Ein Hin- und Herpendeln zwischen den Möglichkeiten. Ein Entfliehen in Phantasiegefilde, um es in einer langweiligen oder sonstwie unerquicklichen Gegenwart auszuhalten. Ein altes Rezept. Der Sonntag - ein Insekt, das gegen Fensterscheiben fliegt und im Tagebuch Spuren hinterläßt. - Das Schlänglein will sich nicht verscheuchen lassen. Es beißt nicht, es spritzt Gift in die Gegend. Daraus sprießen düstere Geschichten, aber noch keine Gelbsucht.

Wohin? Wie? Was?

Da ‚beantragt' einer Brautpreis, präzise in Ziffern und ohne Umstände. Das schiebt sich von selber ab über die Gefühlsgrenze. Schade. In seiner Sprödigkeit war der Jüngling von einst echter und tiefer als was sich nunmehr und hierherum umgänglich zeigt und als trauriger Clown gebärdet. Wohin sollten die Gedanken schweifen? Einst war da eine Vision von zwei Steppenbränden und einer Art Erlösungsritual. Es ist, als wollte es noch einmal packen, aber nur auf dem Papier.

Das schwarze Hemd, das Chr sich da angeschafft hat, läßt einen blonden Mann jung und ansehnlich erscheinen. Geradezu attraktiv. Aber, wie eine Ehefrau soeben zu verstehen gab, es ist wider das Herkommen, sich in den leibeigenen Hausgenossen zu verlieben. Der Mond scheint blaß und neblig durch die Wolken. Kinder lärmen vor dem neuen Nachbarhaus. Die Afrikanisierung des Campus schreitet voran.

Der traurig vernebelte Mond stieg, es wurde stille ringsum; auf der Hintertreppe im Hibiskuswinkel wurde ein psychoanalytisches Idiom ausprobiert und ‚Trauerarbeit geleistet', wie Chr es heut morgen nannte. Er meint, ich weinte Kg nach. Es *schnupft aber wohl eher in sich hinein, weil kein Ersatz zu finden ist. Überall kommen die hochgeschraubten Ansprüche meiner Muse zu spät. Ja, was will sie denn. Da ist doch ein frommer und gescheiter Ehemann! Richtig, nur leider bisweilen etwas zu ironisch und im übrigen eng liiert mit dem Kebsweib Wissenschaft und daher ohne Gespür für die Spinnwebnetze und Stolpersteine einer midlife crisis. Das bleibt tauperlenglitzernd in einem Hibiskuswinkel und im Haar hängen. Es liegt plötzlich im Wege und hemmt ein leichtes Darüberhinweggehen. Ach, alles schöne Spielzeug geht kaputt. Was leimt mir die Einbildungen wieder zusammen?*

Was ist das? Ein unverwandter Blick, imstande, einen entgegenkommenden Blick zu beugen, sich einzubohren in ein provozierendes Thema, das von weither geschlängelt kommt, zweieinhalbtausend Jahre hinter sich hat und seinen gelben Giftzahn nicht verlieren wird, solange Hormone das Evolutionsprodukt Mensch steuern und Männlein und Weiblein um einander buhlen. Der Vortrag wurde nachdrücklich. Das Phantom zeigte ein breites, schmallippiges Lächeln.

Bastet mit den Saphiraugen

Wird es sich noch einmal sehen lassen? Möge es doch angeschlichen kommen, auf Sammetpfoten, am Nachmittag, die Veranda entlang. Vielleicht hat es sich einen kleinen Katzenkopf aufgesetzt und lange dünne Arme angebunden, baumelnd rechts und links von einem Ochsenjoch, das als Bügel dient für ein Musazeengrün in Kittelform, über Brust und Bauch gespannt, schlotternd um die Hüften. Wenn es sich nahte in solcher Gestalt, es wäre willkommen auf Abstand: Bastet mit den Saphiraugen. Der gespannte Bogen, nicht der abgeschossene Pfeil, nicht die erschlaffte Sehne wäre willkommen. Schön wäre das langsame Anschleichen, schön ein Lächeln wie Mondaufgang und ein sicherer Blick, geradeaus, statuenhaft. Ein schmalgeschlitzter Bastetblick, der in sich saugt wie ein Kratersee, frei flottierende Seelenteilchen bündelt und entwindet. (Ferne also von Zitaten wie ‚Wende deine Augen von mir, den Schrecken verzehrenden Glanzes' und dergleichen.) Es wäre ein Blick ohne jedes Begehren, ein Blick, der nur sagt: Da bin ich. Vielleicht aber doch ein Astarteblick, der ein Standhalten erfordert, daß Stahl an Stahl klirrt, Klingen sich kreuzen, Grundfesten erbeben. Es könnte ganz schauerlich enden, denn wo wären der Vorstellung Grenzen gesetzt? Die Grenze ist Chr. Er dürfte so etwas nicht lesen, ohne daß banale Verdächte zu Spott reizen würden. Wir sind hier schließlich nicht in Bethabara, wo gleich und gleich auf literarisch gespanntem Hochseil einander begegneten. Hier ist etwas, die sich bald als Bastet maskiert, bald als Mischung aus Marabu und Bajazzo auftritt.

Naherwartung

Der volle Mond geht auf, sanft, rund, schön wie im Lied, hinter dem schwarzen Schleier der Eukalyptusbäume. Der Osthimmel schwimmt in Perlmuttglanz, darin Sapphos Selanna badet. Der Himmel eine große Badewanne? Ein unendliches Meer, darin auf poetisch: die Mondbarke lautlos in silbergrauem Duft einherzieht. Das ist so das Übliche. Aber die Grillen schreien und eine Seelensaite klirrt. Nachempfinden von Naherwartung. Daraus wird kein Gedicht. Allenfalls eine Neuinterpretation uralter Texte. Nicht, was sie damals meinten, sondern was sich heute in sie hineinfüllt: eine bedürftige Seele gibt sich hinein, um sich daraus wiederzugewinnen in neuem Glanz. Naherwartung muß etwas Beglückendes sein: Er kommt, Er kommt! Die Seele zittert, sie singt, sie erbebt im Vorglück der Erwartung. Gleich wird er, das ist Parusie, da sein im Glanz seiner Herrlichkeit... Wie viele große Erwartungen haben sich schon verlaufen im Sande der Zeit. Oder sind auf Abwege geraten und gescheitert...

Nur weiter. Nur weiter…

Was wäre möglich, um eines Mehr über das Offizielle und Zufällige willen hinaus : eine Geburtstagsparty? Wohin wendet sich die zweite Lebenshälfte? Gestern in der Bücherei geriet ich zufällig an die Biographie von Charlotte Bronte. Die Entscheidung ist gefallen, nach drei Jahren Quälerei. Ich lebe. Weitermachen. Mit Anstand über die Runden.... Was sonst. Zwischendurch begegnet mal wieder das gelbe Schlänglein; und ich schreite grimmig-stolz vorüber. In knallender Hitze fußballern sie ein bißchen herum, und wenn da einer steht und gelangweilt den roten Jersey über Bauch und Brust hochzieht, dann ist alles nur halb so ernst. Ich will ja nicht so viel. Ein Mondennebel. Ein wenig Herzklopfen, das kurioserweise auch die Magennerven affiziert.

Für wen?

Mit der Laterne ging eines Mittwochabends gegen halb acht Pflichtbewußtsein Pflichten nach – die große Kirche war noch gänzlich leer. Eine Viertelstunde später brüllten ein paar Kinder in den ersten Bänken. Noch etwas später kam ein grüner Kittel, setzte sich an die Trommel und trommelte ein bißchen vor sich hin. Dann kam der Kollege Ehemann, längst damit vertraut, daß Pünktlichkeit ein Fremdwort ist. Schließlich ließ Ungeduld das Läuten abbrechen, ging nach vorn und – besann sich zu spät, im Tagebuch danach.

Es ist grotesk. Was hat Peer Gynt hier zu suchen? Gleich neben dem heiligen Augustin und seiner späten Gottesliebe! Wem erzähl ich das alles? Was ist das? Ein Dornbusch im Walde, ohne Blüten, ohne Früchte, flackernd mit ein paar gelben und roten Blättern. Sieht aus, als ob er brennte. Könnte neugierig machen. Eine kleine Verführung sein, des Geistes. ('It's a matter of money and education.') Alles andere wäre peinlich und lächerlich. Es gibt ein Stück von Shakespeare, wo einer sich heimlich geliebt glaubt und sich entsprechend verhält. Der Ärmste denkt, es sei da etwas, deutet Kleinigkeiten als Geheimzeichen, will aus dem Vollen schöpfen, tappt ins Leere und macht sich lächerlich mit seinen gelben Strumpfbändern, kreuzweis gebunden. Es ist so peinlich. Was ist es noch? Une influence ne crée rien, elle éveille. Hat Chr mir beigebracht. Es muß etwas da sein, das 'erweckt' wird. Die Welt wird von innen her erschaffen. Das hat Kant richtig erfaßt. Aber oft sperrt sich die Materie. Dann entstehen Täuschungen, Illusionen. Jedes Neuerlebte ist ein Wiederbelebtes.

Der Banalroman

Ich bin, weil das Tagebuch ist. Eia Popäa. Badet zwar nicht in Eselsmilch, salbte sich indes mit Eukalyptusöl (und das duftet, altjüngferlich, absinthgrün), bevor sie die turnusmäßige Runde durch den Campus machte. Ein weißes Tuch über dem Tisch, die Schreibmaschine, das Bett, und ein Kolibri flatterte auf und davon, als ginge eine große grüne Katze um.
Ein Sonnabendmorgen, klar, kühl und glänzend. Es gibt nur einen einzigen Auslauf in diesem Campus: hinüber zur Bücherei, auf der Suche nach etwas – was nur? Weniges. Nach

einem Tropfen aus dem großen Eimer mit Lebens- und Erlebnissaft. Im Vorübergehen leuchtet seitwärts von fern ein Smaragdgrün (wie leicht changiert Banales zu Edelstein!) Es steht da nicht allein, schon ist das Schlänglein da und will zubeißen. Schon ist der Schmerz ertragen im voraus, da erkennt ein zweiter Blick das Versehen, und das Schlänglein ist verschwunden. Gibt es ein Mittel, die Muse herbeizuzwingen? Ließe sie sich locken durch Leidensbereitschaft?

Wie mühsam schreibt sich der Banal-Roman des Alt- und Älterwerdens! Ich hatte einmal, erinnert sich eine Frau Anfang Vierzig, schönes, volles, kastanienbraunes Haar. Es hing schwer in den Nacken. Es war so schön nicht, einst, wie es nunmehr erscheint, wo nur noch die Hälfte davon vorhanden ist, wenn es frisch gewaschen und locker gelockt das Spiegelbild umrahmt. Auch das ist Abendröte, nur sieht es niemand, das Silbrig-Duftige. Am wenigsten sieht es der, dem alles miteinander angetraut ist. - Selbstverlust und Abstieg mehr als Abendröte sind öffentliche Frustrationsepisoden, Verärgerung und ein heftiger Ton: ‚Speak louder! I am growing old and deaf!' Es war wie eine geballte Faust vor die Brust: Zurück! Hier geht es in eine Sackgasse. Ob es einem galt oder allen - es war auf einmal alles egal. Ein fallender Stern gibt nur noch der Schwerkraft nach.

Sonntagsleere, Lyrik, Schlänglein

Sie kommt nicht, die Muse. Immer dann, wenn so viel Muße vorhanden ist, wie sonntags, zeigt sie sich besonders spröde. Weder das lange Feiertagsgewand, noch ein apartes Selbstbildnis mit Narzissenhaar, noch auch das Lesen französischer Lyrik zieht ihre inspirative Nähe herbei. Alles ringsum ist so leer und langweilig. (Die Wissenschaft verkriecht sich von selbst.) Der impressionistische Rosenduft ist auf die Dauer zu aufdringlich; es wird nichts Nachdenkenswertes gedacht, es wird nur gefühlt, und die Gefühle verschwimmen, wenn sie sich nicht auf die Strohhalme der Sprache, auf Metaphern retten können. Lyrik oder Alkohol, man kann sich am einen wie am anderen bedusen. Hier, etwas, das lyrisch verklumpt anmutet: *Et comme au fond du lac obscur la pauvre pierre / Des mains d'un bel enfant cruel jadis tombée / Ainsi repose au plus triste du coeur / Dans le limon dormant, le lourd amour* Milosz heißt der Mensch; den Namen nie gehört.

Da ist es wieder: statt des musazeengrünen Phantoms das gelbe Schlänglein. Fühlt sich offenbar wohl in meiner Nähe. Und beißt. Und die Wunde schmerzt. Und das Gift gärt im Blut. Was nützt das Leiden, wenn es sich nicht zu Geist destilliert. Sollte sich nicht jemand kümmern um die ‚arme Sue'? Soll es jemand mit unschuldigem Herzen sein, der auf geraden Wegen geht, rechts und links zu unterscheiden weiß und jedem das Seine an Ehre und Aufmerksamkeit gibt, oder soll es ein raffiné sein, der virtuous auf zwei Klavieren - was! auf zwei Trommeln zu spielen versteht? Der Roman weiß von einer dritten, ganz unwahrscheinlichen Möglichkeit eines Ablenkungsmanövers.

‚Septembersinfonie' heißt das lange Gedicht. Ein Herz als Stein im Schlamm - dumpfes Leiden. Gefühl, krank zu sein, wandelt sich in Grimm gegen die Ursache des Leidens. Das wäre mythologisch Astarte, die mir seit geraumer Zeit schon unterm religionsphänomenologischen Seziermesser liegt, Hybrid aus schön und schrecklich, erhebend und demütigend, eine Macht, die von keinem Erbarmen weiß. Ein Phänomen der haarfeinen Grenzübergänge, des plötzlichen Umschlagens, der Gefühlsparadoxien, odi et amo et excruciamor. Desintegration der Seele in ihre disparaten Bestandteile.

Schlecht geschlafen. Grimmig, unglücklich, zum Heulen. Nach außen hin so hart, so böse und so *demanding*, um zu verbergen, wie sehr das Gift schwärt. Ein Kasernenton, der die Augen sogar des Bravsten niederschlägt, und neben ihm schüttelt es den Kopf, Mißbilligung murmelnd. Strafen, die Zügel straffen. Die anthropopathischen Analogien: wen Gott liebt, den züchtigt er, ohne Gnade und Grazie. Wäre ein Musazeengrün um den Weg oder das sanfte Joch eines Lächelns und Zutraulichkeit: es könnte den Grimm besänftigen.

Ein Grasland-Tagtraum

Statt eines Musazeengrün kam die Muse mit einer Halluzination. Da war wieder der große Stein in den Feldern von Mbebete, zu dem vor zwei Jahren das Umherschweifen führte. Der Harmattan verhüllte die Landschaft, die staubgrauen Felder, das störrische dürre Gras. Auf dem Stein saß ich, damals, und erfühlte sein Wesen, das so viel langsamer der Vergänglichkeit weicht als das in sich verheddderte und verhaderte Fleisch mit seinen Nerven- und Neuronennetzen. Auch die Flechten, die auf dem

Steine wuchsen, begriff ich, und die Ameisen, die da krabbelten. Und die Einsamkeit. Es war alles noch unentschieden. Auf dem Stein damals war das Ideal stoischer Apathie so nahe, daß ich es gerne mitgenommen hätte. Aber es blieb da kleben wie die Flechten. Unverrückbar wie der Stein selbst. Es hat besänftigt - die Vision und das Schreiben.

Was ist es, das zum Übertreten des Sittengesetzes treibt? Die Treibenden, die Triebe, die Hormone? Die Leidenschaften, das Für-sich-haben-wollen? Das Wesen der Gnade ist, das sie sich nicht erzwingen und nicht verdienen läßt. The quality of mercy knows no strain... Nach welcher Analogie? Nach dem Regen? Wo ist das Grundlose in der menschlichen Erfahrung? Für alles läßt sich eine Ursache angeben. Weil das und das nicht stattfand, etwas, das sittlich vielleicht höher zu bewerten gewesen wäre, deshalb trat dies und jenes ein, das auf der Wertetabelle weiter unten rangiert, wenngleich es, für sich betrachtet, Sublimation sein mag. Verfeinerung.

Es und etwas wie ein Maikäfer

Das Brüten über vorgegebenen Texten, aus welchen etwas Sagbares schlüpfen soll, ist mühsam und langweilig, weil so vieles unsagbar ist. Könnte nicht, wer als Weib durch den Geist herrscht, um so anfälliger sein für die Verführungen dessen, woraus der Geist sich mühsam hochgerappelt hat? - Je mehr es sich entzieht, um so mehr hält es fest. Eine Binsenweisheit. Es geistert dafür durch die Nachtträume. Da liegt kein poetischer Stein im Schlamm; da wirft sich stumme Anklage mit einem verwunderlichen Anflug von Stolz und Trotz vorwurfsvoll und wie ein Wurfmesser der Ursache zugefügter Verwundung entgegen - ein Herz fühlt sich zerstückt. Ein Befehl ergeht. Der Blick aber geht stumpf geradeaus und vorbei.

Der Regen hat das Gras wachsen lassen. Durch das Rauschen der Buschmesser kam Es kurz vorbeigeschlichen, um wieder einmal einen unsichtbaren Zeigefinger auf sich zu ziehen. Ein Etwas, für das es schon keine variatio der Worte mehr gibt. Für das unglücklich Verwachsene, das Disproportionierte, das Maikäferhafte. Der gleiche Finger fuhr ins Tagebuch und wischte Worte weg, die auch nur Wiederholung waren. Die Frage, ist, ob und wie weit das nahezu Dämonische der Astarte durch Erbarmen abgemildert werden kann.

Pathos und Besinnung

O Wein, o Rausch! O Tanz und Ekstase! Möge es doch noch einmal aufsteigen im vergehenden Leben! O Nacht, ich will ja nicht so viel - mich selbst will ich noch einmal erleben im Auf und Ab widersprüchlicher Pathemata. Egoismus? Es ergeben sich auch Wege in den Altruismus. Wird Kg nicht ‚abgefunden' mit einem ganz hübschen Sümmchen? Nur weil die Muse, mit der ein introvertierter Einzelgänger, spröde, abstrakt, intellektuell, liiert war, für ein paar Gedichtlein gesorgt hat und weil das Wenige, das sie sonst noch zu bieten hatte, zum Überleben verholfen hat in dumpf verquälter Zeit.

Wie im Zustande der Wahrnehmung von Äußerlichkeiten Wesentliches doch so gleichgültig bleibt. Zur Person machen hier Herkunft und Verwandtschaft. Ein Mensch ist, der er ist, durch seine Beziehungen. Wenn das nicht wahrgenommen wird, kommt es zu keiner Identität. Es kommt zu einer Art ästhetischer Abstraktion wie in Liebes- oder anderweitigen Abenteuergeschichten, wo nur der Eindruck unmittelbarer Begegnung zählt. Nur der allwissende Erzähler weiß, aus welchem bäuerlichen Kaff oder von welcher Ritterburg der Held kommt. Irgendwann wird das dann auch von Bedeutung, aber zunächst zählt es nicht. Und dann ist es zu spät.

Traumfragmente

Verhelfen sie zur Selbsterkenntnis? Ein Raum mit Lamellenfenstern, leer. Nur Chr saß auf einer Kiste und es lag Drohung in der Luft: jemand wird sich rächen, wird ein Gift versprühen. Chr spürte es auch, wußte aber nicht, woher die Gefahr kam. Die Situation erforderte eine Art Bekenntnis, nicht um die Katastrophe abzuwenden, sondern um ihr einen Sinn zu geben. Die Fenster wurden geschlossen, es sollte nichts davon nach außen dringen. Das gelbe Schlänglein kam vor und die Suche nach der Muse, aber in stark vereinfachter Form. Nackt sozusagen. Chr begriff sofort, aber banal Vergröbertes, stellte eine entsprechende Frage und erhielt eine stolz beleidigte Antwort. Die Worte gingen sehr weit in Einzelheiten. Das Intensive des Traums aber war die Atmosphäre. Wie eine Wiederholung von Bethabara. - Das andere Traumfragment war Entlarvung in aller Öffentlichkeit. Man spielte ein Spiel, Chr spielte auch mit. Vier Leute, und der Schuldige sollte ausgelost werden. Es war ein Abzählspiel, die Aussonderung fand statt, und ich entfernte mich. Ein Gespräch fand statt, Erklärungen, ‚You see, there were three seats', und es wurde peinlich. Ich ging hinaus, und da war Mittelmeerlandschaft, wie bei Sète, hügelig, mit Kopfsteinpflaster, Kirchen und Winkeln. Ich ging da lang, des Ausgangs harrend, stieg einen Hang hoch und stand an einer Brüstung dem Nachthimmel gegenüber, schwarzblau wie bei van Gogh, von Zypressen eingerahmt und mitten darin, tiefhängend, ein dunkelpurpurroter Mond, ein gemalter Mond, mit Ölkreide in den Himmel gemalt, wie geronnenes Blut. Ein Himmel wie eine Kulisse. – Schließlich fuhr ich Landrover, selber am Steuer, ich, ohne Führerschein, hier gleich am Fußballfeld entlang. Ehe ich einstieg, zündete ich mir, ich, Nichtraucherin, großartig eine Zigarette an; ein Lümmel kam daher, wollte einen Zug daran saugen und wurde barsch abgewiesen. Stieg also ein, fuhr ins erste Loch und wieder hinaus, keine zwei Meter weit, da war der Traum zu Ende. Wo sind nun die Deuter der Schäume?

Das Absolute

Ich möchte noch einmal das Absolute erleben, das reif macht zum Sterben. Das Glück, das kein Morgen will, sich nur dem Augenblicke hingibt. Ein Glück, das den beseelten Bau zersprengt und die Atome zurückgibt an Gras und Bäume – in diesem Staub, über dem ich glücklich war, will ich vergehen. Ich habe Visionen von Landschaften, die Gott erleben lassen. Zur Zeit ist es die Gegend um Mbebete und das Erlebnis auf dem großen Stein, der da allein in den dürftigen Feldern steht mit ein paar dürren Krüppelbäumchen drumherum. Es sind nur Augenblicksstimmungen, und das metaphysische Problem ist das der Zeit und der Wiederkehr. ‚Alles aus' müßte bedeuten: die Zeit hört auf, ‚es' geht nicht mehr weiter. Was ist Ewigkeit? Die Antwort, daß es der erfüllte Augenblick sei, gilt nur, wenn darauf der Tod folgt – das Ende des individuellen Bewußtseins. Die Suche nach der Muse ist eine Suche nach Wiederholung von schon einmal Erlebtem. Es ist die Suche nach dem Medium einer Epiphanie. Letztlich aber nach einem Kristallisationspunkt. Für einen Afrika-Roman. (Chr ist auch nicht blind. Erzähle ich ihm, es habe einer dagesessen, nicht Muh und nicht Mäh gesagt zu meinen Vorhaltungen und mich nur belämmert angeguckt, ist der kurzer Kommentar: Ja, darin besteht sein Charme.')

Kleine Szene 14
Ein Blick prallt zurück

Es fand eine der üblichen Einladungen ins Haus statt. Es waren Fotoalben verfertigt worden, um den letzten Arbeitsurlaub zu illustrieren – seht, wie fleißig ich war. Man kam, man saß und trank ein Bier. Die Fotoalben interessierten nur wenige. Einer hüllte sich gänzlich in Schweigen. Es ergab sich daraus eine imaginierte Szene. Ein Rippenstoß der Muse, eine kuriose Rollenvertauschung. Wie – die Gastgeberin als Gesandter?

Ein Palast, in Knossos etwa. Der Thronsaal, die Säulen, die Pracht, die Menge der Getreuen des Fürsten. Was scheitert da? Der Versuch eines Gesandten, den Blick dahin zu wenden, wohin er gesandt ist. Es thront so majestätisch, daß der Blick abprallt. Es ist, als flammte eine goldgrüne Aura um eine dunkle Mitte. In der Mitte des Rückpralls setzt purpurrotes Trommeln ein: Das ist das Herz des Gesandten. In dem großen Palaver, das sich ringsum erhebt, bleibt nur der Thronende stumm. Er bewahrt die Macht der Ausstrahlung durch Schweigen. - Wär ich ruhiger! Hätte ich etwas von der Langsamkeit eines Lurches, eines Kaltblütlers, um fieberhafter Geschäftigkeit und innerer Unruhe zu entgehen!

Verworrenheiten eines Geburtstags

Es war ein Sonnabend. Es regnete. Der Campus war fast leer. Ferien. Mozarts Hornkonzert ertönte. Ein Tränlein rann, als die Einsicht überhandnahm, daß es sich nicht gehörte, zwei oder drei der Zurückgebliebenen zum Kaffee einzuladen. Die Stunden flossen ins Tagebuch. Es ergab sich keine Szene, nicht einmal eine kleine; eine Sequenz von Trübsal und Verworrenheiten zerstückte den Tag Zweiundvierzig.

Es regnet und stürmt ganz wüst, und es ist düster. Es ist auch kalt, und ich würde gern einen Pullover verschenken. Ein Symbol ist ein sinn- und emotionserfülltes Zeichen. Der Frühstückstisch ist mit Blumen dekoriert. Das Erbarmen Gottes aus dunklen Zeiten hat sich ein lebendiges Zeichen gesetzt. Das Meditieren über ‚Erweckung' (für die Synhodos) ist eine Plage.

The beguiling of Merlin und *die Lady of Shalott* erbauen mich mehr, die Gewänder und die Stimmungen, die traurig sehnsuchtsvollen - loslassen, sich treiben lassen.... Und dann, wenn unerwartet die Muse kommt und die Überraschung sich nicht sofort aufs Tagebuch werfen kann - das ist, als rinne wieder davon, was sich kristallisieren möchte. Was hat sie sich einfallen lassen! Sie sandte eine Gesandtschaft aus trivialem Anlaß; in festlicher Aufmachung stand im Öffnen der Tür ein Taubenblau wie ehedem, aber nunmehr im Überraschungsglanz einer Epiphanie, die Silberborte knapp über dem Bretterboden und eine Art Tiara (könnte auch eine Filzkappe gewesen sein) unter dem Gebälk der Veranda. Es verschlug Atem und Sprache. Schließlich wurden Fehler eingestanden, ein guter Rat gegeben ('Get a reasonable wife') und Verwandtschaft ausgekundschaftet. Was sich da alles aufhellt im nachhinein. Nun ist es festgeschrieben. Ich fühle mich alt und müde. Das Haar ist strähnig. Das Prinzeßgewand ist schön, das petrolblaue mit der Silberborte. Chr ist die einzige Zuflucht. Eine warme und dunkle Höhle.

Wein trinken, weinen, den Tag verschlafen. Die hauchdünnen Fäden des Augenblicks, die Spinnennetzempfindungen, zu Worten zu verweben, wäre der einzige Sinn des Wenigen. Das Langsame, Leise, kaum Gewagte. Das Apoplektische, die Aphasie, die Mühsal, etwas zu sagen, das, der äußeren Situation angemessen, die innere Verwirrung überspielt. Einfach nur schweigen wäre viel zu bedenklich.

Ein so langer Geburtstag. Hat das Kind, das Kindische, doch bekommen, wonach es geweint hat. Das Sitzen und hoffnungslose Warten bei kaltem Kaffee und mit Chr's freundlichstummer Geduld im Ausharren neben einer großen Rat- und Trostlosigkeit. Es weinte in sich hinein, das vergehende Leben und die vergebenen Möglichkeiten. Das Tabu-Thema, von fern angerührt, ließ alles überlaufen. Auf, weg, ins Arbeitskabinett, die schändliche Schwäche abwischen. Derweilen klappte das Verandagatter, und das Echo sagte 'Nein!' mit dem Nachdruck der Verweigerung. Das festlich Verheulte, das spätsommerlich Dahinwelkende und das Sonntagsgewand an einem Sonnabendnachmittag - Nein! Dramatisch zog sich das Elend zurück, der Herr des Hauses nahm den Brief entgegen, und alsbald war da ein Grämen über die vergebene Gelegenheit, zu sein im Wahrgenommenwerden. Wir saßen wieder beim kalten Kaffee, und draußen ging es noch einmal vorbei in Taubenblau. Hereingebeten, wurden alle Fragen ohne Umschweife beantwortet; und nach zehn Minuten war die Sache erledigt. Bleibt mir hier als Hausaufgabe das Sammeln von Adjektiven und ihrer Übersetzung. ‚Mit ruhigem Herzen' - au coeur tranquil/ with quiet heart. ‚Schön geschnitten' - finement ciselé/ delicately cut. ‚Eingekerbt' - entaillé/ notched. ‚Symmetrisch und schmal wie ein Eukalyptusblatt' - en symmetrie et mince comme une feuille d'eucalyptus/ symmetrical and delicate like a eucalyptus leaf. Es wurden auch Adjektive ausgetaucht, auf deutsch - ‚schwerfällig', ‚unbeweglich', ‚unbeholfen'. ‚naiv'. Es läßt sich unter dem Blickwinkel des noch nicht zu sich selbst gekommenen Geistes betrachten. Träumende Unschuld, ein Greifen ohne Hände, nur mit dem Blick; und ganz selten wacht es auf wie in blitzendem Triumph, mit einem Anflug von Erkenntnis der Situation. Hausaufgabe erledigt. Ein langer Tagebuchgeburtstag.

Traum vom gemeinsamen Tod

Es paßt doch zusammen. Die Romanszene, inspiriert von der Princesse de Clèves, und der Traum, den Chr heut morgen erzählte. Das Romanhafte endet damit, daß nach aller Verwirrung und frommen Standhaftigkeit (durcheinandergeflochten mit anderen Fragmenten, Flußüberquerung, Vollmondtanzfest, Rituale und Symbole) auf der einen Seite alles seinen natürlichen Gang geht, während auf der anderen die Gnade des Erbarmens zuteil wird in gemeinsamem Dahinaltern auf den Tod zu. In Chr's Traum, beim Frühstück erzählt, kam ein langer Wandteppich vor, auf dem unsere Lebensgeschichte dargestellt gewesen sei. Auf meine Frage, ob es ein internationales Verzeichnis von Hotels gebe, habe er geantwortet, Nein, nur nationale, und eine Radiostimme habe von irgendwoher kommentiert: ‚Und dann erreichte sie sehr spät eine Einladung aus dem Himmel', und gesehen habe man ein Totenbett, ein Doppelbett. In dem labilen Zustande, in dem ich mich zur Zeit befinde, löste das ein hysterisches Gemisch von Weinen und Lachen aus, diese andere Möglichkeit von Glück und Tod - nicht im Tristan-und-Isolde-Rausch, sondern in ehelich geheiligtem gemeinsamen Erlöschen, wie einst Philemon und Baukis, alt und lebenssatt. Verbrannt und die Asche gemischt in einer gemeinsamen Urne. Es wäre schön und das Leben hätte letztlich einen Sinn gehabt.

Kleine Szene 15
Konfrontation im Kabinett

Ein neues Lebensjahr hatte begonnen; das Schlänglein war auch wieder um den Weg und weckte ungenaue Verdächte am Rande abgründiger Grundlosigkeit. Das Haar in der Traumsuppe war ein *protegé* der Nachbarn. Eine entsprechende Bemerkung ad hominem hatte wenig später zwei kurze energische Klopfzeichen an der Tür des Kabinetts zur Folge.

Wenn der Zauber zerbricht auf dem Zement der Realitäten - o wie herbe! Da haut man schon mal drauf und sagt die Wahrheit. Aufrecht in steifem Prinzeßkleid stand die Bemerkung und nahm verlegenes Lachen mit Genugtuung entgegen, völlig vorbei an nativen Gepflogenheiten, über die ein Feldforscher mich belehren könnte. Aber ich bin schon nicht mehr zu belehren. - Das Klopfen klang herausfordernd. Turandot wappnete sich. Kühl bleiben. Kein Zögern auf der Schwelle. Eine große grüne Katze, ein Schreiten und Platznehmen ohne Aufforderung. Der Peitschenschlag einer Zirkusprinzessin ‚...not as fortunate as you' hat gewirkt. Chr's Kommentar: ‚Das ist ja mehr als dreideutig.' Wurde durch Vorhaltungen etwas geklärt? Das gelbe Schlänglein wuselte dazwischen.

Ein Anflug von Gedicht

Glücklos zufrieden. Man wurstelt schweigend vor sich hin mit Büchern und Karteikarten. Ein wenig Handgemenge, ein wenig Zerfahrenheit. Diffuse Tagträume. Die Fabel ist verworren. Ein trauriger Abschiedswalzer erklingt. Danach hinweg, die Seele ausweinen und den Rest vergraben. In Chr möchte ich sterben und modern, in seinem Verstehen und Verständnis. Nicht in herablassendem oder berechnendem Mitleid. - Zufrieden mit dem Tag, denn es kam ein Stück Gedicht angeflogen, ohne daß die Muse sich groß in Szene setzte. Look you, I'm looking for something somewhere around here... Liegt da wohl irgendwo ein halbtoter Vogel im Gras? Flying against the dark mirrors of your most innocent eyes / It broke both wings... - Es weht ein starker warmer Wind, fast wie Harmattan. Aber innerlich herrscht angenehme Kühle. Es flattert weiter durcheinander, aber alles ohne - ohne Herzklopfen, ohne Verwirrung, ohne ins Stottern zu geraten.

Abends. Chr brachte Wein in die Bücherei, den Abschluß der Arbeit zu feiern. Sein Entgegenkommen rührte mich. Man trank ohne viel zu reden. Das eine Glas schwelt mir im Hirn. ‚There are rumours' - ja, ein Freijahr steht bevor. ‚I want to get my doctor's degree.' Morgen hinauf ins Grasland. Wenn der altersschwache Landrover unterwegs zusammenbricht und etwas passiert, was wird dann aus meinen Tagebüchern? Niemand außer Chr sollte sie in die Hände bekommen. Diesmal, glaube ich, würde er mir mein Spielzeug gönnen.

Ins Grasland. Ein Fauchen. Tanzträume

Unterwegs. Rast. Was wäre ich ohne Tagebuch? Schreiben, um nicht zu explodieren. - Angekommen. Die hohen Berge und Pässe zogen vorüber, unbeachtet ob der Verärgerung durch das Zuspätkommen. ‚Sorry for the inconvenience,' sagte der Getadelte, und fauchend fuhr es herum: ‚This was the second time!' Abstrafung fand statt, ein Mißton inmitten all der musischen Stimmungen der vergangenen Monate.

Diese social relations machen mich krank. Wenn ich muß, dann kann ich, aber ehe ich muß, möchte ich wegrennen. Man übt sich wieder in Höflichkeit, hier im großen Foyer, wo alles durcheinanderwimmelt und ich mich ins Schreiben rette. Einer verabschiedete sich mit leichter Verbeugung. Die dicke Alma hat's gesehen. ‚Who is that gentleman?' A bushman. Ein sanfter Elefant im Porzellanladen. Das Leben in abgelegenen Gegenden formt Augen, die ein natürliches Mißtrauen zu schmalen Schlitzen verengt. Das Herzklopfen, das die Vielen ringsumher mir einhämmern. Das Gehaltensein, durch Chr's Dasein. Er, der mich kennt, flüsterte einer Erschöpften nach der Performanz etwas Freundliches zu.

Der Abend (Chr mit anderen in einer Bierbar) ist frei für Tagträume, hier, in einem ruhigen Gastzimmer. Es träumt das Romanfragment ‚Nachts in der Bar'. Tanzen in kultivierter Atmosphäre, ohne Alkohol und zu gesitteter Musik. Auf sanfter Dünung schaukelt das Blütenblatt eines Lächelns, das nichts sagt als ‚schön, daß es möglich ist', und die Silberborte zweier Gewänder schwingt in leichtem Rhythmus über den Estrich. Irgendwann soll Literatur daraus werden. Wann?

*

Feinheiten, Frust und Ferneres
Übergang zur Regenzeit

April
Räucherfisch auf Reis

Auf der Suche nach der Quintessenz der letzten drei Monate des ersten Jahres (Räucherfisch, Phantasien, Paraphrasen; einsame Tanzekstase und Ölfarbe auf Pappe) begegnet vieles und verschiedenes, das auf dem Ast eines gemeinsamen Nenners kaum Platz findet. Das Fluidum, das alles verfeinernd durchwirkt und mit einander verwebt, könnte sich als ‚Anmutung' nahelegen im Hinblick auf krumme Fischlein: sie muteten verdächtig an. Das zweite Solo hinter zugezogenen Vorhängen mutet im nachhinein an wie Sublimation; Paraphrasen und Ölfarbe mögen therapeutisch anmuten. Die späte Muse legt einen Finger auf das T, als wolle sie insinuieren: wage es doch und mache mich zum substantivierten Verbalkompositum im Plural. Hat sich nicht ein Apfelgrün zu einem Musazeengrün akkulturieren lassen? Wage es und verwandle die ‚Anmutungen' in ‚Anmusungen'. Denn ist nicht hinter allem und der Ungestalt ihres Phantoms die Muse selbst im Spiel?

Zögern. Bedenken. Muten ‚Anmusungen' nicht eher an wie eine Niaiserie? Bestenfalls preziös? Sicherlich subtiler und gesitteter als ‚Anmache'. Dennoch. Die Bedenken überwiegen. Die Quintessenz der Übergangszeit, eine fiebrige Stimmungslyrik, ihre Paraphrasen und Frustrationen, sollte doch eher als Verfeinerung aufgefaßt werden. Es geht um Feinheiten in den Beziehungsfiguren einer *Valse triste*.

Was bislang als Phantom der Muse im Campus umging, war fast ausschließlich Erscheinung und Widerschein im Spiegel ästhetischer Empfindsamkeit: Impressionen, pointillistisch-poetisch, schwebend über dem festen Boden importierter pädagogischer Prinzipien. Höflichkeiten im Rahmen des Herkömmlichen, Krankenbesuche etwa, gehörten zum guten Ton.

Eine Aufforderung zum Tanz balancierte bereits am Rande des Ungewöhnlichen. Disziplinarische Kurzverfahren im Stil eines Anfauchens waren ebenfalls nicht an der Tagesordnung. Was während der letzten drei Monate des ersten Jahres das Tagebuch zum Überquellen bringt, läßt sich nach zwei Seiten hin als Verfeinerung mit Neigung zum Verfall deuten. Verfeinerte Empfindsamkeit führt bisweilen nahe an den Rand innerer Zusammenbrüche; zum anderen findet mit den kleinen Szenen 16 und 30 Verfeinerung im Bereich real-sozialer Beziehungen statt. Auch hier lassen sich Zeichen des Verfalls strenger Vorstellungen von Gehörigkeit wo nicht nachweisen, so doch dem Argwohn nicht gänzlich entziehen. Im April ist es Räucherfisch auf Reis. Im Juni eine weitere Grenzüberschreitung.

Je weniger in den äußeren Bezirken des Daseins geschah, um so mehr schwoll das Tagebuch an. Es zeichnete das Psychogramm eines ruhelosen Suchens am Rande der Zurechnungsfähigkeit. Der Roman einer *midlife crisis* schrieb sich monologisch fort; zunehmende Verfeinerung der Empfindung verfiel der Irrationalität des Ausdrucks, scheute indes auch keine Denkanstrengung. Es fand sich zudem ein Ausweg in die Verschriftlichung von Lehrgegenständen.

Die Außenwelt

An Ereignissen in der Außenwelt verzeichnet das Tagebuch im April eine Hochzeit im Nachbardorf, die Abfütterung einer Touristeninvasion und die Ausstattung eines Ehemaligen mit dem Brautpreis. Im Mai Tod und Begräbnis eines Kindes, eine längere Reise des Kollegen Ehemann zu einem Ehemaligen und Ärger über eine Tramperin. Im Juni zog eine neue Soror, bekannt aus den Tagen von Bethabara, in den Schwesternbungalow, und Anfang Juli flog man in den Heimaturlaub, der sich in ein Freijahr zu Wissenschaftszwecken verlängern sollte. Nach außen ging alles seinen gewohnten Gang. Während in den inneren Bereichen das Schlänglein, schon fast ein Haustier, umherschlich, deuteten streunende Ziegen und lärmende Kinder den beginnenden Verfall des Campus-Idylls an.

Übergang März – April

Er fand im Grasland statt, wo im Rahmen hochoffizieller Zusammenkünfte eine kleine Nebenrolle zu spielen war. Mit den Ehemaligen, die man da traf, gab es fast nichts mehr zu reden. Der Berufsalltag hatte andere Interessen aufgeschwemmt und akademischen Ballast abgeworfen. Die Tage vergingen mit dem Absitzen von Sitzungen im Plenarsaal, mit unbestimmtem Warten auf die Muse (oder wenigstens ihr Phantom) und mit gelegentlichem Gekritzel ins stets bereite Tagebuch.

Von Prinzen und einem Windstoß

Der Vorsitzende sitzt da vorn auf dem Podium in der ganzen Glorie seiner paschahaften Fettleibigkeit, gekrönt von einem Kugelknauf von Kopf, und hier unten plätschert das Palaver, das wie Regenwasser den Rinnstein hinabfließt.

Prinz Luc ist auch da, in limonengrünem Gewande, noch spröder, noch unzugänglicher als einst Kg. Da ist kein Spalt, in dem ein Hälmlein familiarity sprossen könnte, da liegt Kristallgitter vor, keimfreie Zone. Diese autochthonen Prinzen, Nt und Lc, sie wissen respektvollen Abstand zu wahren bis in die Winkel eines kühl beherrschten Blicks hinein. Nt fotografierte mit todernstem Gesicht, während andere lachten, als ich nach dem letzten Auftritt zu meinem Platz zurückging. Erst mein Lachen lockerte seine Züge. Die Tage vergehen mit Warten. Man wartet auf einen Schluck Wein, und siehe, es ist Essig. Ich warte doch auf die Muse, oder wenigstens auf ihr Phantom. Auf ein bißchen Inspiration warte ich, ehe die große Resignation kommt.

Danach. – Während der Windstoß ins Eukalyptuslaub fährt und alles zittert, müßte man schreiben. Aber da stieben die Worte davon wie Heuschrecken. Wenn die Muse oder ihr Phantom kommt, auf Taubenfüßen oder Katzenpfoten, und zudem noch mit Kapuze über dem Kopf und einfach dasitzt, wie soll man da – und dann der Augenblick des Erkennens, das Herzlaubflattern und -flirren. Vielleicht hat Wordsworth recht mit seinem recollected in tranquillity; aber ich möchte schreiben, sofort, und es flattert davon.

Auf einer rostigen Rampe

Während der Rückfahrt fand der erwartete *break-down* statt. Mit ernsten Gesichtern und defekten Bremsen rollte man vorsichtig hinab ins Waldland, wo in einer größeren Ortschaft eine Reparaturwerkstätte zu finden war. Der Feldforscher machte mit Gattin einen Besuch bei einem Abbé; danach saß die Pädagogin mit etlichen, auch älteren, *paides* und baumelnden Beinen auf einer rostigen Rampe da, wo der Landrover behandelt wurde und bemühte sich um ein wenig Konversation, ehe das Tagebuch dem Schweigen einen Vorwand schuf.

Erwünschte Nähe. Aber was redet man so außer der Reihe und in freier Wildbahn? Ich fragte nach dem Fortgang der Sprachstudien Je ne comprends pas' sagte treuherzig der auf französisch Angesprochene. Das glaube ich gern. Ich nämlich verstehe auch nichts von dem, was hier vorgeht. Ich ziehe das Tagebuch hervor und schreibe.

Kleine Szene 16
‚Le don', der Verdacht und die Muse

Schwarzer Schlammfisch auf weißem Reis aus fernen Bergen und dunklen Gründen. – Am Abend der Rückkehr aus dem Grasland fand in einem Arbeitskabinett, das unversehens wie ein Boudoir anmutete, das einzige Roman-Ereignis des Monats April statt. Eine Szene, klein wie alle übrigen, aber von großer Wirkung, einer gewissen Intimität und zwiespältigem Anhauch. Eine musische Stimmung stellte sich umgehend ein und blieb zurück, als der Geber einer uneindeutigen Gabe in Gnaden wieder entlassen war. Die kleine Szene nahm sofort eine fast schon literarische Gestalt an. Im nachhinein bedarf es nur einer knappen Vorwegerklärung: mit dem ‚Bad' war gemeint das verschimmelte Loch mit einer wackeligen Bank am Ende der Anbauveranda, wo mit Stallaterne, Emailleschüssel und einem großen Blechtopf heißen Wassers das Ritual der Haarwäsche zelebriert worden war, um den Staub des Graslandes wegzuspülen. Unmittelbar darauf ereignete es sich und es ist, als habe die Muse selbst die Szene festgeschrieben.

Zurück, wohlbehalten, dankbar. Es ist Nacht, und ich muß schreiben. Die Magie des wishful thinking hat gewirkt. Soeben dem Bade entstiegen in langem maronenbraunen Mondblumengewande, und, above all, von drei weißen Handtüchern als head-tie gekrönt, das feuchte Haar zu bedecken, standen vor dem Spieglein an der Wand des Arbeitskabinetts die Königin von Saba und der halbgedachte Wunsch, es möge sich, unter irgendeinem Vorwande, etwas ereignen. Schon ließ der Wunsch sich seufzend fallen, da ward vor der schmal geöffneten Tür ein Geräusch vernehmbar. Die von Saba rauschte herfür, und aus dem Halbdunkel, aus grausilbernem Mondlicht materialisierte sich das Herbeigewünschte. Eine kühle Gegenwart, nicht ganz wirklich. Es blieb keine Zeit für ein Erschauern auf der einen, Verlegenheiten auf der anderen Seite. Die Erscheinung folgte dem Zurückweichen, kam langsam herein und stellte eine Schüssel mit Reis auf den Schreibtisch. Auf das körnige Weiß gebettet lagen drei krumme schwarze Fischlein. Sie guckten vorweltlich aus schrumpeliger Räucherhaut und waren so stumm wie das Erstaunen gewesen wäre, hätte es sich nicht gehört, erst einmal Dankeschön zu sagen auf die Erklärung hin: ‚This is what I have from my village.' Sodann, statt ins Träumen zu geraten, ein paar feldforschende Fragen und so tun, als befinde man sich in der taghellen Bücherei vor Katalogen und nicht bei Nacht in einem Kabinett, das durch den Saba-nach-dem-Bad-Aufzug unbestimmt nach Boudoir roch. Ja, es gebe Reisfarmen im Tal, das Dorf lebe davon, und die Fische würden in schlammigen Teichen gefangen zur Versorgung mit Protein. Aha. Interessant. Aber die Gabe als solche - warum? Wofür? Die Frage wagte sich nicht herfür.

Es war der Kollege Ehemann, der sie stellte, als er davon erfuhr. Als Gegengabe für ein geschenktes Buch? Als nachträgliche Besänftigung des Fauchens auf der Hinfahrt? Als Bestechung im voraus? Im Blick worauf? Naive Berechnung also? Oder eingeborene Ehre, die sich nichts schenken lassen will ohne Gegengabe? Das schwankende Beziehungsgerüst von *Le don* baute sich auf. Am nächsten Tag schon war Gelegenheit zu Großzügigkeit im Erlassen von Schulden, als der Geber der Gabe kam, sich in die Osterferien zu verabschieden. Die Räucherfischlein aber, waren sie genießbar? Auf dem weißen Reis muteten sie so schwarz, bedeutungsvoll und verdächtig an.

Zwischenzeit

Ein Sonntag verging im Busch, erwandert über steiniges teils, teils durch pfützenreich aufgeweichtes Erdreich, als Gast bei einer gleichgültigen Hochzeit, beehrt durch zwei Tutoren –
- ich saß und suchte ein Lächeln in der schwarzen Erde, zu meinen Füßen. Auf Kg's Hochzeit werde ich nicht tanzen. Traurigkeit, guten Tag. Solitude, ma mère. Alles, was bleibt, ist dieses Tagebuch. Und hier nun, diese Ferienzwischenzeit - ‚Wenn du uns an die Nachwelt verraten hast', ironisiert der Gemahl und ‚Du steigst die Treppe der Gelüste abwärts'. Gut gesagt. Nun hat er sich wieder feldforschend davongemacht, und ich sitze hier und gucke mir das grüne Gras an, lebe nach innen und warte - daß er zurückkommt, der Rest an Daseinssinn. Die Wissenschaft - ein Alpdruck.

Dann Tourismus.
Vor einer Stunde kam die angekündigte Invasion. Das Rühreikochen hielt erfolgreich von Redaktionsgeschichte ab. Freundliche Gastgeberin vorspielen. Die Leute sind aber auch dankbar, vor allem für ein Klo. Wäre ich auch. Leider sind sie auch inquisitiv bis ins Familiäre hinein. Was mir fehlt, ist Geistesgegenwart und eine Standardantwort. ‚Ja, zwanzig', zum Beispiel, ‚Und alle schwarz.' Passionswoche.

Dann wieder einmal Karfreitag.
Vor einem Jahr war kein dreizehnter April, sondern ein vierundzwanzigster März, und mit dem Brief, der an jenem Tage geschrieben wurde, war der Sinn des Tages ausgeschöpft. Seitdem ist es begraben. Vom Schicksal verhängt oder eigene Entscheidung, beides ist ein Schmerz, der bleiben wird. Auch wenn man nicht mehr darüber redet. Ich bin allein im Haus, die Türen bleiben geschlossen. Karfreitag ist in Afrika fehl am Platze. Hier stürzen keine Welten ein bei dem Gedanken, daß Gott tot und der Himmel leer sein könnte. In der Erde sind die Ahnen zumindest halb-lebendig, und so lange Kinder geboren werden, hat die Welt ihren immanenten Sinn. Der Sinn ist horizontal, to-morrow and to-morrow and to-morrow. Das Natürliche ist das Wunder. Deshalb können gelehrte Mönche und Priester so schön über den Kinder-Sinn der Ehe schreiben. In Klausur bei Tee und Haferflockenbrei will ich mich weiter um meine Wissenschaft bemühen.

Dann ein weiterer Brief.
Diesmal an mich mit Auskünften über die Braut. Ach, sweet mother, die ihm nachlief bis in die Mangrovensümpfe, sie wird nicht auf seiner Hochzeit tanzen, in glühenden Schuhen und bis sie tot umfällt. Was wird von dieser sokratischen Episode bleiben? Ein paar Gedichte und die ‚Notes' im Foolscap-Format vom Frühjahr 76. Wie sorgfältig schreibe ich von Hand meine Briefe an Kg, und wie lotterlich sind die seinen, unbekümmert um Rechtschreibung und Ästhetik, mit schiefen Linien, ohne Rand; aber mit einer eckigen, charaktervollen Klaue. Im Vergleich tritt seine Sprödigkeit immer körniger und kantiger hervor.

Dann Ostersonntag
- mit einem Duft von Bittermandel und Kinderlärm in den Mangobäumen und Beerenbüschen. An einem Heilsorakel, das nicht zuteil wurde, beiße ich mich formkritisch fest. Erstmals ohne Angstzustände wegen Chr's Abwesenheit. -
Ostermontagnacht hielt ein Landrover, eine Taschenlampe blinkte den Agavenweg entlang auf das Haus zu -
und er war wieder da. Hatte zu erzählen von Wanderstrapazen und Interviews. Warmes Wasser und ‚Kriegers Erholung' waren zu haben. Dankbar für die Grundausstattung des Daseins, ohne die alles andere nicht möglich wäre.

Störung am Vormittag

Erst gegen Abend zurückerwartet, kamen ihrer zwei schon am Vormittag, klopften an die Tür und störten mühsam in Gang gekommene Wissenschaft.
Verstimmung. Da hilft auch ein taubenblaues Fonsgewand nichts. Wozu der festliche Aufzug? Das mag sich wohl fragen, wer verlottert und zerkratzt in der Tür steht und aus dem Alten Orient kommt. Fortgeschickt, gingen sie zu Chr. Aber die Ruh' war hin. Auf und hinüber: ob man Kaffee wolle, Chr und seine Besucher. Als ich's herbeigeschafft hatte, war noch ein Dritter hinzugekommen, und so saß man zu fünft, redete dies und das, und als die Schweigepausen länger wurden, löste ich die Runde auf. Wenn die Wissenschaft noch imstande ist, solch unzeitige Annäherungen abzuweisen, dann besteht Hoffnung, daß etwas zustande kommt in dem einem Jahr, da ich ganz auf eine Muse oder ihr Phantom verzichten werde.

Rosa Rose und Sturm

Es duftet noch eine Rose, süß und sommerlich, ein Tanzstundenrosa, sanft berauschend, in einer lila Vase auf einem Schreibtisch, der so bescheiden ist und so beharrend im Vergleich mit allem vergänglichen Selbstgefühl und papierenem Gedankenmaterial, das sich schon über ihn gebreitet hat. Draußen leuchtet ein smaragdgrünes Übergangswetter, in den Guavenbäumen klettern statt Affen Schulkinder herum, viel zu viele, und Geld, gemeinsames, kann in einer Ehe eine heikle Sache sein. Wer gibt es wofür aus und wie, wenn die Interessen auseinandergehen?

Gestern. Ein großer Sturm, wie die Übergangsstürme hier so sind. Als er vorbeigebraust war, kam Chr: ‚Komm und sieh, was der Sturm herbeigeweht hat', und schob mich an den Schultern in sein Arbeitszimmer. Es war dämmrig, Sturmwolken verdunkelten den Himmel; in einer Ecke stand jemand, und Chr schob mich in eine Begrüßung hinein, während ich etwas über den Sturm sagte. Es war wirklich ein heftiger Sturm gewesen, der die Bäume bog und die Fensterläden gegen mein Kabinett knallte. Die Atmosphäre war drückend gewesen, ein Kopfschmerz stach in der linken Stirn, ich hatte mich hingelegt, und als Chr mich holen kam, dachte ich an tote Vögel; an einen Besuch dachte ich nicht. Da saß er also wieder, Kg, in einem dunkelblauen Hemd und war umgänglicher als das letzte Mal. Zeigte ein Foto von seiner Holden, das ich schnell an Chr weitergab. Was ist es, das da noch ist? Es war etwas Kostbares, für das ich noch im nachhinein und gern mit vollen Händen Geld ausgebe. Am Abend ging er mit uns, hörte sich die Synodenberichte an, stellte Fragen. Gab als unser Gast sicher auch zu Fragen Anlaß. Und dann kam zum Schluß ein leichter, zerbrechlicher Rhythmus aus der hinteren linken Ecke, wo bis dahin alles stumm geblieben war.

Wo ist die Mitte eines rechtwinkligen Dreiecks mit langer Hypotenuse? Dort hockt es, in sich verkrochen, immobilisiert zwischen drei Winkeln, die triste Erkenntnis, daß hierzulande sogar die Muse materialistisch ist und im nachhinein eine Rechnung präsentiert. Ich begleiche sie gern. Dennoch. Die Bereitwilligkeit hat einen faden Beigeschmack. Nicht einmal ein sentimentales Röslein darf man ihr zum Abschied schenken. Nichts als Geldscheine.

Traumschaum und Kakerlaken

Was wäre einfacher, als einen Brief aus- und einzuhändigen auf der Schwelle einer Tür. Der Traum hat es kompliziert bis zur Artistik. Es hätte Wasser sein müssen, geschöpft mit beiden Händen aus einem Bächlein helle im Raffiaschatten; Wasser, das sich am Ende vergoß. (Auf dem Tisch standen zwei Schalen ineinander, oder war es nur eine? innen hell lasiert, außen dunkel bemalt.) Im Hintergrund saß Chr. Auf der Schwelle fand Abfertigung statt, die Entgegennahme eines Briefes - so künstlich gewunden und verschachtelt, wie es mit Worten gar nicht nachvollziehbar ist. Sie lassen sich den Wölbungen nicht anschmiegen, huschen nur andeutend darüber hin, vielleicht mit leisem Erschauern, wie beim Eintauchen in kühlen Schaum. Traumschaum braucht viel Raum, viel Luft und ganz dünne, gespannte Oberflächen, dünner selbst als reichdurchnervte, empfindsame Haut. Eine Deutung als Symbol müßte die Möglichkeit von Scheinsymbolik berücksichtigen. Sonst wäre es - nicht gut. Hinweis immerhin auf ein empfindliches Gewissen.

Mit dem Kranksein anderer fangen die Verpflichtungen an. Peinlicherweise kommt bisweilen das Krankenschwesternsyndrom gleich hinterhergerannt. Ob es der Magen ist oder der Kopf, ob es um Büchsenmilch geht oder um Aspirin und heißen Tee, es flicht ein Beziehungsnetz. Derweilen fallen von der Gardinenstange im Schlafzimmer die Kakerlaken, so daß ich mit dem Kopf zu Füßen unbehelligter liege.

Sonntagsödnis

Da hilft kein cognacbrauner Satinrock und keine lilienweiße Volantbluse - these trappings. Wenn das innere Empfinden, die Aisthesis der Seele erlischt, bleibt nur noch das Geklapper einer Denkmaschine. Wenn die Muse um den Weg ist, und es wird kein Gedicht draus, dann ist's aus. Wenn Flüchtigkeiten, die anfangs glitzernde Spinnennetze ins Nervengeäst webten, gleichgültig werden oder unbemerkt bleiben, dann ist wieder etwas den Bach hinunter. Noch einmal, eh' ich weiterziehe - welcher Aspekt des einen, allmächtigen Gottes ist es, dem da Ältäre geweiht sind, nicht in tiefster Herzenstiefe, aber in einer Ecke, in die gerade noch die Abendsonne scheint. ‚Astarte' ist auch eine Wirklichkeit, und zwar eine gewaltige, die sich in großen mythischen Gestalten darstellt. Das ist alles komprimiert im ersten, im Gott-Schöpfer- Artikel, und entsprechend verarmt. Das Kreuz ist Kreuz, weil es auch diese Wirklichkeit kreuzigt und aufhebt in eine geistigere Dimension. In einer Ecke also steht der Astartealtar. In tiefster Herzenstiefe ruht eine Toteninsel mit Chr's Asche und meiner, im Meer des Erbarmens Gottes. Alles andere, wo hat es seinen Ort? Die Sterne, die nicht auf die dunkle Erde herabschauen. Astarte-Theophanien, die nie an ihr Ziel kommen. Alle Sehnsucht der Kreatur, die unerfüllt zu Staub wird. Das Schöne, das nicht ästhetische Spielerei, sondern schrecklich ist, es muß auch seinen Ort haben in dem einen allmächtigen Gott. Warum wurde das ausgeschaltet? Weil Heilige Schriften von alten Männern geschrieben wurden und das Hohe Lied nur aus allegorischem Versehen in den Kanon geraten ist?

Warten. Einen Sonntag verwarten. Bei jedem Klopfen an der Tür meinen, Erwartungen müßten aus Dunst und Dichtung ins Wahrgenommenwerden sich verwirklichen. Es kam der Schöne, der Dandy, mit einem Büchereiproblem. Ich raffte, es zu lösen, die Röcke, hinüber zu rauschen. Warum sprang, leichtfüßig wie eine Gazelle, die Begleitung davon? Zu feinfühlig, sich auf gleicher Höhe sehen zu lassen? Dazu gehört offenbar die angeborene Dickhäutigkeit eines Elefantenbabys. Das kommt erst angetappt, wenn es dunkel wird und anderes in die Quere kommt. Dann ist es vorbei mit dem Gemunkel von anderem Dunkel, kühlen Quellen, poetischen Durstanwandlungen und Selbstermahnungen: ‚Warte nur, bis das Schlänglein wieder schleicht, dort hinüber oder da herüber.'

O Abschiedswalzer!

Es schlich wirklich, wie vorausgesehen. Es schlicht den zweien nach, der Molligen und der ‚armen Sue', die einträchtig hinüberwandelten. O schöne Zeit, die noch alle Morgenröte vor sich hat. O Abschiedswalzer, den ich tanzen möchte, und niemand tanzt ihn mit mir! - Wer eine Gelegenheit gibt, braucht sich nicht zu wundern, wenn sie wahrgenommen wird. Da ist etwa ein Wörterbuch, darin zu blättern vierhändig, im Stehen. Das Geblätter weicht nicht etwa zurück, wenn pflichtbewußtes Nachprüfen darauf zurückkommt. Es rückt eher noch näher herbei. Vier Augen sehen mehr als zwei. Nachts Träume von zusammenbrechenden alten Häusern, aus welchen ich zerbrochenes Porzellan rette, um es wieder zusammenzukleben. Was soll mir das bedeuten? Would I could live up to my blue china? So etwas muß wohl früher oder später in die Brüche gehen.

Verfeinerung, Trauer, Abstieg – wohin?

Versuchungen sind da, um zu widerstehen. Am Nachmittag obsiegte die Wissenschaft über ein Fußballspiel. In der Kapelle, im Schummerlichte der Buschlampen, obsiegte in leibhaftig überzeugender Gestalt würdig-fromme Tugend rhetorisch über die Versuchungen der Unbeweibten. Bedachtsam beschwor es die überwindende Kraft ernsthaften Gebets. O fromme Tugend! Was an dieser Mentalität völlig vorbeigeht, ist das ‚Faszinosum der Jungfräulichkeit', bei Männern noch erstaunlicher als bei Frauen. Ein jungfräulicher Mann reicht als Paradox an die jungfräuliche Mutter. Die alten Mönche und noch die modernen Priester haben etwas kapiert, was protestantische Erzväterhirne nie fassen werden. Aber ich habe es erfaßt, bei Jg, bei Kg und hier nun auch wieder. Das Ausnahme-Sein, Potentialität statt Potenz. Hier sieht man keinen Sinn in der Askese. ‚Are you a eunuch? You don die?' Der Spott mag bisweilen so grob ausfallen, wie ich es mir gar nicht vorstellen kann. Allenfalls spontanes Mitleid weckt das Unnatürliche, aber keine Achtung vor Selbstbeherrschung und Verzicht um eines höheren Zieles willen. Es ist eine Zumutung, den Unbeweibten im Campus Askese abzuverlangen. Aber das Sittengesetz will es so. Arbeiten, mit Kopf und Körper, Büchern und Buschmesser; Fußball spielen, Jugendgruppen leiten, ein bißchen träumen, viel beten und, wenn es sich ergibt, trommeln. Die leichte Berührung. Eine gespannte Membran. Fingerspitzengefühl. Ein tänzerischer Rhythmus. Verfeinerung, Trauer, Abstieg – wohin?

Übergangszeit und Vergehen

Das Leben, das so bunt sein könnte, wird einfarbig. Außer dem täglichen Pflichtpensum ist da nichts mehr. Seit der Rückkehr aus dem Grasland und den drei schwarzen Fischlein auf weißem Reis – nichts mehr. Der Blick in den Spiegel zeigt Verschlimmerungen. Damit muß ich leben. Auch mit dem Abgewürgten und Erstickten, spät noch hochgeschwemmt von einer Ehe, die immerhin das eigene Überleben ermöglicht hat. Diese

Übergangszeit weckt den Wunsch nach etwas Außerordentlichem, nach einer heroischen Tat oder einem - Vergehen mitten im Vergehen. Wenigstens nach Weggehen. Dahin, woher die krummen Fischlein kommen und der, welcher den Schatten des Phantoms der Muse wirft, die mir hier zugemutet wird. Als vorgestern Besuch kam und beim schwarzen Kaffee eine knusprig blonde Semmel saß, mit der Chr sich angeregt unterhielt, um am nächsten Morgen entsprechende Träume zu erzählen, warum war mir da zum Heulen zumute? Ich gönne ihm vieles, fast alles, was in einem selbst gezimmerten Käfig nicht zu haben ist. Heißt das, daß ich seinen Verzicht nicht würdigen kann? Es wäre das Ende und Gegenteil dessen, womit wir angefangen haben. Die Widerrufung des Geistes und des Ideals. Ein Triumph der Großen Mutter, die das Leben will, coûte que coûte, und nicht das Opfer und das Kreuz, an dem ein dreißigjähriger Mann hängt.

Was war das? Das allerkühlste Wasser, unbewegt. Kein buntes Aquarium-Fischlein regte auch nur eine Schleierflosse, kein grünes Nixlein stieg auf, spielend mit silbrigen Atemperlen. Herbeordert, instruiert mit impassibler Stimme. Abgefertigt. Nichts von dem vielen, das sich hätte sagen lassen, kam über die Schwelle einer Hemmnis, die vielleicht gut ist. Ein Ruhepunkt. Ein Abstandgewinnen. Übergangszeit.

Karussell und rosa Rosen

Das Warten. Wieder ein Wochenende. Der einzige Auslauf: in die Bücherei. Es ist wie ein Karussell, mit dem man nicht fährt, sondern vor dem man steht. Das gleiche kommt immer wieder. Wenn es aber einmal nicht kommt, wenn ein weißer Elefant ausfällt, dann ist ein Weitergehen auch nicht möglich. Der schwarze Tee am Morgen ist notwendig, um aufzuwachen. Das bißchen Teein geht in die Blutbahn, belebt und man kann normal weitermachen. Es würde schon ein Schluck Wasser im Vorübergehen genügen - ich will ja nicht so viel. Weil ich das Wenige nicht bekomme, deshalb bin ich so irritiert, so *restless*. Was für weitreichende Analogien bieten sich an. Ein Glas Wasser als Theorie. An Wichtigerem weitermachen. Feldforschung treiben, Bücher schreiben, Revolutionen organisieren, Völker regieren. - Das Rosa der drei Rosen auf dem Schreibtisch blüht sich zu Tode. Ein Drittel ist schon am Übergehen in lila Verwesung.

Sonntagsmonologe

Ist es der Mann in mir, ein überstarker Animus, oder der wiedererwachte Ästhet, der nur genießen will und eiskalt verachtet, was er so heiß begehrt und ihn versklavt - o heiliger Augustin! Er wußte daraus Theologie zu machen. Hier reicht es nur zu dem kindischen Wunsch, sich aus Enttäuschung einem Heulen an den Hals zu werfen. Einen kleinen Anfall zu kriegen und danach Erleichterung zu fühlen. Die Wissenschaft ist eine Schnecke im Tiefschlaf, sie kommt nicht vom Fleck. Eine Psychologie des Blicks müßte das ‚Ansehen' analysieren. Das abschätzende Vorübergehen, ‚abschätzig', wie auf einem Sklavenmarkt. Ein distanzschaffender Blick, der ein Objekt des Begehrens wahrnimmt, aber keine Person. - Läßt sich aus solcher Warte-Erfahrung das Wesen von Ritualen begreifen? Der Sinn von ‚leerer Form': sie gibt dem Leben einen Rhythmus und der Zeit ein Korsett.

Esse est percipi. Aber Chr sieht nichts. Wozu also der Sonntagsaufzug? - Öffentliches Erscheinen kann bewirken, daß der Blick sich zu schmalen Schlitzen verengt, grußlos. Ein neues, grelles Grün zu lila Jackett verrät auch nicht eben Stil und Geschmack. Weder äußere Ansehnlichkeit noch herausragende Intelligenz ist hier vorhanden. Nichts als Bravheit und eine gewisse Naivität, vielleicht auch Berechnung. - Chr hat geamtet, war danach erschöpft, machte sich einen Kaffee, legte die afrikanische Messe auf, und ich sagte, Tanzmusik wäre mir lieber. Es sind ordinäre Nummern (Mexico, Blue Tango, Never on Sunday), Auslöser für etwas, das nicht weiß, was es eigentlich will. Tanzen, freilich, aber hier und mit wem? Wenn da einer schon einmal im alten Europa gewesen wäre und begriffen hätte, daß das ‚Auffordern einer Dame' zu den Höflichkeiten festlicher Geselligkeit gehört, dann wäre die stattgehabte Neuerung, die Performanz einer bislang im Campus unbekannten Sitte, begreiflich. Wenn aber einer aus dem Busch kommt und nicht weiß, was er tut, dann ist es - zwiespältig. Dann ist es entweder ein faux pas und möchte nicht erinnert werden. Oder es wäre das Morgenrot der Möglichkeit, noch einmal, im Abstieg, teilzuhaben an einer ‚Sphäre' jenseits der Worte, in der noch vorhandene Lebensenergien sich auf gesittete Weise verbrauchen könnten. Etwas, das aufflammt im Rhythmus der Begegnung und wieder erlischt. Wenn die Platte zu Ende ist, ist auch das Gefühl erschöpft.

Kleine Szene 17
,Tanze!'

An das Ende des Monats April und seiner Monologe fügt sich eine Szene, in welcher sich mit trauriger Klarheit die Grenzen der Möglichkeit, in ehelichem Rahmen zu tanzen, zeigten. Vorauf ging Berufsmäßiges im Arbeitskabinett.

Sie kamen einer nach dem anderen. Erst schwebte ein Ariel herbei, ein Drama eigener Herstellung anvertrauend. Dann stand auf der Schwelle die Würde eines Prospero - o schöner Augenblick in Smaragdgrün, darin sich ein Gruß austauscht und ein Lächeln aufleuchtet! Fürstliche Gewichtigkeit ließ sich langsam in den Sessel nieder; seitlich davon saß es mit geschlossenen Augen. Ich höre. Ein Konzentrat aus Pampelmuse und Pitangakirsche. Sachliches war zu verhandeln, vermischt mit guten Ratschlägen zwischen bürokratischem Ernst und freundlichem Interesse. Doppelbödigkeit erzeugt ein Echo bei jedem Schritt, vor allem bei leisem und vorsichtigem Auftreten. Im Weggehen senkte der Blick sich, als gelte es, etwas zu verbergen. O beware of conceit! Remember Malvolio!

Das auch noch, und dann wegschlafen. Ich ging in Chr's schöpferisches Bücherchaos hinüber. Er saß auf dem Lotterbett, hatte die Mexico-Platte aufgelegt und sagte: ‚Tanze!' Als ich mich statt dessen neben ihn setzte, stand er auf und fing an, ein bißchen hin- und herzuschlurchen. Das Gefühl für Rhythmus geht ihm gänzlich ab. Gerade deswegen rührte es mich so sehr. Es erinnerte an Grillparzers Medea: ‚Jason ich weiß ein Lied'. Es ist mutig, aus Zuneigung zu zeigen, daß man etwas nicht kann. So tanzte ich schließlich à la africaine mit, obwohl wir kaum wußten, wohin mit den Armen. Es ging nicht so gut wie neulich allein. Chr's Art, knapp neben den Rhythmus zu treten, verhinderte, daß ich den richtigen fand. Es ist, als müsse bei ihm der Rhythmus erst im Gehirn registriert werden, statt sofort ins Gefühl zu gehen. Dafür ist sein Anblick erfreulich. Er sieht so jung und schmal aus, nachdem ich ihm die wilde blonde Lockenpracht wieder gestutzt habe. Afrikanisch tanzen könnte schön sein, wenn über das Geruckel und den Abstand hinweg die Unbefangenheit von Blick und Lächeln möglich wäre. Eine Regenbogenbrücke, leicht, bunt, Zufälliges, und der Rhythmus ein Umgreifendes, das vereint.

Mai
Frustrationen. Einsame Ekstase

Tropischer Mai: eine wechselfieberhafte Übergangszeit zieht sich hin. So manches ist nicht mehr nachvollziehbar. Das eigene Gewesensein mutet fremd und bisweilen peinlich an. Das kriselnd in sich Verknäulte, nach Inspiration Aspirierende inmitten einer Umwelt, die ein Dasein platt am Boden zwar nicht, aber doch im Zuge minder hochgeschraubter Ziele fristet und vollberechtigt nach erdennäheren Gütern strebt.

Die Maimonologe im Tagebuch gehen an Länge über alles Bisherige hinaus. Das macht, es geschah nichts außer der Reihe der täglichen Pflichten; keine Reise, nur eine Wanderung ins Nachbardorf; kein aufregender Besuch, nur eine ärgerliche Tramperin. Der Feldforscher freilich war auf Reisen eine ganze Woche lang, und während seiner Abwesenheit geschah es, hinter zugezogenen Vorhängen, wie schon einmal, im März, nur noch fiebriger, während nach außen hin alles seinen alltäglichen Gang ging. Die einzige Szene von Bedeutung. Alles übrige an Anlaß zu ‚kleinen Szenen' ist so winzig, daß diese Spreu sich nur mit viel musischem Pusten aufplustern läßt ins Wahrnehmbare. Verfeinerung zeigt sich zunächst weiterhin als *poiesis* in einem ichbezogen Sinne: in der zweifelhaften Kunst, aus nahezu nichts an äußerem Geschehen etwas innerlich Bewegendes und viele Worte zu machen.

Anlaß zu solcher *poiesis* gab zum einen das Gift des gelben Schlängleins, das den blauen Himmel verfärbte, mit brodelndem Gewölk überzog und Stürme entfachte. Zum anderen war es das harmlos Wenige, das nicht zu haben war, das Delirien auslöste, die aus den Geleisen warfen, ins Dorngestrüpp und wuchernde Unkraut am Wegesrand, wo in Reichweite immerhin ein Heilmittel zu finden war, das einzige gegen Schlangengift und Fieberschauer: ein Tagebuch, ein Bleistift und Worte, die sich wahllos ergaben, übergaben, erbrachen und Sprachbrocken spuckten, die im nachhinein nur noch in gepflegteren Paraphrasen wiederholbar sind.

Abend und Morgen

Die Unbefangenheit ist dahin. Wie läßt sich aus dem Nicht-mehr-Sein einer Kleinigkeit eine kallimacheische Kostbarkeit machen? Eine Ringfassung, in welcher der Diamantsplitter fehlt? Ein ‚Sorry' hat die schöne Naivität zerstört, das Durcheinanderfingern zwischen den Karteikarten. Vor dem Lamellenfenster stand die Nacht und machte aufmerksame Augen. Sie nahm ein schulternahes Musazeengrün mit Goldgelbborte an sich und bekittelte die eigene Bedürftigkeit damit. Von den Schultern glitt mir der Mantel, es wird ja abends schon kühl. Ich bückte mich schnell, um zuvorzukommen.

Ein großer Morgenregen rauscht hernieder. Der freie Tag, die Mühsal der Wissenschaft und keine Hoffnung auf einen Tropfen Tau für die darbende Seele. Aber vielleicht ist solches Darben bekömmlicher als eine Schockvision im Profil, wenn aus den meergrünen Wellen der Erwartung nicht ein Leander mit blitzendem Auge und hinreißendem Lächeln steigt, sondern ein kleines fettes Seehundbaby mit Schnutenmund und Doppelkinn an den Strand gerobbt kommt. So rund und fett, daß es fast nicht anzusehen ist.

Ein schmaler Apfelsinenschnitzmond steht hinter Wolkenschleiern. Jeden Mittwochabend sitze ich drüben unter dem offenen Gebälk eine Weile allein; dann kommen Kinder und lärmen; dann kommt dieser und jener und schließlich kommt auch Chr. Dann redet einer eine halbe Stunde lang und es geht alles an mir vorbei im Dämmerschein der Buschlaternen. Ich sitze und versuche, an etwas zu denken, das schön wäre und einen schmalen Apfelsinenschnitz vom runden Glück an den Himmel hängen würde. Aber es ist da nichts. Es verläuft sich wieder in die Nacht und ins Haus.

Jeden Abend bringt Chr mir ein Glas Wein. Gestern wurde mir von einem einzigen Gläschen ganz merkwürdig dumpf und dumm im Kopfe. Just for nothing. Take and drink, my soul, from this cup of lonely longing on the fringe of an evening smile, acknowledging the impossible. Entgegenkommen ohne Absicht und Berechnung? Eine Rokoko-Oper nach einem Libretto von Hofmannsthal läßt sich hier nicht aufführen à la Bethabara. Ein spielerisches Festhalten, das Festgehaltenes von der gespannten Sehne vorbeischnellen läßt ins natürliche

Ziel hinein. Wie fern, wie nah ist die Erinnerung an eine Juninacht und wie es hingegossen lag im schwarzen Grase, im Flackern der Windlichter, unter den alten Kastanien, zu meinen Füßen. Ein Symbol ist unberechenbar. Vielleicht hat Chr das gemeint, als ich klagte und ihm vorwarf, er verstehe nicht. Hier, unter Palmen, liegen die Dinge anders, weil die Interessen andere sind. Hier kann dergleichen nur einseitig sein. Alles andere muß Einbildung bleiben. Sich im Banne einer Macht zu fühlen, ist immer zwiespältig. Es führt zu Reibereien und Alliterationen zwischen Herz und Hirn, die Anrufung einer weißen Rose und die hingeworfenen Skizzen über das Unbedingte, das Schicksalhafte, die Analogien des Sola gratia, das Altwerden und das letzte Aufleuchten eines erlöschenden Sterns. Das Pathos vom ‚tödlichen Glück des Absoluten' verkuppelt den zu kurzen Augenblick mit einer zu langen Ewigkeit, und was das Ganze am Ende soll, wird nicht recht klar. Ja, doch: es soll sich letztlich eine ‚Inspiration' daraus ergeben; und die Klage geht dahin, daß Trauer und Eifersucht von berechtigter Seite die Inspiration einst erstickt haben. Daher und obgleich noch nicht am Tage ist, was es eigentlich ist, soll es, vorerst, im Unanvertrauten bleiben. ‚Es geht mir sonst alles kaputt.' Der Roman und die Muse erheben Ansprüche. Das vergehende Leben soll noch einmal zu den Sternen emporsteigen. Zum Sternbild Virgo. Durch die Nacht. Denn bei Tage bleibt alles bei einigermaßen guter Vernunft und behält die Füße platt auf dem Erdboden.

Frustra

Manchmal nicht ganz. Es war zu wenig. Daher wohl die hysterische Aufregung wegen der Avocados: gute verschenkt, schlechte gekauft hat Chr. Er hatte mir diese Privatstunde überlassen. Am Wohnzimmertisch saß es grünbekittelt, von der Notwendigkeit, ein ins Hochelegante degeneriertes Latein zu erlernen offenkundig nicht sehr überzeugt; die Drohung, auch noch Deutsch zuzumuten, lag in der Luft, das Interesse an der richtigen Aussprache autochthoner Mischlaute mischte sich dazwischen. Ehe der Regensturm kam, war die Sache erledigt. Es geht um etwas ganz anderes: um eine Fata Morgana über der inneren Gobi. Um eine Möglichkeit zu tanzen; sich die Frustrationen des Daseins von der Seele und aus den Beinen zu tanzen. Dazu noch Pathologisches, mancher Irrsinnsanfall im Tagebuch zwischen Haben und Nichthaben.

Trimurti

Dieses Angemutetsein ist nicht nur phantomatisch, es ist eine Zumutung. Wie soll daraus ein Roman werden: aus einer Trimurti von Bajazzo, begossenem Pudel und fürstlicher Würde? Das grotesk Unproportionierte war die erste Zumutung, im Oktober, als der Tulpenbaum blühte. Des Pudels Kern, wenig später, war nicht Mephisto, sondern der moralische Zauber, der aus dem Verstummen eines unschuldig Getadelten haucht. Dazwischen das Epiphaniehafte: Herrscherglorie, wunderbar gebändigt durch das Sittengesetz. Selbst wenn es nur das Häuptlein eines Häuptlings wäre und nicht das lockenwallende Haupt eines Olympiers. Es läßt sich ästhetisch genießen auf Abstand. Wie aber, wenn das Ästhetische unversehens zu einer überwältigenden Macht wird? Dann ist man entweder bei Platon und Keats - beauty is truth, truth beauty - oder bei Platen und allen Schönheitstrunkenen - prêt à s'abîmer pour la beauté de quelqu'un.

Kleine Szene 18
Das Gift des gelben Schlängleins

Eine Szene im eigentlichen Sinne ist es nicht; das äußere Ereignis geht gegen den Grenzwert Null. Dieses Minimum indes genügte, die Innenwelt in Aufruhr zu versetzen und sich auf das Tagebuch zu stürzen, um sich Vernunft zu erschreiben.

Wie plötzlich, wie blitzartig es kommt. Wie es hochschnellt, zubeißt und das Gift in der Blutbahn spritzt! Und das, nachdem am Vormittag pädagogisches Pathos und mimisches Brimborium Selbstgefühl aufschäumen ließen und gespannte Aufmerksamkeit aus der linken hinteren Ecke das Theater verfolgte. Da nun also, und es ist schrecklich. Es packte so fürchterlich, daß die Beherrschung nur noch an einem dünnen Faden hing. Ein Almosen war zu geben, die hingehaltene Hand war noch leer, da fiel ein zufälliger Blick durchs Fenster des Kabinetts hinüber Richtung Elefantenpfad. Dem war kurz zuvor die Mollige von nebenan zugestrebt. Nun war im Grasgrün ein eilig nachstrebendes Musazeengrün zu sehen, das sich auch noch umwandte und lachte. Das gelbe Schlänglein war augenblicks da und biß zu, oberhalb des linken Knöchels und mit solch irrational spitzem Giftzahn, daß nicht viel gefehlt hätte und ich wäre vor Schmerz zu Chr gelaufen, um mir durch Lächerlichkeit Linderung zu verschaffen. Da ist zum Glück das Tagebuch. Das Almosengeben war schnell erledigt, und hier sind nun die Worte, es zu sagen. Ja, es ist ein ganz scheußliches Gefühl, und es muß abgeschrieben werden, egal, was dabei herauskommt. Das Gesetz schmeißt wieder Steine. Die treffen den Kopf. Da gibt es keine Selbsttäuschung. Was dem einen recht ist, gutes, allerbestes Recht, das ist der anderen alles andere als billig, es könnte sie im Falle eines Falles gar teuer zu stehen kommen. Es ist ganz klar, wer hier wen in der Gewalt hat. Und die gute Muse grinst dazu, Tu l'as voulu. Das ist die Dialektik von Gnade und Zwang. Wenn Gnade erst einmal zuteil geworden ist und man sie ‚hat‘, dann hat sie einen. In ihrer Gewalt. Das ist eine *gratia irresistibilis*. Sie führt auch ins Leiden. Aus Gründen der Quantität etwa. Too little to even starve. Ein einziger Tropfen läßt den Durst um so mehr empfinden. Eine neue Erfahrung. Wenn die Besinnung verläßt - aber sie wird nicht verlassen, so lange ich schreibe. Hier ist der Ausdruck einer erlittenen Wahrheit im Spiegel zu besichtigen: vom gelben Gift verzerrt, so alt, so häßlich, so unbeherrscht. Wie lange ist das auszuhalten? So lange ich schreibe. Das Ästhetische bleibt doch vorherrschend. Oder es wirkt als Reizauslöser und Katalysator: das Musazeen- und Smaragdgrün, verziert mit ein bißchen Goldgelb, das die Disproportionen verhüllt und einen sieghaften Kontrast bildet. Denn hier ist Afrika, nicht wahr. Das fernliegende Griechisch, melas, melaina, melan, wäre nicht so verbraucht und zu Mißbrauch geeignet wie das Lateinische, das eben noch ein Land und einen Fluß bezeichnen kann, aber keinen Menschen mehr. Auf englisch läßt sich mit drei Wörtern in einem Subjekt-Prädikat-Satz ein Vorurteil in die Behauptung des Gegenteils umkrempeln. Das Gegenteil trifft in vorliegendem Falle nur als Kontrastwirkung zu. Alles Räsonnieren hilft nichts. Ich bin verkrampft und möchte heulen. Es steckt in der Kehle, kommt aber nicht hoch und wäre ein gefundenes Fressen für die Psychoanalyse. Du Kobold, du böser Geist. Da ist schon die Grenze und der Umschlag ins Gegenteil nicht weit. Dann entledigt man sich der Sache mit Theologie und Askese, und dann ist man von Scylla zu Charybdis gelangt. Das Schöne kann eben auch das Schreckliche sein, wenn es nicht ordentlich gezähmt und in einen stabilen Käfig gesperrt wird. - Was will ich? Etwas, das mich nichts anzugehen hat, für mich alleine haben. Das ist der Besitz-

und Ausbeutungstrieb. – Es gibt zwei Möglichkeiten, sich selbst zu zerstören: physisch oder sozial. Ein Skandal ruiniert den guten Ruf, um den sich freilich immer mehr immer weniger kümmern. Es kommt auf den Status an und wie strenge in den eigenen Kreisen das Sittengesetz funktioniert. Man kann sich selber aus der Welt schaffen, um Ruhe zu haben. Das ist romantisch und kommt kaum noch vor. Als mittlere Lösung läßt sich das Anstößige bisweilen verinnerlichen und poetisieren. Das ist mir im Falle Bethabara nach sieben Jahren noch nicht gelungen. Hier nun ist etwas, das einerseits einfacher, weil unmöglicher ist, und auf der anderen Seite verwickelter, weil die Ebenen und Mentalitäten verschieden sind. In Jg habe ich mich selbst wiedererkannt. Kg war sokratisch-poetisches Objekt. Was mir nun in wechselnder Dreigestalt begegnet, ist noch uneindeutig. Es ist noch nicht erschienen, was es sein könnte. Das Abreagieren, Nachdenken und Schreiben hilft doch recht gut. Wie nun aber kann ich freundlich sein, ohne zu sagen, daß ich sah, was ich nicht sehn wollte? Ach, es ist gar nichts Aparts. Es ist das übliche. Und mir fehlt noch die Weisheit einer Marschallin, auch ohne Quinquin im Boudoir. Denn wir leben nicht im österreichischen Rokoko, sondern im afrikanischen Busch und in nachkolonialer Zeit.

Es regnet

Chr ging spazieren, allein. Die aufgelegte Tanzmusik half nichts; es ging nicht. Es war da ein Gefühl der Erschöpfung und des Auseinanderfallens. Es trieb hinüber zur Bücherei. Es ging auf Abend zu. Durch die Dämmerung näherte sich ein Grün von drüben herüber und es ging ihm vorauf ein Gefühl der Befürchtung, die Besinnung zu verlieren. Es ging nicht vorüber. Es kam herein, unendlich langsam und dem Vorwurf entgegen: ‚So you escaped from grass-cutting?' Ernsthaft und fast beleidigt ward eine Erklärung zuteil und: ‚It's not a matter of escaping.' An ein Regal gelehnt, der Inquisition standhaltend, müde, aber mit geradem Blick, von einer Woche Kopfschmerzen berichtend, Vorwürfe und Entschuldigungen hinnehmend, indolent und ein wenig diffident. Und bei alledem dieses breithingebreitete Grün, das in der Dämmerung ins Bläuliche changiert, und eine Erschöpfung, die sich gehen ließ in Augen hinein, deren Blick in korrekter Gleichgültigkeit verharrte. Es regnet in Strömen. Es regnet auf das stumme Gras und auf die Unmöglichkeit eines Trostes.

Was die Lücken ausfüllt

Mit dem Glas Wein, das Chr mir hinstellte, setzte ich mich in die Seekistenecke; er lag auf dem Lotterbett und las einen Biafra-Kriegsroman. Ich da im Sessel sog an Sphären, die sich entziehen, und fühlte das Alter wie ein Kerbtier durch Knochenmark und Blutbahnen kriechen. Dann setzte ich mich zu ihm und tröstete mich seiner Nähe und meiner Tränen im schattenreichen Schummerlicht einer einzigen Kerze. Chr, ohne den alles in tiefes Dunkel versinken würde und der trotzdem Lücken läßt und Wünsche offen. Die Lücken, die mein Vorhandensein läßt, stopft er mit Wissenschaft, Vernunft und Frömmigkeit. Aber das, wonach mir die unvernünftige Seele weint, ist nicht zu haben - Euphorien, Musik und Tanz; Epiphanien, saphir und smaragd. Das ist nicht die blutrot flammende Leidenschaft des Begehrens. Es ist etwas Kühles, Kristallines, vom Geiste Gebrochenes und Durchglänztes. Es kommt und geht auf der Dünung eines Lächelns, im selbstbeherrschten Rhythmus eines Entgegenkommens, in der moderaten Spannung der Nähe. Als Äußerstes Zufällig-Flüchtiges, so wie man sich hier gegenseitig Spinnlein und Käferlein vom Kragen oder Ärmel klaubt, wäre denkbar. Oder Dialogisches. ‚I will wait for you here' (bei Nacht zwischen Haus und Hügel etwa). ‚Okay. Wait. Look at the stars; but let them not shine too deeply into yours eyes - else they will fall.' ‚What do you mean?' ‚Oh, nothing. It's poetry.'

Welwitschie

Der Hormonhaushalt und das Selbstmitleid. Nachts ist es zu warm. Es fehlt eine kühle Hand auf der Stirn. Ein abgerissenes, frei dahintreibendes Fetzchen Seele, ein Vogel, der lange über baumlose Steinwüste dahinflog, hat sich niedergelassen auf dem einzigen Stückchen Vegetation, das weit und breit zu sehen ist, auf einer Welwitschie (hat rübenähnlichen, bis mannsdicken Rumpf und Pfahlwurzel). Ein Dornbusch könnte flammend blühen, aber so etwas doch nicht. Es läßt sich nicht einmal vom Geist entzünden. Es leidet vielleicht, aber in eine andere Richtung. - Wenn ich bekäme, was mir fehlt; wenn es mir Balsam in die Seele träufelte und mich beschwingte über den Campus hin und zurück ins Haus: würde es mir Chr liebenswerter machen? Würde sich ihm zuwenden, was ich selber bekommen hätte?

Das Klappern der Absätze

Wieder ein Sonntag. Wieder wozu? Chr sieht nichts. Er hält sich an das Gesetz, nach dem wir angetreten sind. Aber jetzt, wo ich sein möchte im Wahrgenommenwerden... es macht müde. Es ist immer das gleiche. Ein Flämmchen Hoffnung flackert hinüber, und es erlischt. Alles ‚empty'. Ein schwarzweißer Bajazzokittel und ein Specknacken sind nichts Erbauliches. Was soll die rosa Stoffrose am Kragen einer weiß-gold gestreiften Georgettebluse? Was an Sonntags-Umgänglichkeit vorhanden ist, geht vorüber und trinkt den Kaffee nebenan. Schon dämmert der Abend. Vergebliches Warten. Und da drüben, Richtung Elefantenpfad, da geht es wieder um. Es bouleversiert. Es guckt sich die Augen aus. Es legt sich allerlei Verdächte zurecht und äußert sie laut. Möge Chr es nicht gehört haben. Es ist ja nur, weil das Schlänglein wieder um den Weg ist. Schmerz und Enttäuschung schlagen zu. - Raus. Einfach raus. Es war nicht mehr auszuhalten im Hause. Wie eine Tigerin im Käfig. Wenigstens mit dem Klappern von Absätzen auf Zement Gegenwart bekunden. Wenn schon sonst nichts.

Kleine Szene 19
Sternenschauer im Vorübergehen

Eine weitere Winzigkeit, zur Szene stilisiert einzig, weil der Augenblick so poetisch verfeinert anmutete, daß er sich auf die Perlenkette der ‚Anmusungen' reihen ließe.

Ein poetischer Augenblick, eines schöngedrechselten Rahmens würdig. Eine Delikatesse aus wohlverwahrter Seelen-Speisekammer; etwas, das tagelanges Darben vergessen läßt und das Gift des gelben Schlängleins aus der Blutbahn spült. Die Nacht ist mondhell und sternenklar. Das größere Licht löscht die vielen kleinen im weiterem Umkreis nicht aus. Es schauert herab. Ich wünschte, ich kriegte solche Sternenschauer aufs Papier. Da war zuvor fast zwei Stunden lang die Anstrengung des Geistes en classe; danach das Hinziehen der Zeit in der Bücherei. Schließlich, im Hinausgehen, zwischen diesem und jenem hindurch und mit dem Mut, den Blick frei und streng zu erheben, hauchte mir ein ‚Good night' entgegen, das seelenerweichend wirkte. Hinzu aber und herbei kroch auf dem schmalen Steg der Blickbegegnung etwas so Waidwundes, daß

es schauerlich wohlig ins kaum von eigenem Leiden geheilte
Gemüt einsickerte. Eine Überlagerung aus Schuldbewußtsein,
Müdigkeit und Vorwurf: warum so streng, so kalt? Es fiel herab
wie ein Sternenschauer in kühler Maiennacht.

Kleine Szene 20
Aorist – vom Eifer gestreift

An der Wandtafel steht die erste Person im Singular Aorist,
Indikativ Aktiv: wer will das Paradigma vervollständigen? Die
Frage hält sich im Hintergrunde auf, um die Hübschheit des
Ben-Bübchens im Profil zu kontemplieren. Schweigen. Nun - ?

Es bleibt, salopp gesprochen ‚die Spucke weg' - am Morgen danach. Wenn alles plötzlich wieder so munter ist, ohne eine Spur von ‚waidwund'. Plötzlich ist die linke hintere Ecke leer, und es witscht hintenherum vorbei so dicht, daß ein weißes Oberhemd die Schulter eines braunen Jacketts spürbar streift. Nun, das macht der Eifer, das Paradigma vorn an der Tafel zu vervollständigen. Was sonst? Wer wollte einen Mangel an Respekt argwöhnen oder gar ‚Unverschämtheit' denken! Wie raffiniert kann Naivität sein? Wie naiv Raffinesse? Warum duftet da nun auf einmal Eukalyptusöl? Warum taucht die weiß-braun getigerte Jerseybluse auf, die vom Januar und dem glücklosen Gescharre auf Zement? Was soll das öffentliche Hererzählen des Abenteuers in den Mangroven? Kg's Name fiel. Alle sollen wissen, daß da zwei Tutoren Interesse an Ehemaligen haben und sie sogar an abgelegenen Orten besuchen. Soll es etwa vorbereiten auf den Satz: ‚We will like to see your village, the rice-fields and the mudfish-ponds' - ?

Kaleidoskop

Es ringelt weiter durcheinander, das Schlänglein von fern, das nachmittägliche Herumhängen, zebragestreift, an Hecken und Zäunen, das abendliche Herumsitzen unter offenem Gebälk im Geflacker einer einzigen Buschlampe, das Ausweichen in nächster Nähe, und draußen ein Mondschein zum Verrücktwerden. Das kosmische Bleichgesicht schwimmt in einem immensen opalblauen Teich mit kleinen Wolken wie Wasserrosen, in einer unendlich kühlen Weite, die den Atem benimmt. - Verdürsten am Brunnenrande. Leichter Kopf-

schmerz. Vergebliches Warten, gefangen im Arbeitskabinett, und da drüben genießt man lustwandelnd geheiligte Freizeit im schönsten Spätnachmittagssonnenscheine, so sanft und reif, so gold und grün. So aufreizend langsam, so würdevoll steif und mit hängenden Armen.

Kleine Szene 21
Krankenbesuch und das Wenige, das genügt

Abwesenheit bedeutete gemeinhin Kranksein. Nicht immer war eindeutig, wem die Pflicht eines Besuchs zufiel. Eindeutig war allein das Auftreten gewisser Irritationen.
Ein Rest des gelben Giftes stiftet Verwirrung. Was ist offizielle Pflicht, was private Neigung? Pflicht als Vorwand. Ich habe auch Kopfschmerzen. Der Vollmond ist über mich hingegangen. Aber ich nehme kein Aspirin. Der Kopfschmerz lenkt ab von Seelenwehwehchen. - Erledigt. Kurz entschlossen hin und rein. Ein Achselzucken. Kein bißchen Freundlichkeit, aus Furcht, es könnte mißdeutet werden. Sogar die Höflichkeitsformel des Bedauerns blieb weg angesichts eines der Länge lang daliegenden Lindgrüns, leicht bedeckt, einen Arm über die Stirn gelegt. Das mag purer Zufall gewesen sein. Darf höfliches Mitleid ein Lächeln anbieten? Welche Augen setzen Krankenschwestern sich ein? Das achselzuckende ‚I don't know' im Hinweggehen war nicht sehr souverän.

Nachmittagsschlaf, schwer und klobig, mühsam und heiß. Aber innen luftig aufgepolstert mit zögernden Traumkompensaten und wachsamem Gewissen. Das Wetter ist gold und grün, wie gestern, weiß und blau der Himmel, wie im Oktober. Noch einmal hin, wie das Gesetz es befiehlt. - Statt waagerecht wieder aufrecht und alltäglich (statt im Pyjama). Auf der Schwelle des Häuschens, zusammen mit anderen. Keinen Unsinn reden. Ein schwaches Lächeln wählte Kopf- statt Magenschmerzen. Besserungswünsche und hinweg. - Der Mond kam wieder unverschämt hell und rund hinter dem Berg hervor. Er begrinste den Weg zur Bücherei, als wüßte er, was da zu suchen war. Es fand sich auch. Und blieb, als die anderen gingen. Stand an den Tisch gelehnt und erzähle mit leiser Stimme von einem anderen mit Magenschmerzen; er sei wieder da, ohne Besserung. Was unverhofft zu haben ist an Nähe, das lasse ich schnell wieder los. Es ist das Wenige, das genügt.

Palme und Birnbaum

Die Lethargie der Sanftmütigen, die auf die Palme bringen kann. Es stehen ja zwei ganz bequem und nahe an der hinteren Veranda. Chr vergräbt sich in seinem Arbeitszimmer und räkelt sich gelangweilt, wenn er mir überlegen helfen soll, wen man zur Vertilgung der vielen Kochbananen einladen könnte. (Als ob ich das nicht wüßte.) - Was man so träumt. In einem Birnbaum entdeckte ich eine Matrone von drüben. Keine Verwunderung: wie kommt die da rauf? Sondern die Besorgnis: was hab ich unter dem Baum gesagt, daß sie nicht hätte hören dürfen? Ich sehe noch immer das verlegene Gesicht des ehrenwerten Mr. N., als das vierfüßige Scharren auf Zement stattfand. Der wußte recht wohl, daß so etwas noch nicht vorgekommen war. Es ist ein nicht ganz ruhiges Gewissen, das die Matrone in den Birnbaum projiziert hat.

Kleine Szene 22
Sonntags in der Seekistenecke

Nach öffentlicher Performanz, zurückgeeilt ins Haus, zurückgeschlüpft aus Amtsschwarz in Weiß, Gold und Zartgrau, kredenzte mir der nachzögernde Gemahl einen Likör und rapportierte wohlwollende Bemerkungen von gleichgültigen Leuten. Andere waren nicht präsent gewesen. In der Seekistenecke –

Blondgelockt und schmal saß es mir gegenüber, so jung und jünglingshaft, und Albinonis traurige Musik rann aus dem Radio. Große Harfentränen tropften, die Seele weinte und wand sich, und als ich halbironisch rumquengelte von wegen ‚Wer bewundert mich?' hatte er eine runde Portion Ironie parat: ‚Die jungen Männer. Du bist éducation sentimentale für sie.' Er kennt mich zu gut. Aber nicht bis in den letzten Winkel dieser Übergangsmisere. Er ahnt nur die Richtung, denn er sagte auch: ‚Du bist Aimez-vous Brahms?' Das ist alles noch Nachhall von Bethabara, Triviales in seltener Fassung und sehr verfeinert, so zerbrechlich wie die Figürchen in einer Glasmenagerie. Was soll das unter Palmen und Elefanten? Ich leide mein Leiden für mich im Geheimen. - Spaziergang mit Chr ins Westfarmen-Tal. Der Himmel war sehr blau. Jetzt geht wieder der Vollmond auf. Zwei volle Tage nichts. Da hilft auch kein Bier. Es beduselt nur ein bißchen.

Stilübung

Da blüht noch eine pastellrosa Rose längs der Küchenveranda. Wozu. Für wen. Da läßt sich einer nicht so leicht vom Mondenschein erschüttern, steht am Morgen frisch und selbstbewußt da und erzählt ganz flott Beispielgeschichten, um Langsamkeit zum Zorn zu illustrieren. Ich steckte Komplimente weg von zwei Amtsbrüdern, die einer Beschreibung wert wären und sei es nur als Stilübung. F'm, seit Januar aushilfsweise da, ein Mensch mittleren Alters von imposanter Statur und weiser Zurückhaltung, und von den Alten der kleine M'f, so zierlich und selbst mit seinen grauen Haaren und Zahnlücken eine reizvolle Erscheinung, sie hatten beide freundlich Anerkennendes zu der gestrigen Pidgin-Performanz zu sagen. Thank you. Es hilft nicht darüber hinweg, daß da, wo die belobte Rede eigentlich hingegangen war, ein Nichtvorhandensein sich breitgemacht hatte. So rutscht alles ins Plusquamperfekt, alles andere als perfekt. – Beinahe schnöde ist es, wie Darbringungen von einer Seite, die trotz aller intellektuellen und ästhetischen Vorzüge nichts ausstrahlt, beiseitegeschoben werden. Von einer ähnlichen Ungerechtigkeitsstruktur ist auch die Gnade. Dagegen kommt keine Moral an.

Alter als Ohrwurm

Es muß wohl diese Flauten geben, die Durststrecken und Fastenzeiten, wo einfach nichts zu haben ist. Sei es aus Unentschlossenheit, Unsicherheit, Desinteresse oder weil anderes mehr Aufmerksamkeit erfordert. Es mag sich nur ein paar Tage hinziehen und fühlt sich an wie Dauerverzicht. – Das Alter scheint als erstes ins Ohr kriechen zu wollen. Ich wage kaum noch Fragen zu stellen, weil ich die Antworten nur mühsam oder gar nicht mehr verstehe. Wieder ein Tag, der mir vorenthalten wird, was dem Leben hier ein bißchen Rhythmus gibt. Ich schreibe am Interview einer vorübergehend Abschiednehmenden. Wie verpackt man Unsagbares in Sagbares? Und was hat sonst noch alles Platz auf diesem Papier? Ein Afrikaner, ein Europäer und ein Inder gehen dort drüben entlang. Worin unterscheidet sich meine Passage to Africa von der Passage to India? Als ich von drüben zurückkam, schwebten die Mollige von nebenan und die ‚arme Sue' an mir vorüber. Letztere duftete schwer nach Rosenwasser. Eu-ka-lyp-tus-Westerwald!

Grünäugiges Ungeheuer

Das bloße bißchen Nähe, wie in Bethabara in den Morgenandachten. Ein dunkelbrauner, goldgestickter Kittel schlottert locker um magere Schultern; ein hemdartiges Hellblau spannt sich faltenlos über quadratischen Thorax und gastrisches Vorgewölbe. Hier scheinen zwei gleichaltrige Frauen und fraternals, jede auf ihre Weise, durchdrehen zu wollen. Die eine (mit spätehelichen Konsequenzen belastet) wegen der Schludereien des einheimischen Nachfolgers in der Behelfsklinik drüben. Die andere, weil sie nach qualvoll überstandener Krise mit anderen Konsequenzen eben noch ein paar delikate Gefühlsambivalenzen zwischen Macht und Ohnmacht auskosten will. Vor allem das schlimme Gift des gelben Schlängleins, das bisweilen zum grünäugigen Ungeheuer mutiert, rosenwasserduftend, sinnlich-sinnlos im Magnetfeld der Macht, die als Abendstern auf- und untergeht. Chr hatte nur ‚weird sisters' und bunte Schnäpse zur Abwechslung, jetzt hat er die Kebse Wissenschaft am Hals. Wenn ab Juni der Bungalow nebenan wieder besetzt sein wird, entsteht ein weiteres Magnetfeld, aber sicher nicht für ihn.

Gebrummel

Wer Unsicherheit überspielen muß, tritt forsch auf. Das fällt mir nicht schwer. Wie kann Naivität so in Verlegenheit, beinahe aus der Fassung bringen. Ich suche nach einem literarischen Beispiel; es fallen mir nur gelbe Strumpfbänder, kreuzweis gebunden, ein. Malvolio ist aber weder Schelm noch Bajazzo, noch ist er ein Mann aus dem Busch, der sich einen Schlips umbindet und eine Blechplakette ansteckt. Vor Mißbilligung fing mir der Magen zu knurren an. Ohne Gewissen und ohne Erbarmen, ausgeliefert dem astartischen Magnetfeld, würde so etwas Vernichtung bedeuten. Dagegen wappneten sich die Romantiker mit Ironie. Und ausgerechnet hinter dieser Blechplakette hervor kam ein Gebrummel von wegen, man solle doch das Fleiß und Geistesanstrengung erfordernde Pensum reduzieren. - Mühsam dem Nachmittagsschlaf entkommen. Kaffee? Das Herzklopfen der Erwartung ist auch ohne da, das peinliche, das spüren läßt, daß etwas noch lebendig ist. - Haste gedacht. Nachhilfe in Französisch? Anderes ist wichtiger. Soit. Flaues Gefühl im Magen.

Anderes Leid anderer Leute

Plötzliches Geschrei im Campus. Alles rennt. Nur die Weißen halten sich zurück. Ein Kind ist gestorben. Totenklage des Vaters. Er schreit, er brüllt, ein erwachsener Mann. Zu dritt gingen wir hinüber und standen da eine Weile vor dem Totenbettchen. Stumm und gedankenvoll steht man neben einander zwischen dem einmal und dem nie Gewesenen, senkt den Kopf und wartet, daß einer ein Gebet spricht. Das tat der Nachbar von Amts wegen und man ging wieder. Das ist anderer Leute Leid. – Haferflockenschleim und Melissengeist, die Magenschmerzen zu besänftigen. Davonrennen hilft ja nicht. Der für die Zeitung Verantwortliche kam mit einem Artikel zu Chr, um ihn genehmigen zu lassen, und wurde kurz angebunden fortgeschickt. Ich stand dabei. Die Deutsche Welle schrillte dazwischen. Lief ich im Eilschritt zur Bücherei und zurück, nach Luft schnappend. Im Agavenweg, in der Dämmerung, streifte ein Abendgruß, wo kam der her? Wo war er in der Zwischenzeit gewesen? Etwas ringelte sich um den linken Knöchel, biß aber nicht zu. Ich lief zu schnell meines Wegs, vorbei an einer Gelegenheit. An welcher? Das wüßte ich gern.

Krümel

Zurück von der Beerdigung im Nachbardorf. Es war wie immer. Man sitzt da und macht sich so seine Gedanken. Dem Verdacht ist alles bedeutsam. Er sieht durch verschlossene Türen und verschlossene Gesichter. Zurück wollte Chr laufen. Gut, ich auch. Aber dann liefen wir allein, und am Ende war es gut so. Das Schwitzen und Schnaufen die Anhöhen hinauf mutet sich am besten doch keinem anderen als einem Ehemann zu. – Was soll das bedeuten, die Rotznasen im Campus mit Kuchen zu füttern? Eine verdächtige Geschäftigkeit. Hin über und herüber. Eine Tür war zu; als sie sich schließlich öffnete, guckte es trüb und müde auf den offiziellen Vorwand. Krümel. Krümel. Krümel. Über den Kuchen fielen derweil die Ameisen her. Chr ist mürrisch. Er liest und liest und liest. Ich bin auch mürrisch. Ich weiß zu wenig von dem, was ich gern wüßte. Das Schlänglein, wenn es nicht beißt, kriecht anderer Leute Freizeit nach. Es verschwindet, wenn irgendwo etwas zum Stehen kommt und ein von Worten streng gezügelter Blick den Ausdruck widerstrebenden Standhaltens für sich beansprucht und sich wieder verkrümelt. Krümel.

Das Nichts zerdenken

Wenn schon nichts zu haben ist an erfreulichen Augenblicken, soll das unerfreuliche Nichts wenigstens zerdacht und Worte sollen herbeigeschafft werden, um die Gemütslage in ad-hoc--Bildchen zu paraphrasieren. Ob eine Mangofrucht nur aus Stein und Terpentingfaser besteht, kann ein silbernes Taschenmesserchen Schicht um Schicht feststellen. Die Zeit ist dann wenigstens zugebracht mit der Feststellung dessen, was nicht zu haben ist: die Süße eines Bißchens Fruchtfleisch. Es geht wieder um. Das gelbe Schlänglein wuselt überall, wo es nichts zu suchen hat. Es schlängelt um die Ränder eines Kratersees; es will nicht, daß irgendeine Seele, sei es eine mollige oder eine arme, heiße sie Sue oder sonstwie, da hineinstippt und Wellen bewegt. Diese langsam vor sich hinschiebenden Wellen, aufreizend träge und wie gesättigt von etwas, das aus anderen Quellen kommt. Nur aus einer Quelle sollen alle guten Gaben und alle Zufriedenheit kommen. (Der trockene Wüstensand der Wissenschaft könnte sich daran mit Erfahrungspotential vollsaugen. Was ist Monotheismus anderes als ausschließlicher Besitzanspruch?)

Kleine Szene 23
‚Is it you?'

Was für eine Frage, wenn im Dunkel der Maiennacht Erhofftes in der Gestalt langsam sich verdichtender Gewißheit entgegenkommt. Was sollte der Irrationalität einer solchen Frage für eine Antwort werden? Was sich näherte, war denn auch Schweigen. Was zu sagen war, hatte Mühe, sich verständlich zu machen. In der Bücherei den Abend verbracht, gähnend über den Katalogen, unterbrochen von einer Viertelstunde Gegenwart. Was harre ich noch und weile... Im Davongehen, draußen, kam es dann entgegen. Man ging ins Büro, wo noch gearbeitet wurde; Erklärungen, ein Stolpern (über meinen linken Fuß), Vermeidungen. Ein Satz des Interviews gab Anlaß zu Fragen. Aus solchen Winzigkeiten stoppeln sich die Körnlein zusammen, davon eine darbende Seele sich am Leben zu erhalten versucht. ‚Is it you?' So eine Frage ohne Mond und Laterne. Ein hinzugefügter Name hätte Möglichkeiten und Irrtum offengelassen. Das absolute Du war ein romantischer Tropfen der Verwirrung und faux pas, der hoffentlich (und trotz nachfolgenden Stolperns) unbemerkt geblieben ist.

Selbstbestrafung

Wieder ein Wochenende. Statt des Wunschbildes von einer verblühenden Marschallin mit dem Reiz eines bunt gestreiften Sonnenuntergangs, dunkelviolett und altrosa, silbergrau duftig aufgewölkt, ein letztes Aufglühen, das noch einmal beglücken, verwirren und dem Augenblick Dauer verleihen sollte in späterem Gedenken - statt dessen die masochistische Lust, mit strähnigem Haar, zerknittert im Gesicht und fiebrig von innerem Zerfall, äußerlich und innerlich verlottert in die Bücherei hinüberzugehen, um zu arbeiten und abzuschrecken. - Etwas, das nur der Ablenkung dient, ist anwesend, still und fleißig und ohne Mienenspiel. Warum gucken die trüben Augen sich aus nach etwas mehlsackartig Trägem, das da über den Campus schwankt mit der insolenten Indolenz eines Nilpferds? Wo findet man diese Ambivalenz sonst noch? Wenn ein brennender Dornbusch erloschen ist, bleibt dürres Gestrüpp in dürrer Wüste zurück. - Going bush. Eine marode Phantasie. Was hat das gelbe Schlänglein da hinten beim Elefantenpfad zu suchen? Warum droht es sich zum Monstrum auszuwachsen? Wo kommen die Verdächte her? Kann nur ein Monstrum sich Monströses vorstellen? Es arbeitet sich hier im Tagebuch Unreflektiertes ab. Es wird nicht reichen, bis ich hier wegkomme. Es müssen Blätter eingefügt werden.

Spaziergang

Nach M'le zu wandern mit Chr statt einsam durch die Irrgärten der Innerlichkeit zu phantasieren bringt zurück auf die steinige, aber doch sichere Straße der Vernunft. Man redete über meine Wissenschaft und was sie über das Wesen des Monotheismus herauszubringen versucht. Religion als Sein im Dasein für ein Du. Wenn das Du sich abwendet, zerfällt das Ich zu Staub. Aber auch das Du macht sich abhängig und stellt Ansprüche: der Ausschließlichkeit. Wie aber kann aus emotionaler Abhängigkeit ein Rechtsanspruch entstehen? Und wie wenn die Abhängigkeit einseitig bleibt? Oder eine Weile vorhanden ist und dann vergeht? Dann bleibt die Etymologie von ‚Ehe', das Gesetz. Oder es gibt eine Tragödie. Phädra. Rätselhaft bleibt die Irrationalität des Für-sich-allein-haben-wollens und das Gift des gelben Schlängleins. Zwar zuckt es nur gelegentlich spasmodisch auf. Es ist trotzdem irre. Der Spaziergang mit Chr hat gut getan.

Sprossen der Leiter

Ist das die Wiederholung? Chr arglos vertieft in seine Bücher, mit ironischen Sprüchen vorbei an dem, was da noch einmal umtreibt? Hinüber in die leere Bücherei, schließlich gibt es Pflichten. Prüfen, registrieren, korrigieren und warten. Warten, warten. Auf jemanden nicht, auf Etwas. Es kam. Danach ad libitum ein Blick in ein Buch über Mysticism, und es fanden sich die Worte dafür: für das Dürsten der Seele und das Glück des Augenblicks. Bis dahin also kann sich verfeinern und vergeistigen, was seine Wurzeln, evolutionsbedingt, doch recht tief unten hat. Wenn die Leiter dreiunddreißig Sprossen hätte, dann balancierten Bedürfnisse wie meine wohl wenigstens auf der vierundzwanzigsten. Es fehlten also gerade mal neun. Im Gehen, denn ich blieb nicht lange: ‚Have you enjoyed your free day?' ‚Yes.' Ernsthaft, ohne Verbindlichkeit, mit dem Ausdruck kindlicher Unschuld.

Der Sonntagsdämon

Flach und lang auf grauen Bretterboden möchte das vergehende Leben sich werfen, wie Jg sich auf den schwarzen Rasen warf, in jener Nacht unter den Kastanien, den Verzicht im Abseits erspürend, Anstand und Ohnmacht zu dramatischem Pathos zusammenknüllend. Bei Pünktlichkeit wäre wenigstens die Prozession zu sehen gewesen und ich auch. Aber der Gemahl hat sich afrikanisiert. Wenn es drüben läutet und bei mir der Seele Durst am größten ist, muß er immer erst verschwinden. Wären Anstand, Feigheit und selbstauferlegter Verzicht klarer zu unterscheiden, würde ich vorauf und alleine gehen. Da saßen wir also verspätet hinten, und vorne standen sie und sangen, die ganze Jugendblüte, auch die Mollige und ‚die arme Sue', um Haupteslänge überragt von bodenlangem Taubenblau. Es war nicht das gelbe Schlänglein; es war ein ausgewachsener Dämon, der zupackte. Die Nerven verlieren, davonrennen und sich - ja, nach Möglichkeit schluchzend - auf den blanken Bretterboden werfen.

Wenn meine Schmerzen schweigen, wer sagt mir dann - von dieser Verwirrung? Sich aufs Bett werfen und die Zeit vergehen lassen hilft nicht. Es kommt kein Schlaf, es kommen nicht einmal Gedanken. Es fließt nur unaufhörlich ins Leere. Papier und Bleistift zwingen wenigstens Worte herbei. Und worum geht es denn letztlich, wenn nicht ums Wortemachen. Chr - er hatte es eilig, mochte nicht verweilen unter den Leuten, die einander begrüßten, und eine plötzliche Wut packte mich. Der Berg stand ganz nahe, so klar war der Morgen. Einen Augenblick lang machte es mich schier verrückt. Ich sah den Berg und klammerte mich an ihn. Das wenige, das genügt und mich friedlich gestimmt hätte, war so nahe und ich konnte es nicht haben, weil Chr davonlief. Zum bunten Likör legte er die ‚Winterreise' auf. Das bißchen Alkohol und diese Klagen - es war zu viel. Es brachte den großen Seelenteich zum Überfließen. Es floß lautlos und unaufhörlich. Chr saß und sagte nichts. Was gibt's da auch zu sagen? An den sumpfigen Abendufern eines großen Binnensees sitzt ein gewöhnliches Elend und muß zusehen, wie eine vom Zufall angeschwemmte schöne Möglichkeit gen Morgen davonschwimmt, auf Neuland mit festem Ufer zu. Ach, was für eine Verwirrung. Können Katzen schwimmen? Solche kleinköpfigen Feliden sind nicht jedermanns Lieblingstiere. Meine auch nicht. Aber die Augen haben eigenen Reiz. Eine abgründige Spiegeltiefe. Wer da einbricht, ist selber schuld. Tu l'as voulu. Und so sitzt man da und das Würgen und Wässern der Seele macht Unschönes noch älter und häßlicher. Chr und ich: einig im Leiden, aber nach verschiedenen Seiten. Der Schmerz gehört zum Noch-nicht-abgestorben-sein. Ich muß meine eigene, öffentlich vorgetragene Weisheit auskosten: ‚Asceticism makes more sensitive to life. Sensitiveness means suffering. Suffering means wisdom. Wisdom, finally, is the way to death. Let others come to take our places after us.' Wer soll das in diesen graswurzelnahen Breiten verstehen?

Die banale - ach, was heißt Tragödie. Ein Paradebeispiel von Trivialität. Frau sein, alt werden und gelegentlich durchdrehen. Die Physiologie ist doch bekannt. Die Hormone geben so schnell nicht auf, das zieht sich hin, und die liebe Seele muß darunter leiden. Der geschulte Verstand versteht alles, die gute Vernunft hält in den Geleisen; trotzdem muß es offenbar von Zeit zu Zeit delirieren. Hinter geschlossenen Türen und im Tagebuch. Denn der Ruf darf nicht ruiniert, das öffentliche Ansehen nicht angekratzt werden. Im Gegenteil; es soll sogar noch akademisch aufpoliert werden. Das große Elend also, das tropfnasse, das sich immerhin noch auf die Wäscheleine der Ironie hängen kann, es bedarf der Tagebuchtherapie. Deshalb sitze ich hier und schreibe, und die Zeit vergeht.

Die Zeit vergeht mit Warten. Chr merkt, daß etwas mich plagt und fragt freundlich-ironisch, ob Kg mir zu schaffen mache. Nicht nur er, sag ich. ‚Das ganze Album?' fragt er. Ja, das ganze Album, und besonders das letzte Exemplar der Sammlung, das so viel Seele verklebt und verkleistert. Vorhin rauschte ich mal eben zur Bücherei hinüber, Kg's Opus zu holen (ich schreibe Stipendienempfehlung für ihn). Der späte Nachmittag ist wieder sehr schön, so grün und so gold mit Gras und Gebüsch und abwärtsgleitender Sonntagssonne hinter den Bäumen. Es fehlt so wenig zu einem bescheidenen Glück. So wenig. Aber es läßt sich nicht sehen. Es findet keinen Vorwand. Das Knacken der Bretter längs der Veranda täuscht. So erlischt auch dieser Tag. Der Berg gibt eine Abendvorstellung mit Wolkenreigen. Wie ein langsamer Walzer, in schwermütiger Anmut ziehen duftige Draperien über den dichten Pelz seiner Wälder.

Nun ist es Nacht, und wie, wenn ich mich drüben sehen ließe mit wilder Hexenmähne und langen Röcken? Wo kommt das auf einmal her, aus welchen bislang verschlossenen Schächten? Der Wunsch nach ein bißchen Sein im Wahrgenommenwerden. Chr sieht ja nichts. Hat sich das Sehen abgewöhnt zu einer Zeit, da es nichts Schönes zu sehen gab. Nun sieht nur noch eine Spiegelscherbe an der Wand das Vor-sich-hin-Verblühen in einem Urwaldkaff - ja freilich, mit Campus. Das ist eine bislang unbekannte Art von Selbstgefallen, von nachgerade Narzißmus. Es ist einesteils peinlich und beleidigt das Selbstgefühl. Anderenteils ist es eben einfach und auf einmal da und stellt Ansprüche, die ihrerseits Verzicht fordern.

Der Anspruch an Chr, mit zur Bücherei hinüber zu gehen, stößt auf sieben Seiten, die erst gelesen werden müssen. Da liegt auf einmal ein Holzklotz auf dem Lotterbett mit einem Buch vor der Nase, und schon bricht das Unberechenbare wieder herein, wünscht die sieben Seiten zum Teufel, stürzt ins Boudoir und aufs Tagebuch und hat wenigstens etwas zu schreiben - daß die liebe Seele Rotz und Wasser absondert. Damals, 70ff, wußte ich nicht, was mir fehlte. Ehe und Haushalt neben Beruf und Studium - es war zuviel, trotz allem Glück und aller Dankbarkeit. Was fehlte, machte sich erst in Bethabara bemerkbar: etwas Unverbindliches auf platonisch hohem Plateau. Daß so etwas unversehens zu inneren Bindungen führte, ergab den Trauerrand um die Komödie.

Hier gibt es weder ein hohes Plateau, noch einen Komödianten. Es gibt nur das, was ich mir nehme und einbilde. Das ist erbärmlich wenig. Und das erbärmlich Wenige (und erbärmlich Irrationale – ich will doch nur sehen, ob etwas wie das Zwitschern des Abendsterns im Eukalyptuslaub zu haben ist), das entziehen mir diese sieben Seiten. Ah! Es schäumt auf zu großem Pathos! Es möchte sich alkoholisieren und durch die Gegend torkeln, im Busch übernachten oder im Thujabaum, jedenfalls nicht im Ehebett mit diesen elenden sieben Seiten dazwischen. – Hm. Es ist wie die Stürme der Übergangszeit, kurz und heftig, und dann ist es vorbei, und man wundert sich, wie normal alles wieder ist.

The night is gone, the day has come, let us keep awake and be sober. Man tut, was man kann. Als Chr kam, nach den sieben Seiten gestern abend, da wollte ich nicht mehr, verbrachte die Nacht schmollend auf der schmalen harten Bretterliege im Arbeitskabinett, das sich somit als echtes Boudoir erwies. Warum war das alles? Weinen um das unbeachtete Verblühen der letzten Rosen längs der Veranda? Es ist seltsam.

Verfeinerung und Kythere

Bis an den Rand der Dekadenz. Empfindungsfähigkeit bis ins Kapillarische symbolischer Andeutungen: das war in Bethabara zu haben. Hier nun zur Abwechslung Ingenuhaftes in der Form irritierender Kippschwingungen zwischen Patriarchenwürde und kindischer Clownerie, zwischen strohtrockenem Opportunismus und schwermütig in sich verschwommenem Traumwandeln. Was für ein Gefühl, Macht in Händen zu halten, die zittern, und zu strafen, wo Begünstigung nicht möglich ist. Das Schreckliche, das Abscheuliche, das moralisch Verwerfliche: die nahe Versuchung ungeordneter Innerlichkeit. Zu Recht mißtrauten die Stoiker den Leidenschaften und strebten Apathie an. Nichts ist ungerechter als eine beleidigte Kythere und die göttliche Gnade nach den Akten des Alten Bundes. Was die Alten offenbar nicht kannten und erst Platon erfand, ist Eros jenseits der Versuchungen der Sexualität. Mit genügend Geist als Abschottung ist das doch möglich. – Erzählte Chr, es habe einer ihn gefragt, in welches Tier er sich transformieren würde. Er empfand die Frage als ‚frech'. Wahrscheinlich, weil er sich nicht recht zu wehren wußte gegen die ironische Zumutung.

‚Fremd bin ich eingezogen…'

Wieder ein strahlender Spätnachmittag im Mai, hochsommerlich kornblumenblau und vergeblich. - Der Abend sah ein rosé-lila Oxfordhemd in offizieller Funktion in der Bücherei, eine halbe Wendung, ein Kommen, ein Gehen, grußlos. Zurück im Haus, hatte Chr wieder ‚Winterreise' angestellt, saß und philosophierte über unsere Existenz in Afrika. ‚Fremd bin ich eingezogen, fremd zieh ich wieder aus.'

Wenn Menschenkenntnis und intuitives Erfassen einer Situation fehlen, nehmen Einbildung und Fehlurteile überhand. Kg damals - wie er sich eines Tages rekelte, gähnte, die Zunge herausstreckte mit verwirrender Unverschämtheit und anstelle von geistglühender Stirn und blitzendem Blick. Was ist es nun in diesem Falle? Eine ganz durchtriebene Unschuld, die es wagt, in morgendlicher Öffentlichkeit dicht neben Chr einen Blick zu fangen und festzuhalten, der taglang im Grünen und Blauen umherirrte auf vergeblicher Suche nach einem Kräutlein zur Bereitung eines milden Schlaftrunkes?

Nachtträume

So weit sich Reste noch zusammenkratzen lassen, sind sie kaum erhellender als Orakel aus dem Nachmittagskaffeesatz. Rinaldini - fancy! Tiliapolis 60/61! - okkupierte meine Bude, man aß von Papptellern inmitten von Unordnung, die nicht meiner Machart war. Das Gespräch indes war wissenschaftlich, freilich mit einem Unterton, der mir nicht gefiel. Der lattenlange nordisch-blonde Kommilitone kann wohl keine Verwechslung mit Chr's Zierlichkeit gewesen sein. Auf jeden Fall war mir die Absicht im Hintergrunde zuwider. Dann Wanderungen durch ein labyrinthisches Großstadtgebäude mit Sälen, teils Kirchenschiff mit Riesenorgel, teils Audimax, teils Brennereihalle des Großvaters mit Maschinen und Kesseln. Außerdem unterirdische Tunnel aus gelblich gebranntem Ton, Riesenröhren, die da entlangliefen und in nichts mündeten. Es kam auch etwas zustande, aus einem Anlaß, der mir gänzlich fremd ist und rätselhaft erscheint. Kann das bißchen Anima, das ich mir zugestehe, sich so ins Leibhafte entäußern, daß es ins Animalische absinkt? - Chr wartet auf ein Taxi, einen Ehemaligen zu besuchen. Resignation statt Angst. Eine Woche und den Rest des Monats Mai allein.

Tramp und Schlänglein

Kommt etwas Blondes angetrampt mit Pferd und Anspruch auf Gästezimmer und womöglich auch noch Frühstück. Bin ich ein Hotel garni? Grimm, Geiz, Ärger - Frustrationsphänomene? Und siehe da: auch das gelbe Schlänglein ringelt sich wieder über die Veranda. Als wär's der Blonden aus dem Haar gekrochen. Ich sehe von fern ein Staunen stehen, skeptisch fasziniert. Muß es nicht allem ungewohnt Neuen gelten und besonders solch einem Blond? Ach, schon so alt und so voller Ressentiments? Ich möchte anders sein, zufriedener, großzügiger, dankbarer. Überlegener und gelassener. Warum ist der Mensch so wie er gar nicht sein will? Es ist so schäbig, so demütigend, ich fühle es und kann doch nicht anders. Ist es das äußerlich Aufgezwungene anstelle des Wenigen, das zufrieden und freigebig machen könnte? Chr würde es leicht nehmen und ich beneide ihn darum. So vergeht der Tag und das gelbe Schlänglein geht mir nicht von den Fersen. Wenn es doch nach einem Katzenkopf schnappen wollte!

Denkanstrengung

Lassen sich morose Gefühle durch Denken vertreiben? Die innere Verwickeltheit und äußere Widersprüchlichkeit von Trinität ins Anthropopathische aufgelöst: Gott, der Allmächtige, das Überwältigende, Anbetungswürdige, das Schöne und Schreckliche, das der Mensch zwar fürchten und bewundern, aber nicht lieben kann - hat im Sohn ein Gegenüber seiner Sehnsucht, geliebt zu werden. Inkarnation: Fleisch gewordene Sehnsucht statt Fleisch gewordener Logos. Zugleich in den Staub der Menschlichkeit geworfen: erbarme dich mein, mein Geschöpf! Ich brauche dich. Ich leide um und für dich. Der Mensch wendet sich entweder zu oder ab: er kann oder er kann nicht mit solch einer von oben herab in den Staub geworfenen und leidenden Liebe etwas anfangen. Im Heiligen Geist ist die Möglichkeit des Begreifens gegeben. Eine gewisse Versöhnung von Gegensätzlichkeiten. Denn der Mensch bleibt immer auch Geschöpf, sterblich und fehlbar und angewiesen auf die fleischgewordene leidende Liebe Gottes. Das ist der Mythos nicht zu einem Ritual, sondern zu gewissen geschichtlichen Ereignissen. Da gibt es dann weder Überlegenheit noch Demütigung, weil das Geheimnis des Leidens vereint. So denk ich mir das. Astarte ist zwar auch schön und schrecklich, aber außerdem eine, die keine Treue und kein Erbarmen kennt. Sie wendet sich immer dem jeweils Stärkeren zu. Das ist das Natürliche, so unschuldig und so schamlos, wie die Natur nun einmal ist. Von einer alten Frau zur jungen; das ist der stärkere Magnet. Machen ‚unmenschliche' Sittlichkeitsanforderungen den Menschen erst zum Menschen? Wo ist Chr heut nacht? Wo ist das Wenige, mit dem ich einschlafen könnte? Ich will ja nicht so viel. Aber tanzen, freilich. Zufälliges, das im Bereich des Unanstößigen bleibt, im Zwielicht, im Symbolischen. Daß ich das Wenige nicht bekomme, macht mich so böse, krank und geizig.

Ein geköpftes Huhn und Erdnüßlein

Schlecht geschlafen mit flauem Magen in diesen Maifeiertag hinein. Geträumt, ich hätte ein Huhn geköpft und es lag auf der Erde mit zusammengebundenen Beinen, seufzte kopflos und mir war elend zumute. Ist die Seele solch ein Hühnchen? Dann wieder Kaufhäuser und Suche nach einem teuren Stoff für einen langen Rock. Das ganze, jahrzehntelang verachtungsvoll zurückgedrängte Weibsein kommt heraufgequollen. Außerdem ärgern mich das Trampmädchen und meine Ungastlichkeit so sehr, daß ich an diesem Feiertag hinter zugezogenen Vorhängen bleiben werde. Wie man sich so verkalken fühlen und dabei so scharf beobachten kann. Fällt mir ein der Traum, den Chr, nachdem ich im Boudoir geschlafen, erzählte: ich hätte mich vergiftet wegen der sieben Seiten, die er noch lesen mußte, als ich nach ihm wie nach einem Strohhalm griff. Er sei aufgewacht, um nach mir zu sehen.

Es ist das ungelebte Leben, das mich so ungenießbar macht. Es ist die Suppe, die auszulöffeln ist. Für die andere Möglichkeit, die negativ entschiedene, hätten die Kräfte nicht hingereicht; nun ist da ein Überschuß, der ein Ziel sucht. – So. Soll das der Versuch einer neuerlichen Bestechung sein? Die Türen bei mir sind zu, die Vorhänge vor; ich bin nicht vorhanden. Mußte jedoch soeben ans Ende der Veranda, wurde gesehen, gegrüßt, etwas gefragt über etliche Entfernung hinweg und verstand nichts. Zitierte herbei, ‚You mean?' Ob ich das ‚bundle' gesehen hätte. Welches? Das auf dem roten Bord neben dem Arbeitskabinett. Da lag etwas, in der Tat, unbeachtet. ‚I made a small garden.' Ach nein. Erdnüßlein. Der Dank fiel spröde aus. Ach, wie unfeierlich ist alles, wie geradezu häßlich von

Angesicht; wie die schmierenden Kugelschreiberminen, die verschenkten. Ich bin so lose zusammengesetzt, daß der leiseste Windhauch mich in meine Bestandteile zerpusten könnte. Übrig bleiben würden Herzklopfen, Stottern, Unverständliches. Paralyse. Wolken haben sich versammelt, Rotmützen defilieren (da verpaßt Chr Lokalpolitik); welkende Rosen hängen kopfüber im Glas. (Was verpasse ich?) Es wird auf einmal so dunkel am hellen Nachmittag. Es ist nicht schön, wenn der faustgroße Muskel da drinnen einen zu großen Schluck auf einmal nimmt und ins Stolpern gerät, wenn die Bretter der Veranda knarren. - Nacht, alles schwarz. Es stürmt und regnet und die Elektrizität ist weg. Es wäre Irrsinn, wenn da jemand käme. Lustlose Unterrichtsvorbereitung bei Buschlampenlicht. Keine batteriebetriebene Winterreise mehr. Schlafen.

Machtverteilung. Denkvorgaben

Hinter einer so eiskalt-korrekten Ankündigung, wie sie da eben über das Pult in der Kapelle kam, über alle Köpfe hinweg, läßt sich rein gar nichts vermuten von Verfall und Verwirrung. Die Mollige mit hochwogendem Busen ging vorüber; vielleicht wird man sie bald verheiratet haben. Dann hat das auch ein Ende. - Die erste Unbefangenheit ist hin. Wie auch nicht. ‚Me again?' Die Machtverteilung im Koordinatenkreuz zwischen Abszisse und Ordinate wechselt je nach Ort und Tageszeit. Vormittags an der Wandtafel ist sie anders verteilt als nachmittags in der Tür des Arbeitskabinetts oder selbst abends zwischen den Regalen der Bücherei. Bisweilen ist es eine Balgerei wie mit jungen Hunden, mit diesen geistdressierten Männern und Jünglingen, dann wieder die Vorsicht der Vereinzelung, das Aufklauben von Brosamen auf der einen, das achtlose Vorübergehen an Freundlichkeiten auf der anderen Seite. Das Warten. Die Geistesabwesenheiten. Ein nachgetragener Gruß. Es denkt zu viel.

Zwei Denkvorgaben beschäftigen mich. Das eine ist die Uneindeutigkeit von Geschenken: Geste umgänglicher Höflichkeit oder bewußt-unbewußter Bestechungsversuch? Dank für Großzügigkeit im Berechnen von bezahlter Arbeit in der Erwartung von mehr? Chr müßte es wissen. Das andere ist ein religionspsychologisch grundiertes Problem: das Faszinosum negierter und vergeistigter Sexualität im Marienkult und im Priesterzölibat. Ich erfühle es mehr als daß ich es verstehe. Die alten Griechen hatten offenbar einen Sinn dafür, sonst gäbe es weder Athene noch Artemis, noch Hestia. In Maria sind Große Mutter und Jungfrau perfekt und irrational ausbalanciert. Das einzige Leiden, das sinnvoll erscheint, ist das Leiden der Liebe. Wenngleich auch hier der Augenblick kommen kann, wo das Leiden überhandnimmt, zur Qual wird und zurückschlägt. Zumal, wenn noch Eifersucht hinzukommt. Das hat Racine vermutlich besser verstanden als Euripides.

Zwischenreich und Wochenende

Der Nachmittagsschlaf ist zu warm, auch mit noch so leichter Baumwolldecke. Aber es muß da etwas sein zum Sichverkriechen. Sei es aus Baumwolle oder aus dem Stoff, aus dem die Halbwachträume sind. Nicht in Worte Gebrachtes kann größere Macht ausüben als Gesagtes oder Geschriebenes. Das ist kurios. Das Zwischenreich der bloßen Vorstellung und Einbildung. Die Zeit vergeht und das Leben, das sich nirgendwo festbinden läßt. Ausgezogen bin ich im Traum aus einem schönen großen Haus mit vielen geräumigen Zimmern. Ein großer Lastwagen mit Anhänger nahm alles Mobiliar auf und dazu die ganze Vater-Sippschaft, die mich nicht interessierte: lauter alte unverheiratete Tanten. Dann suchte ich einen edlen Likör, fand ihn nicht, und auch den billigen Ersatz konnte ich nicht bezahlen, der Geldschein war eine wertlose Quittung. Symptome eines Abbruchs und der Frustration.

Chr sollte in den Plantagen von M'dem bei Ng sein. Was läßt sich bei solchem Allein-Sein an einem Wochenende anderes anfangen als Tagebuch schreiben? Die nachkäuende Wissenschaft widersteht mir. Es müßte sich Theologe machen lassen aus eigener Glücks- und Leidenserfahrung. Es wäre eine Theologie der Sublimationen und der Symbole. ‚Wollust ward dem Wurm gegeben und der Cherub steht vor Gott' - beides ist äquivalent vom *tertium* her: dem Gefühl, beim Wurm diffus aufs Nervensystem beschränkt, beim Erzengel vergeistigt konzentriert in flammender Anbetung. Wie läßt sich Gefühl objektivieren? Es sucht in seiner Irrationalität nach einem Gegenstand, an dem es sich kristallisieren kann. Weiße Sternblumen etwa, bei dem Häuschen da hinten am Hang, vor Jahren, als Kg hermeneutische Probleme bereitete. Seitdem sind sie Symbol für etwas, das sich mißdeutbaren Worten nicht fügen will. Das peinvoll Verschwommene und Intensive der Gefühle verkriecht sich in vorgefertigte Form und Bedeutung. In der Mystik ist viel davon, in Christushymnen und Marienliedern. Und auch in jener unsäglichen Superstar-Oper, die durch Bethabara geisterte. Man soll der hohen Minne doch die Vergeistigung gönnen und sie nicht miesmachen als ‚Widernatürlichkeit' oder Verklemmtheit. Sublimation, Anderssagen. Wenn keine Lyrik und kein Roman daraus wird, dann nachkäuende Notes. Vorläufig freilich nur dieses Tagebuch.

Was war das? Das war der Kollege F'm, der mit einem Vorwand kam und mir den halben Nachmittag zerredete. Ein Geschäftstüchtiger, der weiß, wie man lukrative Beziehungen knüpft. Hat deren aber schon genug. Der saß da also und redete wie vom Band, und mein Gesicht sieht wieder einmal scheußlich aus. Worauf warte ich? Mit akne-verseuchtem, von Eiterherden entstelltem Gesicht. Denke ich daran, daß es bald zwanzig Jahre her ist, das Tanzen, dann tut sich ein Krater auf, der hinabzieht. Das Geschlurche im Januar - ein peinliches Ereignis. Titania und Meister Zettel mit grauem Fell und langen Ohren. Und dennoch: ein Stück Sommernachtstraum. In dieser Armut ein Wenigstens, das Wiederholung wünscht.

Kleine Szene 24
Saturday night Fever

Im Abstand von dreißig Jahren ließe es sich so nennen, freilich nur im Hinblick auf die innere Verfassung. Denn was da fieberte, fand sich auf einsam abgehobener Ebene vor. In einem alten Missionshaus. Im tropischen Regenwald. Am afrikanischen Äquator. Wohin kriselt es am Abend, wenn tagsüber keine noch so bescheidene Erwartung sich erfüllt? Es dreht durch. Und wirft sich anschließend, wie üblich, aufs Tagebuch.

Das war's. Der Teufel los. Tanzen, heulen, Chr's Bücher auf den Boden werfen, diese verfluchten Bücher, die doch auch ein Segen sind und eine Ablenkung von gewöhnlicheren Dingen, und nun das Tagebuch, ohne das nichts ist, was ist, in diesem Campus, in diesem Haus, in dieser derangierten Innerlichkeit. So lange es sich schreiben läßt, ist da ein Strohhalm, der vor dem Versinken rettet. Wäre das Wenige zuteil geworden, aber es ward nicht, und es gerät aus den Geleisen.

Es deliriert. Die Krise der Lebensmitte, die nicht in verspätetem Weib-Schicksal endet, sondern in einem Lebenshunger anderer Art. Eine Stichflamme, von einem Augenblick zum anderen, wie durch die Ritzen der Bretter, von unten herauf, und der Verstand verschmort. Diese ordinäre Tanzmusik, dieser billige Wein, das bißchen Alkohol und dann das Tanzen, hinter zugezogenen Vorhängen, Mexico, Blue Tango, Never on Sunday, I could have danced all night - allein, leicht und gelöst, eine ganze Weile ging das so, dem flackernden Schatten an der Wand entgegen; dann immer hektischer und ekstatischer, bis der Schweiß ausbricht und zu rinnen beginnt. Wäre Chr da, es wäre nicht passiert. Erschöpfung, die sich eben noch aufs Papier werfen kann. Schlafen.

Sonntags-Umsonst

Am Morgen danach. Allein durch den Elefantenpfad, am Saum des langen Rockes schleifte der Abend nach, aus den Volants der weißen Satinbluse kräuselte das lautlose Seufzen einer schon im Resignieren begriffenen Seele. Das Vorhandensein, hinten, in den letzten Reihen. Das Warten. Die Leute kommen, wie immer, zu spät. Was tut's, wenn man weiß: die vergehende Zeit treibt Erwartetes entgegen. Man läßt sie über sich ergehen; auch die besorgte Frage einer der Weißen von da drüben nach dem Befinden, ‚You don't look well.' Na, wie auch nicht. Das ist halt wie es ist. Vorne wallte eine weiße Agbada, die das Spinnendürre darunter nicht kompakter machte, aber doch einen edleren Anblick bot als ein Sack Cocoyams, behängt mit Schlips und Blech. Das kam gemessenen Schrittes zur vorderen Tür herein, überflog die Versammlung mit allumfassend selbstsicherem Blick und versackte dann in den vorderen Reihen. Danach stand ich alleine da, wartend - worauf? Auf Hähnchen, die einer Glucke entwetzt sind? Man stand herum, nahm keine Notiz. Da rauschte ich ab und hinweg in tragischem Selbstgenuß. Ist da etwas, oder ist es nur Einbildung? Man macht der Macht Geschenke, sie geneigt zu machen. Dann neigt es sich nach unten und bietet im Blickwinkel schräg von oben leicht Gebogenes und scharf Geschnitztes, wenige schmale Linien im Rundlich-Breiten. Schwarzmond mit Klippen. Ich verkrieche mich in die Ärmelfalten einer weiß-gold-gestreiften Georgettebluse. Modenschau; sonst weiß ich nichts anzufangen.

Fußball und Suche nach Préludehaftem

Ein kleines Bier auf knurrenden Magen, wie das prickelnd zu Kopfe steigt und Ausnahmezustand herstellt! Alkoholekstase! Trotzdem schreiben, was da los war. Das Fußballspiel ging verloren, aber es gab etwas zu sehen. Sogar von den alten Pas spielten zweie mit. Was gab es da zu sehen? Zu Beginn ein Humpeln, das frühes Ausscheiden befürchten ließ. Dann so ungelenk am Rande, links oder rechts außen, daß der Alte neben mir Glossen machte, ‚Hey, wake up!' ‚He's hanging around.' ‚He's weak.' Es stolperte mühsamlich hinter dem Ball her, drohte immer vornüber zu kippen, Fehler unterliefen, als träumte es im Mondenschein statt am hellen Sonntagnachmittag Fußball zu spielen. So glanzlos, so schlichtweg schlecht wurde da gespielt – ein Stolpern immer knapp am Fallen vorbei. Falling in – into a fairly deep well. Well. That is that. Es werden Pflichten ernst genommen und erfüllt so gut es geht. Rudernd mit Armen und Beinen hinter dem Ball her, frontal, daß dem aufmerksamen Auge ersichtlich war, wie schwer es fiel. Und welches Auge hätte aufmerksamer sein können... Wie grotesk. Wie peinlich. Wie unschön. Dagegen hält es sich durch, das Wenige, ein dünner Aufguß, ein Nachgeschmack und ferner Abglanz vergangener Endgültigkeitserfahrungen. Davon den Duft und das Farbenspiel, das Verfeinerte und Vergeistigte suche ich. Das Préludehafte, das Inspirierende. In Bethabara war es zu haben. Gewesen. Die Komödie unsrer Seele. Hier nicht. Allenfalls so weit die Kraft der Einbildung reicht, von der ich reichlich Gebrauch machen müßte. – Noch einmal über den Campus, so beschwingt und gelöst von dem bißchen Bier, daß mir nichts in den Weg hätte laufen dürfen. Alkoholekstase – nie wirklich ausprobiert.

Die Pflicht und ein Lindgrün

Die Nachtträume stellen zwar Wunsch nach Nähe her, spielerisch, tänzerisch, bleiben jedoch unberührt. Eher möchten die Tagträume sich verrennen in ein Aufgefangenwerden in rasendem Lauf. Darf Leiden sich schuldlos fühlen? Es zappelt, bevor es stirbt. Sterben kann ich in Chr hinein. Aber das ungelebte Leben ist woanders. – Wie hab ich den Vormittag überstanden angesichts einer leeren hinteren linken Ecke. Dann rief die Pflicht, was sonst. Im Eilschritt hin, wie der Sturmwind rein, ein paar Fragen und wieder raus, und was war's? Der

Länge lang Lindgrün, unbedeckt, Fuß umwickelt, vermutlich Sehnenzerrung, und das Schlänglein, geschrumpft, fast zierlich, aber doch wieder da bei dem Gedanken, wer da wickeln durfte. So unterscheidet sich Agape, die Gute, von dem Daimon metaxu, der von den Sphären des Geistes und des Erbarmens abziehen will in Gefilde, wo sich rechts und links nicht mehr unterscheiden lassen. Was da alles nicht sein sollte. Eine Situation, die nicht sitzt, sondern liegt. Etwas, das einfach der Länge lang daliegt. Mit Tanzen hat das wenig zu tun.

Wolken und Parabeln

Frisch geerntete Erdnüsse röstet man nicht. Wer das nicht weiß und unbedingt geröstete will, bekommt geröstete: bitter wie Kaffeebohnen. - Wolkenbewegung im Zenit. Es schiebt sich über- und ineinander. Look, a white cloud and a black one embracing. Parabeln sind Geschosse, die über das Ziel hinausschießen können. Parabolos - verwegen, gewagt. Wenn eine Gruppe bestimmte Geheimnisse weiß, die entweder schwer in Worte zu bringen oder an sich tabu sind, dann kann jede noch so ferne Ähnlichkeit das Ganze an sich reißen und darstellen und sogar noch weit darüber hinausgehen. Hier, bei den Wolkenbewegungen, geht es um Möglichkeiten, die kaum denkbar sind. Bevorzugung aufgrund von Leistung und Charakter ist möglich und wohl auch in Ordnung. Wie im Falle Kg etwa. Mit Nebentönen. Wie weit ging Sokrates? Was war zwischen Cassius und Brutus? Das ging von Mann zu Mann. Wie würde es Chr unter lauter Mädchen und jungen Frauen ergehen? Nebenan ist ein Beispiel dessen, was möglich ist. Oben im Grasland flog vor Jahren nicht nur die Fama umher. Es stapfte der Skandal durchs Elefantengras und erzwang Sanktionen. Ist das Grund genug für Argwohn auf höherem Plateau? Wenn es Chr erwischte, würde ich verstehen und durchdrehen? Ich denke immer noch, er habe nicht verstanden, was Bethabara für mich war. Die Suche nach etwas, das vorher war und das in jeder normalen Ehe mit Notwendigkeit verloren gehen muß. Mit Chr hab ich dieses Spiel nie gespielt. Er hat mich aus der Tiefe der Existenzkrise gezogen und mir ein sinnvolles Leben ermöglicht. Ich wollte Freundschaft, er wollte Ehe. Nun gut. Es hat sich als gut erwiesen, bis auf patriarchale Überreste und späte Quälereien. Ich bin dankbar. Aber ich habe auch Nachholbedarf. Poetischer Spiel- und Tanztrieb. Suche nach der Muse und siehe: ihr Phantom.

Denkmöglichkeiten

Chr ist nicht der allerbarmende Gott, zu dem Flucht möglich wäre für den Fall, daß es packen und würgen würde. Bislang steckt es nur dumpf im Gebein wie das Vorbotengefühl einer Malaria. Das Phantom der Muse inspiriert mehr Denkschwierigkeiten als poetische Gefühle. Es gibt zu viele Möglichkeiten. Es gibt den Sternenhimmel, oder pars pro toto den Abendstern, dem ein Sehnen hinweg vom festen Boden tagtäglicher Lebensermöglichung entgegenstrebt - the desire of the moth for the star. Es gibt ein Ahnen, ein Vermuten von Möglichkeit, ein Suchen, Meiden, Zweifeln, Befürchten, Berechnen, Balancieren. Es strebt offen und geradewegs in eine Richtung, aus der das gelbe Schlänglein gekrochen kommt. Es gäbe das Unmögliche, den exotischen Roman, der nicht weiter interessiert, weil er von Bethabara viel zu weit entfernt wäre. - Heut sollte Chr zurückkommen von der langen Reise.

Diagonale

Der Vormittag erschöpft alle Kräfte. Es ist zuviel. Eine gespannte Überwachheit, die unwillkürlich die Augen schließt, wenn sie von den Texten auf und in die Diagonale sieht. Danach, auf dem Weg zur Bücherei, das voraufgehende Zögern und Stehenbleiben, das Recht der Anrede und das Nichtwissen, was sagen. Das Grundlose und Geistesabwesende in der Erwiderung eines Lächelns im Abbiegen - ist das normal und in Ordnung? Danach, ab 10 Uhr, knurrte der Magen so schauerlich, daß nur noch Sitzen und Dauerreden möglich war. Nach der Pause und einem Besänftigungsbissen weiter; zu kanonisierter Liebeslyrik nur eine Nebenbemerkung diesseits der Allegorese; das Ersuchen um zwei Minuten mehr stieß auf Protest, die Alten würden den Unbeweibten alles wegessen, wenn sie zu spät kämen. Daher entschlossener Schluß, ‚I can resist temptation. I do not wish to be responsible for grumbling stomachs.' Und enteilte.

Chr ist wieder da. Kam, während ich schlief. Kam rotgebrannt und erzählte von ‚lustiger Verwirrung' und wie er schließlich doch noch dahin kam, wo er hin wollte. Daß Ng ganz zufrieden sei inmitten der Plantagen, der Creeks und der Schiffe. Das werden wohl Boote sein von der Art, die uns 77 an der Küste entlang zu Kg brachten.

Rigoros-Ethik

Über Gedankensünden am Mittagstisch. Was ist das Ziel solch überspannter Ethik? Alle allzumal zu Sündern zu machen oder um ein unerreichbares Ideal aufzurichten? Es richtet ganz anderes auf und an. Es kann sich doch Tugend nur in der Versuchung bewähren. Die Radikalüberspitzung des Ehebruchs im bloßen Sehen und Begehren ist Krampf. Sie übersieht die vielen Zwischenmöglichkeiten, die zwischen Sehen und Begehren, zwischen Begehren und Widerstehen liegen. Widerstehen (aus Einsicht in das Unmögliche, aus Furcht vor Schande oder Bestrafung oder um des Ideales willen) ist ethisch höher zu bewerten als ein ‚hat schon'. Denn wenn das so ist, dann sagt man (Mann vermutlich eher als Frau) sich: Na wenn schon, denn schon. Das Begehren schafft dem Widerstehenden Leiden, ein schlechtes Gewissen sollte es ihm nicht schaffen und ihm erst recht keine Schuld zuweisen. Diese Sache mit den Gedankensünden, das ist Gewissensterror. Mir jedenfalls steht ein Begehrender, der widersteht, höher als einer, der keine Versuchung kennt. Aber vielleicht gibt es auch eine Lust am Sündenbewußtsein.

Zeit vertrödeln

Knallblauer Himmel, glasklar der Berg und nahe. Chr sagt, man könne nicht arbeiten bei dieser Hitze. Daher auch weder Sport stattfindet noch irgendeine geistige Tätigkeit. Sie hokken herum und vertrödelt die Zeit. Da hat einer, der sonst gut ist, schlecht abgeschnitten. Ich sage, sie hätten so viel Arbeit mit der Zeitung. Chr: ‚Und nachmittags so viel am Zaun herumzuhängen.' Das hat er also auch mit Mißvergnügen wahrgenommen.

Noch einmal in offizieller Mission durch den Campus. Vor einem der Häuschen, auf der Schwelle, hockten ihrer drei, mürrisch, abweisend. Blieben auch sitzen, als die Frage an einen unter ihnen erging. O wehe, wehe, wehe, wenn das dünne Gold abzublättern beginnt! Was bleibt dann? Der andere guckte auch recht verdattert drein, hat bei Chr unterm Strich geschrieben, reagierte aber sehr sanft und leise auf trockene Anweisungen hin. - Abends. Chr lief davon, statt auf mich zu warten. Geschähe ihm nicht recht, wenn ich auch wieder ein bißchen davonlaufen würde?

ES, ein Humpeln und starker Kaffee

Warum ist es so schwer, die Lehre vom Heiligen Geist zu verstehen? Der heilige Augustin hat es doch ein für allemal kapiert und ins System gebracht. Der Geist ist die Liebe und die Liebe ist ein Band und ein Größeres, Drittes, das sich nicht zur Person hypostasieren läßt. Es ist ein ES. Wie Astarte ein ES ist, aber am anderen Pol, der dann verteufelt wurde. Wie hängt diese Polarität zusammen mit Gnade, Zwang, Unverfügbarem, mit Ekstase, Frieden, Willensfreiheit, Glück?

Es kam angehumpelt, um sich murmuring in the wilderness anzuhören, mit sanfter Stimme vorgetragen von einem der Alten. Derweilen fing auch mein Magen wieder zu knurren an. Chr ist mürrisch. Die Reise hat ihn wohl sehr angestrengt, und jetzt die viele Arbeit wieder. Herumschieben an den Zeitplänen, um die vorzuladen, die mir nach dem Alphabet zugeteilt worden sind.

Nachmittags um zwei statt schlafen dozieren, das grenzt an Überforderung. Eine Tasse starker Kaffee möbelte so auf, daß die Rhetorik repetitiv wurde. Mit Sophia und Logos ließ ich sie zappeln. Gott hat einen Sohn, aber keine Tochter. ‚So women are unimportant?' Aus der linken hinteren Ecke. ‚You got the point.' Lachen. Es söhnte fast wieder aus mit den Testergebnissen der Faulheit und der Weigerung, Französisch zu lernen. Wie doch das Nachlassen der Leistungen Verstimmung nach sich zieht und ein Nachlassen des Interesses. Die Enttäuschung im Blick auf Charakter und Integrität hat Auswirkungen auf alles übrige. Gegen 4 Uhr regnete es stark. ‚Have you an umbrella?' Ich hatte einen. Leider.

Schwankend wie ein überladener Heuwagen bewegt es sich über den Campus. Humpelnd ohne Krücken, der Fuß noch immer verbunden. Ein Tölpel ist doch ein Vogel. Ein Ruderfüßler. Am besten nicht hingucken. Aber Chr hat's auch gesehen und weiß eine Erklärung: ‚Dem sein Elefant ist in eine Falle gegangen.' Fallen stehen und liegen freilich hier herum. Sie behindern ein unbefangenes Miteinander-Umgehen. So sehr, daß es bisweilen an Geistesgegenwart mangelt.

Juni
Hintergründe. Album zum Abschied

Lang ist der Mai im Tagebuch, nur wenig kürzer der Juni. Was im Oktober als Musazeengrün erschienen war, um als Phantom der Muse über den Campus zu geistern, hatte die Dazwischenkunft eines gelben Schlängleins alsbald in Verwirrung gestürzt. Dann war Halbtotes aus vergessenen Grüften gestiegen. Shakespeare lenkte eine Weile ab; moderne Lyrik (‚O Nacht') wußte Anwandlungen Worte zu leihen. Einem Tanzanfall, einsam, im März, war ein Malariaanfall gefolgt; eine uneindeutige Gabe, dargebracht in einer mondlosen Nacht im April, ließ Schlangengift um so schmerzlicher empfinden; im Mai ein Ausrasten wegen sieben Seiten und ein Tanzanfall, solo, bei Kerzenlicht. Als Fortsetzung des Romans einer *midlife crisis* bot der Juni ein Album mit drei Bildern, schwarz-weiß sowohl als bunt: Habseligkeiten aufs Ende zu. Labsal der bedürftigen Seele.

Es ging einem Abschied entgegen, der dem ersten Drittel einer bald fiebrig flackernden, bald lyrisch-melancholischen *Valse triste* eine Art *Epoché* in Aussicht stellte: ein Innehalten zum Zwecke der Besinnung auf Wissenschaft im fernen Europa. Die beginnende Regenzeit ließ das, was der Fall war, noch vier Wochen lang schwelen. Somatisches, vermittelt durch Traumkompensate und flüchtige Äußerlichkeiten, nehmen Raum und Formulierungen in Anspruch, die bald ausweichen, bald zugreifen. Unästhetisches; Unbekleidetes; Unbegriffenes. Zwar manipulieren die Beschreibungen weiterhin an dem, was vor Augen ist im Ringelreihen mit dem, was im Inneren umtreibt; es kommt darüber hinaus jedoch und angesichts des Abschieds Wißbegier im Hinblick auf Fernerliegendes hinzu. Hinter dem Phantom der Muse, auf der Suche nach Inspiration im Bereich des rein Ästhetischen, tut sich die schmale Pforte neuer, ungewisser Verbindlichkeiten auf. Es häufen sich aufs Ende zu bedeutende kleine Szenen; es sammeln sich Dinglichkeiten an, die über das eine, von Wissenschaft in Anspruch genommene Jahr, rückbindend wirken sollten.

Wie in einem Album sammelten sich drei Habseligkeiten: ein Doppelporträt schwarz-weiß, ein Ölgemälde, hellgrün auf Dunkelbraun, und eine Farbaufnahme von Lehmhütten inmitten eines Kranzes von blauen Bergen. Es häufte sich aufs Ende zu. Die letzte Woche begann mit einer Sonntagsüberraschung auf der Küchentreppe. Der Abschiedswunsch nach einem zweiten Tanz nahm nur verschwommen Gestalt an; er zerfloß ins Anhören einer schönen Rede des Kollegen und Ehemannes, der öffentlich einwilligte in ein Jahr Alleinsein. Die Woche endete in Ölfarben. Was soeben aus den Augen war, drängte zu Pinsel und Palette, um Wellenlängen wiederzugeben, in deren Glanz das Phantom der Muse im Oktober zuvor erschienen war. Halbmonde, Edelsteinknospen: der linke Flügel eines zukünftigen Triptychons. Das Symbol und Titelbild des ersten Jahres einer *Valse triste*.

Kleine Szene 25
Ein Fuß auf einem Schemel

Die Routine erforderte einen Rundgang. Es regnete. In Stiefeln, den Mantel lose um die Schultern geworfen, ging eine Inspektorin auf Inspektion. Vor den Häuschen stand man herum, und das Tagebuch machte sich im nachhinein Gedanken.

Ein kranker Mann ist nur ein Mensch und ausgeliefert; ein gesunder nimmt Attitüde an, die ärgern könnte: schräg an die Hauswand gelehnt, Beine überkreuzt, Hände in den Hosentaschen, den Blick geradeaus und entgegen gerichtet wie eine gefällte Lanze, so daß der Schirm sich wie zur Abwehr senkte. Das Ganze überdies von einem Musazeengrün umgeben, das auf unbegreifliche Weise die Nerven schädigt. Da also ran und rein, und plötzlich begegnet nur noch kindliche Bravheit, zutraulich in Grenzen und ernsthaft im Gespräch. Dann, schon im Gehen, die Krankenschwesternfrage nach dem Ergehen des Fußes. Der Schemel stand schon da, ward herbeigezogen und stützte die bereitwillig daraufgestellte Schwellung. Ein Augenblick der Erwartung, des Zögerns. Der Versuchung? Dargebotene Gelegenheit? Rückprall. Eine trockene Bemerkung, raus und weg. Und jetzt, danach, das Bedauern, die zweifelnde Frage: Versagung oder Versagen?

Zwischenspiele

In Goldbraun gegen Abend hinüber zur Bücherei in üblicher Eile und siehe: hellgrün flog ein Gruß in flachem Bogen und aus einiger Entfernung herüber. Da drüben stand Chr im Gespräch: die vermutete Ermöglichung solch wiedererlangter Unbefangenheit. - Mit minderen Gästen zu Abend essend, kam uns eine Störung, wieder in Hellgrün, die der Hausherr annahm. Während des Verhandelns auf der Veranda ergab sich die Gelegenheit, Trinkwasser holend ohne ein Wort zwischen rechts und links hindurchzugehen. Möge es mit gleicher Unanstößigkeit auch fürderhin gelingen. - Spät am Abend noch hinüber zur Bücherei, sehen, was es zu sehen gibt. Zu hören gab es wie üblich das Klappern der Absätze auf dem Zement. Sie saßen da, brav und schweigsam über ihren Büchern. Und es war da auch ein Hellgrün. Kein Gesicht, kein Blick, nur ein Vorhandensein. Es genügte. Es machte zufrieden.

Kleine Szene 26
Audienz im Morgenglanz

Tropischer Morgenglanz, blau und grün, funkelnd. Der Berg mit kristallinen Konturen in den Himmel geritzt; Glücksmoment ohne Film in der Kamera, abgelichtet ins Album der Erinnerungen. Verscheucht die nächtlichen Geräusche auf der hinteren Veranda, Katze mit Menschenfüßen? Verscheucht das Traumgespenst einer alten Frau, die nicht sterben wollte, am ehesten ich selber, mit vier Beinen, zwei, die hölzern waren und trampelten, zwei, die gelähmt waren.

Coming through the deep blue sky, in the pure light of the morning. Behold, the veiled glory of Pharaoh mounting from the valley beyond. Das sind so Sachen, die einfallen, wenn die Gedanken ausfallen und die Überraschung sich mit Genugtuung aufs Tagebuch wirft. Was war's? Ein langsames Herankommen, ein Nahen in Würde, sandbeige gemustert, und mit Bedachtsamkeit, ohne Gehumpel, aber zehrend langsam die Veranda entlang. Eine sich spannende Sehne: das Warten, das Herankommenlassen, das Entgegensehen und Ansichhalten, bis ein nüchterner Morgengruß die Schwelle überschreitet und zum Stehen kommt, da wo das Ziel am Schreibtisch sitzt und Bücher beiseitegeschoben werden, um Raum zu schaffen für Papier und Fragen, die zu entscheiden sind. Nichtigkeiten, dünn und durchscheinend wie Vorwände aus Pergament. Aber da ist, hinter einem rosélila Oxfordhemd, eine solide Stuhllehne; etwas, den rechten Arm aufzustützen, als handelte es sich um schwerwiegende Denkaufgaben. Es handelt in der Tat, ein wenig, flüchtig über die linke Schulter hinweg mit einer Linken, die eine Kleinigkeit hinreicht. ‚I wanted to give you this.' Nehmend, was zu haben war. Es. Sie. Ich. Nahm auch Dank ohne Emphase entgegen. Es ergab sich nicht; es war ein Handeln. Und es humpelte hinweg, als sei ein Schwellfuß eben wieder eingefallen.

Kleine Szene 27
Torso nach Praxiteles

Schön kann bisweilen Selbstbeherrschung sein, wenn etwas zu haben wäre, woran Verachtung nicht, sondern Selbstachtung verzichtend vorüberstreift. Turn mine eyes from looking at vanities? Etwas Nichtiges ist es nicht. Was den nahen Blick abwendet, ist ein Gefühl der Ungehörigkeit. Es ist akute Versuchbarkeit und etwas, das ein freierer Umgang mit dergleichen als Verklemmtheit bezeichnen würde. Auf dem Sportplatz ist es kein Problem. Unter der Sonne Afrikas wirkt nackt wie eine Käsemade oder rosa wie ein Marzipanschweinchen nur der weiße Mann, wenn er aus den Hüllen steigt. Den schwarzen Mann kleidet die Schwärze. Freilich nicht oder kaum, wenn er halbnackt auf der Schwelle seines Häuschens neben einem Bekleideten sitzt und eine weiße Frau in offiziellem Eilschritt und rosélila Oxfordhemd naht, und ein Angesprochener sich langsam erhebt und dasteht. Hätte da der Hermes des Praxiteles gestanden – why, no problem. Das wäre Marmor, glatt, kühl und weiß, mit feinziselierten Einzelheiten im Bereich des Thorax, empfindsame Fingerspitzen reizend. Hier nun flatterte zwar der Wind in den Korrekturfahnen, der Stimme indes war nicht das Mindeste anzumerken. Selbstzügelung hielt den Blick ohne die leiseste Abweichung auf Papier und Wörter gerichtet – und sah dennoch. Hier bitte, da sind ein paar Kleinigkeiten übersehen worden. Der Stil dieses Doppelkolons sollte nachpoliert, die beiden Pointen sollten profilierter hervorgehoben werden. Da unten, in den vorletzten Zeilen, ist der Sinn nicht ganz klar, leicht gekräuselt sozusagen. Währenddessen saß der andere, auch oberhalb Bekleidete, schweigend und sah ins Unbestimmte. Konnten Ernst und Sachlichkeit, mit der oberhalb seines Kraushaares verhandelt wurde, Verdächte etwa nicht ganz ablenken? Es ist wahr und wird im nachhinein bewußt: Was da nur halb bekleidet saß, war, weil es fast mit der schwarzen Erde verschmolz, erst im letzten Augenblick wahrnehmbar geworden, schien nicht ganz frei von Verlegenheit und erhob sich erst auf Anrede hin. Die burschikose Haltung in Rosélila, ein Bein aufgestützt, ein Arm angewinkelt, zeugte wohl auch nicht eben von gänzlicher Unbefangenheit. Aber es war ein Hauch ästhetisches Erlebnis – kein Hermes des Praxiteles in schwarzem Marmor, aber im Detail doch etwas Annäherndes.

Brüchige Brücke

Noch ein Ehemaliger, Kobold, Witzbold, Schlitzohr tauchte als Pfingstüberraschung auf, will wohl sehen, was es zu holen gibt bei uns. Abendgedenken an das verstorbene Kind. Der Vater redete selbstsicher, brach aber am Ende wieder in ein unmenschlich brüllendes Geheul aus, so daß man ihn zurechtweisen mußte. Das Hörvermögen läßt nach. Verkrochen in meinen Mantel saß ich da, versunken in die gedämpften Rhythmen der großen Trommel und eine Gegenwart, die solche Zusammenkünfte erträglich macht. Ein Rhythmus kommt herüber, dem Chr nicht zu folgen vermag; sein Händeklatschen ist immer um einen Sekundenbruchteil verzögert. Für mich aber ist er eine brüchige Brücke zu den Sternen. Ein halber Mond steht am Himmel, schwimmt wie ein Boot durch die Wolken, und viele Sterne blühen im Samtdunklen, Unergründlichen, das irgendwie müde macht.

Traumgeschehen Tod und anderes

Mit Chr ging ich in ein einsames Hochtal, um daselbst mit ihm zu sterben. Der Vorgang wurde ‚to transform' genannt. Es vollzogen sich Rituale der Zuwendung, von meiner Seite her zu der einzigen menschlichen Zuflucht, die ich kenne, und es war da der Wunsch, langsam einzuschlafen, um nicht mehr aufzuwachen. Nicht Angst, nur Traurigkeit des Todes, durchleuchtet von gelebter Liebe. Alles verlangsamt sich, der Geist verflüchtigt sich, der Körper zerfällt. Auf Felsvorsprüngen lagen wir und warteten auf den Tod. Vielleicht war es Sils-Maria. – Bei Tisch saß neben mir einer, den Chr mit ironischen Aperçus auf falscher Fährte verfolgt. Es ist ihm gleich-

gültig, wem ich, sokratisch oder kytherisch verblendet, nachträume oder gar nachlaufe, wie einst Kg, bis in die Mangroven. So sehr an den Rand wie in Bethabara kann es nicht mehr geraten. - Schließlich höchst Merkwürdiges, das Paraphrasierungsschwierigkeiten bereitet, weil es dem Wachbewußtsein diametral entgegensteht. Aber vielleicht ist noch nicht gänzlich durchdacht, was es eigentlich will. Der Geist von Pfingsten und das, was die antiken Musen einhauchten, ist doch recht verschieden. Das eine ist der wahre Glaube und das entsprechende Ethos, das andere ist inhaltlich vielfältiger. Und nun hat man noch das Unterbewußtsein hinzuentdeckt oder erfunden. Aus dem dampft so mancherlei herauf - in manchem möchte das Tagesbewußtsein sich wiedererkennen, anderes weist es empört als verlogen oder verlegen zurück. Damit verdienen die Psychoanalytiker ihr Brot. Da ich keiner bin, habe ich das Recht, Nein zu sagen und mich zu distanzieren von dem, was mir nicht gefällt, was geradezu abstößt und beleidigt. Damit mag es sein Bewenden haben.

Pfingstbetrachtung

Wie mühsam ernährt sich das Eichhörnchen unter dem offnen Gebälk der großen Halle, von der kein Hauch Geist herabweht. Vorn auf der Bank der Ältesten ein Taubenblau, ausersehen, Vorgeschriebenes aufrecht herzusagen, den Blick ins Gebälk erhoben. Ob die Fledermäuse da oben solch kleine weiße Zähne haben, so ebenmäßig und ohne Lücke? Aus was für heterogenen Elementen Physiognomien sich zusammensetzen können. Und wie der Ausdruck umschlagen kann, von einem Augenblick zum anderen, aus stumpfer Kleinkindhaftigkeit in den bezwingenden Blick des Herrschers, the radiance of the king, davor der Untertan erbebt. Der Herr erhebt sein Angesicht, der Sklave schlägt die Augen nieder. Wer hob da einst beleidigend die Augen auf zu Herrin oder Herr? Ohne Brille bin ich wie blind. Ich will aber etwas sehen. Blickfreiheit läßt sich durch häufiges Halsverdrehen herstellen, zu dem Zwecke, den Speer nach vorn zu werfen und den Schaft eisern im Auge zu behalten, bis der getroffene Gegenblick sich abwendet. Kleines Abenteuer, einen Blick zu beugen. Wie Rilkes Abenteurer, der ich doch nicht bin. Rilke: eine große Schachtel mit erlesenem Konfekt und Rosen. Wer sich zu viel davon zu Gemüte führt, bekommt Appetit auf sauren Hering, Morgenstern und Ringelnatz. Und das war Pfingsten.

Unästhetisches. Eiertanz. Gepolter

Es regnet heftig. Wie so sanft, so kindhaft unschuldig kann ein Bleistift von Hand zu Hand gehen. - Wie so fleckig, eitrig, zerfressen, das ganze Kinn, schauderhaft, und dabei muß ich Selbstbewußtsein affichieren. Es regelrecht und wie ein Pflaster darüberkleben. - Also ist das auch kaputt im voraus. Ein Abschlußfest am hellen Tage statt am Abend, es bedeutet: kein zweites Mal. Kein Anlaß, ein petrolblaues Prinzeßkleid mit Silberborte auszuführen und noch einmal zu sein im Wahrgenommenwerden. Nur eine Rede halten. Eine kurze. Chr wird mir sagen, was ich sagen darf und was nicht.

Diese Pflichtviertelstündchen mit den offiziell zugeteilten Kandidaten sind teils Routine, teils Eiertanz. Wie weit darf Persönliches erfragt werden, wo ist die Grenze zum Tabu der Privatsphäre? Hanging about at the fence und head-ache, das geht noch an. Aber was darf mich angehen, was da hinten beim Elefantenpfad umgeht? Und wie steht es mit den vorherbedachten Geschenklein zum Abschied - wofür? würde Chr fragen. Für drei schwarz verschrumpelte Schlammbeißer auf einer Schüssel Reis? Kg hat nie einen Finger für uns krumm gemacht und trotzdem ein großes Darlehen à fonds perdu bekommen. Was sprießt da aus midlife frustration in some wonderfoolish manner?

Wie das plötzlich aus gewohnter Sanftheit grob wird, aufpolternd edles Ehe-Porzellan vom Tische fegt und doch nichts dafür kann - noch nicht ganz aufgewacht vom Nachmittagsschlaf so leise Antwort gebend, daß ich nichts verstand. ‚Nein, ich rede nicht lauter. Ich schlafe.' Lächerlich? Was kann daraus entstehen? Weinen, Verachtung, Entfremdung und schließlich Scheidung? Überleben durch innere Überlegenheit? Rückzug - wohin? Und wie, wenn das Durchhacken so langsam und so schmerzhaft gewachsener Bande den Lebensnerv trifft? Hier ist das Seil, auf dem ich ‚existenziell' balanciere. Alles andere, auch Trennung auf Zeit, ist nur möglich, so lange es, er, Chr, für mich da ist. Und das, obwohl ich ihm so vieles nicht sagen kann. Alles das, womit sich dieses Tagebuch aufschwemmt: mit dem Wunsch, noch ein wenig zu leben im Erleben von Verfeinerungen gewisser seelischer Grundbedürfnisse. Vom Anhauch der Muse, der Sinnenden, die sich hinter einem Phantom verbirgt.

Glanzlos, glücklos

Eingesperrt in die leere Bücherei von heftigem Regen stand ich am Fenster, gestiefelt, im Mantel, und der Regen rauschte dicht und laut in die fallende Dämmerung. Vorüber zogen die Ausweichbewegungen des Tages. Immer, wenn das Erwünschte zu nahe kommt, hakt etwas aus. Im übrigen humpelt es linksfüßig. Das ist auch nicht ganz in Ordnung. Ungeschicklichkeiten, nach der einen Seite hin interessant, nach der anderen ärgerlich. Warum? Die Antwort ist traurig.

Die Zeit, die glanzlose, glücklose, hinbringen. Nachdenken über das Entziehen von Nähe, (nicht mehr kommen, ausweichen, weggehen), über Verschlossenheit (Tür, Augen, Vertrauen) und über ästhetische Gründe, im Hintergrunde zu bleiben (um hormonell bedingte Entzündungen zu zählen, am Kinn und so häßlich, die Eiterherde, dreizehn an der Zahl, wenn man genau zählen würde). Das huscht nur eben mal hinüber in die Bücherei, findet da zwei Arbeitsame vor, den einen in ungewohnten Shorts, den anderen im taubenblauen Staatsgewande, ein richtiger Pascha mit Bauch da, wo er nicht hingehört: in der Magengegend. Ein paar floskelhafte Fragen, die der ansonsten leere Kopf eben noch hergab, im übrigen die blödsinnige Verlegenheit einer Spät- , hach - lachhaft.

Sprache als Glatteis

Unbedachtes gerät ins Rutschen, wenn eine Spannung, ein Gefälle vorhanden ist - ein religiöses, ein politisches oder ein erotisches. Sprache als Hängebrücke, durch deren Zwischenräume in die Tiefe fällt, wer sprachlich mit einer Wendung nicht achtgibt und danebentritt. Hier, in diesem Spannungsfeld zwischen ergrauter Wandtafel und verschrammten Brettertischen wird das sexuelle sous-entendu geweckt. Wie damals, vor Jahren, als nach anstrengender Denkübung auf die mild ironische Frage einer examinierenden Frau: ‚Are you exhausted?' derselbe Kobold, der neulich bei uns auftauchte, grinsend bemerkte: ‚I do not feel that anything has gone from me' - und das blitzschnelle Begreifen. Wenn Chr sagt: ‚I am satisfied' kann kein sous-entendu aufkommen. Bei mir hingegen - ich sage es nie. Denn ich bin hier Kontext. Das Uneigentliche kann durch den Kontext stärker wirken als das Eigentliche, das Gemeinte. Wenn ich sagen würde: ‚I am satisfied with your achievements', könnte die intendierte geistige Ebene abgedrängt werden durch das Leibhafte. Das nur als Bild Gemeinte hält fest. Der Geist will sich der Leiblichkeit und des damit verbundenen Empfindens entledigen; er will es hinter sich lassen, nur als Sprungbrett benutzen - und das Sprungbrett bleibt ihm an den Sohlen kleben. Das ist es, was die Rolle einer Lehrenden hier prekär macht, auflädt mit Spannungen und Erfahrungen doppeldeutiger Art. Wie war es mit Kg im Abschlußexamen, in aller Öffentlichkeit? Es war eine sokratische Erfahrung mit Beimischungen schierer Lust. Lust an höchster Anspannung, die alle vorhandene Libido verbraucht und umsetzt in einen Ringkampf der Geistespotenzen. Eine wilde Umarmung im Geiste. Im Geiste, aber eben doch eine Umarmung.

Was im Spiele ist

Zwischendurch und immer wieder, völlig verrückt und nicht zur Räson zu bringen: das Gefühl beim plötzlichen Auftauchen des gelben Schlängleins - kommt die Mollige mir in den Weg, schleicht die ‚arme Sue' vorüber, schießt es hervor und beißt zu und ich schnappe nach Luft. Etwas ohne Fug und Recht, rein aus eigener Machtvollkommenheit. Chr würde ironisieren und lächerlich machen. Ich leide. Maßvoll.

Was will ich? Keine euripideische Tragödie. Keine Oper von Busoni oder Puccini. Hätte ich Chr's Menschenkenntnis, wäre manches einfacher, aber auch nicht alles. Was hat die Muse mir zugedacht? Will sie mich irreführen als Phantom, als Unschuld aus dem Busch? Als vorsichtige Berechnung mit Erfahrung über den Bananenblattrand hinaus? Eine Falle, im Falle eines Falles? Es ist die Falle des ausgesparten Raumes, in welchem eine altmodische Moral und Seinsweise Magnetfelder aufbaut. Die unbetretenen Wiesen der Artemis, Jg spiegelte sie wider. Ein Rest reiner Geistigkeit im Verzicht auf das Allgemeine. Etwas davon ist auch hier im Spiele.

Sonntagskrümel

Bald fehlt mir der Becher, bald der Wein. Sonntagskrümel zusammenzukratzen - ein Cognacbraun, ein Taubenblau, ein leichtes Sich-Neigen, um ein Verandagatter aufzumachen, ein Lehnen mit verschränkten Armen am Türrahmen,

Chr gegenüber, leere Seiten der Zeitung für Vignetten (entspricht etwa dem Seelengeschnörkel im Tagebuch), hinüber und herüber, nachdem in der großen Versammlung nichts zu haben war, kein Zur-Kenntnis-Nehmen von Gegenwart, und die Stunden rinnen so dahin. Immerhin hab ich was zu malen. - Chr ging und brachte die Vignetten hinüber. Ich mag mich nicht sehen lassen. Ich kann mich selber kaum ansehen. Zähle auch nicht mehr, weder genau noch ungenau. Chr hat sich das Sehen abgewöhnt. Sieht daher auch Häßliches nicht.

Abendlicher Spaziergang mit Chr in die Nebelwolken hinein. Als wir über den Campus gingen, beschirmte ich ihn. Umgekehrt wird einer von zweien angespießt oder naß, und das bin ich. Dank für die Vignetten holte uns ein, humpelte weiter, ward angehalten und umgewendet mit einer Frage. Stand da ohne Entgegenkommen, ohne Abwehr, ohne Mienenspiel; pures Vorhandensein, wie eine Handvoll Brombeeren, ohne Gedankenschatten, ohne Geisteshelle.

Suche nach Ingenium

Heiserkeit nach stundenlangem Anreden gegen den Regen auf dem Blechdach. Bei Tisch ein Anflug von schlechtem Gewissen, denn diese Einladung von Gleichgültigen ist Vorwand und Umweg. Poros, Mittel zum Zweck. Das war das. Hier nun sitze ich am Schreibtisch, mit dem Gefühl der Penia nicht, aber doch freudlos und im voraus enttäuscht. Wie ich in Jg's homiletischen Elaboraten nach etwas suchte, so suche ich hier, in diesem Papier, das im Einleitungsteil ein paar ansprechende Gedanken formuliert, um am Ende Erbauliches über sibirische Banditen zu erzählen und abgedroschene ethische Appelle zu lancieren. Und das zu einem Text, der einst große abendländische Malerei inspiriert hat, um in heutigen Zeiten Musicals und Pikanterien hervorzukitzeln, die einst als Blasphemie gegolten hätten. So vergeht die Zeit. Sie fließt nicht wie Salböl aus einer Alabasterflasche, sie kleckert wie schwarzer Sirup aus einem verbeulten Blechnapf.

Über die fragliche Perikope zu reden war der Kollege Ehemann nicht bei Laune, wies es als Zumutung ab. Was verschlägt's? Anderes ist wichtiger. Vertrauen und Treue sind nüchtern, vernünftig und hausbacken. Eben das, dessen ich bedürftig bin, um am Leben zu bleiben und mir diese verfeinerten, diese bisweilen ins Morbide oder Hasenherzige abgleitenden Sehnsüchte leisten zu können. Einem Schweigen Form und Inhalt zu geben im nachhinein; den Augenblick aufzubewahren für ein Nacherleben. Trying to preserve the perishable moment of silent consent.

Kleine Szene 28
Homilie und Eleemosyne

Verschwitzt und zerknittert vom Nachmittagsschlaf, mit wirrem Haar und so ergeben unglücklich über hormonelle Verwüstungen, die kein Schleier gnädig verhüllen darf, ward eine Sitzung abgesessen. Sie entschleierte die Ärmlichkeit des Geistes, die sich in einem homiletischen Produkte kundtut. Die gute Einleitung ist wörtlich von einem Kommentar abgeschrieben, die sibirischen Banditen stammen aus einem frommen Traktätchen. Nur die Moralpredigt am Ende ist eigener Herstellung. Worum es da gehe, wurde examiniert. Um ‚the need', um Bedürftigkeit. ‚She felt a need.' Wonach? Nach Vergebung? Was tat sie? Wiederholungen – ‚water for the feet; a kiss – ' Zögern. Mit ‚anointing the head' ward nachgeholfen und, um den Gedanken keinen Raum zum Schweifen zu geben, eine lange Vorhaltung über the uselessness of moral preaching angefügt. Im Besuchersessel seitlich blieb es ruhig, verkörperte sich fast zu Phlegma, mutete vielleicht ein wenig melancholisch an, hörte dem Vortrag zu und kratzte am linken Bein herum, so ungeniert, so unschuldig, so geistesabwesend, empfunden indes als so provozierend, daß eine Frage nach dem Befinden nicht zu umgehen war. Da geschah etwas Merkwürdiges. Es lichtete sich unversehens die leicht mordende Dämmerung, vertrieb den mulmigen Schatten des Penia- und-Poros-Sprößlings und eine andere, eine umgänglichere Gegenwart nahm Gestalt an. Auf ebener Bahn näherte sich Frau Eleemosyne und legte eine milde Hand auf die noch nicht ganz geheilte Stelle, oberhalb des Knöchels, eine leichte Schwellung, und darüber die Fortsetzung: unschön, dürr und störrisch und mit selbstbestrafender Genugtuung zur Kenntnis genommen. Teilnehmende Fragen ergaben sich, nebenbei auch, ob denn hier mit dem linken Fuß Fußball gespielt werde. Ja, mit dem linken, ausnahmsweise. Und die Einladung für morgen Abend. Ja und daß die Gedanken des papierenen Geisteserzeugnisses am Ziel vorbeigingen, ward dankend für die Kritik zur Kenntnis genommen.

Kleine Szene 29
‚My brothers and sister'

Eine Examinierung fand statt. Die Singularität im Kollegium lauschte aufmerksam ruhig überlegtem Reden. Das stand da mit fromm vor dem wölbigen Magen gefalteten Händen. Eine einzige veranschaulichende Geste führte die Hand an den Hinterkopf, das Lösen des Haars anzudeuten da, wo es in lebendiger Anschauung aufgebunden ist. ‚She felt a need.'

Was sollen wir dazu sagen? Das Gefühl der Bedürftigkeit überwiegt. Nicht: ich bin böse, schlecht oder sündig, sondern: ich bin arm - hab Mitleid mit mir. Ich friere - wärme mich. Ich bin allein - bleibe bei mir. Das alles habe ich in und an Chr. Daher zu bestimmen bleibt, wessen ich bedürftig bin. Die heilige Zuneigung grenzt so nahe an den Skandal. An den Schauder, zwei Dinge vermischt zu sehen, die einander nicht berühren dürfen. Das trotz aller Zeugungsmacht vergängliche Leben und die Sehnsucht nach Unvergänglichem, Ewigem. Die Potenz der bewußtlosen Materie ist vor allem Geist, der ein spätes Evolutionsprodukt ist. Es ist der Geist, der alles kompliziert. Wie gut hat es ein Wurm, ein Baum, eine Blume.

Was mich betrübt ist das gelbe Traktätchen mit den sibirischen Banditen und die stumpfsinnige Abschreiberei; vor allem aber die Herkunft des Heftchens. Das zischelt das gelbe Schlänglein wieder, beißt zu und das Gift schwärt im Blut. Einzelheiten fügen sich zu einem Ganzen. Vermutungen erhärten sich. Machttrieb, Besitztrieb, erkannt als etwas Unvernünftiges, Unmoralisches, Versklavendes - es würgt.

Glücklos. Soma-Sema

Der Abend, die Einladung, alles ging glücklos vorüber - worin hätte auch das ‚Glück' bestehen sollen? In einem restlichen Rest Bier, dem sich ein Glas hinhält? Die Soße war mehlig, die Ananas schon halb vergammelt, der Koch hat geschlampt. Der Aufbruch war hastig. Abschied lernen. Unglücklichsein lohnt sich nur, wenn sich Poesie daraus machen läßt. Sonst ist es nutzlos vermodernde Zeit. Es war da nichts Inspiratives. Alles schwerfällig, glanzlos, ungeschickt, daß es wahrlich kein Wunder ist, wenn die Spur sich verwischt.

Über allem, was den Tag zerstückt hat und das Tagebuch anfüllt mit Gekrümel, fällt eben wieder ein, daß vergangene Nacht zum zweiten Male (wie an dem 17. April vor zwei Jahren, als Chr gegen Abend vom Kratersee zurückkam und mir eine Hitzewelle mit starkem Schwindelgefühl, beschleunigtem Puls und Krämpfen im Unterleib Klimakterium ankündigte), daß so auch vergangene Nacht ein Hormonschauer wie ein Bienenschwarm durch den Körper jagte und Schwindel, Hitzewallung und Kältefrösteln verursachte, so daß ich mich instinktiv hilfesuchend zu Chr hinwandte, der seinerseits im Schlafe seufzte und stöhnte. Man bleibt allein und eingesperrt ins Soma-Sema. An einem 17. April von sechs Jahren hatte sich auch etwas angekündigt – der Duft einer weißen Narzisse mit schmalem Purpurrand. Le bonheur du point de vue d'une femme, alors mariée depuis six ans.

Nebel. Lebensläufe. Aufgeregtheit

Dichter Nebel, plötzlicher Regen. Im Rücken ein ungenaues Gefühl und der Duft von Eukalyptusöl. Er verbindet sich mir mit Sichellaub, lyrischer Stimmung und sanftem Schaukeln in warmem Wind; während Chr ‚Hustenbonbon' assoziiert. Da ist man einander doch recht fremd. Er besitzt freilich die Gnadengabe, etwas, das nach Ungehörigkeit, gar Skandal riechen könnte, schmerzhaft ins Ironische oder, seltener, ins wohltuend Humorvolle hinüberzujonglieren. Eine Geistesgegenwart, die mir abgeht. Ich durchschaue immer erst im nachhinein. Tappe zu lange in dichtem Nebel.

Lebensläufe, deren Lektüre viel Zeit wegnimmt. Aber auch ans Licht bringen, was sich an gelebtem Leben verbirgt hinter dem, was sich mir da zumutet. Einen Geburtstag in Erfahrung zu bringen und eine Doppelzahl an Lebensjahren, die fast ein ganzes Jahrzehnt auf Abstand bringt. Hübsch und rührend die Beschreibung eines schmächtigen Kindes, dem das Hemd des verstorbenen Vaters bis zu den Knien geht; Armut, Primarschule, Wassertragen für Haussafrauen, Matten weben, Ziegel formen, und das alles in einer klaren, artigen Handschrift, ganz anders als Kg's wild zerrissene Charakterklaue.

Wenn Aufgeregtheit an stoische Ruhe prallt, kann das zur Besinnung bringen oder zur Weißglut reizen. Morgens, in nebliger Kühle, drüben, wo man Unterhosen am Wasserhahn wäscht, da zappelte es herum wegen einem Heft mit Hermeneutiknotizen, wo doch die Erinnerung an gestern abend, da auf der Schwelle zum Arbeitskabinett Schreibutensilien bedachtsam in entgegennehmende Hände gelegt wurden - noch warm war. Chr stand da auch herum mit zwei Kollegen, Grüße flogen unbefangen über Entfernungen; aber mir war merkwürdig abwesend zumute. Kein Lächeln, kein freundlicher Blick, nur ein Gefühl der Bedürftigkeit, das da herumflatterte und sich enttäuscht wieder davonmachte.

Hintergründe

Seit langem wieder einmal erschien ein festlich golddurchfädeltes Musazeengrün auf der Schwelle, lehnte am Türrahmen und wartete Entgegenkommen ab. Was darf da nun gesagt werden und was nicht? Kann für einen Erwachsenen die Erinnerung an eine Kindheit, die sich Wohlwollen und Fürsorge seiner Vorgesetzten durch Gehorsam zu erwerben suchte, demütigend sein? Warum wurden die Einladungen ins Ausland nicht erwähnt? Aus Bescheidenheit? Um Verdienste nicht hervorzukehren? Aus kluger Vorsicht, um Neid zu vermeiden? Nichts von alledem kam zur Sprache. Aber das Interesse an Hintergründen ist nun geweckt, vorbei am Divertimento der Impressionen. Die Muse sinnt ins Substantielle hinter ihrem Phantom.

Sonntagsdusel

Zwei Schluck Martini und schon löst sich die Seele in Salzwasser auf. Was ist es? Es ist wie wenn. In einer verfallenden Mauer, wie vor einem alten Fabrikgelände, tut sich beim Entlanggehen unvermutet und lautlos eine schmale Pforte auf, schmiedeeisern mit kleinen vergoldeten Zierarten. Tut sich auf und läßt ein, und da dämmert blaugrün und schattenschwarz ein Park mit alten Kastanien und Platanen und marmornen Göttern in Winkeln und Nischen. Die Wege führen ins Ungewisse und immer weiter. Wer da einmal eingelassen wurde, kann nicht mehr zurück, irrt umher im Halbdunkel wie in einem Geheimnis und irrt gern. Irgendwo in einer Ecke steht ein hölzerner Sessel, darinnen sitzt eine Frau in langen Röcken und schreibt. Ein wenig entfernt stehen zwei Männer und reden; die Stimmen wechseln ab, die eine tief, die andere nur wenig heller, und ein Blick hinüber nimmt wahr, wie

Arme sich heben und Hände vor der Brust sich ineinanderfalten. Der Alkohol im Blut ließ mühsam Eingedämmtes überfließen. Beim Absitzen kultischer Veranstaltungen ergeben sich bisweilen Tröstungen im Tagtraumzustande, die nahe an den Rand kataleptischer Ekstase steigen. Es will sich den Worten noch nicht fügen.

Hermeneutik und Vorübergleiten

Arbeitstherapie. Wie schon einmal, als Kg's spröde Intelligenz zu Schreibtätigkeit anregte. Und wenn es auch nur zehn Seiten Hermeneutiknotizen sind. Derweilen lädt vor dem Bungalow ihre sieben Sachen ab die neue Soror, altvertraut, seit sie mit mir und Jg durch die blühenden Wiesen von Trebbach streifte, vor sechs Jahren um diese Zeit. Am Vormittag streifte etwas anderes aus geringer Entfernung, tauchte ein und kräuselte Oberfläche. Aus einer Gruppe Schwatzender glitt es stumm herüber in flachem Bogen wie auf dunklen, kummerbeschwerten Schwingen. Flog sehr tief und ritzte den kühlgrauen Wasserspiegel. So oder ähnlich. Ein schwerfälliges Begegnis. Es wird sich der neuen Soror ebenso unbefangen nahen und Beziehungen knüpfen, die vorteilhaft sein könnten. Was wollte ich? Nicht Anhänglichkeit, nur Augenblick. Es wird entgleiten, wie alles gleitet und vorüberrinnt...

Wie Erinnerung und Augenblick einander überlagern. Der Anblick einer aufmerksamen Traurigkeit, die etwas betrachtet, das weit fort ist oder fremd oder schön und nicht zu haben: Es genügte ein kurzes, wortloses Hineinwehen in den Raum und wieder hinaus, und ohne gezieltes Hinschauen war es voll erfaßbar. Ein Zusammenspiel von Neuronen und Synapsen beim Anblick eines Grün, das offenbar gespeichert wurde zusammen mit der Ausschüttung von Glückshormonen. Zurück von drüben durch Dunkelheit und Regen.

Kleines Glück auf Zehenspitzen

Möge der Morgen nicht vergessen, was am Abend war, wenngleich es sinnvoll auch ohne Worte wäre und bliebe. Es ist ein Flimmern dicht über der Grundebene, auf der allein das Dasein Bestand hat; etwas, das des Tagebuchs nicht bedarf, so lange keine ernsthafte Krise droht. Chr also brachte mir wie-

der ein abendliches Glas Wein ins Arbeitskabinett. Mit dem Wein im Kopf ging ich dann hinüber in sein Arbeitszimmer, und das war erhellt von einem lieblich-schönen Anblick in Blond und Blau. Es zeigt sich selten; aber bisweilen doch und noch immer: so jung und sanft und hinreißend, daß ich wie vor einem verjährten Wunder stehe und das Gefühl habe, es müßte noch ein Stück Gedicht um die nächste Ecke kommen. Ein feinnerviger und gescheiter Mann mit ästhetisch reizvollen Aspekten. Kerzenlicht, Musik und Wein mögen das ihre dazu tun, daß die Wölbung einer jugendlichen Stirn, von Dunkelblond umlockt, sich so freundlich der inneren Handfläche anschmiegt und alles übrige so schmerzlos vertraut vorhanden und zu eigen ist, daß ein kleines Glück geschlichen kommt, auf Zehenspitzen, leise lächelt und sich wieder in eine dunkle Ecke verkriecht.

Examens-Aufsicht mit Tagebuch

‚Korrekt, aber langweilig', das ist Chr's Urteil, und es ist ein zutreffendes Urteil - leider und zum Glück. Da sitzen sie und schreiben, sollen beweisen, daß sie zugenommen haben an Wissen, wenn schon nicht an Weisheit, und die Überwachung sitzt frontal, schreibt auch und klirrt leise mit winzigen Silberblechglöckchen aus dem Grasland. Chr's Geschenk 77. Drei Stunden sind hinzubringen, die Versuchung wird umherschleichen auf Katzenpfoten, grau-weiß gestreift, und das Widerstehen wird auch gestreift sein von Verzicht und vorweggenommenem Bedauern im nachhinein - warum hab ich mir nicht genommen, was zu haben gewesen wäre?! Schreiben, beim Wortzipfel packen, was so daherkommt. Erinnerungen etwa. In solchen Klausur-Aufsichtsstunden entstanden die Entwürfe zu den vorhandenen Gesängen Bethabara. Wann genau, das ist schon nicht mehr auffindbar. In solcher Examens-Situation saß einst eine Zwanzigjährige, gehemmt, verkrampft, verkrümmt über Mathematikaufgaben unter dem Joch der Aussichtslosigkeit auf zwei Ebenen zugleich, und über den gesenkten Scheitel hinweg glitt spürbar das sphinxhaft-spanische Lächeln eines Mayo. Die lustvolle Qual des Versagens; das Gefühl, ein Nichts zu sein, im Staub, zu Füßen, unter den Augen einer höheren Macht und Gegenwart - ein letztlich religiöses Gefühl, das seinen Wurzelgrund nicht verleugnen kann. Anders in der Erinnerung verwurzelt hat sich der Winterabend in Tiliapolis, wohl 61, allein zwischen den Büchern der Seminarbibliothek. Die segnende Geste eines Alten, Weisen, selbst nur mit geistigen Kindern Gesegneten - sie hat mich Unberührte seltsam berührt.

Weiter. Eine Analyse dessen, was sich seit Oktober zum ‚Fall' entwickelt hat. Die anfängliche Unbefangenheit, eine kindliche Zutraulichkeit, ein Geschehen von Nähe so kühl und rein wie Quellwasser, das über zufällig vorhandene Hände rinnt. Es schien wie aus dem tiefsten Busch zu kommen, eine Buschkatze, die auf eine Falle zugeht, in der etwas Unbekanntes lockt. Dann das Dämmern des Bewußtseins, Vorsicht, Zurückhaltung, Mißtrauen vermischt mit dem Bemühen - ach, was soll da schon sein! - die erste Natürlichkeit zurückzugewinnen, überlagert von angelernter Höflichkeit und nativer Berechnung (der Pflichttanz, das Mitbringsel aus dem Heimatdorf nach dem Anpfiff unterwegs ins Grasland). Das Berechnende ist das Störende; aber es kann anders nicht sein. Was wäre nun zu wollen? Wieder Sokratisches. Vorhandene Möglichkeiten auf Paideia lenken, Anforderungen stellen und Förderung davon abhängig machen, wie weit sie erfüllt werden. Das soziale Gefälle, das Rollenspiel aufrechterhalten und Gefälligkeiten auf keinen Fall zu einer Falle werden lassen. Korrespondenz müßte möglich sein, wie im Falle Kg.

Was nützt eine Analyse? Vielleicht ist es im Grunde doch zu schwierig, herauszufinden, was hier vor sich geht und wie weit und wer was will. Im Unverbindlichen bleiben und doch binden wollen, das ist das Paradox, mit dem hier herumgehantelt wird. Diotima sein. Einweihen in die Geheimnisse des Geistes, die sich aus dem Fleisch dekarnieren. Müßte ich zu diesem Behufe dreizehn Jahre älter sein und schon gänzlich grau? Es fehlt an Durchblick. Chr könnte ihn haben und mir sagen, woran ich bin. Aber seine Weisheit wäre vermutlich so ironisch versalzen, daß ich sie ausspucken würde. Also wurstle ich weiter und bilde mir ein, daß die Muse eine Hand im Spiele hat und irgendwann etwas daraus werden könnte.

Schreiben, damit die Zeit vergeht. Ist da etwa einer schon fertig und an der Weisheit Ende? Sieht unentschlossen vor sich hin, umschattet von traurigem Ernst. Ein sichtliches Zögern. Es verdichtet sich zu Tentakeln, die diagonal herüberschlängeln und sich an einem frei flottierenden Fetzchen Seele festsaugen. She wants me - to be a good student. - Ach, wie kümmerlich ist das! Allen schwierigen Optativ-Fragen ausgewichen. Das lebt in einer anderen Welt. Weisheiten, die für mich Perlen sind, verwandeln sich zu Kieselsteinen.

Nachmittag. Noch einmal die gleiche Prozedur, die das Tagebuch überstehen helfen soll. Alle in der Vormittagsuniform, nur in der hinteren linken Ecke ein auffälliges Zivil - dieses vertrackte Muzaseengrün in der Form eines hüftlangen losen Kittels mit Fransen und entlang der Ränder eine gelbe Kurbelborte wie eine kostbare Goldzierart. Es ist kein Smaragd-, es ist ein Pastellgrün. Ein Blaßgrün, kreidig, das dennoch leuchtet wie Edelstein - wie ist das möglich? Welche Wellenlängen überlagern sich da? Ich weiß nicht mehr, was ich schreiben soll. Ich werde lesen. Mir die Weisheiten von heut vormittag mit Rotstift zu Gemüte führen.

Das Irritierliche. Ein Vexierbild aus Seehund-Schnabeltier und einem bestimmten Pharao-Typ (Sesostris etwa). Ein babyrunder Schädel, eine niedere Stirn, abstoßend das Doppelkinn, entschnabelartig aufgeworfen die Lippen - en profil. En face und besonders schräg von oben, ein Hauch von verschlagener Intelligenz über klar geschnittenen und ruhig beherrschten Zügen - eine Statue aus Obsidian, deren gemeißelte Linien wie Parabeln und Hyperbeln einander begrenzen, fließend und scharf zugleich, energisch, gereift, gezeichnet von Willen und Würde. Das wollte ich noch nachtragen. Als Stilübung sozusagen.

Der Abend möchte tanzen

Er läßt des Tages Anspannung zurückschnappen - aber nicht in Schlafbedürfnis. Was sich da offensichtlich überarbeitet hat, dreht vielmehr spiralig auf, singt lauthals durch das Haus und möchte tanzen. Mit Seehund oder Sesostris oder auch mit beiden, weil es so schön stabreimt. Eine von nirgendwoher zu begründende Glückswelle schwappt durch die muffigen Urväterräume, als sei unversehens ein Schlauch voller Haoma oder sonst einem berauschenden Getränk geplatzt und ausgelaufen. Ein makabres Glücksgefühl, denn es balanciert hart am Rande der Tränen und der Verzweiflung darüber, daß da nichts und rein gar nichts zu haben ist von dem wenigen, das genug wäre. Und wenn es ein Juju wäre aus Stroh und Sacktuch, auf einen Besenstiel montiert, wenn es nur Rhythmus fassen und tanzen könnte. Alles übrige ließe sich durch Einbildung herbeizaubern. Ein glückbeschwingtes Tanzen, durchwirkt von wenigen Glitzerfäden der Empfindung, herabgesponnen vom Abendstern ins Gewebe der Bewegung, glückberauscht.

Musazeengrün im Niemandsland

Wie alles gleitet und vorüberrinnt. Es bringt der Zufall keine Begegnung mehr zuwege. Es geht glücklos so hin und her und vorbei. Chr nennt den verantwortlichen Redakteur einen Trottel, weil ein monierter Satz stehenblieb. Sagte ich mißgelaunt: ‚Ihr seid beide Trottel.' Und betrachte das Niemandslands zwischen zwei ungleichen Staatsgebilden. Auf der einen Seite eine allseits respektierte Verfassung aus Gold und Stahl; alles ist an seinem Ort und ist da festgemacht; auf der anderen Seite das Umherpirschen in freier Wildbahn mit Netz, Leim, Falle, Pfeil und Bogen auf der Suche nach desgleichen. Dazwischen eine Tür und eine Schwelle. Von innen und von außen kann man gleichzeitig einen beschuhten Fuß darauf stellen, sich in den Türrahmen lehnen und Allgemeines reden. Was sonst. Er ergeben sich keine *moments parfaits*, die inspirativ wirkten und von welchen sich eine Weile leben ließe in nachempfindendem Wortemachen. Da sind die üblichen Geschäftigkeiten aufs Ende zu. Da wird es noch eine Einladung geben mit Bier und *small talk* und das einzige, was mich interessiert, ist ein Musazeengrün, das sich nicht beschreiben läßt, das ich malen müßte, zusammenmischen aus meinem Farbkasten.

Eine kalte Stahlklinge

Letzter Auftritt in Dunkelbraun und Gold, gestern abend. Auch glücklos. Diese Abschiede. Dieses langsame Dahinsterben. In Erwartung der Geladenen saß ich in der Dunkelheit mit Chr auf der roten Verandabank, auf der ich vor sieben Jahren sagte: ‚Hier ist es schön. Hier bleiben wir.' In das Schweigen zwischen uns legte Chr wie eine kalte Stahlklinge die Frage, ob ich noch daran denke, daß ich vor einem Jahr zu Hause (das ist immer noch da, wo meine Mutter ist) bleiben wollte. Verdrängt, sagte ich. Es ist die volle Wahrheit. Die qualvolle. So lange also zog sich das hin. Das wußte ich auch nicht mehr. Vergessen, um überleben zu können. Es war das

Schlimmste, was diese Ehe, die ein sinnvolles Überleben ermöglicht hat, mir bislang angetan hat. Verdrängt, um nicht durchzudrehen. Und nun Leere und Suche nach der ‚Muse' und die zunehmende Bindung an etwas, das wie ihr Phantom erscheint und anfangs nur ästhetische Impression war. Ein zölibatärer Lebenslauf, nicht nur ohne Realisierung des natürlichen Lebensziels, sondern offenbar auch ohne die landläufigen Tröstungen des Fleisches, auf die Verzicht mir nicht schwergefallen wäre. Mir nicht. Ich saß neben Chr und wartete, daß die Leere sich fülle, die durch die Verdrängung entstanden ist. Mit Chr ist die verdrängte Quälerei zu nahe.

Verzicht im toten Eck

Die Geladenen kamen. Statt eines Musazeengrüns kam ein graulila Jackett mit Schlips und machte einen rundum unbeholfenen Eindruck. Da setzte ich mich verzichtend ins tote Eck. Chr legte ‚Sweet mother' auf; er hat es mit ihnen besprochen, und sie wollten es hören. Chr bestritt auch die Unterhaltung. Das wenige, das ich zu sagen versuchte, verhedderte sich. Als einer anfing, seinen Einfall für Mittwoch zu erzählen und die anderen sagten, er solle nicht zu viel verraten, da kam es über mich: ‚Don't worry. I am half deaf. If you speak low I will not understand.' Die Flucht nach vorne. Der Sprung aus dem Fenster. Eine alternde Frau spielt sich selbst, gibt sich und alle Ansprüche auf. Einer saß und sagte gar nichts. Umgab seine Gegenwart abermals mit dem dunklen Goldglanz des Schweigens. Vertröstung aufs Ende? Auch nichts. Sie zogen alle ohne Dank und Gruß ab. Eine Horde aus dem Busch.

Konstellationen und Machtsphären

Gott im Zentrum, anbetend der Mensch an der Peripherie: das ist in Ordnung. Mag wohl in Ordnung gewesen sein auch in alten orientalischen Gottkönigreichen. Aber zwischen modernen, sich gleichberechtigt fühlenden Individuen ist es schlimm, wenn zwei einander nicht im Gleichgewicht halten können, einer in des anderen Machtsphäre, wie ein Doppelstern. Wenn der eine hinaustrudelt in Richtung auf ein anderes Zentrum, in dessen Machtbereich er nur Randphänomen bleiben kann. Es muß nicht bis zu dem Gefühl ‚Unter deinem Fuße rausch ich hin' kommen. Das war Bethabara und schlimm genug. Wenn die Qual zu groß wird, kommen

Fluchtreflexe auf - nur fort! Nach England etwa, um die innere Verwirrung in ordentliche Bahnen zu lenken und ans Ziel zu kommen. Etwas dergleichen wird sich kein zweites Mal ereignen. Nur schwache Reflexe, und das Wesentliche kann nur von der Einbildung geleistet werden. Es wirft sich in einen Spiegel und holt sich von dort, was zu haben ist. Dabei können sich unbewußt und also ungewollt Verschiebungen ergeben, die das Wachbewußtsein peinlich berührt zurückweist. Ein Kurzschluß, der verbindet, was gerade nicht verbunden werden soll. Der Geist und seine Erdung. Als wüßte er, wo er herkommt. Chr deutet bisweilen ‚falsche Traumverknotungen' an. Was kann der normale Mann dafür. Ich aber. Ich jagte einstmals im Gefolge der Artemis, ehe die Existenzkrise mich kleinkriegte und eine Ehe aus Dankbarkeit für wiedergeschenkten Daseinsinn sich ergab.

Abschieds-Tristesse

Es schleppt sich dahin in langen lilagrauen Gewändern, dreht sich um sich selbst, tanzt einen langsamen Walzer, verschlungen mit schlierenhaften Vorstellungen von Möglichkeiten der Begegnung und dem Zauber des Ungesagten, das Linienspiele in den gespannten Raum dazwischen zeichnet, Filigranes, schmal ein Eukalyptusblatt umrandend, ein Kolibrischwirren auf Leinwand ins Futuristische bannend, Bittermandelduft mischend mit vorsichtigen Vermutungen. - Aufwachen vom Mittagsschlaf durch langsam sich entfernende Schritte; aufstehen, nachgehen, Freundliches sagen im Dunstkreis eines kühlen Phlegmas und wohltuend zurückweisender Nähe. Abschieds-Tristesse.

Die unmögliche Synthese

Das ist es. Wenn der Koch frei hat und des Hauses Genosse nicht imstande oder nicht willens ist, ein Bohnenkoki aufzuwärmen. Auf der roten Bank kann man beisammensitzen, wenn der Regen durch die Dämmerung fällt, und tiefsinnige Gespräche führen (wenigstens und immer noch); aber die Küche wird als Zumutung empfunden und nach alter Vätersitte der Kollegin Eheweib zugeschoben. Das Zusammengesperrtsein im täglichen Leben ist bisweilen doch recht strapaziös. Das ist keine Neuigkeit. Das ist die unmögliche Synthese von seelisch-geistigen Erlebnissen, verknüpft mitAnsprüchen auf dem Hochseil ungebundener Begegnung, und den Notwendigkeiten des Leibes in den Niederungen und Zwängen des Alltags. Weder mit L.K. noch mit Jg hätte ich verheiratet sein wollen. Die Katastrophe wäre vorprogrammiert gewesen. Mit Chr kann ich immerhin sinnvoll überleben. Und was will ich sonst noch? Die Silberränder einer flüchtigen Faszination und poetischen Inspiration. Etwas auf Abstand und aus einiger Ferne. Etwas ausstrahlen, zurückstrahlen, in Spiegeln um die Ecke strahlen. Um die Ecke schlängelt aber auch das gelbe Schlänglein, und das ist verdächtig.

Wir saßen bei Tisch, als die Bücherliste gebracht wurde. Stand ich auf, beorderte ins Arbeitskabinett, prüfte kurz, und im Weggehen: ‚You were so silent yesterday evening.' ‚Well, I was tired.' Eine Bemerkung bei Tisch über die Gewissenhaftigkeit der Liste wurde mit Schweigen beantwortet. Gleichgültigkeit oder allmähliches Begreifen? Die tiefen Ausweglosigkeiten, die Traumata, die Vergeblichkeiten und das Zuspät zwischen uns bleiben im Sprachlosen. Die Nähe der Geduld des Wartens, langsam erwärmend, und dann rinnt es lautlos in die Nacht und hüllt in ein Erbarmen, das dem Tod schon nahe kommt. Ich will aber noch leben. Es fehlte der Mut zum Fatalismus und zum Risiko; es ward mir kein Heilsorakel zuteil. Das alles ist wie verkrustendes Blut zwischen uns und ich suche Ablenkung davon, um leben zu können.

Kleine Szene 30
Auf der Küchentreppe

Nach langen Tagen ohne und langen Betrachtungen im Tagebuch häufen sich aufs Ende zu die kleinen Szenen um Kleinigkeiten, die etwas darstellen, sichtbar und habbar: Habseligkeiten für ein Album. – Letzter Sonntag in Juni. In Amtstracht wohlverhüllt und ehe die Pflicht sich auf den Weg macht, wird dem Tagebuch die Verfassung rapportiert:

– don't you think it's rather funny I should be in this position? Die Melodie macht's. Im Kopfe schwebt's wie über Sommerwiesen, in des Herzens Kammern klopft's unregelmäßig, und im Magen fühlt sich's hohl und flau an. Die Träume der Nacht schlangen mir eine Nabelschnur um den Hals, indes es die Mutter so tragisch gar nicht nahm. Noch einmal amten.

Nach dem Amten wurden vor dem Hause Aufnahmen gemacht, den Abschied auf Zelluloid zu bannen; denn es verließen Nza'ag vor allem die Nachbarn, um nicht wiederzukommen. Der Dorffotograf war bestellt worden. Es war sehr warm; nach einer Gruppenaufnahme wurde die Amtstracht abgeworfen; in langen Hosen und weißem Rollkragen saß die Tutorin abseits auf der Küchentreppe, um den restlichen Geschäftigkeiten zuzusehen. Da geschah es. Das Tagebuch hatte Mühe, im nachhinein Worte zu finden.

Danach und nach dem Danach. Am hellen Vormittag. Auf der Küchentreppe. Der plötzliche Anlauf. Das fait accompli. Ein Faktum und ringsum das Feixen der Verlegenheit. Das immerhin glaubte ich wahrzunehmen. Aber was sonst? Überraschung? Genugtuung? Verdatterung? Das wiederhergestellte Gleichgewicht jedenfalls war nicht souveräner Geistesgegenwart zu verdanken, sondern einem herausfordernden Lachen, gleichfalls der Verlegenheit, im Angesicht aller, die da herumstanden und sahen, was einer ihresgleichen sich herausnahm. Ein filou? Ein ingénu? Ein Fall von überspannter Unbefangenheit? Die schwarzen Schlammbeißerlein waren dargebracht worden in dunkler Nacht und ohne Zeugen. Was sich nunmehr darbrachte au plein soleil und unter aller Augen - was war's? Eine öffentliche Demonstration von Selbstgefühl ohne Furcht und Tadel? Und was, abgesehen von allen Deutemöglichkeiten? Was ging da vor sich?

Es geschah, saß neben mir und bedeutete dem Fotografen, eine Aufnahme zu machen. Wo nimmt eine Amtsperson so schnell das Gesicht her, das da zu wahren ist? Sie setzt sich die Maske eines belustigten Lachens auf und lacht, mehr oder weniger zufällig, hinüber zu einem, der kraft seiner akademischen Leistungen das Gleichgewicht wiederherstellen könnte. Der faßte sich prompt ein Herz, ein wenig vorbei am Rollenspiel, aber immerhin, denn er winkte die Amtsperson von der Küchentreppe herbei zu der anderen Treppe, der edleren, von Bougainvillea umrankten. Wird eine also Aufgeforderte wortlos willfahren? Ein Spruch! Ein Wort! Wo ist so schnell ein Wort, ein humorig überlegenes Wort zur Zunge, das Unübliche zu deuten und zu kommentieren? ‚Two courageous people!' Mut belobigen. Den Dunst und Anschein von Anbiederung oder Respektlosigkeit wegblasen. Das war's.

Danach: Tristitia

And now again this yoke upon my soul. Und um den linken Knöchel gewickelt das gelbe Schlänglein. Erst nebenan zu der Molligen, dann hinüber zu der ‚armen Sue', durch den Rieselregen, nach dem Wolkenbruch. *Ai deh saffa.* Hier leidet man graswurzelnäher. Sowohl an dem, was man hat (vor allem Familie) wie wegen dem, was man nicht haben kann (viel Geld und ein Leben mit den Bequemlichkeiten westlicher Zivilisation). Da ist mein Leiden wahrlich erlesener Luxus. Das gelbe Schlänglein ist eine Zierart aus Feingold.

Es ist trotzdem eine Quälerei. Wie eine zehrende Krankheit. Wie ein wühlender Dämon. Wenn es anders wäre, hätte ich ja nichts zu schreiben. Es will nun aber reden und schiebt sich seitlich zurück auf Kg. Chr hat manches zu sagen, das vernünftig klingt und seltsam zugleich; etwa: es könnten sich zwei in einer bestimmten Art von Melancholie begegnet sein. Was Kg wohl von mir verstanden haben könnte, wollte ich wissen. Daß da eine gewisse Empfindsamkeit nicht glücklich gewesen sei. Damals, als es auf der anderen Seite im Bungalow den kleinen Trost einfühlsam guter Worte und bunte Schnäpse gab. Da mußte es auch zu Verschnörkelungen des Gefühls kommen und zu einer gewisse *tristesse*. Des bin ich beinahe froh, denn es stellt sich dadurch Ausgleich ein. Die Küchentreppen-Episode von heut vormittag ist noch gar nicht zu Ende gefühlt und gedacht, da zerfällt alles schon wieder zu Staub nicht, aber zu Sand, der in der Seele knirscht.

Bedürfnisse

Heut morgen die Geschichte von der Frau am Brunnen, drüben in der Andacht, vorgetragen in angenehmer Baritonlage und mit souveräner Ruhe in die Ohren eines lebendigen Gegenbeispiels traditioneller Gesellschaft, in der Frauen nichts zu sagen haben. Das ungesagte Gegenteil nahm immer deutlichere Konturen an. Warum versagte sich beim Hinausgehen ein Wort der Anerkennung? Lebendiges Wasser. *She felt a need.* Aber Chr hat recht: es war der Mann, der dürstete. Das Traurige, wenn schon nicht die Tragödie, ist, daß da zwei an einander vorbeireden. Der Mann strebt vom Geist zum Natürlichen, zu Wasser und Frau. Die Frau aus der Versklavung ans

Natürliche und aus gesellschaftlicher Benachteiligung zu geistiger Würde und Anerkennung. Goethes Sehnsucht nach höherer Begattung und Zeugung im Geiste ist Ausnahme. Eine Weisheit, die hier fehl am Platze ist. Hier sucht Mann eine Frau, um Familie zu gründen. Das ist in Ordnung - und trotzdem traurig.

Lied der Parzen

Nichtsahnend biegt es um die Ecke und rennt auf zwei energischen Beinen mitten hinein - ins seufzend dahinsinkende Gras, zwischen kräftig geschwungene Buschmesser und vorbei an einem abwartend zurückhaltenden Lächeln, das zusieht, wie die Bewegung auf Beliebiges abbiegt. Wie behandelt man ein Exponat? Nicht anfassen. Nicht anreden. Nicht einmal beachten. Es stand da mit dem Ausdruck ‚Was hab ich getan?' Gibt es nicht gewisse altertümliche Vorstellungen von der Gefahr, in welche vom Glück oder von den Göttern Begünstigte geraten? Wer der Gottheit oder dem Glück zu nahe kommt, kann unversehens ins Nichts zurückgeworfen werden. Lied der Parzen. Das Glück des Sitzens auf goldenen Stühlen kann nahe bei Wahn und Wahnsinn angesiedelt sein. Wer etwas versteht und durchschaut, kann in die Versuchung kommen, zu verachten oder Wissen zu mißbrauchen. Kann es ein interesseloses Zur-Kenntnis-Nehmen oder auch nur Erspüren oder Vermuten der Ursache mühsam beherrschter Ruhelosigkeit und kaum zu verheimlichender Bedürftigkeit geben?

Tragik

Es war ein schlimmes Jahr, das Jahr 77, von der öffentlichsten bis zur privatesten Ebene. Die politischen Selbstmorde, die Toten der abgestürzten Cessna, und die qualvoll hinausgezögerte Entscheidung gegen die risikoreiche Möglichkeit, vom eingeschlagenen Weg abzubiegen ins ‚Normale'. Die Politik kommt in meinem Wissenschafts-Elaborat auch vor, aber nur am Rande und als Epilog mit dem Thema Tragik: wer handelt, wird schuldig. Von der einen Seite wird er als Held gefeiert, von der anderen als Verbrecher gebrandmarkt. Wer politisch handelt, mag das nach seinen Wertmaßstäben Gute wollen, er wird Böses als Mittel zum Zweck nicht umgehen können, und wenn er am Ende auch noch scheitert, dann wird der Mißerfolg zum Beweis des Unwerts seiner Werte. Nur die Natur ist schuldlos. Wenn Sturm und Nebel eine leichte

Propellermaschine zum Absturz bringen, wer soll da schuld sein? Das ist Schicksal und Verhängnis. Schuld kann immer nur sein, wo menschlicher Wille im Spiele ist, und Tragik entsteht, wenn Schuld und Schicksal unentwirrbar zusammenwirken. Mit dem Unglück der Liebe, Aurelien und so weiter, ist es anders. Es ist näher bei Natur auf dem vielfachen Wege zum Tod. Es ist Kreatürliches, vom objektiven Geist gemartert.

Kleine Szene 31
Habseligkeit No. 1: Ein Doppel-Porträt

Der Fotograf kam, brachte die Fotos vom Sonntag und ließ sie sich bezahlen. Ein Exemplar war zurückbehalten worden. Kurz darauf erschien der Initiator der kleinen Szene 30.

Es ist öfter anders als man denkt. Wie naiv. Die beiden Couragierten wollten nicht etwa ein Andenken an mich; sie taten einer Vorgesetzten nur einen Gefallen, indem sie sich zu ihr setzten und sich mit ihr ablichten ließen. Der eine schickt immerhin alle fünf, der andere hat sich bereits genommen, was er veranlaßt hat. Das ergibt Widmungen auf der Rückseite, die wohlbedacht sein wollen. Da bleibt die Zeit nun stehen. Was am lebenden Objekt unmöglich, weil ungehörig wäre, das läßt die Ablichtung zu: sie erträgt den Anblick ins zeitlich Unbegrenzte. Der eine fixiert das Auge der Kamera. Der andere weicht aus. Neben ihm sitzt es kühl verträumt. Die Überraschung rieselt noch durchs Nervengeflecht; sie ist nicht mehr, wie noch drei Minuten zuvor, ein kompakter Brocken, der die Herzkammern blockiert und den Atem stocken läßt.

Es ging wieder einmal zu schnell. Es klopfte so heftig an die Tür des Kabinetts, daß ich den Rhythmus nicht erkannte, beim Öffnen dem Unvermuteten gegenüberstand und alle sorgsam aufgewickelten Gedankenfädchen entfielen und sich verwirrten. Das nennt man perplex, und das war ich. ‚Oh, one of my two heroes' - ‚Yes' - ‚You seem to have guessed...' ‚If I have your photo it's easier to let you go' - Lachen. Was soll man auch sagen. Das Englische 'your' ist vierdeutig. Worum ging es denn? Um offiziell Abzulieferndes. Und ich wurde mein feinspinnig ersonnenes Sprüchlein nur in lockerem Gefussel los. Sei's drum. Ich habe nun etwas. Eine kleine Habseligkeit. ‚Selig' ist verwandt mit ‚silly'.

Umwandlung eines Fotos in Worte

Tief zufrieden mit dem bißchen ekklesiotrop belichteten Zelluloid summt es: 'Till with the vision glorious her longing eyes be blessed' - das gelbe Schlänglein kann mir nichts mehr anhaben. Ich habe etwas. Endlich ist da ein Augenblick papierener Ewigkeit, geteilt in zwei ungleiche Hälften, wie so viele Physiognomien, und was man 'schön geschnitten' nennt', das ist kein Eukalyptusblatt. Eine Hand, die ein Buschmesser umklammert, Matten flicht und Backsteine formt, muß 'artikulierter' sein als die Feingliedrigkeit von intellektuellen Spinnenfingern. Die Überraschung sitzt ein bißchen verkrampft auf den Stufen, im letzten Augenblick noch wie schützend den linken Arm aufs angezogene Knie gestützt, ohne einen Fingerbreit zur Seite zu rücken. Daher sich der Treppenthron-Usurpator mit einem Bein auf festem Boden abstützen muß. Auf der Bougainvillea-Treppe sitzt die zweite Garnitur viel hilfloser, wenngleich sie doch sonst die elegantere und gewandtere ist. - Ach, ich bin sooo enttäuscht, daß Chr das Foto mit Bougainvillea im Hintergrunde 'hübsch' findet, das andere hingegen nicht - wegen der Verandalatten. Und was davor sitzt, wirkt alles andere als verträumt oder verdruckst; es macht auch nicht den Eindruck 'begoßner Pudel'. Es ist hellwach, alle Züge beherrscht, gespannt, energisch. Eine Spur draufgängerischer Belustigung oder Ironie liest vielleicht nur geheimer Argwohn hinein. So hab ich das also. Und bin eifrig dabei, es in Worte umzuwandeln.

Es war eine Initiative und nicht die erste. Durchtriebener und berechnender, als der Ausdruck kindlicher Unschuld und der Anblick 'begossener Pudel' ahnen lassen. Eine Falle? Bin ich schon hineingetappt oder nur daneben? Lieber Herzklopfen und Kopfzerbrechen als ein Klopfen im Kopf und ein Gebrechen im Herzen. Chr könnte mir raten, wie mit Geldzuwendungen für Bücher umzugehen wäre. Kg hat Bücher und Geld bekommen für nichts als seine abstrakte Intelligenz und un certain sourire , dessen er sich kaum bewußt war. - Chr ist beschäftigt mit den großen Tieren, die für die morgige Abschlußfeier angereist kommen. Aber zwischen Tür und Angel bewies er soeben Intuition und erriet Richtiges, als ich ihn auf die Spur setzte. 'Hat er dich angezirzt?' Eher phantomhaft angemust hat Es mich, mit langem u in Musazeengrün. Bin ich nicht auf der Suche nach der Muse?

185

‚No'. - Eine weiße Muschelkette

Der Regen rieselt schon den ganzen Tag, und sie schlagen immer noch Gras. Es kamen Ehemalige, in Amt und Würden, Leute, die mich eigentlich interessieren müßten. Der eine hat sich einst lernbegierig Privatstunden geben lassen, ohne jemals ein Dankeschön verlauten zu lassen. Der andere hat sich locken lassen in einen ‚Garten, blühend von schönen Gefühlen'. Die Glückliche wirkt etwas blaß und in sich gekehrt. Als ich das Paar zum Tee begleitete, kam einer und wollte zu Chr, der nicht da war. Die Einladung zum Tee, ‚Come and sit with us', ward abgewiesen mit einem knappen ‚No'. Da will ich mal anfangen, meine Abschiedsrede zu meditieren.

Abschied ohne Tanz. Wozu ein Festgewand? Kg, vor drei Jahren, ist einfach auf und davon, ohne sich zu verabschieden. Die Undankbaren, die losstürmen, begierig auf Zukunft und Karriere. Ich warte, wie ich vor drei Jahren wartete. - Danach. Es war fast nicht wirklich. Draußen regnete es heftig, drinnen schwoll die Resignation und eine schön erdachte und rhetorisch durchformulierte Rede ward radikal gekürzt auf Koki-Brei und Moskito-Elefanten-Gleichnis. Chr hielt eine lange Rede und hängte mir eine lange weiße Muschelkette um, zu bedeuten: daran würde ich angebunden bleiben. Beifall. Seine Rede war die beste, witzigste, tiefsinnigste.

Kleine Szene 32
Abschied, Verzicht und Auflagen

Es ging wieder einmal alles so schnell. Des Lebens Pulse schlugen nicht frisch lebendig, sondern abgehackt, gänzlich aus dem Rhythmus gebracht. Wie letzte Zuckungen. Die Schreibmaschine ward zurückgebracht, man setzte sich, ich sagte meine Sprüchlein, und als ich aufsprang, ihn wegzuschicken, blieb er sitzen und bedankte sich artig und besonnen. ‚You have made me work hard. I may sometimes have disappointed you.' Alles andere weiß ich schon nicht mehr. Der Wunsch nach mehr stieß das wenige, das vielleicht zu haben gewesen wäre, von sich. Flucht nach vorn in den Verzicht. Mechanisches Abhaken der Punkte von dem Papierchen, auf dem sie notiert waren. Warum bestehe ich auf Französisch? Le petit prince als Lektüreaufgabe - was für Illusionen! Geld für ein

Wörterbuch. Wer weiß, für welche lebenswichtigeren Dinge es ausgegeben werden wird. Zwischendurch kamen zwei von den Alten, sich zu verabschieden, standen auf der Schwelle und guckten neugierig in den Fond meines Kabinetts. Als letzter Punkt: ‚Your last achievement.' Das Foto mit Widmung (‚For ingenuity and ingenuousness') und etwas über ‚ironical remaks' dessen, der nach landläufigem Verständnis einer Vorgesetzten und geistlich ‚ehrwürdigen Mutter' vorgeordnet ist. Denselben wolle er im neuen akademischen Jahr nach der Anschrift einer Abwesenden fragen. Der Gedanke ward wie überraschend neu aufgegriffen und gleich mit einer Auflage versehen: man werde auf französisch korrespondieren. Nur vier Punkte hinter dem anderen, dem Erfolgreichsten - der Anschein der Gleichbegünstigung muß aufrechterhalten bleiben. Begabtenförderung ist legal. Der andere kam sehr spät, war lieb und still, und auch das wäre wert, analysiert zu werden: Freundlichkeit als Abweisung, gelassen und überlegen. Alles andere irritiert. Was die Muse mir mit ihrem Phantom in Musazeengrün, mit ‚I wanted to dance with you', mit Reis und geräucherten Kaulquappen und schließlich mit einem Treppenthron-Doppelporträt eingebrockt hat, ist eine Suppe, von der noch unsicher ist, wie bekömmlich sie sein wird. Ein Jahr lang Fastenkur wird jedenfalls gut tun.

Imperfekt

Diese Abschiede. Dazu paßt, daß mir heut morgen kühl ins Gesicht gesagt wurde, meine Brutus-und-Cassius-Predigt, die ich vor Monaten aus dem Händen gegeben hatte, sei von einem Schüler weggeworfen worden. Also: nichts für die Nachwelt. Beim Aufwachen war mir zumute, als ob nun alles aus und vorbei sei. ‚Wenn meine Schmerzen schweigen...' Die Mollige und die ‚arme Sue', das sind die Steine, die bleiben, die Wurzeln im Erdreich, die klammernden Organe. Damit es wieder von vorn anfangen kann.

Der Sinn des Daseins nicht, aber des Hierseins fährt davon. Das Schreiben hilft - irgendwie. Es bekleckert den grünen Gefühlssalat mit ein wenig Gedankensoße. Was wollte ich doch notieren? Daß da einer noch einmal kam, als wir beim Frühstück saßen. Er wollte zu Chr wegen der Zeitung. Ich stand unmotiviert auf, suchte nach einem Vorwand und fand mit knapper Not einen, der ins Arbeitskabinett beorderte. Dort stellte sich der Beorderte dumm. Einen Vorwand, zur Bücherei zu gehen, nehme ich nicht wahr. Das ist ein ander Ding, das sich aussinnen ließe: sobald ein Ahnen aufkeimt, ist auch der Wurm der Versuchung da, das Erahnte anzuknabbern. Chr, als ich mich beklagte, daß der andere nicht mehr gekommen sei, mit der üblichen therapeutischen Ironie: ‚Aus dem Campus, aus dem Sinn. Um seine schönen Augen mußt du dich mit vielen streiten.' Ich, bereit zu bekennen: ‚Es gibt schönere.' ‚Ah! Ist ein neuer Stern im Aufgehen?' Und nennt ihn beim Namen. Da wich ich doch wieder aus. Auf das Ben-Bübchen, das ja ein hübsches Bürschchen ist und auch nicht dumm als Drittbester. – Genau so sollte es sein. Noch ein Händeschütteln, Safe journey, und dann von mir hinüber zu der Molligen. Ich komme mir vor wie gefallenes Laub, das unterm Regen liegt und vermodert....

Schreibtherapie

Schreiben, um nicht zu zerfasern. Wie war es vor drei Jahren, als Kg den Campus verließ? Es sammelte sich Mut zu einer Reise, allein und mitten in der Regenzeit hinauf ins Grasland, während Chr zu einer Konferenz flog. Es war die erste Abenteuerreise einer dem Reisen furchtsam Abgeneigten. Eine Reise durch die Sümpfe jenseits des Nsuni-Passes, hinauf ins Gebirgige und durch die grünen Hügel von Sanya. Danach waren Pappe und Ölfarben zur Hand, das seelenverzehrende Regenzeitgrün der Hügel und Täler zu malen. Mich beschäftigt vorerst mehr die Schönheit und Grausamkeit des ‚Natürlichen', der Triebe und Affekte und die List der Hormone. Etwas von der Art, was Thomas Mann in der ‚Betrogenen' beschreibt. Der Unterschied ist, daß ich eher klumpfüßige Anna bin. Das ist es, was mich zum Schreiben bringt. Die Dreieck-Spannung zwischen den Umtrieben des Daimon metaxu, einem fromm-vernünftigen Ethos und dem Wunsch, dem Ganzen eine ästhetisch-poetische Komponente zu entlocken. Dieses Raisonnement kann immer wieder untergehen im Auf- und Abschwappen hormonisierter Stimmungen. Die Bethabara-Traurigkeit hielt viele Jahre an, auch bei Chr. Kg war Ablenkung davon. Ich schreibe, um zu vergessen. Andere reisen, um zu vergessen. On se console toujours. Der Schmerz muß schon sehr groß sein, um als Wunde eine brennende Narbe zu hinterlassen. – Nicht vergessen zu notieren, daß eine zu reparierende Armbanduhr nicht mir, sondern Chr mitgegeben wurde.

Ein Schlußstrich

Das ist schon irre, aufzuspringen, um nachzusehen, wer da Richtung Elefantenpfad geht. Komm ich zurück und die Sache ist häuslich unterm Dach - gut. Ist sie erst unterm Vordach - nicht so gut. Wandelt sie noch im Vorgärtchen - schlimm. Die Umtriebe der Astarte, samt dem Gift des gelben Schlängleins, das ist nur eine Provinz unter vielen anderen. - Sah ich die Mollige soeben an der Straße winken - sie winkte der ‚armen Sue' zu, die mit der gleichen Fuhre fährt, und mir ist zum Heulen zumute. Da steht noch etwas herum im lila Jackett. - Endlich sind sie weg. Ich atme auf.

Einen Schlußstrich ziehen. Die Erfahrungsweisheit des Komödianten von Bethabara beherzigen: es war schön, aber auch anstrengend, und jetzt ist es vorbei. Auf zu neuen Ufern. Bloß nicht sentimental werden und kleben bleiben. Freilich wird in einem Jahr hier alles wieder beisammen sein; nur wie, in welcher Verfassung, das ist die Frage. Auf Korrespondenz werden beide ‚Helden' sich einlassen aus Höflichkeit und kühler Berechnung. Wie Mütter sich an ihre erwachsenen Kinder klammern, so klammere ich mich an diese mir pädagogisch Anvertrauten und besonders an jeweils einen, der die Qualitäten Charakter und Intelligenz oder doch wenigstens Leistungswille aufweist. Kg störrisch und abstrakt; aber in den roten Sesseln der von mir herbeigeholten und protegierten Kollegin hat er auch gesessen, das gelbe Schlänglein fuhr herfür, biß zu, und aus dem Gift in der Blutbahn sind immerhin Dogmatic Notes und Gedichte entstanden. (Klammer auf. Chr ist lieb und freundlich zwischendurch und verständnisvoll; außerdem zappelt er sich ab mit seinen neuen Pflichten, und ich bewundere ihn ein bißchen. Das ist auch ein Stück von White Man's Burden, das Sich-Abmühen zum Wohle der Schwarzen und ohne Dank. Da nimmt man sich eben, was am Wegesrande zu haben ist, um daraus Wissenschaft oder, wenn es glückt, Literatur zu machen. Klammer zu.) Wenn einer nach so vielen Seiten hin Verbindungen geknüpft hat, wie dieser musazeengrün Bekittelte, der es offenbar verstanden hat, sich überall Liebkind zu machen, dann gefällt mir das eigentlich nicht. Da finde ich Kg's Eigensinn charaktervoller (und vergesse gern, daß er sich hat Unterschlagungen zuschulden kommen lassen). Sicher mag ein vielseitig Protegierter tüchtig und zuverlässig sein, den Reisanbau ins Dorf bringen, Impfungen veranlassen, Baugelder verwalten, Schulkinder unterrichten und Jugendgruppen organisieren auf überregionaler Ebene, was dann schließlich mit Reisen nach Europa belohnt wird. Wenn Armut einst den Besuch einer höheren Schule verhinderte, dann wäre es doch gerechter Ausgleich, wenn nun Förderung zuteil wird. Wie sie mir, dem unterernährten Flüchtlingskind, einst zuteil wurde. Aber erst mal will ich vergessen.

Wer nicht schreibt, so lange er leidet, braucht späterhin auf keine Inspiration zu hoffen. Allenfalls auf stilistische Verfeinerungen der rohen Wortsubstanz. Ich betrachte die beiden Fotos, besonders das eine, und bin doch dankbar, daß da einer den Mut fand, sich zu exponieren. Zufrieden sein mit dem wenigen und Armseligen, das zu haben war - ein Tanz, ein Krankenbesuch, Reis mit Kaulquappen und schließlich noch diese Ablichtung einer mutig hergestellten Situation. Wonach ich weine, sind ungetanzte Tänze. Ein bißchen Leben, das sich glückhaft erhoben und wohl fühlt - Euphorie. Chr liegt auf dem blauen Lotterbett und liest, wie üblich. Er hat sich redlich abgemüht mit ungewohnten Pflichten. Ich werde mich trösten mit dem, was ich geschrieben habe.

‚She felt a need'

Freitagmorgen. Ich stehe und sehe den Berg an, wie er dampft im Morgennebel; etwas gleitet wie ein Tautropfen am biegsamen Blattgefieder der Zwillingspalme zur Erde nieder und ich weiß plötzlich, was mir fehlt: nicht ein Jemand als Person und leibhaftig, sondern die Nähe eines Musazeengrün, hüftlang, und eine unbefangene Freundlichkeit, wie sie zu Anfang war, wie das Lächeln eines Kindes mit offenem Blick, der einläßt, vertrauend-vertraut und mit dem Anflug einer gewissen Traurigkeit. Die Geradheit des Mannes, die Unbeholfenheit eines ungleichmäßig zusammengesetzten Halbwüchsigen. Letztlich freilich sind es Gefühle, die sich rationalisieren lassen. She felt a need. Bedürftigkeit - was ist das? Ein Baum bedarf eines Wurzelgrundes, des Regens und der Sonne, aber er hat kein Bedürfnis nach Wachstum. Er wächst, weil er muß. Nur der Mensch mit seinem Geist und Willen kann sich sperren. Komisch, daß die Stoiker, die doch kata physei zein wollten, zugleich die Leidenschaften bekämpften, die doch pure Natur sind.

Von außen betrachtet ist ein Fall wie der vorliegende psychologisch und physiologisch so klar wie er nur sein kann. Er wäre ohne weiteres einzuordnen und ad acta zu legen. Für den, der sich drinnen befindet und den ‚Fall' durchlebt, ist es anders. Die Schmerzen hören nicht auf, wenn man sie dem Patienten erklärt. Eine Passion ist ein Ungleichgewicht der Gefühle, das leiden macht, und doch fühlt der Mensch gerade durch das Leiden, daß er noch am Leben ist. Das gelbe Schlänglein hat dafür gesorgt, daß ich mich noch leben fühlte in einem sehr intensiven Sinne. Leiden kann ebenso gut Mitleiden und Verständnis hervorrufen wie Verachtung, moralische Verurteilung oder tiefe Traurigkeit – es gibt eben viele verschiedene Arten von Leiden. Leidet Phädra etwa nicht? Und doch ist sie im Unrecht. Darüber ließe sich eine Abhandlung schreiben, aber es würde auch nicht viel helfen.

Ich warte, ich warte, daß es nachläßt. Ich kann nichts tun, nicht planen, nichts arbeiten. Ich weiß alle guten Gründe, die mich ins Unrecht setzen; ich könnte sie einzeln aufzählen, aber wozu, es würgt und wühlt trotzdem in den Seeleneingeweiden, es zehrt das Hirn aus und zerrt die Nervengeflechte hin und her. Was könnte ich anderes als schreiben?

Kleine Doppel-Szene 33
Habseligkeiten Nos 2 und 3: Ölgemälde und Farbfoto Lah

An diesem Freitag, wenige Tage vor der eigenen Abreise, ergaben sich inmitten von Ruhelosigkeit und Tristesse kurz hinter einander zwei Begegnungen. Die Muse erschien, schwenkte Pinsel und Palette und animierte zur Ölmalerei. Sodann zeigte der gleiche Finger, der im Oktober auf eine Art Marabu gewiesen hatte, auf ein buntes Foto-Bildchen, an welchem streunende Stimmungen sich plötzlich wie auf ein Ziel hin bündelten. Es war, als nehme die Muse die Phantom-Maske ab. Sie stand, sie schwebte und winkte hinauf ins Grasland

Ein Ölgemälde hab ich gemalt, auf weißgrundierte Pappe, ein Hochformat, und mir ist ein wenig wohler. Es sollte, in der Gestalt von Halbmonden und Knospen vor dunklem Hintergrunde, das Musazeengrün eines festlich-fürstlichen Kittels werden, aber es ist ein grelleres und giftigeres Grün geworden.

Es leuchtet nicht so sanft verträumt und überweltlich, nahezu epiphan, wie das wirkliche Grün. Es müßte noch übermalt werden mit bläulichen Nuancen, um smaragdener zu wirken. Ich habe nun etwas, fast wie das Foto.

Nun weiß ich wieder nichts anzufangen mit mir und der Zeit, die ich habe. Ich paddle durch ein Tief, ich krieche durch dämmriges Unterholz, ich schlürfe Trübsinn aus Tümpeln, darin Kaulquappen und Schlammbeißer schwimmen. Ich wünsche dem und der Davongeschwommenen alles Gute und viel Segen, für die nahe Zukunft und fürs traute Heim, Glück allein. Die Mollige, die gestern der ‚armen Sue' nachgewinkt hat, schleicht trübsinnig umher. Das Blut, das aus dem Herzkämmerlein nach oben und unten fließt, ist rot und voller Hormone, die der liebe Gott Vater und/oder Mutter Natur sich ausgedacht haben, und das damit beglückte arme Geschöpf muß zusehen, wie es damit zurechtkommt.

Was ich da eben entdecke: ein Bildchen bunt auf Glanzpapier - traumblaue Berge, Graslandberge, strohgedeckte Hütten, heller Sand und ein Grün, ein Musazeengrün, wie ich es nicht hingekriegt habe, der Wind blättert es über einen Hohlweg, durch den Leute gehen, und ein dunkler Felsen steht am Rande. In der Februar 77 Nummer eines Missionsblättchens, das ich wegwerfen wollte und eben mal durchblätterte, fand ich das. Den Bericht hat einer von denen geschrieben, die in dem Dorf zu Besuch waren, eingeladen vom Lehrer des Orts, der in Deutschland gewesen war. Im Jahre 75 und zum zweiten Male schon. Ostern 76, als der Abschied von Kg mich plagte und anderes, sehr viel Schlimmeres, war eine Gruppe aus Deutschland dort.

Jetzt weiß ich, was ich will. Ich will nach Lah. Jetzt hat alles ein Ziel und einen Sinn. Es streunt nicht mehr im Niemandsland zwischen Ich möchte so gern und Was soll's. Es gibt einen Ort auf dieser Welt, der fortan wie ein Magnet alles in sich ziehen kann. Ich brauche dem Sog nur zu folgen hinauf in die Berge von Lah - ins Abseits und ins Abenteuer. Da kann ich Spuren suchen im Sand, fremde Heimatluft atmen, das Brot der frühen Jahre, wahrscheinlich Maisbrei, essen und Wasser aus einem Kraterquell trinken... Ich werde nach Lah gehen. In den Weihnachtsferien 80 werde ich gehen, so Gott will und ich zurückkomme und Chr mit mir geht.

Ich komme nicht los von dem bunten Bildchen. Es macht mich seltsam melancholisch. Als sei in diesem Dorf im Abseits lange Jahre etwas Kostbares begraben gewesen, das spät aufgeweckt und hervorgeholt wurde, um am eigentlichen Leben teilzuhaben. Hier, in diesem Campus? Unglaublich. Kommt aus dem Busch, aus dem Abseits der Berge, und innerhalb von wenigen Tagen geht das Phantom der Muse um. Bald darauf ringelt sich auch das gelbe Schlänglein durchs Gras. Und jetzt, am Ende, wirft eine ungehörige Tristesse dichte dunkle Schleier über alles. - Ich habe das unvollendete ‚Epiphanie'-Gemälde neben die grünen Hügel von Sanya gehängt. An die dunkle Rückwand des Arbeitskabinetts. Und das Bildchen ausgeschnitten und ins Tagebuch gelegt.

Der Freitag ist noch nicht zu Ende. Es hangelt ins Ungewisse irrer Hoffnungen (die ‚arme Sue' betreffend), und nimmt zur Kenntnis, wie ein Ehemaliger plötzlich anhänglich wird und brieflich um ein Hochzeitskleid für seine kleine fette Auserwählte nachsucht. Zu lustig. Morgen packen.

Trübsinn Anfang Juli

Den ganzen Tag lustlos meine sieben Sachen gepackt. Ich ziehe mich wie aus einem warmen, von Bananenstauden umrauschten, von gelben Schlänglein umzischten Moorbad, um mich wieder an die kühle Luft europider Wissenschaft zu gewöhnen. Beim Abendessen machte Chr pessimistische Witze im Hinblick auf die Mollige als Mündel eines bislang Unbescholtenen. Um die Versuchbarkeit eines solchen bange ich. Wie kann man - Mann! - in diesem Klima runde zwanzig Jahre lang leben wie ein Mönch, der sein Gelübde ernst nimmt?! Was will ich? Die Hand nach einem Mondenstrahl ausstrecken, der sich durch Lamellenfenster zwischen Karteikarten und Bücher verirrt. Mehr nicht. Aber es zieht an. Mich, eine Abtrünnige aus dem Gefolge der Artemis.

Heut ist der erste Tag im Juli. Der Nebel, die Kühle, die Leere im Campus - trostlos. Es schlägt aufs Gemüt. Der Trübsinn europäischer Wintertage schleicht umher, das Schneematschlicht, das gar kein Licht ist, sondern wie Spülwasser - man möchte sich totstellen, einrollen, wegschlafen. Aber der Schlaf spült Phantasmen hoch, die auch nicht erbauen. So unverblümt à la Schundroman, daß das Wachbewußtsein sich wei-

gert, es mit Worten anzufassen. Das ist schlimm und gänzlich gegen die Abmachung zwischen mir und der Muse. Verfeinerung, Trauer, Abstieg - aber nicht in solch trübe Tümpel.

Es wäre Zeit, loszufahren, aber die Nachbarn halten sich an African time. Hoffentlich kann ich mich beherrschen. Gestern abend saß die Soror bei Kerzenlicht und einem Glas Wein in meinem Boudoir. Sie brachte zwei Ebenholzarmreifen mit, einen schmalen und einen breiten.

*

Out of Nza'ag

Am Fuß des Viertausenders, in dessen Nebelwald 77 die Cessna abstürzte. Unterwegs im Schlamm der Straßen erfährt man, wie harmlos das Campus-Idyll samt dem gelben Schlänglein ist. - Gegen Abend. Es geht alles so schnell. Zwei Ehemalige kamen uns nachgelaufen, als Chr mir das Kolonialschloß zeigen wollte. Der Jüngere, einst der Jüngste, gar zu hübsch und immer noch so verschämt charmant - zum Dahinschmelzen, wie Kakaobutter an der Tropensonne. Ich möchte Rückkehr nach Nza'ag träumen, aber die Unmittelbarkeiten versperren die Perspektive. Chr jagt Offiziellem nach.

Warten auf Frühstück. Träume, makaber, abstoßend. Wo kommt das her? Die Luft an diesem Berg und in dieser Höhe ist kalt und dünn. Das Steigen macht Mühe, ich japse, die Beine tun weh. Eine Atmosphäre wie Glas. Die koloniale Zeit hier muß ihre Reize gehabt haben. Und ihre aufgehellte Hinterlassenschaft. Das high life der Schwarzen heute ist nicht anders: Auto, Alkohol, sexuelle Abenteuer. Wie erbärmlich armselig ist das, was im Campus von Nza'ag zu haben ist - oder vielleicht doch: wie hochgestochen, wie verfeinert von höherer Gesittung und traurig ob seiner Vergeistigung. Ist das der schmerzdurchpulste Weg eines langsamen Reifens hin zu einem Erbarmen, in das hinein der Mensch sterben kann? Solche Weisheit würde ich gerne weitergeben - aber wem? Physische Müdigkeit, als milder Vorgeschmack des Todes, setzt Sehnsüchten eine Grenze. - Kindergeschrei vor den Fenstern, Fußball, drei blonde, drei echt kraushaarige und drei - wie nennt man's? So mischen sich die Rassen: weil Natur stärker *ist als Kultur oder weil die Kulturen sich angleichen? Weil des weißen Mannes, und insbesondere des Missionars, Bemühen um Paideia Früchte getragen hat: Freiheit, Gleichheit und das Streben nach Glück - nach Glücksgütern, die der weiße Mann erfunden und exportiert hat. Black and white in love ist schon längst kein Tabu mehr. Vielleicht wird es eines Tages Konflikte geben. Daran denkt niemand.*

In der Hafen- und Flughafenstadt. Vormittags auf der Treppe der Jahrhundertkirche, wartend auf Chr und die Flugscheine. Gestern also, der lange Rest des Tages. Besuch bei den Ehemaligen, die inzwischen komfortabler behaust sind als wir weißen Geistesgastarbeiter im Urvätergerümpel von Nza'ag. Das Jungchen, sein mädchenhafter Charme, viel zu hübsch zu ausgiebigem Angucken (als ob man dauernd Schokoladencremetorte essen müßte), der andere feist, jovial und selbstbewußt. Chr bändelte mit dem Mädchen, inzwischen vielleicht siebenjährig an; er demonstriert sein Interesse an dem, was er nicht hat, bisweilen gar zu offen - wie man nach etwas hangelt, das man im Grunde nicht braucht. Wie ich außer Chr weder Kg noch sonst wen brauche, und trotzdem schreibe ich die Tagebücher voll mit meinem Gehangel nach dem Nichtnotwendigen. Die Beschränktheit meines Horizontes ist mir ironisch bewußt.

Wir fuhren mit Taxi nach L.-V. hinab und setzten uns an den Atlantik, der gemächlich über das schwarzes Vulkangeröll der schönen Bucht heranrollte, Langwelle um Langwelle. Chr schrieb einen Brief, ich meditierte über 'Natur' und das 'Transethische'. Wenn jemand für unzurechnungsfähig erklärt wird, ist das eine Reduktion auf Natur pur, die ist, wie sie ist und nur im Verhältnis zum wertenden Kulturtier Mensch gut oder böse erscheint. 'Natur' am nächsten kommt der Daimon metaxu, so lange man ihn nicht durch Kultur gezähmt hat. Er hat kein Gewissen. Er weiß nur, was er will. Gegen fünf fuhr man uns zu einem Haus mitten in der lauten Stadt, wo Tag und Nacht die schweren Lastwagen die Anhöhe heraufjaulen. Da haust Mireille nun mit dem 'schönen Tier', das sie sich eingefangen hat (Chr's Formulierung). Und scheint weniger angepaßt als ihre Landsmännin in Nza'ag, die sich umgehend an die Erfüllung ihrer ehelichen Aufgabe gemacht hat (und auch mit schuld daran sein dürfte, daß Chr Anfang 76 wieder hervorholte, was ich seit damals neun

Jahren für negativ entschieden gehalten hatte. Vielleicht hat man ihm auch eingeboren zugesetzt mit Vermutungen und Mitleid. Da dachte er, es könnte doch noch sein; aber Afrika wollte er dafür nicht aufgeben.)

Wir saßen da also in dem verwinkelten, düsteren Bretterhause, das Mireille mit bunten Tüchern an den Wänden und Linoleum auf dem Zementboden ausstaffiert hat, sahen uns schöne Fotos der großen Hochzeit an und erfuhren nebenbei, daß gestern einer da gewesen sei, den ich gerade über den Horizont abzuschieben im Begriffe bin. In die Mireille kann ich mich über einige Vorbehalte hinweg intensiv einfühlen - in das große Glück, das zu allen Opfern bereit macht und die schäbigste Bruchbude im Glanze eines Märchenpalastes erstrahlen läßt. Das war das eine. Das andere war die Übernachtung daselbst in einem schrägen, engen Bretterverschlag mit offenem Gebälk; zwei Pritschen hatten da gerade Platz, und die Ratten sorgten für Unterhaltung, offenbar in Gesellschaft einer Katze, die Chr um Mitternacht aufschreckte, indem sie ihm von oben ins Bett sprang. Viel Schlaf war nicht zu finden im nächtlichen Lärm der Lorries - kein Wunder also die morgendliche Benommenheit und die leichten Kopfschmerzen bis hierher auf die Kirchtreppe, wo wir sitzen und warten. Die Fülle neuer Eindrücke, selbst wenn man sie von sich abzuwehren versucht, macht das Vergangene vergangen; es wird verschüttet. Wir übernachten also hier (die Preise ums Doppelte gestiegen) und fliegen morgen, Tagflug, Brüssel-Stuttgart, in eine andere Welt.

*

Wissenschaft
im Großformat
und die Vielfalt der Welten

☐

Das Jahr dazwischen

Die große Welt

Europa, mit dem Blick aus dem Regenwald Afrikas betrachtet: eine andere Welt. Die große Welt der Nordhalbkugel, die Welt der politischen Machtblöcke. Was ging da vor, was war da los in der Zeit vom Sommer 1979 bis zum Frühherbst 1980? Dem Tagebuch läßt sich kaum etwas entnehmen, weit mehr und fast alles dem Internet. Nur weniges soll notiert werden.

Über den Atlantik wanderte ostwärts... Der Wille, die wirtschaftlich florierende Freiheit mit allen militärischen Mitteln zu verteidigen, bestimmte die politische Großwetterlage. Bis an die deutsch-deutsche Grenze wanderte ostwärts ein Doppelbeschluß: Raketen mit nuklearen Sprengköpfen will und wird man installieren da, wo die beschließende Weltmacht weit vom Schuß ist und Europa als Schauplatz weiterer Heldentaten aus der Luft so schön dazwischen liegt. Eine deutsche sozialliberale Regierung findet das gut und richtig, spielt mit dem Feuer der Nachrüstung und Abschreckung, bietet freilich zugleich Verhandlungen an und hofft auf Entspannung. Auch die Neutronenbombe geistert bereits durch die Zeitungen, materialfreundlich, nur Organismen tödlich schädigend.

Im Lande Zarathustras, seit 1200 Jahren unterm Halbmond, hat eine Revolution einen westlich orientierten Illustrierten-Schah zur Flucht gezwungen. Zurückgekehrt aus langem Exil, beginnt ein Gotteseiferer, die Frauen wieder zu verschleiern, während im Reiche Albion eine ‚Eiserne Lady' gerade Premier wird. Was noch? Atommüll aus Kernkraftwerken lagert hier und da; und man demonstriert. Die Grünen formieren sich. In Polen wird gestreikt. Sartre stirbt. Tito auch. Japanische Autos überrollten den europäischen Markt. Eine christliche Nonne, in den Straßen Kalkuttas Sterbende aufsammelnd, erhält den Friedensnobelpreis. Die Sowjetunion marschiert in Afghanistan ein. Der erste Golfkrieg beginnt. Es mag genügen.

Mutterwelten

Es gab deren zwei. Beklemmend eng und düster öffnete und schloß sich die eine, die Mutterhöhle, darinnen eine Kopfneuralgie und die zermürbende Sorge um einen Enkelsohn hausten. Nicht wohlverdiente Ruhe und Genugtuung begleiteten das Alter Anfang Siebzig; noch immer und immer entnervender ging die Sorge um, grau, vergrämt, verbittert. Hoffnungslos. Was kontinentale Entfernung wohltuend verhüllte und vergessen ließ, ist plötzlich wieder da in aller Ausweglosigkeit. Eine Tochter, in Mitleidenschaft mit der Mutter sorgenvollem Großmutterdasein gezogen, wehrt sich und gerät in schuldhafte Selbstbehauptung. Warum war es nicht möglich, sich mit einem labilen, bei der Großmutter asylsuchenden Siebzehnjährigen abzufinden? Anstatt erlittenes Unrecht, längst verjährt, zu vergeben und Seelsorge zu versuchen, verhärtet sich das Herz.

Die Mutter hilflos allein lassend mit unlösbaren Erziehungsproblemen, weicht eine Tochter, festgeklemmt in gleicher Hilflosigkeit, aus in die andere der Mutterwelten, die, heiter chaotisch bunter Kleinkunst gewidmet und schwiegertochterfreundlich, Zuflucht gewährt. Weicht aus, um sich ungestört der Wissenschaft und rückwärtsgewandten Träumen widmen zu können. Habe ich nicht ein Recht auf mein eigenes Leben? Bin ich nicht ausgewichen bis nach Afrika? Kein böser Wille, bloßer Selbsterhaltungstrieb? Es war wohl doch nahe an schuldhafter Unbarmherzigkeit, die erlittenes Unrecht nicht vergeben konnte. Der Mutter Gram belastete; ihre ungewisse Hoffnung, Tochter oder Schwiegersohn könnten helfend eingreifen, erfüllte sich nicht. Recht wird zum Unrecht, wenn das Mitleid nicht hinreicht, sich auch desjenigen anzunehmen, um dessentwillen der Bemitleidete leidet. Alle Schätze, die eine erfolgreiche Tochter der Mutter zu Füßen legte, konnten die Sorge um das ins Abseits und auf Abwege gleitende Schwächere nicht aufwiegen. Muttersorge geht dem Verlorenen nach. Vergessen. Das Tagebuch bleibt Ankläger. Es erinnert an Ausweichen und Rückzug in die Wissenschaft nicht nur, sondern auch in Tagträume, die einer hochverfeinerten Luxusdroge glichen.

Die Wohlstandswelt

Es hilft nichts, einen Teil der Schuld an dem, was die Mutter bedrückte, auf die Gesellschaft abzuwälzen, auf das Wirtschaftssystem und die Wohlstandsmisere einer freiheitlichen Demokratie, die jeden nach seiner Weise leben oder sich zu Grunde richten ließ. Man nahm Verkehrs- und immer mehr Drogentote in Kauf; um den Sinn des Lebens hatte sich schließlich jeder selbst zu kümmern. Es ging den meisten doch gut bis glänzend; des Lebens Höchstwerte ließen die Dörfer zu Villenvorstädten aufblühen, die Auto- und Fernsehindustrie lief auf vollen Touren und die Supermärkte waren Schlaraffenland. Man aß gut, man reiste weit, man genoß Kultur aller Art und Unart. Das reiche Land lockte Arbeitsuchende und Asylbewerber aus aller Welt herbei, während es jenseits der Mauer trüb und grau aussah und man nicht einmal gutes Klopapier bekam. Was trieb inmitten solch herrlicher Zeiten die Jugend schon auf den Schulhöfen dazu, eingeschmuggelte Drogen zu konsumieren? Der Überdruß an Sexspielen? Das fehlende Kriegsspiel? Die jugendliche Lust am Abenteuer? Häusliche Misere, Erziehungsdefizite, blanke Sinnleere des Daseins?

Das Zeitgerüst der kleinen Welt

Ins Leere fallen würde vieles aus dem Heimaturlaub 1979 und dem folgenden Wissenschaftsjahr. Erinnerlich ist nur noch angespannte Geistesarbeit durch die Monate hindurch und der blaue Julihimmel am Tage des Rigorosums, am Tage vor einem gescheiterten Attentat, sechsunddreißig Jahre zuvor. Mehrere Reisen nach Bethabara verschwimmen im Ungenauen; das erste Klassentreffen war ganz entfallen, nicht hingegen die dankbare Hingabe, mit der die Arbeit einer Putzfrau, die zwanzig Jahre lang nicht getan worden war, an einem einzigen Tage und weit über Mitternacht hinaus von einer frisch promovierten Schwiegertochter verrichtet wurde. Ach, wäre doch in der Mutterhöhle gleiche Arbeit zu tun gewesen bei gepflegterer Atmosphäre! Die Mutter litt. Sie litt unter der Familienmisere. Die Tochter litt unter der Mutter Leiden und wich aus.

Was ist dem Tagebuch zu entnehmen?

Als erstes die freundliche Begrüßung von Seiten der Bruderfamilie des Ehemannes am Tage nach der Ankunft: abgeholt mit dem Auto, gelbe Rosen, Erdbeeren, Champagner, drei blonde kleine Kinder, ein modernes Haus im Bau, ein Freilichttheater gleich daneben und wäre es nicht schön, wenn die Schwägerin ein passendes Stück schreiben könnte? Dann, in der Mutterhöhle, das beengte Elend und das, was das Tagebuch als ‚verstocktes Martyrium' notierte. Der Ehemann kam bei seiner Mutter unter, die nach einer Woche ein Dachstübchen zur Verfügung stellte. Man besuchte einen arrivierten Klassenkameraden mit gepflegtem Eigenheim, Familie und Dreifachgarage. Man wurde in der Gegend umhergefahren von einem Besuch zum anderen, alles freundliche Leute; manche mit Beziehungen zu apart angegrautem ostpreußischem Krautjunkeradel. Man sah sich ein Freilichttheaterstück an, zeigte Fotos und Dias, machte einen Ausflug zu einem Barockschloß auf luftiger Anhöhe – seltsam fremd zog alles vorüber, wie nasses Gras an einem Hang, den man mühsam hochklettert. Man besuchte auch einen alten Lehrer, der einst mit Verstand Religion unterrichtet hatte. Das war alles noch im Juli, und der Hochsommer glühte.

Im August fuhr man, unterwegs einen künftigen Kollegen besuchend, nach *Bethabara*, wo eine ältere Kollegin den Anstoß zu einem Essay gab, der feministische Folgen nach sich ziehen sollte. Am Abend begegnete im halbdunklen Gang des großen, alten Hauses, was einst auf der Stolperschwelle nach Afrika festgehalten hatte. ‚Bist du es?' Die Begegnung und das mitgeteilte Unglück, das ein Jahr zuvor am Abendstern vorbei nach Norden geflogen war, verdrängten das ganze erste Jahr der *Valse triste* im Regenwald. Dennoch gelang es, am nächsten Morgen den Essay zu Ende zu schreiben und auszuhändigen. – Der Ehemann flog mit seiner Mutter nach Berlin; er flog kurz darauf nach Paris und London, um Bücher für eine Regenwaldbücherei zu kaufen, während die eigene Wissenschaft im Dachstübchen mühsam vorankam. Bei einem Besuch erzählte die Mutter vom Erstickungstod eines alten Mannes, um den sie sich als Nachbarin gekümmert hatte. Vom Enkelsohn erzählte sie nicht mehr; in stummer Ergebung der Tochter abweisendes Unverständnis hinnehmend.

Im September eine Tropenuntersuchung; dann klemmte sich das Dasein wieder hinter die Wissenschaft. In einem Gästehaus für Afrikaurlauber erduldete man den Lärm von Gästen aus Ghana bis Mitternacht. Ein Studierstübchen ‚bei dem Mönchen' fand sich durch Vermittlung der Schwiegermutter. Dann flog der eine zurück nach Afrika, die andere ging zum ersten Klassentreffen seit dem Abitur, bei welchem einer der Klassenkameraden eine Szene machte, die ihn seelsorgebedürftig erscheinen ließ. Eine Schilderung des Vorfalls ging an den Ehemann. – Im Oktober wurde zügig gearbeitet; zwischendurch das Studierstübchen in Augenschein genommen. Es war ein hübsches Stübchen mit einem freundlichen Vermieter.

Anfang November Umzug in die Stadt, in welcher anderthalb Jahrhunderte zuvor ein Dichter seine Nichtberufung für die Malerei entdeckt hatte. Die Nichtberufung für die Wissenschaft war längst entdeckt; um so verbissener hielt sich das Gehangel nach den sauren Trauben durch. Der *spiritus rector*, freundlich bereit, diese Rolle zu spielen, ließ der angegrauten Frau, die aus dem afrikanischen Busch kam, vertrauensvoll freie Hand; das Opus wucherte zu einem dreidimensionalen Hypothesenkunstwerk; das Rigorosum verbesserte ein gerechtes, wie sauer auch immer das Selbstgefühl ätzendes *rite* zu einem geschmacklich angenehmeren *cum laude*. Das Ziel war knapp erreicht.

Ehe es so weit war, vergingen angespannte Monate. Das Tagebuch dünnte aus. ‚Ich bin wie aus der Welt. Es ist gespenstisch.' Das Dasein schrumpfte ins Punktförmige. Die Wissenschaft wurde zum Moloch, der besinnungslos die Tage fraß. Fraß und fraß und immer kolossaler wurde. Das Fernsehen, Kaufhäuser, die Zeitung und Kulinarien wurden zur Versuchung. Der Lebenspuls waren Briefe, die hin und her gingen zwischen afrikanischem Regenwald und transalpiner Mansarde. Über Weihnachten, in der Mutterhöhle, war das Malen einer rosa Hyazinthe neben einem leeren Weinglas vor tiefblauem Faltenhintergrunde Erholung. Im Januar 1980 eine Reise nach Bethabara, wo *frau* feministisch den Essay vom August bestaunte. Die Kolloquien im Hause des Ordinarius zogen sich bis in den Februar. Ende März, nachdem ein Hauptteil der Arbeit eingereicht war, wurde zu Hause der Mutter Geburtstag gefeiert. Der eigene war untergegangen im Alten Orient. Am 23. Mai konnte vor einer weiteren Reise nach Hause mit dem Vermieter der Abschluß des Gesamtopus gefeiert werden. Wenig später übernachtete die Mutter, auf dem Wege zu einer Kur im Voralpenland, in der Mansarde, in welcher die Tochter dem bis dahin in der Familie unüblichen Werk der Wissenschaft oblag. Welche Mühsal. Während der Vorbereitung auf das Rigorosum verödete das Tagebuch vollends. Ein Nachgespräch klärte Mißverständnisse. Danach ein Aufatmen, ein Schwur: von jetzt an nur noch Literatur. Der Versuch, telefonisch nach Afrika durchzukommen, wo der Ehemann an vereinbartem Orte wartete, mißlang. Schlafen. Langsam wieder zum Leben erwachen.

Anfang August zurück zur Mutter. Sie schenkte einen Strauß rosa Rosen, kopfschüttelnd von wegen ‚wie kann man sich (als Frau) die Nerven mit so was kaputt machen'. Das Tagebuch notiert chronische Familienmalaise, kaputte Knie, Arztbesuche, ein Hörgerät; eine Verwandte aus dem anderen Deutschland und zwei Wochen Reisen. Nach Norden bis in die Gegend von Bremen, die Vaterschwester und Patentante zu besuchen. Ende August noch einmal nach Bethabara, wo *frau*, Zigarillos rauchend, den bestaunten Essay zum Zwecke einer Veröffentlichung abverlangte. Das Unglück vom Jahr zuvor war außer Landes. Eine Woche vor dem Rückflug die unvergeßlich irre Putzaktion, mit schmerzendem Kreuz, bis nachts um drei, in der umziehenden Schwiegermutter Häuschen. Ein Staublecken, das einem Sohne sicher nicht zugemutet worden wäre. War es nicht aus reiner Dankbarkeit freiwillig? Was willst du also? Zurück nach Afrika. Mit Verzögerung in Brüssel wegen Fluglotsenstreik und Taxipalaver bei der Ankunft. Noch ehe der September zu Ende ging, war im Regenwald alles in die alten Geleise eingefahren. *Tristes tropiques…*

Aus der Innenwelt

Das ‚Jahr dazwischen' mit dem felsig-festen Boden der Wissenschaft und dem Geröll äußerer Ereignisse, ließe es sich als *Isthmus* verbildlichen, als Landenge, beiderseits bespült vom Meer der Innerlichkeit, so würden die seltenen, rückwärtsgewandten Wachträume und wenigen Erlebnisse aus dem Reiche der Kunst Kräuselkreppwellen in flach abfallenden blaugrünen Buchten gleichen.

Der feste Grund, auch unter Wasser, der Verbundenheit mit dem Manne, dessen seelsorgerliche Briefe dem Dasein Sinn und Halt gaben, ermöglichte ein Wandeln über Wellen im Zustande allweiliger Abspannung von den Anforderungen der Wissenschaft. Eine *Valse triste*, in den ersten Wochen noch wortreich nachschleifend, wurde im August verdrängt durch die unvollendete Gefühlssinfonie *Bethabara*. Hinzu kamen zwei Unterströmungen, die auf das Felsgestein bewußten Widerstandes stießen: nein, *das* nicht. Es wäre auf vage Weise peinlich. Es gliche in keiner Weise der Poesie leichtfüßigen Hintanzens *über der Welle blumigen Schaum*…

Das Kunst- und Naturschöne
Das Bouquet der Kunstgenüsse sei vorweg erinnert. Das Fernsehen bot bunte Variationen des ewigen Themas, das im Regenwald in eigener Regie einen schmalen Schwarz-Weiß-Film durchs grüne und gelbe Gras zog. Über Weihnachten boten sich gleich drei Variationen. Eine ‚Rusalka' von 1977, *die traurige Mär von der Meerfrau, die Mensch werden wollte und ihre Liebe nicht sagen, im Sterben nur andeuten kann.* Eine Verfilmung der König-Ludwig-Saga mit der Leuwerik und O.W. *Der bayerische Hamlet, so schön traurig. So menschenscheu, zwei Schritte vom Abgrund, eine fragend erhobene Braue, aber sie will nicht hinab.* ‚Die Marquise von O.', *sehr genau verfilmter Kleist, nur der Versöhnungsschluß aufgeklebt. Der Graf als rettender Engel, im wehenden weißen Mantel herabspringend, den Degen ziehend, sapientis sat. Fort erobert, getötet und gezeugt. Nur der Mann kann schänden, eine*

Frau kann einen Mann nur schinden. Ende März, wieder zu Hause, bei der Mutter also, ‚Le Rouge et le Noir', mehrteilig. In Erinnerung blieb nur, wie langsam und gelassen der Held den Kopf unter die Guillotine legte, mit dem Blick nach oben. Nach dem Rigorosum vor dem Mansarden-TV, das zuvor strenger Meidung anheimgefallen war, ‚The African Queen', ein rares *Erlebnis. Ein Mann, Bogart, Rauhbein, eine Frau, Catherine Hepburn, spröde Jungfer, in doppelter Extremsituation. Überstandene Lebensgefahr treibt die Gegensätze einander in die Arme. Komische und heroische Effekte.*

Nach dem Rigorosum im Juli erst die Erschöpfung, dann eine neue Empfänglichkeit für Natur- und Kunstschönes: *ein plötzlicher Lindenduft und ein Stück Mond am hellen Abendhimmel. Mein Herz ist ein einsamer Jäger - eine schöne Formulierung. Mehr weiß ich nicht. Das Mitmenschliche gleitet an mir ab. Ich will nichts mehr.* - An einem Abend Anfang August wird das Tagebuch wieder gesprächig. *Der heiße Sommertag. Ich hab mich aufgerafft und ging in den großen kühlen Park, wo der Rasen mit hellem Bratfleisch belegt ist. Am Wehr, wo das Flüßchen schneller fließt, sah ich badende Knaben und Nymphen. Ich bin weit entfernt von lesbisch, aber ein Mägdelein daselbst mit oben ohne exponierte so schöne Venusbrüste, daß ich ästhetisch beeindruckt war. Das Haus der Kunst, dieweil es gerade offenstand, hat beeindruckt mit Wenigem unter dem Vielzuvielen. Zweimal weißer Schierling quadratischen Formats, einmal klobig, einmal fiedrig vor Lichtgrau und Hellgrün. Eine mazedonische Landschaft in satten Erdfarben, schokoladenbraun und honiggelb, raffiniert-naiv gewölbte Hügel und Baumkronen. Eine Fönlandschaft im Corot-Stil, Hingehauchtes über cezannehaft Brüchigem. Surreal helle Nächte, schattenwerfend, Doppelmonde. Zitronen auf weißem Tischtuch; die Frische des Linnens, gemalt in Grautönen. Ein Großformat ‚Wintersonne': ein Vorhang, ein Stück Stuhl, der Schatten einer Bierflasche und rechts oben das Bildnis einer Renaissancedame. - Das teure Bilderbuch mit den Kunstwerken der Wenger im lichten Eukalyptuswald von Oshogbo gekauft. Darin ein Prospekt für einen anderen Bildband: ein äthiopischer Krieger mit schmalen Gemmenaugen - ein hinreißend schönes Mannsbild. Ach, wie dürftig ist das, was eine Laune des Zufalls mir auf einer Lichtung im Regenwald in den Weg geworfen hat!*

Befindlichkeiten

Schattenspiele im Halbschlaf.
Im Juli 79. - Wie gut es tut, sich gesundzuschlafen von einer hochsommerlichen Erkältung, in flauschige Träume und Halbträume gewickelt und wie aus der Welt. Es schieben sich übereinander Schattenspiele dessen, was im Regenwald eine Anmutung von Muse war, illusionsreicher Ersatz für Bethabara. Kg ist wieder nahe gedriftet mit ungewohnter Zutraulichkeit, nicht mehr zu stolz, Geld anzunehmen und ein Hochzeitskleid für seine kleine fette Auserwählte zu erhoffen.

Die verfloßne Jünglingspoesie überschneidet sich mit dem, was mir das letzte Jahr in die müde Seele geworfen hat. Es liegt nun vor schwarz auf weiß auf Zelluloid, und es geht etwas vor sich, das der Volksmund ‚vergaffen' nennt. Es steht da, gruppiert mit anderen, mit klarer Stirn und schönem - wahrhaftig, vielleicht nur ein Zufall der Beleuchtung im Nachmittagslicht, eine verschönernde Einbildung und schmal Liniertes um den Blick, der gen Abend gerichtet ist. Ich werde - she said, next time. Eine Pflicht, ein Vorwand. Why not. White ladies like dancing. Melancholie in Goldgrün, Kopfschmerzen, Hinkebein - es ist alles noch da und so nahe.

Die Muse und das Wichtigste zum Leben.
Nachtträume, die vor der Tagesvernunft ins Dunkel zurückschrumpfen. Tagträume, die sich den Worten nicht fügen wollen, so brüchig ist das Gefühlsgewebe. Nur das Tagebuch reicht über die Grenzen des Ich hinaus. Das Leben in eine literarische Form bringen - wie, wann? Dieses Geschreibsel ist alles, was ich habe - außer dem Wichtigsten zum Leben: Chr. Warum genügt es nicht? Weil ich Chr auch nicht genüge. Wir brauchen außer einander nicht nur den Beruf, sondern noch etwas daneben. Er braucht die Dame Wissenschaft, die ich nun abhalftern will. Ich umbuhle eine spröde Muse.

Selbsterkenntnis.
Was wird bleiben? Nichts. Alles geht mit ins Grab und verwest. Jede Generation lebt ihr eigenes Leben. Mein Leben ist Chr, den ich halte, ich weiß nicht, wie. Zuwendung Gottes in Menschengestalt. Was will ich darüber hinaus? Was ist an Selbsterkenntnis hinzugekommen im vergangenen Jahr, seit im

Oktober der Tulpenbaum blühte? Der Wunsch, in diesen späten Tagen zu sein, was ich bislang in selbstbewußter Verachtung nie sein wollte: als Frau bemerkenswert auf ungewöhnliche Weise. Ein wenig faszinos durch die Gegend wandeln, silbergrau durchgeistigt, umweht von spätsommerlicher Resignation, bemerkt in anfänglich träumender Unschuld. Es sollte noch einmal, begrenzt von abgeklärter Weisheit, ein schmaler Streifen vom Inselufer Kytheras aufleuchten. Sein im Wahrgenommenwerden auf verdämmernde Weise. Statt einseitiger Bezogenheit, die sich auch zu Sternen und Landschaften herstellen läßt: Sein für einen weiter nichts Ahnenden. Es ist der Wunsch nach Wirklichwerden durch Wirkung.

Das Wenige, filigran.
Ich habe etwas zum Spielen und Träumen. Es ist sehr wenig; aber weil es so filigran ist, ein haarfein ausgezogener Silberdraht, läßt sich ein vielfach verschlungenes Spielzeug, etwas wie eine Hohlkugel, daraus wickeln. Oder etwas, das der schmalen Sinnlichkeit einer jungen Mondsichel gleicht oder eines Eukalyptusblattes. Es ließe sich ein durchsichtiger Rahmen biegen für einen unbeaufsichtigten Augenblick, der sich zu weit aus dem Fenster lehnt in ernsthaft stillem Hantieren, das wie Klavierspiel berührt, bis es sich durch ein unvorsichtiges Wort verrät und abbricht. Es ließe sich das Geschmeide der ‚kleinen Szenen' nachbilden – etwas, das übrig bliebe, ‚wenn ich tot bin und du alt bist'. Wie kommt es, daß es sich in Anreden äußert? ‚I have seen so many faces in your face..." ‚It's the small boy trapped me. Je me méfie de l'homme adulte.' It is the rareness of irreproachable single life that makes the little I know precious.

Afrikanischer Elfenbeinturm.
Was da Neues begann im Oktober 78, das Spiel der Anmutungen, der Flirt mit einem Phantom der Muse: es ist mein afrikanischer Elfenbeinturm im Ebenholzgehölze, darin es umgeht. Ich dachte: aus den Augen, aus dem Sinn. Aber es fängt erst richtig an. Ich versuche mich loszuschreiben, indem ich wiederhole. Leider sind nicht nur die Wörter abgenützt; auch das Pathos, dem sie dienstbar gemacht werden, ist verdächtig. Vielleicht wird die Wissenschaft dem Träumen abhelfen. Vielleicht wird sie es kompensatorisch verstärken. Es ist Julimitte. Ein Freyatag, ein dreizehnter. Das Tagebuch geht heut zu Ende; mitten am Tag werde ich ein neues anfangen.

Neues Tagebuch.
Das vierte Tagebuch der Afrikajahre. Das dritte war im September 77 begonnen worden, als offene Möglichkeiten und der Zwang zur Entscheidung die Zukunft verdunkelten. – Die Erkenntnis von der Verbrauchtheit der Worte half nicht viel. Die Sprache suhlt sich weiterhin im ‚Geheimnis', im ‚Träumerischen', gar im ‚Absoluten'. Sie rafft an sich das ‚Schreckliche', das ‚Wunderbare', ‚Glanz und Skandal'; schwelgt in Paradoxien, in der ‚Raffiniertheit des Primitiven' und in verqueren theologischen Analogien (‚wie naiv ging der Menschensohn auf den heiligen Gott zu, nannte das verzehrende Feuer Vater, bis er merkte, was es war und da war es zu spät.') Als sei innere Verwahrlosung der Preis für äußere Selbstbeherrschung und das Gefühl der Sicherheit im Käfig der Ehe. Daneben kommt es weiterhin zu Nachdenklichkeiten.

Almosenliebe und Sein-für.
‚Gifts make love real'. Das ist afrikanischer Realismus. Mit ‚gifts' ist Geld gemeint und mit ‚love' Almosenliebe und der weißen Frau Ausbeutbarkeit. ‚Gift' kann auch die Gabe der Bestechung sein. Mudfish and rice – mein Glück, dem ich nicht auf den Grund zu blicken wage! Mit leichtem, lockeren, silberdurchknüpftem Haar träumt es vor sich hin, wie einst in Bethabara: Sieh mich doch an, sagt die Narzisse, ehe ich ganz vergehe! Aus einem Hauch Traurigkeit um-willen entstünde ein Hauch Sein-für. Selbst der Eremit im wilden Wald, allein an Gott geknüpft, weiß, daß man von ihm weiß. Ich hangle nach dem Luxus eines Seins als rein ästhetischem neben dem existentiellen, das ich Chr verdanke, und dem materiellen, das ich mir selber verdanke.

Trance und ein Gedicht.
Dieses Deutschland voll duftender Rosen und stinkender Autos. Wie mühsam läuft die Arbeit an. Ich bin wie tot. Ich horche nach innen zu dem, was da war und so schnell vorüberging. Ich träume zurück in den Regenwald. Ich wünschte so sehr, es sei alles in träumender Unschuld geschehen und rechne doch mit Berechnung. Man muß sich die Weißen gewogen machen. – Ich würge an Wissenschaft und lebe zugleich wie in Trance. Im Traum bleibe ich in Stacheldraht hängen, stapfe durch Schlamm, male Schatten mit weißer Farbe, suche nach Jg und das Bedauern, ihn nicht zu finden, schwindet dahin im Nachglanz einer musazeengrünen Epiphanie.

Ein Gedicht ist mir erschienen, als ich in der Sonntagmorgensonne in der Schwiegermutter Gärtchen saß und ein Stück Wissenschaft abwürgen wollte. Ein Gegenstück zu dem Epiphanie-Gemälde. ‚Apfelgrün' freilich ist zu europäisch, und das Hintergrunddunkel müßte mit dem Kernholz tropischer Ebenazeen verglichen werden. Unvollendet ist noch das ‚Epithalamium für Fortunatus'. (‚Keine weiße Agbada...') Meine Wissenschaft wird lang und länger. Ich lebe nicht, ich vegetiere als Hirntier.

Bethabara im August 79.

Als wir in diesem Hause aus dem Fahrstuhl stiegen und der lange dunkle Gang mir entgegensah, brach es durch sechs Jahre hindurch. Der Unterschied im Erlebnismodus zwischen Bethabara und dem Regenwald ist wie der zwischen einem Gedicht von Rilke und einem von Benn. Damals war es ‚Ich könnte auch noch die Sterne / Fassen in mir, so groß...' Jetzt ist es ‚O Nacht, ich will ja nicht so viel.' Damals ein Absolutes, vergeistigt, auf gleicher Ebene, Hochseilartistik, die Komödie unsrer Seele. Jetzt das naiv Berechnende auf der einen, Narzißmus auf der anderen Seite. – In der frühherbstlichen Morgensonne, zwischen den Rosen, kommt alles wieder. Die Atmosphäre ist so dicht, als sei damals ein Teil meiner Seele hier abgetropft und dampfe nun wieder herauf. Was war falsch an den sechs Jahren Ehe zuvor? Warum sank die Seele diesem Ungebundenen zu? Weil jede Ehe, auch die dankbarste und leiblich treueste, ein Abfall ist von etwas, das untergehen muß? – Chr zieht Erkundungen ein, weiß, daß Jg da ist und in der Nähe wohnt mit Weib und Kind. ‚Wenn du willst, gehen wir ihn besuchen.' Will ich? Einem zu sich selbst und in des Lebens allgemein-leibhaftigen Sinn Eingekehrten wiederbegegnen? Krame ich nicht lieber in Geheimnissen? Verblute ich nicht lieber in traurig-schönen Gefühlen?

Nun muß ich doch schreiben. Er kam, den meine Seele rief, und stand vor mir, im Halbdunkel vor der Tür, als ich aus unserem Zimmer kam. Ich nannte ihn beim Namen, gab ihm die Hand, rief Chr herbei und wir gingen in den Salon, saßen an einem runden Tisch und die traurige Geschichte einer schwierigen Ehe entrollte sich wortreich. Das Mysterium matrimonii hat sich erfüllt in einem Kind, aber ach, das Glück ist nicht in Bethabara. Was dieses Haus und alle Welt weiß, hat nun auch den Weg zu mir gefunden. Ich zerfließe in Mitleid. Das ganze letzte Jahr versinkt.

Ein plötzlicher Weinkrampf, von dem, den es auch anging, nachsichtig ertragen; der Entschluß, eine Soirée durchzusitzen, wo der ‚Fall' abschätzig behandelt wurde. Am nächsten Morgen der Sieg des Willens, einen Essay zu Ende zu schreiben, aufgrund dessen Jahre später ein Verlag ein Buch in Auftrag geben sollte. Dann war es September.

Alleinsein.

Chr fliegt zurück nach Afrika; ich verabschiedete ihn am Flughafen und würgte den Kloß in Halse hinunter. Wie werde ich alleine zurechtkommen, mit all der diffusen Angst und den Alpträumen.. Vielleicht lernt man die Dankbarkeit wieder, die einem abhanden kommt im täglichen Beieinander. Vielleicht merkt man wieder, wie sehr das Normale zugleich das Ideale sein kann. Ich strebe nach dem Unbedingten nur, wenn ich fest genug ans Bedingte gebunden bin. Wenn Chr auf dem Spiele steht, kehre ich von allen Höhenflügen zurück und krieche am Boden. Er ist das Wenige, das not ist. Ich möchte mich mit keinem anderen Menschen ablenken, auch nicht mit dem Klassentreffen. Daß ich in M. mit einem Junggesellen zusammen hausen soll, schafft mir Unbehagen. An den Leuten, die über meine Wissenschaft zu befinden haben werden, möchte ich auch gut vorbeikommen.

Oktoberlicht.

Am Rande der Wissenschaft ist plötzlich Gewesenes wieder da, hier in diesem Schloßpark, kompakt wie eine Skulptur von Moore über grünem Rasen. Nacktes Gestein, umspült von Oktoberlicht, darin sich in dunklen Wellenringen ein Lächeln ausbreitet, hinaufrieselnd an einem weißen Strand. Der Boden ist felsig, antik und von Säulen geheiligt, der weiße Sand jedoch, bespült vom Meer rings um Kythera, gibt nach. Es läßt sich nicht ausklammern, aber es bleibt irreal, ein Innenbild auf Goldgrund. - Schöne Herbsttage, sonnig, kühl und frisch. Übermorgen ziehe ich aus der einen Mansarde in die andere.

Ausweichen.

In dieser Hochgebirgsnähe ist der Himmel so blau, daß einem schwarz vor den Augen wird; auf den Rasenflächen der Parkanlagen liegt morgens Reif, der das Grün ins Gletscherhafte unterkühlt. Ich bemühe mich, auszuweichen - ins Blaue, ins Grüne, in Beethovens Klavierkonzert c-moll, zu dem einen und zu dem anderen, als seien beide eine legale Zuflucht vor Neuem, das ich nicht will. Der Vermieter, ein junger Mensch, ist etwas tappsig, aber sehr hilfsbereit; der akademisch Zuständige so entgegenkommend und so jünglingshaft, fast wie Chr, daß ich ins Stottern gerate. Mit dem Mute des Müssens stürze ich mich in eine Materie, die mir widersteht. Ganz ungewohnte Schüchternheit macht mir zu schaffen. Lieber Zahnschmerzen als dieses Gefühl der Peinlichkeit. Diese Berührungsängste.

Traum-Hydraulik.
Alles, was durch verbissene Arbeit verdrängt wird, kommt nächtens hoch. Nur andeuten, was im unteren Dschungel umgeht. Die übliche Hydraulik. Verwechselungen; ich tanzte Menuett führend. - Ein anderes Fragment: Illegitimes, das den Ruf ruiniert, braute sich zusammen. Aber Chr blieb bei mir, billigte den Skandal sogar, um einen rassistischen faux pas auszugleichen. Bei einer geographischen Examensarbeit wußte ich nicht weiter, suchte in einer Ecke nach einer Landkarte und förderte zerknülltes Packpapier zutage, das mir über den Kopf wuchs. Meine Mutter half mir, da kam die Nachricht vom Tod ihrer Mutter. Wir gingen hin; sie lag friedlich im Bett. Dann flohen Ferkel in Panik vor einer Muttersau, die sie fressen wollte. In rasender Eile kamen sie in die Barakke gerannt, in der wir einst als Flüchtlinge hausten und in die ich sie erst nicht hereinlassen wollte, und verkrochen sich in einer Ecke in eine Plastiktüte.

Während der Weihnachtsferien.
Noch ein Traumfragment. Der von Bethabara sollte ein Mädchen beschützen und wurde in einen Käfig gesperrt. Ich wollte ihn nur sehen, aber es waren zu viele Leute da. Eine dunkelviolette Wolke Traurigkeit hüllte mich ein. Warum tönt ‚Sehnsucht' so kitschig? ‚Pothos' hört sich auch nicht besser an. - Es sind beide da. Aber der eine bleibt näher als der andere, den ich mir ins Tagebuch zusammengeklaubt habe faute de mieux, einen würdigen Clown als Ersatz für den intellektuell wendigen Jüngling. Für den von Bethabara könnte ich ‚etwas' schreiben, er würde leiseste Anspielungen verstehen. Der von Lah könnte nur skandalös daneben oder in eine profitliche Richtung rationalisieren. Eine Kurzgeschichte schwebt mir vor, ein Höhenkultfest in dem Dorf, von dem ich nur das bunte Bildchen kenne. Rituale als Schutzmaßnahmen und die Schizophrenie des Mitmachens. Was gespielt erscheint, ist in Wahrheit der ganze unselige Ernst. Die Maske legitimiert das Illegitime. Und ein Vollmond geht auf.

Bethabara im Januar 80.
Was ist es? Es ist von der sanften Bitterkeit ungezuckerten Pampelmusensaftes. Die Vergangenheit ist wieder da; mit Taubenfüßen krakelt sie Erinnerungen in den Sand der verrinnenden Zeit. Noch immer kommt mir im Halbdunkel der Flure Jg's schwanke Gestalt entgegen, umflort von ironischer Resignation im Blick auf verlorene Illusionen. Ich frage niemanden nach ihm. Er ist gegenwärtig im Verschweigen und Verzichten. Etwas, das seinem Ursprunge nach von unten kommt, aber so sehr vom Leiden überschattet ist, daß kein Gesetz und kein Gewissen mehr anwendbar sind. Zwischen mich und Chr sind das Gesetz und der Alltag gekommen. - Zurück in der Mansarde: Chr's Brief hat mich aufgefangen.

Februar. Sachzwänge. Narzißmus.
In einem Campus im Regenwald habe ich die Initiative fest in der Hand und kann zusehen, wie das Rollengefälle großartig naiv oder berechnend überspielt wird. Hier bin ich in Sachzwängen als Untermieterin und als akademische Aspirantin. Freundlichkeit wird zur Eisfläche, auf der ich auszugleiten fürchte. Das Kaminfeuer und die Vorschußlorbeeren, die man meinen angegrauten Haaren gönnt, bringen mich in Verlegenheit. Ich fühle mich unsicher. Ich will hier wissenschaftlicher Askese leben. Ich brauche nur Chr's Briefe, und ein bißchen Pendeln zwischen Jg und E..

Krampfadern, geschwollene Knie, Altweiberbauch, aber nach jedem Haarewaschen ein narzißtischer Moment, so störrischduftig ist ein aknezernarbtes Gesicht umrahmt. Wenn ich durch die Stadt gehe und in mich selber zurückschrumpfe, holt Jg mich ein. Er ist noch immer Kristallisationspunkt freiflutender Seelenteilchen. E. kam faute de mieux dazwischen.

Mai. Verschüttet.
Während ich noch vom Tanzen träume, werden meine Knie steif. Ich schreibe kaum noch Tagebuch. Ich bin wie verschüttet. Ich suche noch immer nach Jg, weil Chr mir festen Boden unter den Füßen gibt. Ich lebe abgesichert, mit mehr Geld als ich benötige. Seit ich mich aufs Rigorosum vorbereite, glaube ich nicht mehr an mein Genie, sondern stelle mich auf die Beinahe-Katastrophe ein. Wo ist das Glück, auf das ich keinen Anspruch habe? Es ist alles seltsam unwirklich. Wenn ich nur durchkomme. Danach werde ich wieder ein Mensch sein.

Juli. Träume davor und danach.
Nacht vor der Prüfung. Erst war da der alte Uhu, der löwenmähnig weißhaarige, und wurde zudringlich. Dann war ich unter Leuten, die auf etwas warteten, Chr war auch da, undeutlich, Jg auch, deutlich. Es entstand Musik und man begann zu tanzen. Ich blieb reglos in einer Ecke, Jg in einer anderen machte sich meinen Verzicht zu eigen, und so waren wir eins. Seine Einfühlung empfand ich als das große Numinosum, nicht beglückend, eher als kytherisches tremendum. Das gibt wieder, wie es war. Dann mußte ich durch eine Kanalunterführung, hatte Angst vor Kloakenwasser und sah dann, daß es flaches reines Wasser war. Unverständlich.

Sei es ein Wunder oder Strategie. Ich bin durch. Niemand frage mich, wie. Nichts als schlafen.

Die Nacht danach. Wie ist das möglich. Wie kann absolute Korrektheit im Verein mit unbefangener Freundlichkeit so Ungewolltes zuwege bringen? Zurückhaltend harmlos, eine tröstende Geste, und dennoch ein Übergriff. Eine Wiederholung über zwanzig Jahre hinweg? Eine Verschiebung von Chr her? Von Jg her? Zu ihm will ich zurück, für ihn hab ich den Teil geschrieben, der am anstößigsten wirken muß. Ihm bin ich noch das große Gedicht schuldig.

Wirklich, ich will es nicht. Es ist mir peinlich. Ich gebe mir alle Mühe, so nüchtern und höflich wie nur möglich vorbeizukommen. Es fühlt sich an, als sei ich einer Gefahr nur knapp entronnen. - Ich versuche, erschöpfte Gefühle wiederzubeleben mit afrikanischen Szenen.

Beschwörung.
Ich will weg - wohin? Das Tagebuch zeigt, was innerlich am Leben erhalten hat, ehe diese Pflichtübung in die Wüste trieb: Das Phantom der Muse und ein wenig Wein. Nun versuche ich die Beschwörung mitten im Nervenkrieg der Mutterhöhle. Meine Heimat ist Chr. Am Anfang des Fernwehs war Jg, was wird am Ende sein? Jg sucht noch immer meine Traumgefilde heim. Er wollte mich in eine Diskothek führen, lauter blonde Mädchen, und ich wußte nicht, was ich da sollte. Man stand herum. Er trug eine randlose Brille und sah sich nicht ähnlich. Wir gingen weg und eine Straße entlang, ich nannte ihn auf italienisch bei seinem Namen und sagte: Ich möchte deine Traurigkeit verstehen.

Bethabara im August 80.

Der Luxus der Erschöpfung, auf der Reise nach Norden erst und nun auf einer nach Süden, noch einmal die Ehre zu haben, zu einem distinguierten Weiberverein geladen zu sein. Wie Macht funktioniert, das hat mich der Campus im Regenwald gelehrt. Zwischen Wurzelknollen und Blütendüften mag es viele Abzweigungen geben. Eine Queen Kophetua, die einem Bettler zu Füßen säße, gibt es nicht. Es war bislang immer die Frau, die durch erotische Macht die soziale Position des Mannes ausbalancierte. Ein Prinzgemahl war bislang immer ebenbürtig. Vielleicht wird sich das auch ändern. Was mir da begegnet ist, dürfte ein Gemisch aus Impressionismus (das Inspirierende ästhetischer Kontraste) und überschüssig-unbeschäftigter Seelenenergien sein. Es ist jedenfalls kompliziert, reflektiert und zwiespältig-subtil.

Hier bin ich wieder. Vor der Tür liegt ein Kieselstein mit Kärtchen, ,...stärken und bewahren vor dem Argen.' Wenn ich von Jg nach Nza'ag denke, wird mir schlecht. Dieses alte Haus, die Stolperschwelle 73 und das gegenwärtige Unglück - alles hat mich wieder. Dieses Leben wird uns keine Brücke mehr bauen, auf der wir uns noch einmal begegnen könnten. Sprich zu mir. Gib mir noch ein weniges von dem, was nicht ist - zum offenen Fenster hinaus ins Leere. Der Chemiekonzern stand gewaltig am Horizont, als der Zug einfuhr. Man gratulierte mir mit sieben langstieligen rötlich-gelben Rosen. Man weiß, was sich gehört. Ich bin ja auch normaler als das Unglück, das hier um die Ecke wohnt. Es sieht's ja niemand, daß noch immer Tränlein rinnen, bis in den Mund, wenn ich liege und träume. Das Faulenzen ist wunderbar. Ich kultiviere Doppelbödigkeit unter diesen Frauen. - Erpressungs-Traum. Einer der Studenten benahm sich frech; als ich ihn rügte, wurde er frecher; ich merkte, wo es hinaus wollte und zog mich in Chr's Nähe zurück. Von ihm befürchtete ich nichts, aber vor den schnöden Verdächten der anderen. Die graue Eminenz, die mich vor einem Jahr zu dem Essay aufgefordert hat, der nun so hoch gelobt wird, weiß von Chr, der es ihr in einer schwachen Stunde erzählt hat, um ,die Komödie unsrer Seele'.

Jetzt weiß ich es wenigstens. Ich habe doch noch den Mut aufgebracht, nach Jg zu fragen. Er ist nicht in dieser Stadt und auch nicht in diesem Lande. Man lebe getrennt. Er hoffe. Ich ging in mein Zimmer und heulte, und Chr war nicht da, *mich zu trösten. Wahrhaftig, ich erwarte von einem Ehemann das Verständnis eines Psychotherapeuten. Und ich liebe den anderen noch immer, seines Unglücks wegen. Und Chr soll verstehen und Verständnis zeigen. Mitleid mit mir haben. Um keinen Preis wollte ich mit Jg verheiratet sein. Das Fleisch hat keinen Teil an dieser Leidenschaft. Jg hält mich fest, weil er mir vor sieben Jahren meine Seele wiedergegeben hat, die mir in der Ehe mit Chr unbemerkt abhanden gekommen war. Im Haushalt, im Bett, in einem Übermaß an frommer Dankbarkeit. Ich liebe Chr, aber anders, schmerzloser, freundschaftlicher. Jg ist das Unbegriffene an mir selber, das mich umtreibt. Etwas, daraus sich Literatur machen ließe.*

Die Nacht der Erschöpfung. Schlafen am hellen Tage. Erst morgen zurück in das andere Elend, das aus Fleisch und Blut. Geträumt von einer Umarmung, nicht identifizierbar, aufrecht und angekleidet, und der Qual der Nichterfüllung. Vielleicht die Umsetzung des Weinkrampfes von gestern nacht. Das neu aufgebrochene Leiden steckt wie ein Klumpen in der Seele. – Ich lief durch die Stadt, ich wollte nichts, weder Bücher noch Konfiserien, nur ein wenig roten Sandstein über dem Fluß. Ich wollte nur das Gefühl des Unglücks, das durch Chr vor Selbstzerstörung bewahrt bleibt. This house is a haunted place. Welche Gerüchte gehen darin um? Wenn mir, wider die Wahrscheinlichkeit, ein Teil der Schuld an diesem Unglück zufiele, weil einer, verwirrt von dem Wenigen, das da war, in einer überstürzten Ehe Heilung suchte – wäre es eine felix culpa? Was ich verstehe, ist: daß ein Kind eine ewige ontologische Bindung bleibt, selbst wenn die Ehe scheitert.

In dieser Nacht bin ich wieder älter geworden. Die Träume waren tragisch. Ich lief einen von Gefahren umgebenen Waldweg entlang auf ein unbestimmtes Ziel zu, wandte mich um und sah in einiger Entfernung Chr am Wege liegen, quer, von Hunden angefallen. Lief zurück und sah, daß er sehr verwundet war, vielleicht schon tot, sah seinen Mund, hob seinen Kopf, küßte ihn und fühlte. Er ist noch am Leben. Mein Leben. Was hab ich, was bin ich ohne dich. Der andere Traum war böse. Ich war eine alte und mächtige Tyrannin, der man gern entflohen wäre. Aber man fürchtete meine Rache. Ich wandelte schon in Leichentücher gehüllt umher, wollte an einer Hausfassade hochklettern, rief, daß man mir helfen solle und man lief davon. Vor Zorn kam ich aus eigener An-

strengung hinauf und verfolgte dann, die mich im Stich gelassen hatten. Diesen Traum verstehe ich nicht. - Man muß den Tod überdenken. Über ihn hinausdenken. Eine gemeinsame Urne für unser beider Asche wünsche ich mir, und auf dem Grabstein soll stehen, Hier ruht die Asche von H. C und Chr.B., geboren, geheiratet, gestorben. Dazu: <Il n'y a pas d'amour heureux mais c'est notre amour à nous deux.> Und das Sprüchlein, das in unseren Eheringen steht und das uns nach Afrika gebracht hat.

Zurück nach Afrika

Wie wird es mit meiner Mutter hier weitergehen? Ich denke auch an Chr, der sich in ein Taxi setzen wird, um an die Küste hinunter zu fahren. Alles ist egal, wenn er nur gut ankommt, während ich ihm entgegenfliege. Alles kommt wieder auf mich zu, aber das Phantom der Muse hat nicht überlebt, diese musazeengrüne Anmutung. War auch nicht zu erwarten. Trotzdem wird es wieder da sein. Und andere, Neue werden da sein. Ich möchte Chr besser verstehen und mich mit ihm vertragen.

*

Abstieg
in einen Gemüsegarten

Das zweite Jahr

Zurück in den Regenwald

Es ist, als sitze eine Graie noch einmal am Dreiweg und senke den Blick hinab in das Tal zur Linken. Wie enge, wie steinig, wie düster. Wie vergeblich der Kampf um ein gelingendes Leben. Die Mühsal. Das Durchhalten, aufopfernd, sorgenvoll. Aber da unten, zwischen Dorn und Stein, wurzelte auch das zähe Streben hinaus aus bedrängender Enge und schließlich, mit einem Bildbruch, der Flug hinweg ins Abseits Afrikas.

Abgehoben, nahezu verspielt mutet im nachhinein an, was auf einer Lichtung im Regenwald drei Jahre hindurch sich hinzog, setzt es sich einem Vergleich aus nicht sowohl mit der Geistesleistung des einen Jahres dazwischen, als vielmehr mit der Nervenkraft, die das Verweilen in der Mutterhöhle abverlangte; mehr noch mit einem Versagen, das erst spät als Schuld bewußt wird. An den Hoffnungen der Mutter ging eine Tochter, versponnen in des eigenen Lebens Netze, irritiert vorüber und zurück in den Regenwald. Zurück in einen anspruchsvollen Beruf und ins Unverbindliche subtil verspielter Möglichkeiten heilen Überstehens einer herkömmlichen *midlife crisis* .

Erschienen war kurz vor Beginn des ersten Jahres einer *Valse triste* ein ‚Phantom über malvenfarbener Wüste', erinnernd an die Episode *Bethabara,* um sich kurz darauf locker mit einem Musazeengrün zu verbinden. Als zu Anfang des Jahres dazwischen das Urbild des Phantoms als Gescheiterter begegnete, zog es noch einmal hinab ins irrational Abgründige.

Der *Abstieg* des zweiten Jahres war wohlbedacht.

Wäre Unbedachtes denkbar gewesen? Ein Sog hinab ins abenteuerlich Ursprüngliche, Urwaldhafte, ein Trieb ins Treibhaus, ins Modrige zwischen morschem Gewurzel unter Riesenfarnen; in sumpfig-dumpfe Dämmerung unter dichtgekraustem Laubgewölbe? Ein Tasten und Taumeln hinab in das lautlose Daseinsgerangel zwischen tropischen Langhaarflechten, grau und gespenstisch herabhängend von nackt in einander verknotetem Lianengeschlängel, purpurviolett und schwefelgelb überblüht von schwüler Orchideenexotik? Wer jemals weit genug in solche Wildnis eindrang mag von Erlebnis reden. Hält nicht allein schon die Vorstellung von afrikanischem Urwald: atembeklemmende Schwüle, das Schwälende mit ä, das Halbdunkel und eine gewisse languide Müdigkeit poetische Potentiale bereit? Gewiß und sicherlich. Jedoch nicht im Falle einer *Valse triste* auf einer Lichtung. Es mochte ringsum viel Nebel- und Regenwald stehen. Es krochen daraus keine Verlockungen. Suche und Sehnen gingen hinauf in die offenen Horizonte des Graslandes. Anderes war nicht denkbar.

Im zweiten Jahr einer *Valse triste* ging es zwar hinab und in eine Wildnis. In eine Wildnis jedoch, die zu kultivieren war.

Der Abstieg führt in einen Gemüsegarten.

Das zweite Jahr einer *Valse triste* im Regenwald blickte zurück auf irritierende Impressionen im Umkreis eines Phantoms der Muse in Musazeengrün. Ein gelbes Schlängleins hatte zu Bewußtsein gebracht, was der Fall war. Aus Kleinigkeiten, aus Unerwartetem (ein Scharren auf Zement; ein Anfauchen unterwegs; Räucherfisch, Krankenbesuche, ein Doppelporträt auf der Küchentreppe, eine Widmung zum Abschied) hatte sich ein schwebend uneindeutiges Beziehungsgeflecht geknüpft. Ein Gewebe aus Begegnungen in einem pädagogischen Gehege auf dem Hochplateau der Vermittlung abendländischer Wissensschätze und Wertvorstellungen im Bereich von Religion als gebildeter Frömmigkeit im ursprünglichen Sinne: tauglich, tüchtig, rechtschaffen soll der Mann sein. Und die Fremde, die Frau, die *fraternal*, die solche Werte an afrikanische Männer und Jünglinge zu vermitteln sich bemüht – auch.

Der Abstieg des zweiten Jahres führt von dieser Hochebene zum einen hinab in eine Senke des Geländes, wo es, einen guten Steinwurf vom Hause entfernt, ein Stück Land gibt, das sich bei Bearbeitung für einen Gemüsegarten eignet. Umgeben von

Elefantengras bietet die schwarze Erde, sobald sie ordentlich umgegraben, von Wurzelwerk befreit und zu Hügelbeeten aufgeschüttet ist, sich dar zum Säen, Jäten und Ernten: ein Abstieg von rein geistigen zu erdennäheren Betätigungen. Zudem ein Atavismus. Ein Hinabsteigen in die Lebenswelt eines Urgroßvaters, der einst in der niederschlesischen Ebene eine große Familie mit einer Gärtnerei ernährt hatte.

Ein anderer Weg hinab führt von der Ebene allgemeiner und allseitig einsichtiger Beziehungen ins Dunkel der Vermutungen. Vorsichtig tastet es sich voran in der Fremdheit der Lebenswelten hüben und drüben. Die öffentlichen Rollenspiele sind wie ein solider Zaun. Gibt es darin lose Latten, eine Lücke, einen Zugang zu privateren Bereichen? Einfühlung? Verstehen? Wozu? Je nun – vielleicht um gewisser Vorteile aufgrund gewisser Bedürfnisse willen. Hat nicht jeder seine eigenen und besonderen Daseinsinteressen? Auf den Garten wirft sich von der einen Seite das Bedürfnis nicht sowohl nach Gemüse, als nach etwas jenseits der vormittäglich gespielten Rolle. Was bleibt für den späten Nachmittag und frühen Abend? Ein Spaten, eine Gießkanne. Kein Gedanke an ‚Wer pflückt mit mir die roten Beeren'; aber über Radieschen und Tomaten wäre Gedankenaustausch möglich. Natürlich gegen Entlohnung. Denn die gebotene Gelegenheit wäre etwas für eine Bedürftigkeit, die von unten nach oben strebt. ‚I need the money.' Wenn es sich ergibt, läßt sich manches vorstellen und einbilden. Und wer weiß, ob sich im Dunkel der Symbiose unterschiedlicher Bedürftigkeiten nicht wiederum ein gemeinsamer Aufstieg zu Höherem, empor aus einem Gemüsegarten, vorbereiten könnte?

Wie im ersten Jahre führt auch im zweiten eine *Valse triste* letztlich ins Tagebuch. Spiralig drehen sich darin Daseinskreise von außen nach innen, von oben nach unten – ein Trichter mit breiter Öffnung oben im Lichte der Öffentlichkeit und seiner Rollenspiele, nach innen und unten sich verengend zu einer Art Tholos mit der Rundsäulenordnung einer Ehe, in welcher ein überwiegend wohlwollendes Aneinandervorbei umgeht, den Mann ins Feld der Forschung treibt, während die Frau sich zurückzieht ins Innerste, um im Spannungsfeld einer herkömmlichen *midlife crisis* zwiespältig-wechselhafte Stimmungen bald im Rohzustande aufs Papier zu werfen, bald kultiviert durch vernunftgelenkte Betrachtungen ins Vorläufige zu formulieren. Auf die ausführlich vorweg bedachte Rolle des Tagebuchs soll hier nur der kleine Finger zurückweisen.

Ein Blick auf das Benn'sche Gedicht könnte ein Synonym zu ‚Abstieg' herbeizitieren: ‚Verfall'. Ein Fallen fällt immer von einer gewissen Höhe nach unten, graswurzelnäheren Bedürfnissen zu, die von oben betrachtet als delikat ungesund erscheinen mögen. Es fällt indes nur ein Stück weit. Es bleibt auf einer Klippe über den Abgründen des Undenkbaren liegen. Daselbst, auf halber Höhe, dämmert vor sich hin eine languide *Tristesse*, im Wechsel mit dem Vibrieren von Gefühlswidersprüchen, die bisweilen ‚rauschnah und todverfärbt' anmuten mögen; ‚dekadent', herabgefallen von heller Vernunfthöhe und sittlicher Nüchternheit. Wo etwas der Art sich andeutet, bleibt es beschränkt auf hermetische Innerlichkeit und ein Sprachgeschehen im Tagebuch, das, stellvertretend für gelebtes Leben, durch verbale Rauschnähe zum Ersatz für Nichtstatthabendes, weil Nichtstatthaftes wird. In unbewältigter Urform soll solcher Verfall nicht zu Worte kommen.

Der Weg führt zurück ins vorläufig Unverbindliche einer *Valse triste*. In die Labyrinthe der Selbstbetrachtung, in eine milde Art von poetischem Narzißmus. Im zweiten Jahre nahm ein Daseinsgefühl dieser Art Gestalt an in einem zweiten Ölgemälde. Auf handlichem Hochformat blüht es dicht am oberen, rahmenlosen Rande: eine weiße Sternblume. Es könnte ein Fleißiges Lieschen sein. Echte Dichternarzissen ließen sich im Regenwald Afrikas selbst auf einer Lichtung nicht finden. Ein reinweißes Fleißiges Lieschen aber läßt sich als Sinnbild sowohl der tugendfrommen Ideale als auch der angestrebten Literarisierung dessen, was sich durch drei Jahre hindurchzog, vorstellen – ein Bild für die anämischen Schatten, die aus der Träume Gruft stiegen, um sich im Unverbindlichen einer *Valse triste* um sich selbst zu drehen.

Dann zogen die Monde vorüber...

Über dem Abstieg des zweiten Jahres, hinab in einen Gemüsegarten, hinab ins Dunkel gegenseitiger Fremdheit und ins Innerste der eigenen Daseinskreise, wölbt sich merkwürdig viel Himmel, sowohl bei Tage als auch bei Nacht und mit allem, was zwischen Himmel und Erde an Wolken, Luft und Winden, Regen und Nebel geistert, zieht, rauscht und schwebt. Die Häufung von Tagebucheinträgen hinsichtlich des Wetters fällt auf. Neben trockenen Notaten malerische Schilderungen, lyrisch berauschte Sequenzen, hilflose Beschimpfungen des Mondes – die Wahrnehmung meteorologischer *Phainomena* mutet wie eine Widerspiegelung irdisch-innerlicher Stimmungsschwankungen und geradezu verdächtig an.

Sind wir ein Spiel von jedem Druck der Luft?

Vermutlich. Besonders in Zeiten krisenhafter Übergänge und innerer Unsicherheit. Da vermag ein Zirruswölkchen im hohen Mittag blauer Unendlichkeit die Seele ins glückhaft Zeitlose zu erheben, dichter Nebel die Stimmung platt zu Boden zu schlagen und ein aufgehender Mond süchtig zu machen bis hin zu schrulliger Metaphernsucht. Das Wahrnehmen und Beschreiben von Luftbewegungen, herabfallendem Wasser, Wolkenformen, Sonnenunter- und Mondaufgängen mag Ersatz gewesen sein für anderweitige Vergeblichkeiten, vielleicht auch eine Ausweichbewegung innerer Ratlosigkeit. Die alten Himmelsgewalten, häufig waren sie nichts als Übungsmaterial für literarische Ambitionen, bisweilen auch Ziel von Apostrophen, welchen auf Erden kein Gegenüber werden konnte.

Das zweite Jahr der *Valse triste* war zugleich das siebente Jahr im Regenwald. Ein Schwellenjahr. Wie einen Schubkarren voller luftgetrockneter Traumziegel für den Bau eines Häuschens im Mond, schob es vor sich her eine Reise ins Grasland und den Aufstieg in ein geheimnisvolles Dorf im Abseits der Berge von Lah. Etwas, das zu Ende des ersten Jahres wie durch puren Zufall als buntes Bildchen in die Hände gefallen war.

Der große kosmische Rahmen um das Vergängliche der Tage, die atmosphärischen Erscheinungen, Wolken und Winde, Regenschauer und Sonnenglut, vor allem aber die Menge und Magie der Mondnächte: es erscheint auch im nachhinein noch der Worte wert. In hier und da nachgeschönter Form soll in die Gegenwart zurückgeholt werden, was einst Seele, Sprachvermögen und Bleistift bewegte. Es begann, wie immer, Anfang Oktober. Ein Farbenspiel aus Blau und Gold, Grün und Grau; aus Naturlauten und Temperaturen, Rosenduft längs der Veranda und einer Vielfalt von Empfindungen im Seelengewebe. Das Schöne, das Sublime, das Erschreckende, das Monotone, das Wechselspiel zwischen Luftdruck und Gemütslage bestimmte das Ich-Gefühl.

Bei der Rückkehr in den Regenwald, Ende September, regnete es. Nach mitternächtlich verspäteter Ankunft in der Stadt am Atlantik war man am nächsten Tag mit dem Landrover aus der Tiefebene hinauf ins Gebirgige gerollt entlang der Flanke eines Zweitausenders, die Schlammlöcher der Piste dank der Erfahrenheit eines erprobten Fahrers elegant überwindend. Man kam am späten Nachmittag an und es regnete. Es strömte, es goß. Es folgte ein Sonntag mit dem porösen Gefühl des Noch-nicht-ganz-Angekommenseins in dem modrigen, alten Haus und im leicht fremdelnden Gehäuse der Ehe. Am Montag: ‚Alles ist, wie es war. Rituale.'

Dann zogen die Monde vorüber...

Regen rauschte, Wind und Wetter fuhren einher; Sommer blühte ums Haus und die Wolken wanderten am Berg entlang in breiten Schwaden, farb- und konturenlos wie die vielen Tage des Jahres, die ereignislos vorüberwandelten... Von der Sahara herab begann der alljährliche Harmattan zu wehen. Ihn und die Trockenzeit galt es zu überstehen. Von Zeit zu Zeit ballte es sich zusammen, lichtweiß vor hohem Blau; gewitterschwarz stieg es herauf aus schwülen Niederungen. Es ward Trockenzeit und es ward Regenzeit: das zweite Jahr einer *Valse triste*, die wie ein Schlafwandeln durch die Tage und Träume glitt.

Wo derweilen und immer wieder wandelte *Er*? Er, der die Wochen und Monate regierte, unbehindert durch künstliches Licht? Kaum fiel der Abend, kaum stieg die Nacht, so wanderte der Blick, wenn nicht dichtes Gewölke ihn abwies, suchend am Himmelsgewölbe entlang. Lyrische Andacht bald, bald etwas wie verhaltener Grimm blieben dem Wandeln des Mondes auf der Spur in selten ermüdender Hingabe, bisweilen in hilflosem Verstummen ob des Unsagbaren, das seelenverzehrend durch die Nacht herniederfloß.

Er durchwandelte die ihm bestimmten Nächte in kühler Unnahbarkeit. Er schwebte empor schwerelos; er stieg, er stand, volle Rundung, von immer neuem bei Nacht, schmale Sichel bisweilen am hellen Tage. Seine Macht war alle Male neu. Der Worte Ohnmacht sah ihn an. Sah ihn an und hielt stand. Mehr war nicht zu haben. Mehr nicht, so oft auch die Sprache sich ausstreckte, ihn herabzuziehen in die Umarmung ausgelaugter Metaphern. Im trüben Kerosingelb der Buschlampe, im dünnen Stearinlicht einer Kerze, bisweilen in seinem höchsteigenen Schein kritzelte es vor sich hin, ihn zu fixieren auf dem Papier, den Magier, den Mönchischen, den Mann-im-Mond. Er lächelte. Von hoch oben herab lächelte er ein sichelschmales, ein überaus distanziertes Lächeln. Im vollen Aufgehen hinter dem Berg hervor war es bisweilen ein breites Grinsen. Er schwieg sich runder, Nacht um Nacht; er rundete sich zum Geheimnis; er zog seine Bahn in erhabener Gleichgültigkeit und ließ eine Einsame allein in naturmystischer Andacht und gelegentlichen Ausbrüchen poetischer Ohnmacht. Dann lachte er lautlos. Ach, du Arme. Du poetisch Arm-Selige. So zogen die Monde vorüber.

In den Oktobernächten kam der Sturm, das große hohle Sausen in den Baumkronen. Die Holzläden schlugen gegen das Fenster im Arbeitskabinett. Haus und Schlafgemach wölbten sich zur Höhle, wohlig und warm. Nach dem Sturm der Regen in den frühen Morgenstunden, Ströme, sintflutartig, kurz und heftig. Und einen ganzen Nachmittag lang rieselt es dann dünn und leise vor sich hin; es ist angenehm kühl und so naß und so grün…

Oktober - Übergangszeit. Blühte der Tulpenbaum wieder wie zwei Jahre zuvor? Es wandte sich offenbar kein Blick empor, kein Wort im Tagebuch färbt sich orangerot. Es war, als habe sich etwas überlebt und erschöpft. Immer wieder und bis in den November kommt es zu kurzen Wolkenbrüchen. Eines Nachmittags, während der Unterrichtsvorbereitung im Arbeitskabinett, unterbricht ein starker Donnerschlag das Rauschen draußen und die Gedanken drinnen. In der Ecke rechts über dem Schreibtisch, wo die elektrische Leitung entlangführt, knistert es. Hat es eingeschlagen? Hier bei mir? Ein kalter Knisterblitz? Es rieselt den Rücken hinunter. Das Gewitter zieht ab. In der Erinnerung knistert es noch immer.

Dann zieht über das Papier die feuchtkühle Spur der Mondnächte im Oktober.

* *Sonntagabend. Mondlicht kommt wieder, indolent, kühl, verhalten wie ein ungewisses Lächeln von fern und mit Abstand von glanzlosen Innenwelten, wo alles verholzt und erblindet, nichts sich widerspiegelt in den flachen Lachen des Trübsinns, der Enttäuschung und der Langeweile. Nirgends ein Zweiglein, das eine lyrische Knospe triebe...*

* *Oktobermondlicht, trübe durch Wolken sickernd. Ein Frösteln tief innerlich. Es murmelte etwas hinter mir her, da ich über den fast dunklen Campus ging. Zu Häupten hier quietschen die Ratten. Es ist auf einmal alles so trostlos in diesem Haus... Ach Mond, du Mondener, du Ungewisser hinter Wolken, du weiß-blau gestreifter Bajazzo...*

* *Diese mondhellen Nächte. Sie greifen den Verstand an. Eine große Schafherde raste über das Fußballfeld. Es ist alles wieder losgelassen: das Kleinvieh, der Vollmond und die Träume, die sich der Zensur entziehen und der Versprachlichung.*

* *Freitag. Was ist's wonach die liebe Seele weint in diesen Vollmondnächten? Jenseits der Bougainvillea feiert die fromme Jugend. Weint es tief innerlich nach Höhenkultfesten, Trommeln und Tanz? Es löst sich auf in Salzwasser und Schleim. Und du, du grinsest gelassen darüber hinweg, auch schuld an der Misere, monströser Fufukloß!*

Im November, keine zwei Wochen nach dem Knisterblitz, schlug es in einen Eukalyptusbaum, ganz in der Nähe. Es krachte so gewaltig, daß die hermeneutisch friedlich vor sich hin grasenden Gedanken zerstoben, das Denken stillestand und einem Zustande dumpfer Belämmerung wich. Was die Luft auseinanderriß und Schallwellen gegen das Trommelfell warf, rief eine Art Schreckensstarre hervor. Solche Tropengewitter ließen für ästhetischen Genuß wenig Raum. – Im übrigen strahlten im November wieder wegewartenblaue Nachmittagshimmel auf, ein Sog ins Unendliche. Über dem Bergland im Süden fanden abendliche Farblichtspiele statt, burgunderrot und lavendelblau, goldorange und chromgrün gestreift, hinaufgewölbt in eine kühle Aquamarinkuppel. Die Trockenzeit begann mit seltenen *fauven* Farbgenüssen. Und ein Mond war auch wieder da.

* *Ein ganz junger Mond: ‚des Abendgottes gold'nes Augenlid'? Hier eher Wimper. Eine stark gebogene Windbraue.*

* *Wie scheint der Mond so hell auf diese Welt. So hell, daß man keine Sterne sieht und hier drinnen weder Kerze noch Buschlampe braucht. Ich schreibe im Mondlicht und frage: Wozu ist solch überirdische Nachtbeleuchtung vorhanden? Sie ist überflüssig geworden. Sie bewirkt nichts mehr. Kein Dorfpalaver, keine Trommelfeste, keine Tanzekstasen. Allenfalls vielleicht lüsternes Lustwandeln im Schatten der Bananenhaine. Mag man sich vorstellen. Im übrigen: alles umsonst. Es fließt nur noch wie ein Gletscherbach übers Kieselgestein irrationaler Sehnsüchte. Einer romantischen Seele wie meiner.*

Anfang und Ende Dezember je ein Minigewitter der kleinen Regenzeit, und um Weihnachten wieder Hochsommer. Die Bougainvillea wölbt sich purpurviolett über das weggebrochene Gatter zur Dorfstraße hin; das Akazienbäumchen vor dem Wohnzimmerfenster hängt voller geranienroter Rispen; längs der Küchenveranda verschwendet sich der Überfluß der Rosen – ein unerschöpfliches Anblühen gegen das beginnende Gilben ringsum. Das ist die Zeit, wo alles ringsum paradiesisch anmutet und die ersten ‚Paradiesäpfel' längs der hinteren Veranda reifen. Und es reift ein neuer Mond.

* *Mitte Dezember. Schmale Mondsichel, so leicht, so flüchtig hingeweht. Die Augen akkommodieren ringförmig: heller-dunkler, in wellenartigem Rhythmus. Und das da oben, kaum mit dem Blick erhascht die Veranda entlang – so leicht und flüchtig wie ein Ach und hingehauchtes Beinahenichts in der Abendhelle. Ein Wenigstens. Es ist sonst alles so ermüdend mühsam, so ziellos, ins Leere laufend.*

Im Januar und Februar bauen sich Spannungen auf. Friedlich und langweilig ist die Regenzeit; alles reagiert sich draußen ab, zwischen Himmel und Erde. Mit der Trockenzeit kommt die Ruhelosigkeit. Seelengewitter brauen sich zusammen, das Nervensystem lädt sich elektrisch auf, Gereiztheit entlädt sich in Aggressionen. Im Januar ist das Gras schon gelb. Die Hitze vibriert. Zwischenhinein schiebt sich bisweilen ein Tag Kühle und Vogelgezwitscher. Dann aber kommt die Februarschwüle, drückend, ermüdend und aufreizend zugleich. Die Leute werden krank, man weiß nicht, wovon; sie laufen nachts im Schlafanzug und mit Fieber über den Campus. Die Rosen blühen unverdrossen so nachts wie tags, und die Grillen delirieren. Dann und wann fällt eine Gießkanne Regen, schnell und dicht in stockdunkler Nacht, und ein kurzes Aufatmen erleichtert die Morgenfrühe, ehe die Gluten wieder herabfallen und lasten. Zwei Monde umwandeln die Unzulänglichkeiten auf einer Lichtung im Regenwald. An beide klammert sich das irdische Bedürfnis nach Sagbarem.

* *Ein ganz junger Januarmond über den schwarzen Eukalyptuswipfeln im Westen und ganz nahe beim Abendstern. Schmales Glück, so viel Raum umgreifend in der leeren Rundung. Schmale Barke, beladen mit so vielen Seufzern und mit Möglichkeiten, unerfüllbar. Kopfüber kippt es über Bord.*

* *Wandelnd durch diese tropischen Mondnächte, auf der Suche nach einem Symbol: Eine Lilie, weiß wie Mondlicht, möchte ich mir pflanzen lassen vor das Haus, unter mein Fenster. Also vom Möglichen träumend inmitten von Unmöglichkeiten, mitten durch die helle Nacht, von drüben herüber, gerade eben, öffnete ich die Tür zum Arbeitskabinett und knapp neben träumendem Haupt fiel eine Ratte herab.*

*   Heut, 21. Januar, ist der Mond erst voll, und immer wieder ergreift und ergrimmt das Vergebliche seines Daseins. Alle die hellen Nächte, die schön sein könnten, voller Leben und Erlebnis, Tanz und Trommeln, und die so vergeblich sind. Sich so vergeuden ins Nichtsein des Möglichen.

*   Er scheint noch immer, der Januarmond, abnehmend, schief, grimassierend. Nahezu schadenfroh - weswegen? Wegen der sublunaren Seelenverrenkungen und Vergeblichkeiten in diesem Campus unter Palmen? Draußen auf dem kurzen, dürren Gras liegt das Mondlicht wie Puderzucker, wie feingeriebenes Cassavamehl, farblos, ins Blaßviolette schielend. Der Metaphernvorrat ist erschöpft.

*   Ein wunderbarer Februarmond steigt hinter dem Berg hervor, eine Riesenbutterblume wie in ‚Peterchens Mondfahrt'. So butter-, so dotter-, so akazienhoniggelb. Da innen drinnen aber ist's wüst und leer. Nicht einmal im Mondlicht mehr generieren sich Träume. Und was ließe sich erzwingen mit Oh und Ah und abgetakelten Metaphern? Du Schimmelkäse.

*   Noch immer vergeudet der volle Mond sein Licht und macht ein grimmiges Gesicht: ich leuchte, und ihr wollt nicht tanzen! Sie besaufen sich in den Bars statt sich zu berauschen an Trommelrhythmen, nachtlang im Bannkreis des großen Eroten, in seinem bläulichen Schummerschatten, im Mami-wata-Unterwasserlicht. - Februarmond! Zwischen Wolkenlandschaften, verschleiert oder in glänzender Blöße: Luna einbusig nicht, nicht Selanna von hinten, denn ich bin kein Mann. Für mich: ein Magier, ein Mönchischer: Du Mann-im-Mond, über den Campus wandelnd in graugrünem Pyjama....

Anfang März ist der Regen wieder da. Es windet stark. Es bläst das Jujubäumchen vor dem Fenster des Arbeitskabinetts um. Durch die undichten Scheiben preßt der Wind den Regen herein. Dann wieder Leere und Ferienstille im Campus, das Gras beginnt von neuem zu grünen, feucht und frisch, und ein sanftes Donnergrollen verebbt an den waldigen Flanken des Berges. In der Nacht fällt eine plötzliche Kühle herab, am Morgen bedarf es eines Pullovers. Das vierundvierzigste Lebensjahr bricht an und eine Reise ins Grasland steht bevor.

Zuvor mußten der Mond, sein eiskaltes Grinsen und umwerfender Einfluß ins Tagebuch gekritzelt werden.

* *Im Märzen. Wieder ist der Mond voll und schaut eiskalt grinsend herab auf diese Lichtung und all den biederen Verzicht. Ein seltenes Lächeln, abwehrend zu Boden geschlagen, daß es erlosch - o Mond, erlisch mir nicht! Du einziger Trost in dieser Trostlosigkeit - warum grinsest du?*

* *Gestern nacht - ein Mondenschein so gewaltig prallte herab, daß es mich bei der Verabschiedung auf der Veranda beinahe umwarf. Dazu die vier Glas Bier bei Tisch. Es könnte freilich auch die welke Rose gewesen sein, drinnen im grellen Aladinlicht zwischen mir und einem zur Linken verlautbarten ‚You are a woman', wenige Tage, ehe das Leben wieder um ein Jahr vergeblicher wird. Rose, Mondschein und Alkohol - die Kombination ist riskant in labiler Gemütsverfassung.*

Im April werden die Winde wieder wild und schön, und der Regen fällt dazwischen in dichten Bindfäden, die sich zu graugrünen Vorhängen reihen. Das urweltliche Rauschen des Tropenregens ist ins Ohr gekrochen, hat sich im Gehirn verhakt für den Rest des Lebens. Gegen Abend ist alles reingefegt und glasklar gewaschen. Am Horizont, über der Tiefebene im Süden, wird für eine kurze Stunde der Vulkan-Berg, der Viertausender sichtbar, fujihaft, der weiße Schatten einer Fata Morgana. Dem Mond war eine besonders inspirative Rolle zugedacht.

* *17. April, Frühlingsvollmond, spät gereift und rundum schön. Er quillt hinter dem Berg hervor, und die Grillen fiedeln ihm Liebesliedchen entgegen. Halb ausgeschlüpfte Träume steigen auf, erwartend, daß er sie absegne, der Magier. Eines Tages wird etwas daraus werden, aus dieser Dämmerstunde auf der vorderen Veranda und dem Aufgehen des einen kurz nachdem ein anderer gegangen war.*

* *18. April. Schöne Abendstunde, erfüllt mit der Genugtuung über das Gelingen von ein bißchen Malkunst, Öl auf Pappe: weiße Sternblume und leuchtend rote Pitangakirschen auf einem Häuptlingsschemel aus Ebenholz.*

Regenstürme im Mai, nächtelang. Der nächste Morgen strahlend blau und kühl wie Wasser vom Schneegebirge. Das Sonnenlicht dringt gelb und rot durch die Vorhänge im Arbeitskabinett. Es wirft den Schatten der Hibiskusbüsche auf die verstaubten Scheiben der Verandaschutzwand. Es breitet sich hellgold über graue Bretter und erleuchtet den Morgen mit einem Hauch Glückseligkeit. Der Mond als Sichel, zwei Tage später.

* *Ruhelos irrte ich durch die Maien- und Mondsichelnacht über den Campus. Da, wo ich suchte, war nichts. Auf dem Weg zurück stieg ein Blick empor: da hingen ein paar Sternelein wie ungeweinte Tränen. Oder tropften sie etwa herab? Wer sollte sie weinen? Ich doch nicht - ?*

* *Ein zunehmender Mond aus hauchdünnem Glas, Wölbung nach oben, halbhoch am Spätnachmittagshimmel dahindriftend zwischen hellen Wolken vor dunklen und blauen Himmelslagunen. Im Zenit das Schauspiel theophaner Lichteinbrüche: Der Berg wolkenbekränzt - all das, was mich dermaleinst, in späten Jahren, heimsuchen wird.*

* *Spät in der Nacht, nach absolvierten Ritualen, allein über den Campus rauschend, zog es den Blick empor: da stand ein fast voller Mond mit Regenbogenhof hoch am Himmel, ein frostiges Opalisieren, so kalt, so abweisend....*

Später, im Juni, kommt die Sonne groß und blaß wie ein Frühlingsmond durch den Morgennebel, steigt, verdichtet sich und brennt um die Mittagszeit so erbarmungslos, daß sich eine Hand oder ein Buch auf den Scheitel legt, wer barhäuptig über den Campus geht. So fing alles an. Wie ein morgendliches Wohlgefallen, kühl und blaß, ehe stechend gelb die Irritationen wie Mittagsgluten herabfielen. Und gegen Abend ein Zittern – vor Kälte, aber nicht nur. Dann werden die Tage kalt und feucht und neblig bis hin zum vorläufigen Abschied Anfang Juli: Nebel und Rieselregen, ein klammes Gefühl der Vergeblichkeit und einer Hoffnung, die sich selbst aufgibt. Fort, nach Europa, wo Sommer ist und ein umfangreiches Opus der Kurzfassung harrt.

Mondlose Nächte zum Abschied...

* *Neblige Nacht im Juni, feucht und kalt. Das ist kein Mondlicht, was da so trübe durch die klamme Dunkelheit dringt. Es ist das Licht einer Buschlampe aus der Fensterhöhle einer der Schlafbaracken jenseits der Bougainvillea.*

* *Mondlose Nächte zum Abschied. Nebel, Regen und Wolken, die tief ziehen, machen den Campus noch enger. Das naßkalte Dunkel ohne Mond und Stern ist trostlos über die Maßen. Es ist das passende Ende, ein Versumpfen in graugrün fröstelndem Regen- und Nebelsumpf...*

*

Die richtige, dicke, wochenlang anhaltende Waschküchenregenzeit, von Juli bis September, war nur zweimal durchgehalten worden: im ersten und im dritten Jahr. Es ist noch erinnerlich, ganz ohne Tagebuch. Das Sitzen am Schreibtisch, eingehüllt in Pullover und Wolkengrau; die Mühsal, sich im Rauschen des Regens eine Geistestätigkeit mit dem Anspruch auf Wissenschaftlichkeit abzuringen. Vor den kleinen Quadratscheiben des Arbeitskabinetts webte eine dicke Spinne ihr Netz erfolgreicher als auf kleinkariertem Papier der Kugelschreiber Texte generierte. Des Tages mindere Geschäfte tasteten sich durch Nebelwände; es bedurfte hochschäftiger Stiefel, um über den Campus zu waten; die Wäsche auf der hinteren Veranda wurde nicht trocken, die Gemütszustände hellten sich kaum auf. Die Tage und Wochen dümpelten vor sich hin. Abends in fröstelnder Zweisamkeit tröstete man sich mit Klassik vom Plattenspieler, mit einem bunten Likör oder einem Gespräch. Es gab immerhin die Möglichkeit, ins Grasland zu entfliehen. 1974 entfloh man zu zweit; 1976 flog der eine zu einer Konferenz ins Nachbarland, während die andere, einem entfleuchten Traum nachreisend, mit Überlandtaxis wieder ins Grasland entwich, durch die überfluteten Sümpfe jenseits des Nsuni-Passes, hinauf in die Berge von Sanya. Im zweiten Jahre der *Valse triste* war das schon lange her – gerade vier Jahre.

Ich hatte einen Garten in Afrika...
Von Gemüse, Unkraut und Allotria

Unter dem wechselnden Mond, unter Regenschauern und Sonnengluten lag am Rande des Campus ein besonderes Fleckchen Erde, das es schon immer, seit sechs Jahren nämlich, gegeben hatte und das nun, im zweiten Jahre einer *Valse triste*, neben dem herkömmlichen Gemüse bislang unbekannte Stimmungen keimen und gedeihen ließ: bald erfreulich wie zartgrüne Lauchstengelchen und rundrote Radieschen, bald unerwünscht und ärgerlich wie gemeines Unkraut.

Ein Garten. Warum und wozu?

Nun - als *fraternal* und *resident alien* hatte man gewöhnlich einen; gewiß auch des Gemüses wegen, vor allem aber als Freizeitbeschäftigung. Säen, Jäten und Ernten, nach vormittäglichem Dozieren und Diskutieren oder allerlei Schreibtischarbeit, dienten gegen Abend der Erholung. Zudem schmeckten Radieschen zu Butterbrot, und eine Lauchsuppe mochte bisweilen einsamen Gelüsten entgegenkommen. Der Anblick des Keimens und Grünens aus der schwarzen Erde konnte zudem besinnlich stimmen. Das Verwildern auch. Nicht zuletzt war der Garten in bestimmten Fällen geeignet, großzügige Darlehen à fonds perdu mit ein wenig Gegenleistung auszugleichen.

Der Garten war keine Notwendigkeit. Für einen Feldforscher etwa wäre er nicht nur überflüssig, er wäre unzumutbar gewesen. Für die Frau des Feldforschers war die kleine Lichtung inmitten der großen Regenwaldlichtung seit je ein Ort der Besinnung und schwarzer Fingernägel gewesen. Im zweiten Jahre der *Valse triste* wurde er über die Nützlichkeit von Gemüse hinaus (man hätte es auch auf dem Markt kaufen können) der Ort einer Versuchsanordnung zum Zwecke der Erforschung von innerer Abhängigkeit im Verhältnis zu äußeren Variablen in einer Gleichung, darin Komplexität mit vermutbar einfachen Lösungen wechselte wie der wechselnde Mond.

Garten und Grasland.
Gepflegt von allerlei Illusionen, in Frage gestellt von immer wieder anschleichenden trüberen Einsichten, war der Gemüsegarten über seine Küchen-Nützlichkeit und seinen Freizeitwert hinaus für das zweite Jahr, was für das erste ein Musazeengrün, umringelt von einem gelben Schlänglein, gewesen war. Überdies ließ ein wenig Hortikultur ermessen, welche der vielen Möglichkeiten einer *Valse triste* sich im Modus der Verwirklichung als inspirierend, vielleicht sogar als weiterführend, erweisen mochten. Der Gemüsegarten des zweiten Jahres läßt sich im nachhinein begreifen als erstes Stadium auf dem langwierigen Wege hinauf ins Grasland. Er lag nicht nur in einer Senke am Rande des Campus; er lag mitten auf dem Wege, auf welchem ‚die Fremde, die Frau, die *fraternal*' seit der Entdeckung, zu Ende des ersten Jahres, eines bunten Bildchens in einem frommen Blättchen hinauf ins Grasland strebte.

Traurige Tropen?
Die Beschäftigung mit dem Gemüsegarten ermöglichte zudem ein langsames Begreifen gewisser, dem eigenen Selbstverständnis fremder Eigentümlichkeiten im Hinblick auf die notwendige Teilung der Arbeit mit einem Gehilfen, der anfangs zögerte, dann fleißig zupackte, um schließlich doch nicht ganz zu halten, was er versprochen hatte. Ein Begreifen, dazu angetan, die romantisch-idealistischen Träume einer Europäerin erst zu irritieren und sodann ins Trübsinnige zu verfärben. Traurige Tropen? Gewiß nicht in einem ethnologisch-literarisch vorfindlichen Sinne. Im Sinne einer gewissen *Tristesse* indes und freilich doch. Der Garten stellte vorhandene Illusionen in Frage.

Also glitten zwei einander fremde Lebenswelten erwartungsvoll erst, dann hier enttäuscht, dort offenbar naiv unbekümmert weithin wortlos an einander vorbei. Was auf der einen Seite an Erwartungen auf- und absteigen mochte, mußte der jeweils anderen verborgen bleiben. Es wäre ein Wunder gewesen, wenn sich in solch gegenseitige Verborgenheit keine Mißverständnisse, keine verqueren Hoffnungen und romantischen Illusionen eingeschlichen hätten.

Besinnliche Wildnis

Alljährlich mühevoll aus dem Elefantengras gehauen, brachte der Garten während der Trockenzeit, von Oktober bis März, bei fleißiger Pflege mancherlei an Nahrhaftem hervor. Alljährlich Anfang Oktober aber war die kultivierte kleine Lichtung wieder Wildnis, zurückgesunken in die Umarmung der Mutter Natur, die jedem Unkraut sein Lebensrecht zugesteht. Jeweils drei Monate zuvor schon, Ende Juni, vor dem Flug nach Europa, gab der Garten Anlaß zu Besinnlichkeit.

Das Gras steht bereits kniehoch. Der Weg hinab bahnt sich mühsam hindurch bis ans Gatter, das lose in den Lianenangeln hängt. Jenseits davon liegt beeindruckend offen die Wahrheit des Mythos. Der Regen des großen Himmelsbaal hat in stürmischer Vereinigung mit dem fetten, schweren Hypokeimenon der Mutter Erde der bescheidenen Hortikultur das alljährliche Ende bereitet. Das sechs Monate lang geduldig Gepflegte hat sich dem blinden Willen und der Allmacht der Natur ergeben: dem Wasser, der Wärme, den Samenschwärmen, dem Wachstumsdrang der Keimlinge, die den ewigen Kampf ums Dasein kämpfen. Schon längst unterlegen sind die letzten Rettiche, dickpfählig aufgequollen, verholzt, verkrüppelt, aufgeplatzt und schrundig verfaulend. Die letzten Paprikastauden vergilbt und überwuchert von namenlosem Kraut; eine letzte Gurkenranke, in verzweifelten Krümmungen nach oben strebend an stämmig aufgeschossenem Elefantengras. Ein schwarz verfaulender Kohlkopf, eine windschiefe Tomatenstaude, fast nackt mit grüngelben Krüppelfrüchten, angebunden an einem Stekken, der kraftvoll ausschlägt mit wilden Trieben. Die Hecke längs des Bambuszaunes ist emporgeschossen und blüht nach so vielem Zurückstutzen triumphierend trompetengelb.

Angedachte Gedanken verlieren sich in der Dämmerung, die sich rauchgrau über die Wirrnis von Blatt und Blättchen, Gestengel, Halm und Hälmchen, Rispen, Knospen und Blütenständen legt. Unten, unter dem wuchernden Grün, ist kaum noch etwas zu erkennen von den Beeten. Das flachgewölbte längliche Gehügel mag sich erraten lassen: es sind ‚beds', die wie Grabhügel anmuten. Bett und Grab rücken einander nahe, buhlend um Tiefsinn. Hier ist ein Beet, ein Bett, nach dem anderen gegraben und aufgeschüttet worden. Hier ist gesät und gepflanzt und manches Genießbare geerntet worden. Der Rest vermodert und düngt das Nachdrängende. Zurück zur Natur? Hat das Evolutionsprodukt Mensch nicht genug damit zu tun, der Natur ein wenig Kultur und Gesittung abzuringen? – Der Garten war der Wildnis abgerungen. Die Wildnis nahm sich das Ihre immer wieder zurück. Es war alles in bester Ordnung, auch wenn die Ordnung so undurchsichtig war wie das Gestrüpp jenseits des verrottenden Baumbuszaunes.

Arbeitsteilung und Wunschdenken

Der Garten erforderte zwei unterschiedliche Arten körperlicher Betätigung, eine schwere und eine leichtere. Es entsprach der herkömmlichen Arbeitsteilung. Als erstes mußte das hohe Elefantengrasdickicht umgehauen und beiseitegeschafft, sodann ein solider Zaun gegen streunende Schweine und scharrende Hühner gebaut werden. Der wurzelverfilzte Boden war umzugraben und zu lockern, und während der Trockenzeit mußten allabendlich schwere Wasserkannen herbeigeschleppt werden. Das war der eine Teil der Arbeit, bezahlte Lohnarbeit. Der andere, leichtere Teil war Säen und Pflanzen und gelegentliche Mitarbeit beim Unkrautjäten. Das Ernten schließlich war keine Arbeit. Es war das schlichte Vergnügen, selbst wenn die Ernte mager ausfallen mochte.

Für die Lohnarbeit war immer jemand zu finden gewesen, Burschen aus dem Dorf oder Studenten, gewöhnt an Farm- und Gartenarbeit; denn jede Familie hatte ein Stück Land zur Verfügung, und die Junggesellen teilten sich einen Gemeinschaftsgarten wie sie sich die Schlafsäle teilten. Nur selten wurde ein Stück Arbeit ordentlich und pünktlich verrichtet. Fleiß und Zuverlässigkeit ließen gewöhnlich zu wünschen übrig. Aber was waren das schließlich für Wünsche, die da in einen Gemüsegarten hinabstiegen?

Der Wunsch nach einem Ort der Erholung von strenger Geistesarbeit mag einleuchten. Der Kollege Nachbar fühlte offenbar ein ähnliches Bedürfnis. Der Wunsch nach einem Ort des Ausweichens vor ehelichem Gekrisel mochte gleichfalls überzeugen. Nicht gänzlich undenkbar wäre ein Garten als Ort besinnlicher Annäherung an die Graswurzeln des Daseins. Als Ziel einer leise seufzenden Sehnsucht nach dem Paradies wäre auf einen Gemüsegarten freilich schon der Schatten eines leisen Verdachtes gefallen. Wofern aber ein Garten der Lüste vorschwebte, dann doch wohl im Sinne höchst verfeinerter Hedonismen. Was konnte es Tugendhafteres geben als das Alliterieren von Radieschen und Rechtschaffenheit! Lüste erweckte allenfalls der hellgrüne Lauch: das Gelüst nämlich auf ein Lauchcremesüpplein. Ansonsten gab es nicht einmal eine Andeutung von Baum innerhalb der Umzäunung, von dem sich Verlockendes hätte pflücken lassen.

Der Garten war der unzugänglichste Ort im Campus. Jeder hatte Zutritt zur vorderen Veranda, zu Arbeitskabinett, Wohnzimmer und Küche, nicht aber zum Garten. Als eine Art *privatissimum* war er ein Ort des Rückzugs in eine andere Art von Innerlichkeit als etwa die Kapelle. Der liturgische Rahmen um Morgen- oder Abendandacht ermöglichte ein Schweigen, das sehr tief absinken, sehr nahe gehen, sich wie eine hohle Hand um den dunklen Glanz einer Colanuß wölben mochte. Der Garten hingegen glich, wenn das Ergehen in der Abendkühle mit sich und den Radieschen nicht allein war, der stachligen Schale um das dunkelblaukernige Innere einer Frucht, die den Apfel des Paradiesgartens im Namen und das Gift der Nachtschattengewächse in sich trägt. Der Gemüsegarten war bisweilen ein knisternd fragwürdiges Idyll.

Der Garten mochte sein, was immer eine Gärtnerin aus Liebhaberei für wünschenswert, angebracht oder denkbar hielt – es bedurfte in jedem Falle der Arbeit eines Gartengehilfen. Wer war dafür geeignet? Wer würde sich bereit finden? Wen mochte die Verdienstmöglichkeit reizen? Es sollte eine Person möglichst zuverlässigen Charakters sein...

Schweiß, Ameisen, Irritationen
Der Garten von Oktober bis Dezember

Drei Tage Zögern

An dem Nachmittag, zu Ende der ersten, der verregneten Woche im Oktober, als der Campus sich langsam mit weiteren Rückkehrenden füllte und der Feldforscher sich wieder auf den Weg in seine Jagdgründe gemacht hatte, erschien gegen Abend auf der Schwelle des Arbeitskabinetts ein schlichtes weißes Trikot mit erstaunlichem Schlankheitseffekt. ‚So you too have returned. Come in. Sit down.' Austausch von Höflichkeiten. Ach, richtig: es waren Glückwünsche entgegenzunehmen für ein akademisches Abenteuer, das mit der Rückkehr nach Afrika schon fast ins Vergessen geschrumpft war. Es ging um etwas Näheres, um eine Frage, ‚I don't know whether...' Umständlich, als sei zu befürchten, daß eine direkte Frage kopfscheu machen könnte, ward sie formuliert. Es zögerte denn auch vor sich hin: ‚Well I don't know...' Ein Wiedersehen enttäuschend farb- und stillos. Kein Ereignis. Etwas wie ein mißglückter Holzschnitt der musazeengrünen Epiphanie von zwei Jahren zuvor, drüben in der Bücherei, mit Tisch dazwischen.

Sie kam zögernd, doch sie kam, die Antwort. Drei Tage gingen hin, ehe Bereitschaft sich bekundete. ‚Okay, come', und man ging hinunter in den Garten, der noch keiner war. Man stand und nahm die Wildnis in Augenschein, ein Schweigen neben unaufhörlichem Reden. Es warf sich mit ausgestrecktem Arm, mit Vorschlägen, Fragen und Anweisungen auf die übermannshohe Hecke gegenüber, auf eine wild aufgeschossene Wand leuchtend gelber Korbblütler da, wo einmal ein Zaun gewesen war. Es redete und redete; denn zu welchem Zweck wäre man in den wilden Garten gegangen? Doch nicht, um dem Doppelschweigen eines gewissen Nichtwissens Raum zu geben. Immerhin war auch von Seiten des Ein- und Angewiesenen eine Meinung zu vernehmen. Zurückhaltend, kühl und korrekt stellte sie sich zur Verfügung. Wer mochte hier seinen Augen nicht trauen, wenn das Reden Zuwendung und Anblick erforderte? Würde die Gartenarbeit dazu beitragen, den erstaunlichen Effekt eines weißen Trikots zu verlängern? Man erwog hin und her; der Kollege Nachbar kam: ob er seinen Garten gleich daneben anlegen dürfte – aber gern. Es würde aus der Abgeschiedenheit des Ortes eine gewisse Uneindeutigkeit vertreiben. Der zu bauende Zaun wurde den beiden Männern überlassen. Zwei Päckchen mit Kohl- und Tomatensamen aushändigend mit der Anweisung, Setzlinge zu ziehen, zog die Arbeitgeberin und Herrin des Gartens sich zurück – zufrieden.

Erste Irritation

Am Wochenende, drei Tage später schon, regte sich der erste Unmut, als von der hinteren Veranda, kaum gedämpft durch leichte Voilevorhänge, hinter welchen eine spät vom Schlaf Erwachte sich soeben eine Bluse überwarf und unfrisiert herumstand – ein helles Musa-, nein, ein Textilgrün, hereindrang. Eine Ungehörigkeit! Zu der hinteren Veranda hatte ungebeten niemand Zutritt; sie war Teil der Privatgemächer. Zum Glück wachte alsbald die Erkenntnis auf, daß alles mit rechten Dingen zuging. Auf der hinteren Veranda standen morsche Blumenkästen, die als Frühbeete dienten. Ein rite Berufener war angewiesen worden, für Setzlinge zu sorgen. Die hintere Veranda war Teil des Gartens.

Schweiß und Genugtuung

Wiederum drei Tage später saß gegen Abend bei offener Tür am Schreibtisch das Bemühen, die Quintessenz umfangreicher Wissenschaft für einen Vortrag zu destillieren, so tief in Alten Orient versunken, daß es zweier langer Augenblicke bedurfte, um aufzutauchen. Fast unbemerkt über die Schwelle getreten, stand plötzlich unerwartet nahe ein ausgeblichenes Musazeengrün, und dem Auge der Frau, umflort aufblickend von Geistesarbeit, bot sich die Starrheit einer Maske, aus Ebenholz geschnitzt, schweißüberperlt preisgegeben. Zwei Schweigen rührten an einander. Ein leises Klirren, wie schon einmal. Die Sprache versagt vor der Sichtbarkeit dessen, was ist. Schließlich, kurz und dumpf: Ob auf der hinteren Veranda gegossen werden solle. Wo? Ach so. Oh! ‚No. I can do it myself.' Ein unbestimmtes Ja des Wunsches war knapp dem Nein der Vernunft und des Verzichts gewichen. Nein. Allabendliche Anwesenheit so nahe an inneren Gemächern war nicht – nicht gut.

Vor einem weiteren, vermutlich fragenden, Blick wich die Starre der Maske einer stillen Freundlichkeit. Schweiß erglänzte dunkel auf Stirn, Schläfen, Jochbögen und über dem schmalen Rand eines noch schmaleren Lächelns – der Schweiß harter Arbeit. Das mußte eine Frau, die da über aufgewärmter Wissenschaft saß, doch wohl sehen. Warum fand sich kein Wort des Dankes oder der Anerkennung? Um das Gefühl des Versagens zu überspielen, war ein Blatt Papier zuhanden, hingehalten mit der Anweisung, die vierzig Zeilen an die Wandtafel zu schreiben. ‚Okay. See you later.'

Warten. Eine schickliche Weile. Alsdann – es ging doch wohl nicht an, auf Vergewisserung zu verzichten. Das Bemühen, langsam zu gehen, überholte sich selbst. Es zog mit Macht hinab in die Gründe dieses – dieser Hy-, Hi- Hyperhidrose und der eigenen Zerstreutheit angesichts schweißgetriebenen Dunkelglanzes über der Starre der Erschöpfung, und siehe: ein Drittel des Elefantengrases lag hingesunken in langschäftigem Durcheinander, eine hellgrüngelbe Walstatt. Mit starker Hand und starkem Arm, bewehrt mit einem Buschmesser, der Rücken gekrümmt, das Grün des Kittels durchnäßt, da und dort, und oben, im Grasland, die Reisfelder, die Fischtümpel und die seltsame Faszination einer Arbeit, die anders erschöpfte als Geistesarbeit. Leibhaftiger, lebendiger, tüchtiger – frömmer.

Der Garten versprach etwas. Jede Woche einen Tag Arbeit von der harten Art, und jeden Abend mehrere Gießkannen, um das Gedeihen der Erarbeiteten zu fördern. Es bedurfte dazu lediglich einer Zuverlässigkeit, an der es bislang gemangelt hatte. Sollte sie sich durchhalten, gepaart mit Sachverstand, dann war doppelter Lohn denkbar und zu rechtfertigen. Die Gartentage und alle Abende versprachen ein kleines Glück. Klein, rot und weiß wie Radieschen und Rettiche. Zartgrün wie zarter Lauch.

Ameisen und Wegewarte

Der nächste Gartentag kam. Die Woche war gewittrig gewesen, zwischendurch hatte es Sintflut geregnet. Am Frühstückstisch saß die vergebliche Erwartung, daß ein Verantwortlicher komme und sich um das Mißratene auf der hinteren Veranda kümmere. Hinab in den Garten! Auf dem Weg lag ein handlicher Stein. Es tat gut, sich daran festzuhalten. Schon von ferne verkündete ein Hellgrün Vorhandensein – wie war es möglich, daß ein ausgewaschenes Grün so irrational leuchten und wie ein Glühwürmchen durch die Nervenbahnen flirren konnte?! Es mutete irgendwie anders an als das vegetative Grün ringsum. Es leuchtete aufrecht vor dem restlichen Elefantengrasdickicht; die komplette Familie des Nachbarn war auch vorhanden und gärtelte da herum. Wie gut. Der Stein erübrigte sich. Ein paar Sätze auf deutsch, dann eine entschlossene Wendung in ein Abwarten hinein, aus dem kein Hauch Freundlichkeit, nicht einmal Höflichkeit entgegenwehte. Was mochte sie wollen, die Arbeitgeberin, in ihrem langen grauen Rock und langem, nur lose zusammengebundenen Haar? In ein abweisendes Gesicht hinein erging die Frage, ob Ameisen Paprika- und Tomatensamen fressen. Die Antwort, kurz und trocken: Möglich. Der Samen in den Kästen der hinteren Veranda, eine Woche zuvor gesät, war nicht aufgegangen; dafür wimmelte es von Ameisen, kleinen, schwarzen. Wer hatte das zu verantworten? Ameisen als Vorboten kommender kribbelnder Ärgerlichkeiten.

Kaum zurück im Haus, begann es zu regnen. Bald darauf strömte es. Am Fenster des Wohnzimmers stand hinter den weißen Voilevorhängen abwartend Verwunderung. Eine Viertelstunde verging, vielleicht in der Hoffnung, daß es nur ein kurzer Wolkenbruch sei. ‚Was stehst du und wartest, daß ich komme daher...' Du Fensterwegewarte. Du Blauäugige. Du Angestaubte. Unter dem weiterströmenden Regen kam es schließlich von links daher, bog in den Agavenweg ein und entfernte sich hinüber ins Jenseits der Bougainvillea. Barhäuptig unter dem strömenden Regen hin, das Buschmesser in der Rechten, nur leicht beschleunigten Schrittes, ohne jegliche Hast, ein aufrechtes Dahinschreiten. Und fast tastbar über die Entfernung hinweg klebte das Grün eines hüftlangen Kittels an solch gelassen dahinschreitender Würde. Der Regen rauschte weiter; Lustlosigkeit nahm überhand, Müdigkeit warf in stundenlangen Schlaf, und der Tag verging. Beim Erwachen rieselte es nur noch. Auf in den Garten zum andern Male! Das zweite Drittel des Elefantengrases und die wilde Hecke mit den gelben Blüten waren umgehauen. Ein Mehr-als-erwartet. Die Wildnis machte Fortschritte in Richtung Hortikultur, indem sie sich der Negation durch das Buschmesser auslieferte.

In den Kästen der hinteren Veranda aber wimmelten die schwarzen Ameisen. Enttäuschung schlich sich ein und die Vermutung, daß die Ameisen zusammen mit ungeeigneter Erde eingefüllt worden waren. Wie war das zu verrechnen mit der Schwerarbeit im Garten? Statt Tomaten und Paprika keimten die ersten Probleme. Man stand, zwei Tage später, und besah sich den Mißerfolg – ernst und bekümmert der Verantwortliche, bis sich ihm ein Lächeln anbot, auf das hin etwas wie Erwiderung sich hervorwagte – leise, leise, fromme Weise: geht es hier um die Spezies Ameise? Im Garten stand das letzte Drittel des Elefantengrases noch immer und mit gutem Grunde: es war wichtiger, erst den Zaun fertig zu bauen und Beete anzulegen. Das erste lag bereits: quer statt längs. An diesem Montag im Oktober konnte eine Anspruchsvolle zufrieden sein.

Vom Erschöpfungsglück harter Gartenarbeit

Es kam alsbald das letzte Wochenende im Oktober, das ausweglose, das schlimme, als jenseits der Bougainvillea die Trommel das junge Volk versammelte zu Tanz und frommen Liedlein, während auf der vorderen Veranda zusammen mit dem Vollmond das große Elend aufstieg und sich ins Vergebliche ausheulte. Wäre der Nachmittag hingebracht worden mit einer Beschäftigung, die erst drei Tage später einfiel, es wäre vermutlich viel von der Seelenenergie, die da in ein zerknülltes Taschentuch floß, dem Garten zugute gekommen in der Form von werktätig vergossenem Schweiß.

Am Montag galt es, wieder eine normal funktionierende Lehrkraft zu sein. Auf drei Stunden angespannten Dozierens folgte Erschöpfungsschlaf bis zur Mittagsmahlzeit. Nach zwei weiteren Stunden Schlaf stand, im Vollgefühl wunderbar wiederhergestellter Energien, der Entschluß klar umrandet fest. Ein grauer Baumwollkittel, ein weißes Baumwollhütchen, eine zweizinkige Spielzeugharke und ein Päcken Radieschensamen waren alsbald im Garten vorzufinden. Der Himmel war weiß und lichtblau und sehr hoch gewölbt. Zu Füßen lag ein quergelegtes Beet, aufgeschüttet weit ordentlicher als zwei Jahr zuvor, als der Lohn für Gartenarbeit zwei studentischen Familienvätern zugeflossen war, die sich der Aufgabe nachlässig entledigt hatten. Hier nun gab es Erdklumpen zu zerkleinern und Gewurzel herauszuzerren. Die kleine Hacke hackte; alle zehn Finger krallten sich ins Erdreich und zerrten; der Schweiß begann zu rinnen – diese Hi-, Hy-, Hyperhidrose. Gartenarbeit, statt Malaria, als Hidrotikum. Das Mausgrau des Kittels färbte sich dunkel in den Achselhöhlen; die Spur der kühlen Rinnsale den Rücken entlang war deutlich zu erspüren. Hier war eine Arbeit, in welcher Energien, an deren aufgestauter Nutzlosigkeit das Dasein zu kranken begann, sich umsetzen konnten ins Vitaminreiche. Über die klumpige schwarze Erde gebückt, die zwischen weißen Händen zerbröckelte; in der Hocke Furchen ziehend mit dem Zeigefinger, bekundeten Knie und Rücken alsbald Vorhandensein durch zierlich ziehenden Schmerz. Es wurden Ruhepausen nötig. Sitzend auf dem Beet. Stehend am neugebauten Zaun. Hinüberblickend zu den Bergen jenseits des Tieflandes, wo die Sonne in Wolken versank. Wartend? Die Radieschensamen waren gesät, zugedeckt, festgeklopft. Ein paar Kohlpflänzchen gepflanzt und gegossen. Nach zwei Stunden Rückkehr ins Haus, glückhaft-dumpf erschöpft. Unter die Dusche, den löchrigen Eimer mit lauwarmem Wasser im verschimmelten Bad. Frische Wäsche. Warten? Eine Stunde nach Einbruch der Nacht – hinüber zur Bücherei. ‚O, I did not recognize you. It is too dark.' Es war da nur eine Buschlampe. Sie stand vor Nacktheit bis zum Nabel. Der Traum der Nacht stand über nackte schwarze Erde gebeugt, zerkleinernd, krümelnd und tastend mit nackten weißen Händen.

Beängstigend zuverlässig?

Während der letzten Oktobertage begann, nach den ärgerlichen Ameisen, ein Wind unvorhergeahnter Widerwärtigkeiten das erden- (eden-?) nahe Gartenglück zu zausen. Schweine zerstörten das Tomatenfrühbeet, das eigenwillig hinter einem Häuschen jenseits der Bougainvillea angelegt worden war und aller Samen sei aufgebraucht, verkündete der Verantwortliche. Ein halbes Dutzend mickriger und zerknickter Pflänzchen war zu inspizieren – war das alles? Wo war der übrige Tomatensamen? Warum war das Frühbeet nicht an einem besser geschützten Ort angelegt worden, wenn es schon nicht möglich war, die Schweine einzusperren? Die Fragen blieben unausgesprochen. Es zeigte sich zum ersten Male, daß eine ansonsten im Umgang mit Männern selbstbewußte Frau zur Feldforscherin nicht taugte. Schon schoben Mittel und Zwecke sich sacht an einander vorbei. Mochte der viele Tomatensamen, für private Zwecke bestimmt, afrikanischem Sozialismus zugute gekommen sein – was lag daran? Waren Tomaten, war der Garten ein Zweck?

An diesem Tage ergab sich gegen Abend ein perfekter Dreischritt von Selbsttäuschung, Enttäuschung und mühsam versöhnter Wahrheit. Das frischbesäte und bepflanzte Beet im Garten erschien einem flüchtigen Blick dunkel und feucht, also mußte da gegossen worden sein. Dem Tagebuch ward mitgeteilt: ‚Diese Zuverlässigkeit ist beängstigend.' ‚Your reliability is alarming': durfte man – vielleicht, aber Frau – so etwas sagen? Blindes Vertrauen verleitete vorübergehend zum Träumen. Oder sollte etwa –? Sollte vertrauensvolle Selbsttäuschung das Gegossene von gestern für das von heute gehalten haben? Zurück in den Garten, das Beet mit Händen zu betasten – es war das Gegoßne von gestern! Es ward dem Tagebuch mitgeteilt, wenn nicht für ewige Zeiten, so doch für den Rest des Lebens und der Erinnerungsfähigkeit. Gefaßt ward die Gießkanne an demselben Henkel gefaßt, an dem ein rite zu diesem Geschäft Berufener sie an diesem Abend nicht gefaßt hatte. Die Lohnarbeit ward um des Lohnes der Enttäuschung willen selber getan. Zurück im Haus ein Blick auf die hintere Veranda. Daselbst war ein Feldforscher mit ‚Aufräumen' beschäftigt, indem er den Inhalt einer Überseetonne weiträumig verstreute. ‚Mein Herz, in diesem Wirrwarr / Erkennst duhu nun dein Bild...' Zum Heulen, zum Lachen. Zum Abdrehen und Aufgeben. – Es war schon fast völlig dunkel, man ging soeben zu Tisch, da tauchte ein blaues Hemd auf der Veranda auf zusammen mit der konfus anmutenden Frage, ob im Garten gegossen worden sei. ‚Indeed. I couldn't imagine you should come so late.' Eine gerade, eine harte Linie durchhalten. – Sie erweichte schnell in ein Schwanken zwischen Genugtuung und Enttäuschung, als Anfang November plötzlich vier weitere Hügelbeete da waren und wieder ein grüner Kittel, durchnäßt von Schweiß und Regen, vorüberging – hinüber in Richtung Elefantenpfad. Es blühte nicht nur *eine* Wegewarte im Campus...

Wozu ist der Garten da?

Es war zudem an der Zeit, zu einer grundsätzlichen Einsicht hinsichtlich des Gartenzweckes zu gelangen. Sollte er dem Anbau von nützlichem Gemüse dienen oder der Pflege von wünschenswerten Gemütszuständen? An manchen Tagen, wenn die Stimmung ins Mürrisch-Gereizte und Verworrene abdriftete, vermochte das Pflanzen von Kohlpflänzchen oder das Säen von Lauchsamen wohltuend zu beruhigen. Selbst die Zumutung, einen unangekündigten Gehilfen des Gehilfen auf der hinteren Veranda herumfuhrwerken zu sehen, ließ sich gelassen hinnehmen. Ging es nicht letztlich um etwas anderes als um sorgfältigen Gemüseanbau? Als am Tage der Auszahlung eines großzügig berechneten Lohnes eine Anweisung erging, die frisch gepflanzten Tomatensetzlinge unter der hinteren Veranda gegen das scharrende Federvieh zu ‚beschützen', geschah umgehend – nichts. Es gab nämlich zur gleichen Zeit der Feldforscher eine Schreibarbeit in Auftrag. War das ehrenvoller? Warum wagte sich kein Tadel hervor? Hätte ein solcher nicht eher wie eine Klage geklungen, wie schwächliches Gejammer? Als schließlich die Pflänzchen notdürftig ‚beschützt' wurden, wäre abermals eine Rüge vonnöten gewesen. War Resignation nicht bequemer? So ging Tag um Tag hin, und es lief, wie es lief. Die anfängliche Hochstimmung angesichts von Schwerarbeit und Sachverstand war nach wenigen Wochen schon dahin. Das Ideal war abgestürzt in die Wirklichkeit. Es konnte wohl nur in solchem Absturz überleben.

Das perfekte Gartenglück im Gleichgewicht von Arbeit und Erfolg, es hätte eines zuverlässigen Gehilfen mit nicht nur Sachverstand, sondern auch mit dem gelegentlichen Ausdruck freundlichen Interesses oberhalb des verblassenden Grüns eines hüftlangen Kittels bedurft. Nicht nur das prachtvolle Gedeihen von Lauch, Radieschen und Tomaten wäre garantiert gewesen; auch die Seele, diese kuriose, unberechenbare und anspruchsvolle Wesenheit im Innern der Innerlichkeit, wäre auf ihre Kosten gekommen, spiegelbildlich sozusagen zu den Kosten der Entlohnung. Da hatte sich also etwas verschoben. Vermutlich hatte es von Anfang an schief gelegen.

Wozu also war der Garten da? Wichtiger als Gemüse war doch zweifellos, daß sich über Gemüse *reden* ließ. Wie an jenem Wochenende, als auf der hinteren Veranda Betrachtungen stattfanden, als der Berg schon zu dämmern begann und eigentlich eine Rüge gerechtfertigt gewesen wäre oder zumindest die Verlautbarung von Zweifeln an der Zweckmäßigkeit dessen, was da – nun, es waren soeben Saatkästen gegossen worden, die bereits am Ersaufen waren; der aufwallende Ärger darüber verebbte jedoch in kleinen Wellen, die mit dem Hellblau eines kurzärmeligen Hemdes interferierten, das dem Berg gegenüber und nahe stand. Es kam zu einem geruhsamen Erwägen von Frühbeet- und Leguminosenproblemen. Die Nähe des Berges streute Rede und Gegenrede im Winkel von neunzig Grad; die kränkelnden Kohlpflänzchen standen auch zu nahe beieinander. Der Kollege Ehemann kam mit dem falschen Brot, zu fragen, ob es das richtige sei; eine Ehefrau schickte sich an, in die Küche zu gehen und fing im Davongehen, kaum waren da Luft und Raum, etwas auf, das kurios anmutete – Verbeugung, Lächeln und Anrede, so wohlerzogen zugeworfen durch die Dämmerung, daß der Stachel des Nichtwissens blieb: ob das Röslein frisch vom Strauch gepflückt war oder von Plastik.

Das Grübeln über letzte Zielbestimmungen unter der groben Entgegensetzung Geld und Geist grub graphitene Spuren ins Tagebuch. Das eine wie das andere, also beide, gingen offensichtlich, wie nahe auch immer, jedenfalls in aller wünschenswerten Ehrbarkeit an einander vorbei, denn sie kamen aus zwei verschiedenen Lebenswelten. Während im Garten recht und schlecht das Gemüse wuchs, wuchsen im Tagebuch ins Vorläufige formuliert Erkenntnisse von den Kohlköpfen aufwärts bis ins spekulativ Wolkige.

Das Gemüse ist Mittel, ist Vorwand und Material. So lange der Geist sich der Materie als eines Mittels bedient, ist alles schön. Sobald die Materie geformt ist und der Geist sich in ihr aufgegeben hat, ist es nicht mehr schön. Es ist nur noch gut. Einen Garten anlegen, ein Haus bauen kann sinnvoller erscheinen als eine Beziehung zu pflegen. Lust und Leidenschaft von homo faber begreife ich sehr gut. Der Schöpfer-Gott wollte beides: das vollkommene Kunstwerk und die vollkommene persönliche Hingabe. Das ging schief. Aber der Geist allein und freischwebend, die reine, absolute Beziehung ist auch nicht möglich, jedenfalls nicht auf Dauer. Sie muß sich an etwas Konkretes klammern, das dem Bereich der Kohlköpfe angehört. Es kann freilich auch ein Glanz à la Hofmannsthal zwischen Wimpern sein, die, gebogen wie die Sichel des jungen Mondes, sich festhaken im Seelengewebe. Vielleicht wird es das letzte und eigentliche sein: Eindrücke auszudrücken.

Versäumnisse. Kleines Glück. Tristesse

Wieder kam ein Wochenende, und das Tagebuch verweilte bei Wiederholungen. Die Gartenarbeit ruckte voran mit Hilfe eines Gehilfen des Gehilfen. Letzterer wurde nach dürren Stecken geschickt, um die Tomatenpflanzen festzubinden, während ein Spaten über der Schulter andeutete, daß im Garten das Graben weiterer Beete beabsichtigt sei. Da darf man wohl kurz nach den Rechten sehen und nebenbei die ersten Radieschen ernten. ‚Have you tried them?' ‚Yes, I think I've tried them.' Trocken, abweisend, dem Nachbarn zugewandt, der da auch herumgärtelte und freundlich drei Paprikapflänzchen anbot. Beim abendlichen Abstieg in den Garten zeigte sich, daß die Pflänzchen gepflanzt, aber nicht gegossen worden waren. Was sollen wir nun dazu sagen? - Zwei Tage später: ‚You planted, but you did not water.' ‚Yes, Na'any'. ‚Will you come for watering this evening?' ‚Yes, Na'any'. Eine neuerliche Überschwemmung auf der hinteren Veranda: war es nicht endlich Zeit, sich zu ärgern und auf den Unsinn hinzuweisen? – Ein paar Tage später: es mußte gegossen werden und niemand kam. Wie delikat, den Säumigen beim Ehemann zu verklagen. Selbiger sagte: ‚Ich sah ihn im Dorf spazierengehen.'

Ende November. Kümmerliches Gartenglück an zwei Tagen hintereinander. Es waren Gurken zu pflanzen. Es gab auch Unkraut zu jäten. Der Nachbar war mit ähnlichem beschäftigt. Siehe, da nahte, inzwischen aufgestiegen zum Gelegenheits-Sekretär eines Feldforschers, der Gartengehilfe, fein angezogen, als ginge es zu einer Festlichkeit. Siebenmal wanderte die Gießkanne zwischen dem Klotz der einbetonierten Wasserleitung und den Beeten hin und her. Nebenher wurde sachlich Auskunft gegeben über den Reisanbau im Grasland, das immer mehr zum Gralslande wurde. Es leuchtete von ferne, jenseits von Gurken und Radieschen. An diesem Abend saßen in der Andacht, drüben in der Kapelle, lauter zahnlose Löwen in der Grube, während eine fromme Hauskatze, ins Tagebuch verkrochen, ein kleines Glück benagte.

Am nächsten Tag ein neuer Schub Arbeitseifer. Es wurde offenbar gegen Abend, als sich eine friedliche halbe Stunde zu zweit im Garten ergab, säend, jätend und gießend, einsilbig. Zwei neue Beete waren bereitet und der Zaun zurechtgestutzt worden, just zu der Zeit, da es im Ehegebälk hörbar geknistert hatte. Der Instinkt, zu entrinnen, hatte nur bis auf die hintere Veranda geführt. Drei gelbe Würmchen verendender Keimlinge, der Rest einer ganzen Packung ausgesäter Samen, auf flacher Hand hingehalten, boten eine Versuchung, mit zwei Fingern danach zu fassen. Sie ward noch rechtzeitig erkannt und gehemmt. Das schweißgebleichte Musazeengrün vergangener Epiphanien hatte sich wortlos entfernt. Hier nun hinter den blühenden Hecken war so gut wie nichts zu finden von dem, was in Gartenlaubenromanen vorkommen mochte und allenfalls noch in Tagträumen. Über die Radieschen hin breitete sich das Schweigen der Arbeit, unterbrochen von wenigen Anweisungen. Mit unsicher gemurmeltem Dank für ‚reliable help' verließ kühle Tristesse, um die Schultern wie ein dunkles Tuch mit schmaler Goldborte geschlagen, vorzeitig den Garten.

Grünzeugtherapie

Der Garten wuchs in den Dezember hinein und begann, gewisse Bestimmungen zu erfüllen. Er zog weg vom Schreibtisch und brachte in Berührung mit der schwarzen Erde, mit Grünzeug, Gewürm und Gewurzel. Er wirkte auf diese Weise – und zudem als Ermöglichung von Begegnungen, wie selten oder einfältig auch immer – trotz allfälliger Enttäuschungen als Therapeutikum im kriselnden Ungenügen des Ehealltags. Wenn Kohlköpfe und Radieschen Gegenstand von Gesprächen werden konnten, dann erfüllte sich ihr Zweck vor dem Verzehr. Nicht zuletzt zwang der Garten von immer neuem zum Nachdenken über die Symbiose zweier divergierender Bedürfnisse, die das Grünzeug zu einem ehrenwerten Mittel zum Zweck machten und die Reflexionen darüber zu dünnen Graphitspuren im Tagebuch. Der Kreis schloß sich am Schreibtisch.

In der ersten Dezemberwoche ergab sich ein Abend-Idyll mit Anhängsel. Was sagt das Tagebuch? *Es macht mich still und friedlich, wenn einer wie dieser so brav mit mir im Garten arbeitet. Ich pflanze, er gießt, und man redet ein bißchen über den Salat und was gegen Ungeziefer zu machen sei. Das Reden hebt die Zweideutigkeit des Schweigens auf. Es war ein friedliches Gartenstündchen, zu zweit allein, ohne Verlegenheiten. Beim Verlassen des Gartens, da ich in gemessenem Abstand, gesenkten Hauptes und vermutlich ein bißchen verträumt vorausging den Trampelpfad zum Haus hinan, flogen plötzlich Worte hin- und her quer durch das Bananenwäldchen. Hinter mir war die Umgebung offenbar hellwach wahrgenommen worden. Kamen da aus dem Garten nicht zwei, die drei Abende zuvor bei einem festlichen Empfang mit einander getanzt hatten, und nicht zum ersten Male?*

Sinnvergewisserung

Warten hinter Mullgardinen. Es war schon fast dunkel. Es dunkelte immer schneller. Es mußte doch gegossen werden. Es näherte sich Plärrmusik mit Gießkanne. ‚Have you cat's eyes?' Es wurde gegossen. Um mehr ging es nicht. Wirklich nicht.

Am folgenden Nachmittag, als wieder gegossen wurde, konnte jeder, der wollte, sehen, daß kein gleichzeitiges Radieschenernten stattfand. Die Arbeitgeberin eilte über den Campus, machte sich allerlei Öffentliches zu schaffen, verteilte Lohnarbeit an beliebige andere: ein Versuch, zu bekunden, daß – ja nun, was eigentlich? Daß der Garten keine Gartenlaube war?

An dem Wochenende, an welchem eine lang geplante Einladung ins Haus stattfinden sollte, fand am Vormittag einsame Gartenarbeit statt und anschließend schriftliche Besinnung darüber im Tagebuch. *Jedesmal, wenn ich über den Beeten stehe und mit schmerzenden Kniekehlen gebückt die groben Erdklumpen zerkleinere, Steine und Wurzeln entferne, um das grob Umgegrabene zu verfeinern, wundere ich mich: warum ärgere ich mich nicht wie vor zwei Jahren? Es ist wahrhaftig ein Wunder. Die Arbeit ist randvoll mit Sinn gefüllt, weil ich nicht allein mich abmühe. Das Geld, das da verdient wird, wirkt wie Asbestwatte. ‚So you are working hard – in her garden?' ‚Well, I need the money.' Nur ein Leibeigener oder ein Liebender arbeitet umsonst. Ergibt sich daraus eine Theologie oder eine Ethik? Bei den alten Sumerern waren die Menschen ‚das Vieh der Götter', Sklaven, zur Fron verurteilt, unbelohnt. In christlicher Mystik geben Mensch und Gott sich einander ganz hin – aus Freiheit oder aus innerem Zwang? Wo endet das? In einer tödlichen unio mystica? Dazwischen hinein kommt das Gesetz. Ein do ut des schafft klare Verhältnisse, die ein normales Leben ermöglichen statt romantisch-chaotischer Identitätssehnsüchte und Verschmelzungen. Was will christliche Ethik? Was ist Rechtfertigung aus Gnade und Glauben allein auf der Ebene der Neuronen und Hormone? Soll nicht der irrationale Trieb in Nützliches umgewandelt werden? Kann der blinde Trieb eine Pflicht zur Erfüllung bringen? Ich stehe gebückt in meinem grauen Kittel, ich hocke und hacke die Wurzeln, klaube die Steine heraus. Ich tue das, weil ‚es' eine Betätigung braucht; irgendeine, aber diese ist doch recht sinnvoll. Sie setzt Energien um und versorgt nebenher das eheliche Abendbrot mit Radieschen.*

Als etwas später an diesem Vormittage Anweisungen entgegengenommen wurden, das Pflanzen von Tomaten längs der hinteren Veranda betreffend, schwelte angesichts einer mürrisch gekrausten Stirn wie Rauch aus feuchtem Laub der Verdacht, daß jenseits der Bougainvillea manchem manches verdächtig erscheinen mochte. Neid? Anzüglichkeiten? Nach einer knappen Stunde Arbeit hinter dem Haus und ehe weitere Anweisungen, die morschen Blumenkästen betreffend, gegeben werden konnten, trieb Enttäuschung in den Garten, als wäre daselbst Besinnung zu finden. Es fand sich Genugtuung. Vom Grün der Hecke und des sprießenden Gemüses hob sich ein Musazeengrün ab. Ein zu Unrecht des Davonlaufens Verdächtigter, in schwere Arbeit vertieft, blickte kurz auf, und - *ich zog mich schnell wieder zurück.* - Ein kleines Gewitter am Abend erledigte die Arbeit des Gießens für zwei Tage. Die Einladung ins Haus fand statt; die Gastgeberin erzählte von erledigter Wissenschaft. Die versammelte Mannschaft hörte höflich zu. Tags darauf: *Erschöpft, enttäuscht. Morgen hinab ins Tiefland. Diese Großeinkauferei. Wo ich doch einen Garten habe.*

Jenseits der Kohlköpfe

Auf dem roten Bord vor dem Arbeitskabinett waren vor Antritt der Reise ein abgeknicktes Tomatenpflänzchen und eine Notiz hinterlassen worden: die junge Pflanzung möge besser ‚beschützt' werden vor dem Scharren der Hühner. Bei der Rückkehr war der erste erntereife Kohlkopf im Garten gestohlen. Ärgerlich, gewiß. Aber gab es nicht Wichtigeres als Kohlköpfe?

Ein Gespräch etwa, am Abend, auf der vorderen Veranda, nahe der Küchentür. Es kam kein einziger Kohlkopf vor. Statt dessen überkam eine plötzliche Luftballonstimmung, eine Leichtigkeit an der Grenze von Logik und Decorum: ‚Thank you for – ' und ein abruptes ‚All right' verfügte den, welcher am Geländer lehnte, in die Küche, die Gießkanne zu holen und ein paar Worte mit dem Koch zu wechseln, der die Unterredung gehört haben mußte. Das erste Gespräch ohne Gartenthema seit der Rückkehr zehn Wochen zuvor zog etwas nicht ganz Eindeutiges hinter sich her ins Arbeitskabinett, um im Tagebuch zur Besinnung zu kommen. *Der Kohlkopf mag gestohlen bleiben. Ohne den Garten wäre, was da an Worten gewechselt wurde und an Lachen aufkam, nicht möglich gewesen. Es ist wie ein zögernder Neuanfang.*

Als tags darauf die Verandakästen wieder mit ungeeigneter Erde gefüllt wurden, regte sich kein Ärger. Ein weiteres abgebrochenes Tomatenpflänzchen rief ein flüchtiges Lächeln hervor, aber keine beschützenden Maßnahmen Zwei Tage später lagen bei der abendlichen Inspektion mehrere Beete trocken da. Das Kartoffelkraut begann zu welken. Solcher Mangel an Sorgfalt rief etwas wie Trübsinn hervor. Ein neuer Anfang? Nicht im Garten. Daß das bißchen Gartenglück so verkam und am Ideal vorbeischlotterte, war irgendwie traurig. Die Höhe der Entlohnung wurde zum Problem. Weil indes zwei Tage vor den Ferien noch einmal hart gearbeitet wurde, siegte Großzügigkeit.

Allotria und ein Jujubäumchen
Der Garten von Januar bis März

Während der Weihnachtsferien kam ein lahmer Knabe aus dem Dorf angehumpelt, um zu gießen. Der Bengel schlampte – auch. Die Fortsetzung des gärtnerischen Unternehmens, so weit es um Gemüse ging, brachte im neuen Jahr nichts Neues. Der grüne Zweig, auf den das arbeitsteilige Bemühen sich zu schwingen versuchte, wippte auf und ab, schien bisweilen in Reichweite und schnellte immer wieder zurück. Das Thema ‚Mittel und Zweck' spielte sich durch mancherlei Bild- und Begriffswelten hindurch, bald auf den Garten, bald auf den Gartengehilfen bezogen. Demselben kam quasi Gesindestatus zu mit aller damit verbundenen Verantwortung für eine Arbeitgeberin. Das gärtnerische Unternehmen, so weit es um diese sozialethische Seite ging, brachte etwas unerwartet Neues ins Spiel, das den Garten ins nahezu Gleichgültige verschob.

Die ersten drei Wochen im Januar gingen mit dem Ernten von Kartöffelchen, dem Pflanzen einer Jamsknolle, dem Herbeibringen einer Lilie und dergleichen hin. Vor allem aber brachten sie einen Eimer Wasser herbei – *water to wash her long white woman's hair* – als aus den Leitungen im Hause nichts mehr floß und der Koch wochenendfrei hatte.

Kleinigkeiten

An dem Montag, als das neue Trimester begann und im Arbeitskabinett soeben eine ausführliche Rüge wegen Silvestertrunkenheit erteilt wurde, nahte ein ordinärer Jersey, kobaltblau und rostorange. Das war neu. Es zog ästhetische Mißbilligung auf sich. Die Rückmeldung ward kurz abgefertigt. Am nächsten Abend stimmte die Vorbereitung einer Ansprache unwirsch; an Gießer und Gießen war nicht zu denken. Tags darauf waren die Verandakästen wieder überschwemmt. Es schien da Schicksal zu obwalten oder schiere Stupidität. Eine trockene Bemerkung angesichts des Übermaßes an Wasser ward ungerührt hingenommen. Im Tagebuch: *Was soll's. Was will ich denn? Eindeutig ist hier nur, was man von mir will und erwartet: großzügige Entlohnung für Nachlässigkeiten.*

Es sammelten sich Kleinigkeiten an, die das Tagebuch aufschwemmten. Ein rein auf Radieschen abgezweckter Gang in den Garten erzeugte beim Erblicken einer Gießkanne das ungute Gefühl, daß Absichtslosigkeit als Absicht deutbar war. Das Grünzeug zwischen den Radieschen? Uninteressant. Die Weiße, die Frau, die *fraternal*, verstimmt und wortkarg, entfernte sich ins Tagebuch. – An einem Freitagabend, vor der Kapelle, deren andächtig gelangweilter Inhalt sich zähflüssig verlief, erforderten ‚matters affecting the garden' ein kurzes Innehalten im mondlosen Dunkel. Rings umher huschte und hüpfte das matt rosenfarbne Flackerlicht der Buschlampen. Unstet und flüchtig warf es von hinten den schmalen Schatten knapper Anweisungen einem breiten, reglos standhaltenden Halbedelsteingrün entgegen, das torsohaft, arm- und beinlos, die Schwärze der Nacht unterbrach. Knapp darüber sah es unbestimmt nach Ermüdung und Fieber aus.

Kartöffelchen, ein Lächeln, ein Lachen

Es verging ein Vor- und Nachmittag mit ehelich wandernder Begleitung ein Stück weit ins Tal hinab und wieder hinauf mit ‚Theopneustie unter den Brücken', danach im Haus mit einem kühlen Bier, knusprigem Hasenbraten und langem Schlaf. Eine Stunde vor Dämmerung rief der Garten, wie andere ein Berg ruft. Völlig frisch und munter stieg es hinab, kniete sich vor ein Beet und begann, mit bloßen Händen nach Kartoffeln zu buddeln, während die Gießkanne hin und herging. Als sie leer hängen bleibt und schweigendes Zuschauen von oben herabtropft, ist es Zeit, aufzusehen und etwas zu sagen. ‚You looked feverish last night.' Ein mattes Lächeln. Die Hände scharren weiter im schwarzen Erdreich. Noch mehr bleiche, bonbongroße Knöllchen. Noch mehr Schweigen und Zuschauen, und eine leere Gießkanne. Hier muß also geredet werden – worüber? Über den Kartoffelanbau im Regenwald. Mehr als Einsilbigkeit ist dem Schweigen nicht zu entlocken. Es steht da wie gelähmt oder wie fasziniert. Was mag vorgehen in solcher Beschaulichkeit? Wie lange darf Mann so dastehen und zusehen, wie Frau zu seinen Füßen nach Kartoffeln sucht, die so mickrig sind, weil nicht ordentlich gegossen wurde? Auf! Mühsam und mit schmerzenden Knien. Ein Blick aufrecht voll ins Angesicht und etwas belehrend Gnomisches! ‚These potatoes: It's like training students. Some will do well and others will not.' Ein knappes Lachen. Der Vorrat an Gesprächsstoff war erschöpft. Es war auch an der Zeit, die Kanne wieder zu füllen, und das tragbare Radio über der Schulter begann leise vor sich hin zu wimmern. Die dürftige Ernte, in einen zerbeulten Blechtopf gesammelt, ward in einem Zustande irrationaler Zufriedenheit ins Haus hinauf und ins Tagebuch hinübergetragen.

Der Abend hielt freilich noch Anlaß zu einem Seufzen bereit. Wieder ersoffen, wie schon vor Wochen, die neu angelegten Saatkästen auf der hinteren Veranda. Was war da zu machen? Ging der Zweck nicht allzu gedankenlos mit den Mitteln um? Statt eines Verweises wurden entgegenkommend schöne Grüße von einem ehemaligen Vorgesetzten des abendlich Ungescholtenen und nach allgemeinem Dafürhalten auch anderweitig Unbescholtenen ausgerichtet. Ein Brief, auf deutsch. Eine seltene Gelegenheit, den Vornamen des mit schönen Grüßen Bedachten auszusprechen: drei Silben, fromm, theophor. Die Dämmerung war dichter geworden längs der vorderen Veranda. An der Brüstung lehnte sich ein Lachen zurück – warum? War das Entgegenkommen zu nahe getreten? Au propre ou au figuré? Lachte man in diesen Gegenden nicht gern aus Verlegenheit? Der Gedanke bewegte umgehend einen Schritt zurück. Der Gegenblick wich aus, streifte, aufgefangen, den doppeltgebogten Aschanti-Anhänger im Ausschnitt einer grau-weiß gestreiften Baumwollbluse. Das schwarze Hemd dessen, der am Morgen den Berg hinab begleitet worden war, hätte besser zu Talmi-Gold gepaßt. Es nahte jemand und man wich von einander. Der Garten hatte an diesem Tage seinen Zweck erfüllt. Er hatte nicht nur mickrige Kartöffelchen beschert. Was er – er wohl nicht allein, aber doch auch – überdies bescherte, destillierte sich im Traum der Nacht zu Brombeerlikör, dunkelsüß und klebrig, heimlicher Genuß mit zwiespältigen Folgen. Es ward dem Tagebuch ausführlich mitgeteilt.

Kostbarer Trödel

Dann ging zwei Wochen lang alles seinen gewohnten Gang. – Am Montag kam, die Gießkanne zu holen, ein ungewohntes Pfeifen die Anbauveranda entlang. Es bewirkte das Nehmen der Füße vom Schreibtisch (die Tür des Kabinetts stand sperrangelweit offen) und eine ungewohnte Satzkonstruktion. Am Dienstag hieb das Buschmesser von unten auf die Bougainvillea ein, die zur vorderen Veranda hinaufwucherte und mit wilden Trieben das Vorbeigehen zu behindern anfing. Das kräftige Dreinhacken war begleitet von der kräftig zerhackt anmutenden Lautung einer unbekannten Sprache. ‚With whom are you talking?' ‚Oh, it's unceremonious.' In der Küche war der Koch beim Bügeln. Der Landrover kam vors Haus gerollt mit Einkäufen. Der Fahrer begann, auszuladen. Sofort ward Hand angelegt beim Auspacken und Einräumen. Ein Beutel mit Orangen in ausgestreckter Hand – wohin? ‚Put it here': auf das rote Bord.

Ein Zögern. Ein rascher Zugriff. Ein schmales Streifchen Traurigkeit, umrandet von Genugtuung darüber, daß so ein Streifchen noch zu haben war. Weiter. Zwei Arme stemmten einen schweren Kasten Bier zur Kopflast empor, um damit die Stufen zur Küche zu erklimmen, allwo die Hausfrau stand. Ein voller Blick, geistesabwesend aufgefangen – ließ zurückweichen. Der Koch bügelte seelenruhig weiter; der Landrover rollte davon. Was hatte das alles mit dem Garten zu tun? Es träumte die Dämmerung voll.

Interessanter als eine Landroverladung Touristen war die Eigenwilligkeit, mit welcher ein ausdrückliches Verbot der Mißachtung anheimfiel. ‚No watering in the back verandah boxes!' stand auf gut sichtbarem Zettel geschrieben. Auf dem Bett lag ausgestreckt rechtschaffene Gastgeberermüdung, als die Bretter der Veranda knarrten und der Generator das träumerisch sanfte Blau der Dämmerung verscheuchte. Auf und hinaus zischte es furienhaft – ‚Have you not read – ?!' Das beabsichtige Fauchen erstarb in einem Tonfall, den kaum ein Hauch Vorwurf trübte. Ach, wie müde, ach wie trübe... ‚Yes', kam es seelenruhig, ‚but the boxes are a little bit dry.' And you – what are *you*? You are a little bit of a Silly-Billy! Du *Zettel* aus einem Sommernachtstraum! Sinnlos, sich das ergrauende Haar zu raufen. Fort! Hinweg! In der Hast des Enteilens und weil es seelenruhig a little bit im Wege stand, streifte Arm an Arm, kurzärmelig. ‚Sorry' – es streifte ans Peinliche. Anders als tags zuvor.

Jams und Lilien

Der Koch wies auf einen treibenden Jamsknollenrest hin: der sollte gepflanzt werden. Ein grüner Kittel bewegte sich bereits in Richtung Garten. Nachlaufen? Nachrufen? Die Schallwellen eines Händeklatschens genügten. Der Koch würde die Sache erklären. ‚Okay. Explain.' Ein ungewohnt munterer Ton, ein so offenes Anlachen füllte den Freiraum unter den Augen eines Dritten, daß ein schwarzes Herrenhemd, dem Gemahl entwendet, sich umgehend zurückzog. Es war indes nicht lang auszuhalten. Hinab in den Garten! Der Nachbar war auch wieder da.

Wie gut. Sein Gemüse und seine Dahlien gediehen prächtig, einer bewundernden Bemerkung wert. Der Jamsknollenbeauftragte stand abwartend und auf einmal wieder *demure*. Wo war die Munterkeit von soeben? Das Lachen lag noch keine Viertelstunde zurück. Es hatte keine Spur hinterlassen. Man inspizierte mit ernster Miene das Gemüse, über Möhren, Kohl, Lauch, Gurken unerhebliche Bemerkungen ausstreuend. Man besichtigte das Radieschenbeet; es bot dem Bemühen des Sichbückens eine Handvoll Farbe und Wasser dar. Für den Nachtisch der *fraternals*. Denn wer sonst – ‚I like radishes'. Ach? Es kam unvermittelt. Stand da eine Erwartung? Nichts als die Erlaubnis ward gegeben, sich gelegentlich ebenfalls zu bücken und zu nehmen. Und ein Gefühl farbloser Zufriedenheit entfernte sich mit den Radieschen und einem krummen Gürklein. Mehr war eben nicht zu haben. Als gegen Mittag der Spaten in die Küche zurückgebracht wurde, war statt des Wimmerns aus dem Transistorgerät ein unartikuliert verlegener Laut der Verwunderung im Hinblick auf ein Blech Hefeteig zu vernehmen, das von einer Hand, in der man üblicherweise ein Buch oder Schreibutensilien sah, mit Butter, Zucker und Rumrosinen dekoriert wurde. Hausfrauentätigkeit. Verlegenheit. Befangenheit. Kein locker darüber hinweg streifender Scherz. Ein Gang in den Garten ergab, daß daselbst ordentlich gearbeitet, die Jamsknolle versenkt und der Zaun gestutzt worden war.

Kam der Abend. Kam die Stunde der Gießkanne. Kam und ging es hin und her, flüchtig wie eine Geistererscheinung, so daß ein Wort der Anerkennung für die Gartenarbeit des Vormittags kaum Ort und Zeit fand, sich zu äußern. Ein Lächeln, wenigstens, auch flüchtig, und die Tasten der Schreibmaschine klapperten weiter. Da klappte im Weggehen das Verandagatter. Da – plötzlich entschlossen, auf und nach: ‚Wait. Please. Bring me one of those lilies from over there.' ‚Where?' Ein Finger wies zum Zaun hinüber, wo sie aufgeblüht waren, rein weiß, unschuldig und tugendhaft, entdeckt zum ersten Male in all den Jahren. Ein rotes Taschenmesser ward ausgehändigt. Die Dämmerung teilte sich vertikal in dreifingerbreite schwarzweiße Streifen, die sich langsam entfernten. Was stehst du und wartest... Ach, es ist nur ein poetischer Einfall, einfältig und ohne Arg. Erwartung ging dem Erwarteten entgegen, fünf Blüten an einem nackten, blaßgrünen Stengel, aufrecht wie eine Kerze vor der Brust getragen, parallel zu den Streifen. Bedachtsamkeit nahm Lilie und Taschenmesser entgegen, vorsichtig mit je zwei Fingern, alles ohne nichts, nicht das Geringste. Auf die Blüten fiel von beiden Seiten ein unbegriffener Augenblick; ein kühler Ernst; ein nahezu rituelles Schweigen traf sich zwischen dem zarten Gezipfel und verweilte einen dumpfen Herzschlag lang im Ungewissen. ‚Thank you. Good night', und der Bann löste sich. Ein Tagtraum bei einbrechender Nacht? Der Szene hatte sich eine Zeugin genähert. Eingeladen zum Abendessen, stand sie und lächelte stellvertretend. Die Soror, sie, die dabei gewesen war, damals, als man zu dritt durch die blühenden Frühsommerwiesen von Bethabara gewandert war.

‚Can you bring me some water?'

Die dritte Januarwoche hinterließ als Memorabilie einen Eimer Wasser – zum Haarewaschen. Was hatte das mit dem Garten zu tun? Nun, er trieb gewissermaßen Seitentriebe in den Wohnbereich hinein, während die hintere Veranda von einem mächtig emporzweigenden Kirschtomatenstrauch erklommen wurde.

Einzelheiten. Eines Abends ward in der hinteren Tür des Kabinetts linkerhand die erste hellrote Kirschtomate überreicht just in dem Augenblick, als rechter Hand in der Tür des Schlafzimmers unwirsch der Gemahl, zurück vom Feld der Forschung, erschien und Batterien verlangte. Ein Lächeln (You see: duty is calling upon me), unbefangen erwidert, beendete die Zeremonie der Übergabe einer Erstlingsfrucht. Als die Suche nach Batterien erfolgreich beendet war, biß zögernde Erwartung in das kirschkleine Hellrot: es schmeckte bitter.

Wieder ein Freitag. Nach dem Mittagsschlaf stand der Sinn nach einem Kohlkopf als Rohstoff für einen herzhaften Salat. Im Garten mehr als Gemüse anzutreffen, war unerwartet. Es warf den Schatten mehrfach gefalteter Verdächte auf einfältiges

Schweigen. Ein Gruß, natürlich. Und dann? Den beabsichtigten Kohlkopf abschneiden und sich wie kopflos wieder davonmachen? Ohne Stimme und Antwort? Das Abschneiden erforderte weder das eine noch das andere. Den Strunk aus der Erde zu reißen und auf den Kompost zu werfen, um alsbald über Radieschen zu reden, daß nämlich von der Erlaubnis, sich welche zu nehmen, noch kein Gebrauch gemacht worden sei – bedarf es dazu eines Satzsubjekts? ‚Take these ones' – es waren just die schönsten. War es nicht voreilig und Verrat am wohlverstandenen Eigeninteresse? ‚Let me take a few for – nun, für den Gemahl. Nahm ein paar zurück und ging, des Gartens Eigentümerin und großzügige Arbeitgeberin. – An diesem Tage war seit dem Vormittag kein Wasser Hause. Die Ursache war nicht zu ermitteln. Der Koch holte, was er brauchte, von anderswo.

Am nächsten Tage fand die Exkursion zu einer Kolonialruine statt, eine stramme Wanderung mit den Junioren; am frühen Nachmittag war man müde und verschwitzt zurück. – ‚Can you bring me some water?' ‚Well, not now.' So. Ohne Begründung. Wer sonst? Der Koch hatte bereits frei. War dem Gemahl die Sache zuzumuten? Sollte ich selber? In diesem Zustande der Erschöpfung? Abwarten. Abhängig plötzlich auf ganz andere Weise. Es ging auf Abend zu. ‚I have brought the water.' Zu viele Dankesworte – um das plötzlich wieder Wunderbare abzuwehren? Um abzulenken von einem langen maronenbraunen Mondblumenkleid und offenem Haar, kam eine Tomatenpflanze gelegen, deren Pflege am Morgen empfohlen worden war. Man stieg die Stufen im Hibiskuswinkel hinab und begab sich auf Inspektion unterhalb der hinteren Veranda. Ja, das mit Bast bandagierte Tomatenpflänzchen hatte sich erholt. Wie schön. Wie dankenswert. Bedächtig weiter durch halbhohes Gras, in der Abenddämmerung hinter dem Haus bis zu dem emporzweigenden Kirschtomatenstock. Kein Grund, hastig abzubrechen. Es fand sich Gesprächsstoff. Ruhig und selbstsicher wandelte es dahin in demselben Gewande, in welchem noch keine zwei Jahre zuvor das erste und bislang einzige Geschenk entgegengenommen worden war. Was war nun hier entgegenzunehmen bei halbem Bewußtsein, am Rande der Resignation und der Nacht? Ein Eimer Wasser stand bereit zum Waschen des Haars, des Hauptes Zier. Eine milde Gabe? Zu entlohnende Dienstleistung? Ein Anhauch der fast unter den Horizont gesunkenen Muse? Sie, Es oder dieser-da, *most virtuous and prudent. / ...cared for her garden, carried for her/ Water to wash her long white woman's hair.* Stooping to conquer. – Am Sonntagmorgen stand ein weiterer Eimer Wasser vor der Küchentür.

Kränkelndes, ungewöhnlich

In der letzten Januarwoche kündigte Krankheit sich an. Am Montag wurde noch die Hibiskushecke zur Dorfstraße hin gestutzt gerade da, wo der Blick vom Wohnzimmerfenster geradlinig zu den Fensterhöhen der Schlafbaracken hinüberging. Schon waren dieser und jener krank, und der Gartengehilfe fühlte sich auch nicht wohl. Das Selber-Schleppen der schweren Gießkanne erzeugte Nachgrübeln darüber, welche Art von Verpflichtung hier vorlag. War es nicht Sitte, sich um krankes – Gesinde zu kümmern? Der Garten begann, neben kümmerlichen Erträgen an Gemüse Ratlosigkeit und zwiespältige Taten der Caritas hervorzubringen. Er führte etwas herbei, das eines Nachmittags wie eine Sinnestäuschung über die Schwelle des Arbeitskabinetts trat und matt am Spiegeltisch lehnte. Was zu bereden war, wehte leise und geisterhaft wie mondäne Nebelschwaden hin und her.

Der Garten fiel während dieser Woche der Vernachlässigung noch nicht gänzlich anheim; immer wieder wickelten Beschwerden unklarer Genese sich aus den grauen Decken, um Verpflichtungen nachzukommen. Eines Abends, als nur noch wenige Beete zu gießen waren, versagte der Wasserhahn in dem Augenblick, als die Kanne einem Unerwarteten soeben übergeben worden war. Es kam zum Glück der Kollege Nachbar herzu. Er löste das technische Problem als Mann und Europäer, während eine Frau, wiewohl aus Europa, und ein Afrikaner, wiewohl Mann, dumm dabeistanden. – Am Freitagabend wurden Radieschen gesät, denn sie gediehen am besten von allem, was da vor sich hin kümmerte. Bald darauf erschien ein unbestimmt vor sich hin Kränkelnder, und es entspann sich Ungewöhnliches hinter den Hecken. Anknüpfend an eine öffentliche Diskussion vom Vorabend ward eine Überraschte mitten in ihrem Garten in eine Art Debatte gezogen, die sie des Selbstwiderspruchs überführen sollte. Daß ein solcher vorlag, war nicht auszuschließen; aber – ! Hier, wo alle Radieschen und jedes krumme Gürklein zuhören konnten?! Der Herausforderer (man denke!) lenkte schließlich ein, und mit leisem Räuspern bedankte eine Herausgeforderte sich für die ‚Klarstellung'.

Kleine Szene vor dem Gartentore

Sehr früh am nächsten Morgen erschien auf der hinteren Veranda jenseits der Voilevorhänge ein abgeblaßtes Grün, während diesseits der Eindruck einer gewissen graugesprenkelten Ungepflegtheit befremdlich ins Gemüt kratzte. Das Befremdliche wiederum entbehrte nicht des Reizes – Quisquilien für ein Tagebuch, das dankbar nach jeder Ablenkung vom Nervenverschleiß des Kampfes um Privatsphäre griff. An diesem Tage blieben Garten und Gärtnerin aus – nun, aus Liebe zu den Radieschen, sich selbst überlassen, denn es gab jenseits der Bougainvillea Wichtigeres zu tun.

Am Sonntag gegen Abend war das Wichtigere erledigt; es kam zu einer kleinen Szene am Wasserhahn vor dem Gartentore. Mit den Kannen hin und her, wohl wissend, daß Gartenarbeit dem Sonntags-nie-Prinzip unterlag, zog durch die Dämmerung unbestimmtes Warten wie Maiglöckchenduft. Weiß-kristalline Blütendüfte aus Rhizomen und poetischer Einbildung, sie inspirierten Tagtraumsequenzen wie Skizzen auf blassem Graublaugrunde. So stand denn am Wasserhahn ein langer wolkengrauer Chiffonrock, mondlichthaft erhellt von großen bleichen Phantasieblumen. Darüber ein Blaßrosa, zugeknöpft bis zum Halse, aufgelockert durch die Schwingungen einer langen Kette aus winzigen Plastikperlen in vielfachen Verschlingungen: die Sonntagshülle um das Selbstbewußtsein einer Zigeunerin der Gefühle und irrationaler Erwartung. Das Wasser lief in zwei leere Kannen, das Geräusch übertönte ein leises Rauschen im

Gras, der gesenkte Blick hob sich und glitt an der Erscheinung hin. In zwei Armeslängen Entfernung (seit wann maß sich Abstand in Armeslängen?) war erschienen und stand vor Augen das kräftige Frühlingsgrün eines Oberhemdes über Hellbeige unterhalb des Gürtels, umhalst von Rot und Blau in der Form einer Krawatte. Es stand vor den Augen einer Sonntagsmalerin – gentlemanlike to perfection. Die Sonntagsgärtnerin richtete sich kerzengerade auf und den Blick voll auf das Gegenüber, während das Wasser in die Kanne und überlief. ‚You come to continue?' Es klang herausfordernd und war auch so gemeint. ‚No, I am not coming for watering.' Aha. Oder Nanu? Der Wasserhahn ward abgedreht und der Blick von neuem in unverwandtem Schweigen auf die Sonntagserscheinung gerichtet – nicht viel anders als auf einen Examenskandidaten, dem nach unbefriedigender Antwort Gelegenheit gegeben wird, eine bessere zu geben. Anlaß zu dergleichen geradlinig schweigender Strenge im Blick hatte sich bislang nur selten ergeben. Mußte die Dämmerung sich nicht aufladen, Maiglöckchenduft überlagernd mit metallischer Spannung? ‚You see – ' See what? Zu sehen war der Versuch eines Lächelns; der Versuch, sich nicht einschüchtern zu lassen. ‚I have committed a mistake.' Oh! Eine Beichte? Welch unvorstellbaren Vergehens? Mußte es nicht zu knistern beginnen? ‚I don't know whether you have noticed it.' Wo blieb der Blitz? War im Wasserhahn nicht genügend Metall vorhanden? Das meiste war Beton. Nun also? Anzuzeigen war eine unbemerkt gebliebene Nachlässigkeit auf der Liste der täglichen Pflichten eines Vielverpflichteten. Eine nahezu Bagatelle. Wer in diesem Campus würde bei Nacht eher Bücher aus einer unverschlossenen Bücherei als Kohlköpfe aus dem Garten stehlen? Das Eingeständnis eines Versäumnisses (‚It troubled me very much' – weit fort, wohin anderweitige Pflichten gerufen hatten), begleitet von nahezu charmanter Verlegenheit: Beton erweichte zwar nicht zu Wachs, aber es nahm die Konsistenz kräftig durchbluteter Muskulatur an. ‚Thank you for informing me.' Der Bedankte ging davon und ließ hinter sich zwei vollen Gießkannen stehen. ‚Ein Mann mit Prinzipien'. Die ironisch resignierte Bemerkung wandte sich dem Kollegen Nachbarn zu, der da auch am Gießen war.

Februar – *cruellest of months*

Dieser Monat vor allem war es, der eine winzige Probe Tropen am zehnten Längengrad östlich damals so traurig färbte in einem intimeren Sinne als insinuiert vom unterhaltsam strukturierten, nach Leitgedanken von J.-J. Rousseau vertonten und so reizvoll alliterierenden Klagelied eines kulturphilosophisch angehauchten Forschungsreisenden aus einem anderen Regenwald, ein Vierteljahrhundert zuvor.

Der Montag ließ nicht ahnen, was der Sonnabend herbeiführen und hervorrufen sollte – jene kleine Szene bei Nacht hinter weißen Mullgardinen, im grellen Licht einer Aladinlampe, in der gewöhnliches Steinöl brannte und aus deren zerbrechlichem Zylinder ein bislang gebannter Geist zu steigen schien, weder eindeutig gut noch böse, vor sich hin tastend auf schmalem Grat dazwischen. Mit dem Garten hatte es insofern zu tun, als die zwiespältigen Taten der Caritas zu einer Art handgreiflichen Verpflichtung sich verstiegen oder herabließen.

Vor dem Fenster ein dürrer Ast

Der Montag verging. Ein wolkengrau-rosaroter Stimmungsmischmasch kroch wie Mehltau über den Garten und die reifenden Tomaten längs der hinteren Veranda hin: Enttäuschung eingedenk der Art und Weise, wie abends zuvor eine Erwartungsvolle am Brunnen vor dem Gartentore den vollen Gießkannen überlassen worden war. Am Dienstagnachmittag – die Tasten der Schreibmaschine waren dabei, Andächtiges über den Regenbogen und sonstige Symbole dem Papier zu überantworten – erschien in der Tür des Arbeitskabinetts das Eingeständnis der Schwachheit: der gute Wille, im Garten zu arbeiten, habe untätig auf einem Beet gesessen. Wer wollte da noch grollen? Der Vorwurf ‚I am disappointed', nämlich angesichts der Nachlässigkeit, mit der die Tomatenstöcke dem Scharren der Hühner preisgegeben wurden, verkrümelte sich. Was da an Schwachheit in der Tür stand, sah so bekümmert drein, daß es zu Herzen ging – wohin sonst hätte es gehen sollen? Ob nicht wenigstens ein paar Palmwedel – ? Während die Schreibmaschine weiterklapperte, hackte draußen ein Buschmesser auf dürrem Holz herum; dann kratzte etwas gegen Glas, und vor erstaunten Augen, die mit dem Blick nach innen auf das Symbol des Regenbogens gerichtet waren, pflanzte sich ein großer dürrer Ast, starrend von grotesk verrenkten Auswüchsen, vor dem Fenster auf, das hinüber zum Elefantenpfade sah, wo zwei Jahre zuvor so oft das gelbe Schlänglein umhergekrochen war. Da also hinderte und zerstreute den Blick nun eine überdimensionale Tomatenstockstütze, und der Regenbogen vor dem inneren Auge verblaßte im Kopfschütteln der Verwunderung. Sodann andächtiges Bedenken der Sache im Tagebuch:

Ein dürrer Ast von solchen Dimensionen – was soll das nun wieder?! Ein so riesiges Ding, doppelt so hoch wie Tomatenstöcke je wachsen können! Außerdem sollten doch Palmwedel – und wo bleibt der Ärger? Ist das kahlgraue Ungetüm nicht ein unerwartetes Symbol? Ist es nicht ein tiefsinniges Gegenstück zu den zierlich gezipfelten Lilien, die ich mir neulich abend herbeierbeten habe? Inmitten des wuchernden Grüns, das selbst der Trockenzeit standhält; inmitten der Vermehrungswut ringsum mutet das Weiß einer Lilie wie Verfeinerung ins verzichtvoll Geistige an, und der tote Ast da wie ein Symbol des Aufbegehrens als auch der Trauer und Resignation. Welcher Hang abwärts mag geneigt sein, dergleichen hinzunehmen wie einen Armvoll dunkler Rosen? Nein. Vielmehr: Wie seltsam müßte diesen dürren Ast ein siebenfaches Seidenweiß von Rosen schmücken! Weiß wie das Weiß der Lilien, nur künstlich.

Noch am gleichen Abend begann anstelle von Unterrichtsvorbereitung das Basteln von Papierblumen.

Das Jujubäumchen wartet vergeblich

Am Mittwoch zeigten sich die Folgen der Arbeit vom Nachmittag zuvor: ein Rückfall in die grauen Decken, und die Auswirkungen auf den Unterricht: Lustlosigkeit. Die Rosen aus Papier, Watte und Alufolie wurden nicht ohne balancierendes Risiko in das dürre Geäst geknüpft. Es sah hübsch aus. Poetisch. Bedeutungsvoll. Schade, daß niemand kam, es zu bewundern und zu fragen: Is it just für decoration, or is it meant as – a juju?

Der Garten, eigenhändig und lustlos gegossen, bis ein Beliebiger sich bereit fand, die mühsame Arbeit zu übernehmen, schrumpfte in das unbeachtete Jujubäumchen. Niemand schien es zu sehen; einzig der Kollege Ehemann, im Begriffe, sich auf eine riskante Reise zu begeben, entdeckte es und fragte intuitiv: ‚Für wen?' ‚Als Juju – für die lärmenden Kinder hier herum.' Eine halbe Wahrheit, eine halbe Lüge. Ja leider. Beschämend. Wie lächerlich oder mißverständlich wäre die ganze, in sich selbst ungewisse Wahrheit gewesen? Alles, was an diesem Donnerstag und während der nächsten beiden Tage geschah – ein Krankenbesuch nach langem Schwanken, Hustenanfälle, die gleichfalls aufs Bett warfen, ein weiterer Krankenbesuch nach einem Fußballspiel – es ließ den Garten versinken; sein Vorhandensein hing an einem spinnwebdünnen Faden als einziger Verbindung und Begründung, sich um denjenigen zu kümmern, der sich bislang um den Garten gekümmert hatte. Als an diesem Abend in dichter Finsternis das Verandagatter klappte und die Glastür zum erleuchteten Wohnzimmer sich öffnete, zwirnte der dünne Faden sich zum festen und starken Seil, an dem nicht nur ein großzügig mit Reise- und Heilungskosten versehener Lohnabhängiger hing, sondern auch ein wunderlich als Caritas maskiertes Ethos, das sich aus kaum verwunderlichen Gründen zu Großzügigkeit verpflichtet fühlte.

Nach diesem Abend und, am folgenden Morgen, einer Reise mit hohem Fieber, in vollgepferchtem Taxi hinab ins Tiefland auf der Suche nach Heilung, kam eine Woche der Ruhelosigkeit und der Befürchtungen. Der Garten existierte nicht mehr. Ob der Ersatzgehilfe ordentlich goß oder nicht, war gleichgültig. Der Kollege Ehemann kam wohlbehalten zurück, um sich zwei Tage später erneut auf den Weg ins Feld der Forschung zu machen und alsbald wieder da zu sein. Die ersten nicht bitteren Tomaten reiften; die Hühner scharrten ungestört. Das Jujubäumchen aber stand vor dem Fenster wie eine traurige Erinnerung an irgend etwas nicht ganz Wirkliches, das leicht und luftig mehrere Handbreit über dem festen Erdboden geschwebt hatte und nun, zwischen die Dornen der Sorge gefallen, nachdenklich machte und an die Kette der Verpflichtung legte.

Das Jujubäumchen wartete ins Ungewisse. Wie lange war es auszuhalten? Eine Woche und einen Tag. Mit einem verständnisvollen Ehemann ward die Absicht besprochen, jemanden zu schicken, um etwas in Erfahrung zu bringen. Dem kam Rückkehr am späten Montagnachmittag zuvor. Die Nachricht flog durch den Campus geradlinig auf ein Ziel zu, von dem jeder zu wissen schien, daß es das nächstliegende war. Mochte es so sein. Es hob den sprichwörtlichen Stein beiseite; er sank wie auf weiches Moos und lag da wie in tiefem Schlaf. Nicht einmal ein Seufzer der Erleichterung. Grenzenlose Gelassenheit ließ die Stunden verrinnen in der Vorwegnahme dessen, was ganz von selbst kommen mußte. Eine kleine Szene, stimmungsvoll vorbereitet im Hibiskuswinkel, versunken in die Interferenzen von Grillengefiedel und halbem Mondlicht, rinnend über die Innenfläche einer rechten Hand, die hinhielt, was sie sich genommen hatte, eine Woche und einen Tag zuvor, im nächtlichen Gefiedel der Grillen hinter weißen Voilevorhängen.

Am Tage nach der Rückkehr, als ungewisses Warten damit beschäftigt war, neben dem Papierblumenbäumchen eine kränkelnde Tomatenpflanze zu ersetzen, kam es grünbekittelt herbeigeschlendert, das Blatt einer Heilpflanze vorzeigend, deren Absud weiterhin zu trinken sei; die Suche danach nehme viel Zeit in Anspruch. Zeit, die mithin für den Garten nicht zur Verfügung stand. Man redete dies und das, und der dürre Ast mit den silberweißen Kunstblumen wartete noch immer darauf, bemerkt und mit einer Bemerkung in eine höhere Wirklichkeit versetzt zu werden. Nichts. Man schlenderte zu zweit die hintere Veranda entlang, wo dem Einfall, den wuchernden Strauch mit den hellrot-bitteren Kirschtomaten auszureißen, Einhalt getan werden mußte. Weil die Nebenordnung eines schwarz-weiß-geblumten Tenniskleidchens über beigen Beinkleidern angesichts des grünen Gartenkittels unbestimmt störte, schien es günstiger, das Gespräch von oben herab, von den Saatkästen her, zu führen. Mit in den Garten zu gehen, wäre so einfach gewesen – ach, viel zu einfach. Ja leider. Hinsichtlich des Gartens war vermutlich nicht mehr viel zu erwarten. Es war, als müßte auch dies Stückchen Erde, aus dem unversehens Fürsorgepflichten zugewachsen waren, sich erholen durch allmähliches Verwildern. An diesem Abend traf man sich noch einmal vor dem Jujubäumchen unter dem Fenster des Arbeitskabinetts und redete ein wenig über Tomaten, ehe die Suche nach der Heilpflanze Nahes wieder entfernte. Ein ausgeblichenes Musazeengrün entschwand Richtung Elefantenpfad. In den weißsilbernen Papierblüten blieb etwas wie Brombeerlikör, vermischt mit ungewisser Tristesse, hängen. Wenig später kam der Regen und weichte den symbolischen Firlefanz auf.

Dies und das und ein Rest

Die höheren Gewalten einer kleinen Zwischenregenzeit nahmen einem Rekonvaleszenten die Gießkanne aus der Hand. Er durfte sich noch eine Weile schonen, während aus dem schwarzen Erdreich das kräftige Orangerot wohlgediehener Mohrrüben und das bleiche Zwiebelgrün von Lauch sich enthüllten. Während der letzten Februarwoche begannen die Kohlköpfe im Garten schwarz und fleckig zu werden. Ein schlackenfreies Gefühl der Gelassenheit sah darüber hinweg. Man wurstelte im Garten zu zweit. Krumme Rettiche und ‚siamesischer' Salat lösten ein seltenes, ein unbefangenes Lachen aus. Weil aller Karottensamen schon ausgesät war, wurde die Bitte darum mit der Erlaubnis beschieden, von den erntereifen Rübchen im Garten zu nehmen. Zwei weiße Rettiche wurden fürs erste vorgezogen. Über den Namen einer orangegelben, exotisch-bizarren Blüte konnte man sich nicht einigen – die hellgrünen Hüllblätter schienen auf eine Bananenart zu deuten. Nein, es sei eine Lilie, beschied die einheimische Meinung. Was lag daran, daß es eine Strelitzie aus der Familie der Musazeen war, die ihren Namen einer deutschen Prinzessin verdankte? Zwischendurch mochten sich in aller Einsamkeit nachdenkliche Gedanken, blaugefiedert und zartbekrallt, ins Geäst des Jujubäumchens setzen. Seit drei Wochen schon stand die Abstraktion diverser Vorstellungen und Empfindungen vor Fenster und Schreibtisch. Die Kunstblumen, von Regengüssen durchweicht, ließen die Köpfe hängen. Noch kein Wort der Wahrnehmung – war es nicht traurig? Krankheit und Sorge waren dazwischengekommen, gewiß. Aber – aber was? Alle die Rosen eines letzten Rosenstocks längs der vorderen Veranda, die nacheinander in dunkelvioletter Vierkantvase blühten und vergingen, wurden hinzugeknüpft. Es mochte mancherlei bedeuten. Dergleichen hing vermutlich, nein, sicherlich, zu hoch. Es war zu fein gesponnen. Es faserte aus und entschwebte in Gegenden jenseits der Worte. Ins melancholisch Dunkelviolette...

Valse triste

Die Wirklichkeit erforderte verantwortbare Entscheidungen; darüber etwa, ob ein gewisser Betrag als Lohnvorschuß oder als Beihilfe zu gelten habe. Großzügigkeit entschied letzteres, obgleich wieder einmal anderweitige Pflichten dem Garten vorgezogen wurden. Auf daß der schnöde Mammon nicht alles sei, schenkten sich Rettiche und Karotten hinzu und auf Ersuchen auch Gurkenpflänzchen für einen Garten jenseits der Bougainvillea. Man stand vor den Frühbeeten der hinteren Veranda. ‚Take!'. Zögern. Mann! Wer wird sich so tranig anstellen! Ein rascher Griff in die schwarze Erde grub mit bloßen Händen die kräftigsten der Pflänzchen aus. Hier. Geh hin in Frieden, du Unmöglicher! Zurück blieb eine unbestimmte Verstimmung, die sich am nächsten Tage in eine aschlila Bluse verkroch und am Sonnabend enttäuscht nicht nur, sondern aus Herzensgrunde grollend zur Kenntnis nahm, daß gegen Abend trotz rechtzeitiger Rückkehr von auswärtigen Verpflichtungen ein zu Gartendienst Verpflichteter nicht gießen kam.

So endete der Februar, *cruellest of months,* Krankheitskeime tropischer Trockenzeit vermischend mit feinfasrig gesponnenen Erwartungen. *Tristes tropiques* – nicht, weil europäische Gier indigene, in sich heile Kulturen zerstörte, sondern weil allzu romantische Dunkelblauäugigkeit einer Weißen, nur bisweilen und am Rande ironisch aufgehellt, nicht sah oder wahrnehmen wollte, daß den verfeinerten Erwartungen einer Spätkultur im Spiel subtiler Beziehungen kein Echo auf gleicher Ebene entsprechen konnte. Daher *Valse triste.* Etwas wie ein langsam dahinschleifender Walzer: alle die täglichen Begegnungen mit und ohne Garten: tranig-traurig anmutende Figuren einer Tanzbewegung. Traurigkeit, ästhetisch verfeinert zu Tristesse, zwängte sich nach und nach mit zerknittert samtdunklem Flügel aus der harten Chrysalis der Einsicht ins Unterschiedliche der Beweggründe. Sie tröpfelte aus dem nie gänzlich versiegenden Bewußtsein des im Grunde Unmöglichen. Vielleicht lag gerade darin ein heimlicher Reiz. Der Reiz einer poetischen Stimmung, welche über die innere Dürftigkeit des Daseins einer Anspruchsvollen den Duftschleier des Besonderen, unter das Abschlaffen nach der täglichen Anspannung des Geistes eine narzissenblühende Traumspielwiese breitete.

Märzverstimmung

Der März begann mit einem Sonntag. Äußerlich verlottert, innerlich zerknittert ward öffentlich Zeit abgesessen, spielend mit einem zerbrochenen Armreif aus Ebenholz. Ein gewiß gar trauriges Symbol baumelte da durchs Morose der Stimmung. Drei Tage kein Gießen im Garten! Alles so kaputt, daß bislang Undenkbares denkbar wurde: einen Pflichtvergessenen zu verklagen beim Ehemann und bei voller Einsicht in die Schiefe der Situation. Ein ungewöhnlicher Botengang ward getan. Es brauchten nicht einmal sämtliche Radieschen und alles übrige Gemüse, das auf den ehelichen Tisch kam, herbeizitiert zu werden. Nun, was hat er gesagt? Begeistert habe einer, der sich der Garten-Botschaft gegenüber verständig, aber ansonsten nicht schuldbewußt gezeigt habe, zunächst befragt nach Auswärtigem, von einem Erfolgserlebnis erzählt. Die Weisheit des Boten hatte also darin bestanden, die eigentliche Botschaft als Nebensache zu behandeln. Wie klug. Wie weise. Mit pädagogischem Charisma ließ sich mehr ausrichten als mit harschen Vorwürfen. An solchem Charisma aber mangelte es.

Noch am selbigen späten Nachmittag (ein rotweingetränkter Gang zu einem Bazar, ehelich die Straße hinab, begleitet von Mitteilungen über Asche und Urne und wie man dergestalt letztlich doch am sichersten bei einander aufgehoben sei) ergab sich Begegnung jenseits der Bougainvillea. Kurz, knapp und streng von der einen Seite – ‚I was not happy. I complained about you ' – , höflich gemessen von der anderen. Als gegen Abend die Gießkanne geholt wurde, war das Kabinett verschlossen. Erst die späte Abendandacht versöhnte ein wenig.

Blütensprache und Mühsal

Was Ende Januar mit den Lilien und im Februar mit dem Jujubäumchen begonnen hatte, ein spielerischer, noch weithin unbewußter Versuch, auf der abgehobenen Ebene einer Zeichensprache darzustellen, wofür im sprachlichen Bereich des Tagebuchs nur mangelhafte Mittel zur Verfügung standen, es setzte sich im März fort. Ein Glaskrug mit weißen, oleanderähnlichen Blütenzweigen stand drei Tage lang auf dem roten Bord vor dem Kabinett unbeachtet, und warum? Weil mit einer unbedacht beiläufigen Bemerkung, die eigentlich um so eifrigere Pflichterfüllung bezweckt und erhofft hatte, das Gießen längs der hinteren Veranda dem Verantwortlichen für die Zeit der Bemühung um ein akademisches Elaborat freigestellt worden war. Drei Tage lang schleppte eine Enttäuschte die schweren Wasserkannen und sich selbst hin und her, schwankend zwischen düsterem Grimm und dem zwiespältigen Genuß der Selbstbestrafung. Es kam zwar zwischenhinein ein großer Regen, der das Gießen im Garten erledigte; aber unter die Veranda, wo die Tomatenstöcke wurzelten, die gerade reiche Ernte versprachen, fiel kein Tropfen. Als da einer am Sonnabend kam, sein Geistesprodukt einzureichen und sich nach dem Gießen zu erkundigen, konnte die Antwort nur kühl und knapp und vorwurfsvoll ausfallen. ‚I did the work myself.' Die Blüten in dem Glaskrug waren am Verwelken. Na und? War es etwa nicht korrekt, sich an den Wortlaut einer Nebenbemerkung zu halten? Woran sonst hätte man sich halten sollen? Doch wohl nicht an schwankendes Blütengezweig über dem noch schwankenderen, vielleicht sogar bodenlosen Bedeutungstiefsinn einer Welt diesseits der Bougainvillea, die von jenseits derselben ebenfalls jenseitig anmuten mußte! Am Sonntag gegen Abend kam ein großer Regensturm herangebraust und blies das Jujubäumchen samt den aufgeweichten Papierrosen endlich um.

Anklage und Arbeitseifer

Am Morgen nach den Klausuren wurden die welken Blütenzweige in dem Glaskrug durch rote Amaryllis und die letzten der weißen Lilien, eigenhändig herbeigeholt, ersetzt. Am Nachmittag wieder ein großer Regen, und gegen Abend, nach der Mühsal gerechter Benotung (und nicht ohne den Zaunpfahl einer roten Randbemerkung ‚Can love not punish?') fiel der Blick durch die offene Tür an Amaryllisrot und Lilienweiß vorbei in den Agavenweg. Von dort nahte ungewöhnlich raschen Schrittes die Ursache zwiespältiger Gemütszustände, bog um den Anbau und begab sich Richtung hintere Veranda, während vor dem Schreibtisch Anklage im Flüsterton sich erhob (war über die Tomaten hinaus eine vergeblich Wartende nicht tagelang vernachlässigt worden?!) Wie peinlich, da ein Blick durch die hintere Tür den Angeklagten nahe über die Saatkästen gebeugt wahrnahm. In welcher Sprache hatte es geflüstert? Bis ins Dichten und Träumen hinein waren beide Sprachen ununterscheidbar als Ausdruck dessen, was, für kein Ohr bestimmt, allein das Tagebuch anging. Auf, hin und energisch zupacken: ‚I was disappointed.' ‚I thought the rain was slanting in.' Konnte es als Entschuldigung gelten? War mit Besserung zu rechnen? Oder war der Garten dazu da, einen traurigen Walzer durch Unberechenbarkeiten aus dem Takt zu bringen?

Am folgenden Nachmittag. Geräusche eifriger Arbeit längs der hinteren Veranda hielten erfolgreich vom Mittagsschlaf ab. Das Klirren des Buschmessers gegen die Traufsteine beim Ausrotten von Unkraut; der sausende Ton des Grasschlagens; Kratzen und Krachen muteten höchst ungewöhnlich an. Es zeigte an, wie gewalttätig mit Gras und Gesträuch umgegangen wurde, was da alles ausgerissen und weggesäbelt worden war. Seltsam, angesichts sonstiger Besonnenheit. Am Abend wurde im Garten gegossen - ein volles Tagewerk, das versöhnlich stimmte. Daher vier Worte auf drei der schönsten Tomaten, neben den Blumenkrug gelegt, hinwiesen: ‚This is for you.' Um Dank zu ernten, unbewegt, ernsthaft. Und anschließend in ehelicher Geborgenheit eine heimliche Träne rinnen zu lassen.

Das Ende einer Kirschtomatenstaude

Das Trimester ging dem Ende entgegen. Der Garten auch. Einsames Mohrrübenernten, gedankenverlorenes Betrachten bleistiftdünner Lauchstengel, Fortjagen der Schafe von den Tomaten – was soll's? Jenseits der Bougainvillea eine vorwurfsvolldüstere Miene. ‚Wo stehen wir auf unserem Lebenswege?' meditiert der Kollege in der Kapelle. Malvenlila schräg hinter Musazeengrün findet die Frage nachdenkenswert, aber keine eindeutige Antwort. Gegen Abend liegt der Wasserhahn zerbrochen auf dem Schreibtisch. So what? Einen anderen Gehilfen anstellen, nun da die Ferien den bisherigen freigeben? – Für ein paar Tage vermochte die Bücherei den Garten zu ersetzen. Die Arbeit zu beaufsichtigen war Pflicht, die aus unbekannten Gründen trübsinnig stimmte. Nicht zu lange verweilen zwischen den Bücherregalen. Den eigenen Machtbereich zögernden Schrittes verlassen samt dem Bannkreis offener Fragen, die sich wie Wellenringe um eine dunkle Mitte ausbreiten und in ein Binsendickicht treiben. Was helfen da Wortspielereien – Traum, Vertrauen, Trauer, Traumaturgie – gibt's das? Thauma: das Wunder, Trauma: die Wunde. Eine dünne dunkle Spur läuft über den Trampelpfad zurück ins Haus, ein wunderlich klebriger Faden, wie Serum aus winziger Versehrung...

Eine letzte gärtnerische Eigenwilligkeit ergab sich am Abend vor der Abreise. Die weitverzweigte Kirschtomatenstaude an der hinteren Veranda lag da, ausgerissen mit Stumpf und Stiel. Unter dem Mangobaum begegnete dafür ein seltenes und ganz grundloses Lächeln, so unerwartet, daß der Wunsch, es zu erwidern, umschlug in einen Vorwurf. Das Lächeln, derart zu Boden geschlagen, erlosch. ‚They tasted bitter.' Bitter schmeckte die Erkenntnis, daß nichts gutzumachen war. Die Klage um das zerstörte Schöne ergoß sich ins Tagebuch. Das Licht des Mondes überschwemmte den Campus. Es trieb um und hinüber in die Bücherei, wo das innere Gleichgewicht sich wiederfand, als ein Buch dazwischenkam. Erklärungen, Aufmerksamkeit, während draußen der Mond kühl und langsam, beinahe wie ein Streicheln, zwischen Wolkeninseln dahinglitt...

Pitangakirschen und Verwilderung
Der Garten von April bis Juni

Das Ende der Kirschtomatenstaude: ein Fanal, auch für den Gemüsegarten. Was gab es da auszureißen? Nichts. Das Unkraut wäre stärker gewesen, selbst wenn sich jemand die Mühe gemacht hätte, es täglich auszureißen. Dem standen die Ferien und eine Reise ins Grasland entgegen. Ein locker bindendes Band dröselte auf. Noch drei Monate dehnten sich bis zum Ende des akademischen Jahres. Gab es einen Ersatz für den Garten? Vielleicht irgendeine anspruchsvolle Schreibarbeit? Würde eine solche das Geldverdienen und Lohnauszahlen nicht auf eine höhere Ebene heben? Wie tief lag der Garten? Sollte er nicht auch im kommenden Jahre sein? Vorerst freilich mußte die beginnende Regenzeit zum Niedergang führen. Es würde, außer einem Jäten, das nur dem Zeitvertreib dienen konnte, keine Arbeit mehr geben in dem grünen Gehege.

April: Eröffnung einer Aussicht

Nach einer Woche im Grasland begann der April, noch ferienfrei, mit einer denkwürdigen Mittagsmahlzeit zu dritt. Es eröffnete sich eine Aussicht; eine nebulöse Möglichkeit nahm festumrissene Gestalt an: der Wunsch, ein gewisses Dorf in abgelegenen Bergen zu besuchen, fand den Weg ins Wort. Zu Tisch geladen war ein Wohlbeleumdeter, auf dem Gebiet akademischer Leistungen Erfolgreicher, darüber hinaus zu Gartenarbeit Bereiter und daher, wie im Februar-Krankheitsfalle, zu Fürsorge Berechtigter. Zu zweit stieg man danach hinab in den Garten. Wie wunderbar war das Unkraut gediehen! Aber auch ein paar Mohrrüben waren noch vorhanden. Man grub sie aus mit bloßen Händen. ‚Take.' ‚Thank you.' Das Wenige, das notwendig war. Beim Abendessen, wieder zu dritt, erzählte man Geistergeschichten. Eine Tischgenossenschaft, ermöglicht wodurch, wenn nicht durch den Garten? Vom Garten in die Küche, am Sonntag, wenn die *fraternals* ihren Haushalt ohne einheimische Hilfe erledigen mußten. Der Kollege Ehemann zog sich zurück. In der Küche fuhrwerkte es zu zweit zwischen Fragen und Antworten mit pots and pans herum.

Pitangakirschen und Gegengaben

Kam der Montagvormittag längs der hinteren Veranda. In den Büschen seitwärts leuchtete ein Beerenrot, leicht säuerlich: Pitangakirschen. Im Schlendergang wurde ein weißer Rettich, entdeckt zwischen Unkraut, getreulich ausgehändigt. Vor den Tomatenstöcken ein sachbezogenes Gespräch. Von einer Handvoll Kirschen waren vier übrig. Noch ehe über Denkbarkeit nachgedacht werden konnte, war es getan. ‚Two for you, two for me' – warum nicht, nach voraufgegangener Tischgemeinschaft? Unbefangen ward Angebotenes entgegengenommen. Vermutlich brach die Symbolik irgendwo dazwischen ab. Im übrigen war wieder Reis verteilt worden. Rundum. Reis aus den Feldern des Dorfes, aus welchem ein fernes Leuchten kam.

Es kam, nach einer Malaria, wieder ein Montag, an welchem Kirchentourismus, wie eine Schiebetür, viele An- und Ausblicke und Begegnungen ermöglichte. Am Abend ging man, wie auf Verabredung, in den Garten, um die letzten Mohrrüben und halbverfaulten Kohlköpfe zu ernten. Gurken und Rettiche kamen seit kurzem aus dem Garten jenseits der Bougainvillea. Just zu der Zeit, da der Diesseitsgarten seinem Ende entgegen ging, begann der Jenseitsgarten zu gedeihen.

Durch Grün und Mai

Regenstürme, die Nächte hindurch, vollendeten die Metamorphose des Gartens in grüne Wildnis. War es nicht außerordentlich, daß da noch einmal gegraben wurde? An dem Freitag Anfang Mai, als der Kollege Ehemann zwei Monate voraus nach Europa flog, wurden unaufgefordert zwei Beete bereitet, offenbar aus dem Entschluß, den Regen nicht als das Ende einträglicher Lohnarbeit hinzunehmen. ‚Come and see.' Mit einer Pakkung Radieschensamens folgte leise Verwunderung dem Vorangehen eines Arbeitskittels, in Nachsinnen versunken über die malerische Schwierigkeit, ein solches Grün – matt und strahlend, kreidig und kristallen zugleich – auf geweißtem Pappkarton wiederzugeben. Ein Grün, das sich allem Grün ringsum widersetzte, hing locker über Schultern und Rücken bis über die Hüften hin. Es führte hinab in den Garten bis zu dem Augenblick, da bewußt wurde, daß diese schweigende Prozession in dieser Reihenfolge nicht ganz der herkömmlichen Ordnung entsprach. Da waren schon die Beete und harrten einer Meinung. Gut. Mögen da noch einmal gesät werden. Und im gleichen Atemzuge, in ein ruhig verschlossenes Gesicht, überperlt vom Schweiß der Arbeit, die Frage, ob es nicht zuviel werde – der Garten neben Bücher- und Schreibarbeit. ‚No.'

Während der folgenden Wochen ergab sich zwischendurch eine leise Abweichung vom herkömmlichen Reden über nützliches Gemüse. Man kam, Tomaten erntend längs der hinteren Veranda, aus dem Garten zurück, wo der Zaun zurechtgestutzt worden war und ein herber Ernst Blickwechsel und einen leichten Ton sorgfältig vermieden hatte. Erst das Erscheinen zweier Nebengehilfen ermöglichte Unbefangenheit. Während die beiden entlohnt wurden und gingen, waren die Tomaten in die Küche gebracht worden, und dann kam es gemächlich zurückgeschlendert bis da hin, wo man, lässig an die Verandabrüstung gelehnt, ruhig und entspannt das Gespräch über Unkraut und ähnliches fortsetzen konnte. Neben der Küchentreppe stand ein dürrer Rosenstock. Die stachlig ergrauten Reste von etwas, das Jahre hindurch das Wunder porzellanzarter hellrosa Blüten hervorgebracht hatte, durchsichtig wie früheste Morgenröte, kühl und keusch wie das Erröten einer Nymphe. Eine knappe Bemerkung, und mit kräftigem Griff, über die Brüstung gebeugt, ward das dürre Gerippe herausgerissen. Der Wunsch, an dieser Stelle Lilien gepflanzt zu sehen, wurde unbestimmt beschieden; Unkraut und Gemüse schienen sehr viel wichtiger; sie förderten das Gespräch noch geraume Weile, und der Koch konnte, wenn er wollte, zuhören. Schließlich waren Unkraut, Rosen und Lilien erschöpft, und man zog sich zurück. – Im Garten wurde weiterhin ein wenig gejätet. Aus dem Jenseitsgarten kamen hellgrüner Salat und andere Kleinigkeiten, verpflichtend zu Großzügigkeit. Vermutlich wurden diese Erzeugnisse an alle Familien ringsum verteilt, und so bekam auch die Eigentümerin eines verwildernden Gartens etwas ab.

Eine pastellila Cosmee

Mitte Mai verirrte sich in den Garten etwas, das eindeutig ins Arbeitskabinett gehört hätte. Das Bedürfnis, ein wenig zu jäten, begab sich hinab und fand sich daselbst nicht allein. Nun denn. Ja, aber. Was? Vor allem, wie immer, das Schweigen aus dem Garten vertreiben. Es stand herum wie in zwinkerndem Einverständnis mit etwas ohne behördliche Genehmigung. Ein paar Tomatenpflänzchen, auf dem Komposthaufen wuchernd, schienen geeignet für ein Gespräch. Das Gegenüber indes fuhr fort zu jäten und blieb wortkarg; eine gewisse Düsternis hellte sich nicht auf. Was als Erholung gedacht war, wurde alsbald ungemütlich. Nein, so nicht. ‚I think I'll go.' Nicht allzu schnell, dem Gartentore zu. Ein moroses Schweigen folgte. Nun? ‚I don't know…' Ja? Eine wortlose Wendung zurück. Ich nämlich auch nicht… Was also? Wegen dem Ausflug. Und was noch? Zur Linken eine pastellila Cosmee in Nachbars Garten, nahe genug zum Abreißen und Mitnehmen, verborgen in der hohlen Hand, dicht gefolgt von einem Schweigen, das offenbar reden wollte. Nun? ‚You see, with the essay…' Mit einem halben Schritt Abstand im Rücken und höchst umständlich ward während des Aufstiegs aus dem Garten etwas dargelegt, das sich zwischen Bananenstauden befremdlich ausnahm. Es setzte sich fort bis vor dem Haus, sachlich und höflich. Das zerdrückte Farbgefaser eine pastellila Cosmee legte sich resigniert ins Tagebuch…

Hilfskonstruktion

Der verwildernde Garten wurde zu einer Art zweiseitiger Hilfskonstruktion; zu einem Anknüpfungspunkt über kaum noch vorhandene Arbeit und entsprechend geringere Verdienstmöglichkeit hinaus. Er bot die Möglichkeit, jederzeit herüber zu kommen und irgend etwas zu tun oder zu reden, ungeachtet dessen, daß für das wurzelnahe Abseits in der Senke bereits Ersatz gefunden war auf der höheren Ebene geistiger Tätigkeit. Es ging um das Entziffern einer Handschrift, in welcher in didaktisch vereinfachter Form die Ergebnisse der wissenschaftlichen Bemühungen des vergangenen Jahres dargestellt waren, die es nun zum Zwecke der Vervielfältigung mit Schreibmaschine auf Matrizen zu übertragen galt. Auch das kränkelnde Mädchen Sue war bereits erfolgreich eingebunden in gemeinsame Fürsorge: von der einen Seite strategisch-philanthropisch verplant, von der anderen aus schmerzlich erahnt anderen Gründen der Mildtätigkeit anempfohlen. Im übrigen war um diese Maimitte alles seltsam düster und mühsam, fast als geistere das Thema der sonntäglichen Abendandachten, ‚Versuchung', dunkel vermummt im Campus umher, diesseits und jenseits der Bougainvillea.

Letztes Gürklein, was willst du…

Im Garten also wuchs das Unkraut als letzter Vorwand neben unersättlich saugenden Rettichen und Radieschen und ein paar kümmerlichen Gurkenranken. In wunderbarem Gegensatz zu diesem fast erschöpften und erstickten Stückchen Erde stand der volle Gazeschrank in der Küche. Nie war da so viel Obst und Gemüse beisammen gewesen – Avocados, Orangen und Pampelmusen, Ananas in Überzahl, so daß davon verschenkt werden konnte in die Küche der Junggesellen. Guaven und Pitangakirschen, Zwiebeln, Kohlköpfe, Salat und Paprika – die ‚bachelors' boten es aus ihrem Gemeinschaftsgarten zum Verkaufe an. Mit den Tomaten aber ging es um diese Zeit zu Ende. Sie faulten an den Stöcken, die reif zur Beseitigung waren. Die einzige überlebende Gurkenpflanze im Garten aber sorgte vor ihrem Untergang noch für ein Beinahe-Drama. An einem Montagabend lag sie ausgerissen auf dem Kompost. Warum erzeugte der Anblick solche Fassungslosigkeit? Es hing doch an der langen Ranke, die so viele gelbe Zipfelblüten ganz vergeblich hervorgebracht hatte, nur ein einziges Gürklein. Nun, eben deswegen! Aufgebracht im Eilschritt hinüber zu den Schlafbaracken, den Täter zur Rede stellen! Auf halbem Wege Besinnung, die abbiegen ließ zur Bücherei, um Motive zu sortieren. Zurück in den Garten. Die ausgerissene Ranke ward wieder eingepflanzt und bewässert aus hohlen Händen. Wäre ein Drama nicht unangemessen gewesen? War der Garten dazu da, mit einem Eigenwilligen um Gürklein zu zanken?

Am folgenden Tage störten Klirren und Schaben wieder den Nachmittagsschlaf, es zog vom Bett herab und hinaus, langsam, müde, fast verdrossen. Auf dem Bord vor dem Kabinett lagen vier Tomaten, drei rote und eine grüne. Längs der hinteren Veranda wurden die letzten dürren Tomatenstöcke ausgerissen. Schleppend nahte es sich, müde formte sich ein Vorwurf: ‚Yesterday, you removed – ' ‚It was overdue.' (Das bist du auch, du Unmöglicher.) Weiter und vorbei, um sich in Sicherheit zu bringen vor dem, was noch zu sagen war: ‚I wanted to become angry with you. But how could I.' Und schnell, das letzte Sätzchen zu verwischen, hinzugefügt: daß Schwaches besonderer Pflege wert sei. Gut, man werde sich von nun an danach richten. Über die Entfernung hinweg wagte sich ein Lächeln. Ach, alles nur wegen einem Gurkenpflänzchen? Nicht doch. Die Arbeit eines Nebengehilfen war zu inspizieren. Dann langsam weiter in den Garten, ohne zu wissen, was da zu wollen war. Es blühte ein weißes Blümchen zum Mitnehmen auf dem Rückweg andersherum, ausweichend. Es blieb auf der Küchentreppe liegen. Unruhe trieb noch hierhin und dorthin und schließlich wieder aufs Bett, zugedeckt von Dämmerung und dünnen, ins Leere greifenden Gedankenranken, überlagert von Gleichungen mit mehreren Unbekannten, sin desenlace...

Junigarten und Abschied

Er brachte für beide Seiten den eigentlichen Ertrag des Unternehmens. Was im feinfädigen Netz von Beziehungsphantasien, die an den zarten Erfolg von Verfeinerung glauben wollten, zunächst wie Maiskolben, Salatköpfe und Paprikaschoten aussah, aus keinem anderen Grunde als dem des Dankes für großzügige Entlohnung dargebracht, enthüllte sich gegen Ende, als wieder ein Abschied, wenn auch nur für drei Monate, bevorstand, als Vorgabe für ein Gesuch um ein größeres Darlehen.

Ach so. So ein frischer Maiskolben, weichgekocht, mit Butter beträufelt, mit Salz und Pfeffer betreut, ließ sich, allein bei Tisch hinter weißen Voilevorhängen, rundum genußvoll und zusätzlich gewürzt mit poetisch delikaten Imaginationen abnagen.

Die Wendung ins Monetäre war zweifellos ein Ergebnis des Gartens und lang-langsamer Gewöhnung an fast täglichen Umgang. Andere machten weniger Umwege. Sie zogen den *fraternals* das Geld aus der Tasche, ohne auch nur den kleinen Finger für Dienstleistungen krumm zu machen. Hier war Arbeit geleistet worden. So großzügig entlohnte, daß Großzügigkeit zur Versuchung werden mochte. Auf die Bemerkung, daß Gartenarbeit auch im folgenden Jahre zur Verfügung stünde, kam eine Zusage nur zögernd und bedingt. Die Frage, wie denn anderenfalls das große Darlehen abgeleistet werden sollte, wagte sich nicht hervor angesichts der Wahrnehmung von Erwartungen, mit welchen eine romantisch in allerlei Verfeinerungen der Beziehung vertiefte Gemütsverfassung nicht gerechnet hatte. – Am nächsten Tag überkam ein merkwürdiger Rausch des Verschenkens an jedermann im Campus. Am Morgen des Tages, dessen Abend einen wider alle Vernunft erhofften dritten Tanz versagen sollte, wurden Lilien, längst verblüht, ausgegraben und vor das Haus gepflanzt an die Stelle, wo der ausgerissene Rosenstock gestanden hatte.

So ging das Gartenjahr zu Ende. Der Campus leerte sich, alles war in Auflösung begriffen. Eine Handvoll Geldscheine, Entlohnung nicht nur von Garten-, sondern auch von Schreibarbeit, hielt einen Zurückhaltenden zurück, brachte ihn noch einmal an den Mittags- und den Abendtisch und schließlich ins Kabinett, allwo die Menge der Fragen harrte. Geduldig, besonnen, nüchtern ohne Härte, bisweilen hinübergleitend in das arglose Vertrauen eines Kindes – das Tagebuch hatte Mühe, die richtigen Worte zu finden – ließ ein Befragter das Fragen über sich ergehen und antwortete ohne Umschweife. Als das Erwartete endlich ausgehändigt wurde, fand es sich um ein Viertel gekürzt. So erschien es sinnvoll und vernünftig. Eine Maßnahme gegen die Versuchung zu irrationaler Großzügigkeit.

Die Stunden bis zur Abreise dehnten sich. Ruhelosigkeit trieb um, das Packen der Koffer für den Flug in den Heimaturlaub vernachlässigend. Sie kam zum Stillstand hinter den durchsichtig dünnen Gardinen des Wohnzimmerfensters. Was stehst du und –? Es stand da versonnene Ungewißheit darüber, warum die Hecke zwischen Diesseits und Jenseits immer wieder und von dem gleichen Buschmesser gerade an der Stelle zurückgeschnitten worden war, die einen Durchblick zu den Höhlen der Schlafbaracken ermöglichte, die eine Leihgabe von Voile mit Rosenranken verhüllte. Eine Blicklinie, an der es hinüberperlen konnte wie Regen an einem dünnen Seidenfaden...

Der Garten und ein fernes Leuchten

Am Abend vor der Abreise ein letzter Gang in den Garten. Ein Großsymbol inmitten des Symbolkrimskrams, mit welchem das Daseins sich ausstaffiert hatte. Kein Rosengarten, kein Kirschgarten, ein banaler Gemüsegarten. War hier nicht ein Stück Tagtraum verwirklicht worden? Eine Reminiszenz am Rande des Mythos. (Der eine grub, die andere säte. Sie spann auch bisweilen – dünnes, spinnwebfeines Traumgespinst.) Ein Garten als Luxus. Niemand war auf das Gemüse angewiesen. Nichts hielt hier fest mit den klammernden Organen tagtäglicher Nahrungsnotdurft. Es wäre andernfalls dem Garten kein poetischer Tiefsinn abzugewinnen gewesen. Ein Gärtnerinnenspiel war inszeniert worden. Selbst das bißchen Schweiß und die Rückenschmerzen ließen sich samt den schwarzen Fingernägeln als Zeitvertreib interpretieren. War so etwas nicht beinahe den parfümierten Schäfchen von Fontainebleau zu vergleichen, die einst kurz vor dem Abitur über die Bildungsbühne getrippelt waren? Vielleicht ein hübscher Vergleich, aber er hinkte auf allen Vieren. Der Garten hatte Arbeit verschafft, die großzügig entlohnt worden war – innerhalb der Grenzen des Verantwortbaren. Das große Darlehen schien ethisch solide fundiert. Am Ende freilich ging es – worum doch? Um ein fernes Li-Lah-Leuchten und den langen Weg hinauf ins Grasland. Als letztes rechtfertigte der Garten ein gelb-und-blau gesticktes Nadelkissen; ein Kärtchen mit gelben Fresien, frommem Spruch und kurzem Brieflein auf hellgrünem Papier mit herkömmlichen Glückwünschen, in dunkelblaues Seidenpapier gewickelt, in einen unauffällig graugelben Briefumschlag gesteckt und adressiert: eine Brücke über drei Monate hinweg.

Diesseits des Gartens
Das Tagebuch des siebenten Jahres

Abstieg ins Eigentliche

Noch einmal zurück. Noch einmal von vorn: ohne Garten aus erzählendem Abstand, mit nur zehn kleinen Szenen und längeren Monologen. Nach dem Abstieg zur Geduld der Erde unter den wechselnden Launen der oberen Gewalten nun der Abstieg ins Eigentliche: ins Innere einer unaufhörlich nach sprachlichem Ausdruck von Eindrücken und Stimmungen suchenden Ich-Versponnenheit. Das Tagebuch als Spiegel einer *Valse triste*, umkränzt von Narzisse und Melisse, überschattet und erhellt von den Uneindeutigkeiten des Phantoms der Muse.

Das zweite Jahr der *Valse triste*: das wievielte Jahr im Regenwald? Die Bestimmung kompliziert sich wegen des Jahres dazwischen. Es wäre das Wissenschaftsjahr das siebente Jahr seit der Ausreise nach Afrika gewesen; aber es war zugleich der Schritt zur Seite und darf daher nicht zählen. Nach der Rückkehr erst konnte das siebente Jahr im Regenwald beginnen, parallel zum achten Jahre des Kollegen Ehemann.

Wenn das siebente Jahr ein alter Brunnen wäre, in dessen schwarzspiegelnde Tiefe die kleinen Ereignisse, die wechselnden Stimmungen und kreiselnden Monologe hinabgetrudelt wären, es ließen sich durch langes Hinabstarren und beschwörendes Gemurmel die Erinnerungsschlieren von wenigen, von drei oder vier Begebnissen und Erlebnissen wieder heraufziehen und mit flacher Hand herausfischen. Welche?

Diese hier - ein Gespinst wie Nixenhaar: die Erinnerung an einen Abend auf der vorderen Veranda, eine Stunde vor Mondaufgang im April, aus deren verhaltener Stimmung das zweite Gemälde eines Triptychons entstand, mit roten Beeren auf schwarzem Schemel und einer weißen Sternblume ganz oben am Rand. Eine andere Erinnerungsschliere wäre das Delirieren der Grillen in einer Februarnacht, begleitend ein Geben und Nehmen auf gegen einander verschobenen Ebenen. Zum dritten ein zweiter Tanz, so öffentlich und so trist wie der erste, und schließlich: daß jenseits aller Vernunft ein dritter als möglich vorschwebte. Vergeblich. Ein ganzes Buch ließe sich machen aus vergessenen äußeren Ereignissen, die das Tagebuch noch weiß. Es soll indes und fast ausschließlich um Innerlichkeiten gehen im Umkreis von Narzisse-Melisse und Muse.

Von den heraufgefischten Erinnerungsschlieren sind einige bereits, sprachlich abgehangen und stilistisch durchgekämmt, versponnen und verwoben zu poetischen Paramenten, papierene Räumlichkeiten ausstattend. In lockeren Zitaten sollen sie, aschviolett und musazeengrün, das zweite Jahr der *Valse triste* mit literarischen Farbtupfern verzieren. Von außen betrachtet unscheinbar, *forget it*, erscheinen sie im Spiegel der Innerlichkeit so bedeutungsvoll, daß sie sich quasi-ritueller Wiederholungen im Selbstzitat nicht zu entziehen vermögen.

Das zweite Jahr war nach außen hin das Gartenjahr. Fast alle Begegnungen verdankten sich Spaten, Gießkanne, Frühbeeten, Radieschen und Tomaten. Aber hatte nicht alles, vorbereitet durch ein Musazeengrün mit Tisch dazwischen, angefangen mit einem gesellschaftlichen Ereignis, mit jenem merkwürdig verklemmten vierfüßigen Abdriften ins peinliche Jenseits naiver Erwartungen und sublimer Ansprüche? Es hatte in einem tropischen Januar eine *Valse triste* begonnen, unter deren Schleppfüßigkeit der Träume Gruft sich auftat. Das ganze erste Jahr hindurch bis in den kalten Nebel der Regenzeit hinein waren Erwartungen, nur locker mit Vernunft und Verzicht umwickelt, lebendig geblieben, um schließlich dahinzuwelken. Auch im zweiten, im siebenten Jahre, wurde es in der Träume Gruft wieder lebendig. Wie lang war der Weg durch die Wochen, die Monate; wie lang die Monologe im Tagebuch, bis ein zweites Mal sich ergab und ein drittes Mal auf dem Altare der Vernunft und der Verzichts als Opfergabe lag! Es gehört zu den wenigen kleinen Szenen. Eine langsame *Valse triste* schleppt sich durch die langen Korridore der Monologe...

Übergangszeit
Die Wiederholung

Oktober
Melancholie der Rückkehr

Es regnet. Es ist kühl. Es ist Montag. Nichts berührt. Nicht einmal die Palmwedel, die zur Begrüßung längs der Straße aufgepflanzt waren, als wir ankamen, vorgestern, im großen Regen. Immerhin grillen die Grillen wieder so laut, wie es sich für eine Tropennacht gehört. Rituale eines Neuanfangs; es fügt sich in müder Dankbarkeit und trotz allem, was da wieder zu knirschen beginnt im Alltag des Zusammenlebens.

Donnerstag. - *Wo bin ich. Wo war ich. Worauf warte ich... Nächtliche Labyrinthe führten in ein Pharaonengrab, wo uralte Äpfel herumlagen, die noch eßbar waren. Was wird noch genießbar sein von dem, was sich vor zwei Jahren anbahnte, als der Tulpenbaum blühte? Was sagen Träume wahr, was schiebt ihnen das Wachbewußtsein unter? In einer Tür, erhöht auf einer Stufe stehend, neigt es sich hinab, die stille Flamme, die in diesem Gehäuse brennt, mit beiden Händen dankbar zu umwölben. Ein blondes Haupt, ein vertrautes Gefühl, in das die Plötzlichkeit einer anderen Gegenwart brach, die sich hinter dem Türpfosten entdeckte. Der Nahe, dem die Zugeneigtheit galt, sah den anderen auch, begann eine Unterhaltung mit ihm und alles schien alltäglich. Es war aber doch mit dem Anderen auch das Andere auf einmal wieder da: die - unbegriffen, halb-begriffen - schwermütige Verführung einer Valse triste. Es ist nichts zu gewinnen und nichts zu verlieren; dennoch möchte ich es wiederhaben. Es soll doch Literatur daraus werden. Möglicherweise zeigen die Träume verschlüsselt eine Eselin, die zwischen zwei Haufen Heu - nun, nicht geradezu verhungert, aber doch darbt.*

Freitag. *So viel nüchterner und resignierter bin ich zurückgekommen aus dem langen Jahr angespannter Geistesarbeit und weiß eigentlich nicht, was ich will. Ich habe den Feldforscher ein Stück Wegs den Berg hinab begleitet. Und jetzt? Der Campus füllt sich langsam wieder mit dem Sinn, der uns seit sieben Jahren hier festhält. Dies wäre das achte Jahr; aber für mich ist es das siebente.*

Sonnabend. *Heut vor einer Woche kamen wir durch die Pampe geschwommen und ich war wieder da, wo ich bin und hingehöre. Warte ich? Schon geht es um: das Verteilen von Reis aus den Talgründen da oben, wo ich hinwill. Wäre ich nicht allein im Haus, ließe sich alles unbefangener wieder einfädeln. - Danach. Alles so stillos. Es geht über die Bühne wie ohne Regie. Ohne Kunst und Überlegenheit. Nur das ewige Redenmüssen haspelt sich und die Zeit ab. Verwirrung, Ratlosigkeit angesichts einer stillen Freundlichkeit, die zurückhaltend nahte. Nicht die richtigen Gefühle parat. Ein Herumstottern wie das einer betrottelten Alten, die nicht weiß, was sie will und kopfscheu macht ‚Well, I don't know...' Ach, ganz so schlimm war es wohl nicht. Nicht: ‚Ganz und gar glücklos.' Aber doch weder wunderbar noch Ereignis. Kein moment poétique. Es wäre zu viel verlangt gewesen.*

Am Sonntagnachmittag der Versuch, wieder in lange Röcke zu steigen, aschgrau und altrosé. Am Vormittag hatte das Nochnicht-ganz-Vorhandensein sich in die Unauffälligkeit eines staubbraunen Reiseanzugs verkrochen. Am Abend ein ungläubiges Lachen, Kenntnis nehmend von der Rückkehr des Feldforschers. Dann wurde es unerquicklich.

Montag. *Ach, fängt der Alltagskleinkram schon wieder an. In der Nacht kam der Sturm; dann wanderte ich durch Menschenmengen in Kaufhäusern, suchte nichts, brauchte nichts, war mit mir allein im gleichgültigen Gewimmel eines Ameisenhaufens. Aber hier - hier habe ich ein Gesicht und muß es wahren, und der Verzicht kann zum Reflex werden. - Es gäbe so viel vorzubereiten, und ich hänge nur herum. Es macht fast keinen Unterschied, ob ich träume oder wache, so sehr fühle ich mich ‚aus der Welt'.*

Dienstag. *Im Garten die gelben Blüten der aufgeschossenen Hecke rund um die Wildnis. Ein Schweigen, das zu nahe steht, kann die einfachsten Gedanken wegpusten statt sie zu sammeln. Reden, Reden müssen. Ich bin noch gar nicht da, und der Laden läuft schon. Ich laufe auch, aber wie bedeppert durch die Gegend und reagiere an den Situationen vorbei. Was ist los? Ich improvisiere. Ich taste mich wie blind durch alle wohlbekannten Obliegenheiten. Es ist da etwas wie eine Mauer, durch die ich den Durchgang erst wiederfinden muß.*

Donnerstag Was ich langsam begreife, ist die ‚gebändigte Leidenschaft' der Klassik. Das labile Gleichgewicht zwischen Ekstasis des Gefühls und formender sittlicher Vernunft. Es kann zu Goethes Lebenskunst hinneigen oder zu Schillers Tragik. Das eine wäre: *ducunt fata volentes*, das andere Widerstand und Mitgeschleiftwerden. Das Außer-sich-sein muß an eine Grenze stoßen, um sich nicht im Chaos zu verlieren; die Form muß von innen her ‚getrieben' werden, wenn sie nicht leere Hülse sein soll. Das, was mir hier in den Weg gelaufen ist, soll mir ein paar schöne und tiefe Gedanken und die entsprechende Sprachform inspirieren. Mehr will ich nicht. Zu diesem Zwecke kultiviere ich Minimalia, real existierende, eingebildete und frei erfundene, daran sich das Gefühl, zu leben und noch nicht ganz korrekt tot zu sein, entlanghangeln kann. Freie Erfindung wäre ein weißer Elefant im Hin und Wieder seines Vorüberziehens; mytho-poetisch wäre das Phantom einer Muse, schwarzafrikanisch und kein Jüngling mehr, *aetate provectus*, mit vorgewölbtem Magen und dem Profil eines Schnabeltiers. Damit hätte die schleppfüßige Muse ihres Geistes einen Hauch bereits verspüren lassen.

Das Phantom der Muse ist mir begegnet am Nachmittag, als ein Nadelstreifen-Polohemdchen durch die Gegend schusselte. Es stand, eine klare, unbewegte Gegenwart, ohne den Hauch eines Lächelns, in völligem Gleichgewicht zwischen Entgegenkommen und Zurückhaltung, drüben in der Schlafbaracke, während der Inspektion. Zum öffentlichen Vortrag am Abend erschien es im dunklen Türrahmen als Augenblick in Grüngold. Es gibt keine Wiederholung. Es ist alles nur ein müder Aufguß, in dem die Worte lustlos herumrühren.

Freitag. Müde und lustlos, durchhängend an Körper und Seele. Wie dürftig ist alles. Das öffentliche Vorhandensein ist wie aus dünner Pappe, eine Attrappe. Zwischendurch so nervös, so haltlos, so nahe an innerer Auflösung. Was kümmert mich irregeflogenes Büchergepäck. Soll es doch verlorengehen. Ich hab's doch hinter mir.

Sonnabend. Die zweite Woche geht zu Ende. Eine säuerliche Lustlosigkeit weicht das Dasein von innen auf; von außen zieht es wie Schimmelpilz über alles hin, *mouldering*, eine sanfte Art von Zerfall. Dahinein fuhr, vorhin, am frühen Morgen, die spuckende Kobra eines bösen Verdachts inmitten all der Versagungen. Vermutlich bin ich nicht ganz bei Troste. Chr, Burg und Bürge dafür, daß nichts ganz auseinanderfallen kann, brachte soeben eine Rosenknospe. Was war es, das vorhin so plötzlich anfiel? Das Dämonische aus kyprischen Labyrinthen? Vielleicht eine Netzhautirritation, ein Farbeindruck, vollgesogen mit flimmernden Empfindungen, die Erinnerungen hochspülen, Treibgut von Gescheitertem, etwas, das einmal, vor genau zwei Jahren, ein paar Elementarteilchen Glück abstrahlte im Umkreis frommer Nüchternheit. Pamela oder der Reiz der Tugend aus dem 18. Jahrhundert? Ich bin von vorgestern. Aber alle meine Berechnungen bereichern das Konto des Phantoms einer spröden Muse.

Montag. Eine neue Woche. Der Unterricht verdrossen und verkorkst. Ein unerfreulicher Mischmasch aller nur möglichen Verstimmungen. Ein totales Mißvergnügen. Nach außen hin freilich korrekt und kühl und außerdem noch stolz auf die Fassade. Dem Gefühl nach aber bin ich ein *revenant*, ein Gespenst in diesem Campus. – Die Möglichkeit, etwas poetisch zu genießen, verflüchtigt sich bei jeder Abwesenheit Chrs ins Ungewisse. Es geht mir der gestrige Abend nach, Gereiztheit und Nörgelei wegen der absehbaren Folgen einer Feldforschung, die den akademischen Abstand noch vergrößern muß. Rechtfertigt es nicht das Parallelbedürfnis nach einer Muse?

Dienstag. Sie ist mir im Traum erschienen, in einem Hemde weiß und gold, in einer Ecke hockend, verkrochen in eine Traurigkeit, die der Seele süß ist und sie zur Trösterin machen möchte. Eine gewisse Traurigkeit: wie eine Rose mit sehr dunklem Duft. Der Spielraum ist groß, der Abstand Abgrund, unüberbrückbar. Hinüberträumen ist nur möglich und schön, weil Hinübergehen, selbst wenn da eine Brücke wäre, für zwei Beine gar nicht in Betracht käme. Nur keine Berührung mit der Wirklichkeit! Schon eine Stimme kann zu nahe kommen. Bisweilen scheint es gleichgültig, durch welche Abstufungen oder Verschiebungen von Physischem bestimmte Empfindungen hervorgerufen werden. Das antike Theater brachte die Zuschauer zum Weinen. Hamlet ist einer Sechzehnjährigen nachgegangen. Dann Romane, der Kintopp. Schließlich pure Tagträume, Ausgeburten der selbsteigenen Phantasie. Wovon hängt die Intensität der Empfindungen ab? Von der Wucht der äußeren Eindrücke? Von der Feinstruktur des Seelengewebes? Angst- und Glücksphantasien zerren daran mit gleicher

Heftigkeit. Manche Tagträume sind von solch schwebender Durchsichtigkeit - Seifenblasen, die zerplatzen, wenn man sie anfaßt. Das Begreifen mit den Denkwerkzeugen zerstört das Geheimnis, das Ziel des appetitus. Es zerstört das, was den Reiz ausübt, auf den es zufliegen möchte. Neben und abgehoben von dem, was bei Vernunft erhält und dem Dasein festen Boden unter den Füßen gibt, will ich ein Geheimnis kultivieren, das zur Inspiration werden soll. Die alten romantischen Requisiten, das Kultivieren von Gefühlen und Gefühlchen, mit dem Ziel, sie zu verbalisieren und zu poetisieren, ohne einen letzten Sinn zu erkennen. Ich will nicht nur denken, sondern auch dichten. Aber Dichten ist nicht lebensnotwendig. Wissenschaft auch nicht. Beides ist Bildungsluxus. Der innere Kern dessen, was ich will, ist weder Asche noch Diamant; es ist ein fragiles Glasgebilde. Was gibt dem Stoff, aus dem solche Träume sind, Wert, Sinn und Berechtigung? Wahrgewordene Träume verlieren ihre Unschuld. Das Gute, das man tut, wird zur Ungerechtigkeit und Schuld dem Besseren gegenüber, das man unterläßt. Alles dies ins Konzept gedacht, macht, daß mir wohler zumute ist.

Mittwoch. Im Nachmittags-Halbschlaf stand eine unbekannte Weiße drüben am Fußballfeld und zog den gleichen mißtrauisch-aufmerksamen Blick auf sich, an dem ich herumrätsle. Wann wird das gelbe Schlänglein wieder auftauchen und das Ressentiment dem gemeinen Leben gegenüber? Die äußere Erscheinung, die reizt und irritiert, ist nicht das Wesen. Da hat Platon wohl recht. Aber ist das Wesen ‚Idee'? Ist es nicht eher etwas im Verhältnis von Person zu Person, wenn es um Ausschließlichkeit der Zuwendung geht und um Dauer? In einer Ehe etwa, dem Ideale nach. Ich bin frei, so lange ich eine andere Person als Objekt betrachte, sie mir gefühlsmäßig aneigne, indem ich dieses oder jenes an ihr interessant finde und genieße, ohne daß der Betreffende es weiß. In einer Beziehung höre ich auf, nur Subjekt zu sein, und sobald ich selber Objekt werde, bin ich unfrei. Ich unterliege zudem der Vergänglichkeit, nämlich dann, wenn ich mein Selbst-Sein aus dieser Beziehung beziehe. Wenn der andere sich von mir abwendet, wird mir sozusagen der Lebensfaden abgeschnitten und ich ‚bin' nicht mehr. Das Wesen, das in einer Beziehung besteht, ist wandelbar. Es ist auch zerstörbar. Durch Eifersucht etwa - sei es durch eine, die um sich haut oder durch eine andere, die in sich geht und in Trauer erstarrt.

Donnerstag. *Nach dem großen Donnerschlag und einem Knistern hier im Eck über dem Schreibtisch, ein Gang über den Campus, diverse Papiere zu holen und das neue Habitat der Junggesellen zu inspizieren - wahrlich erbärmlich ärmlich. Suche nach der Bedeutung von* demure. *Wörtlich ‚überreif'. Ansonsten* ironically reserved, affectedly coy *- was ist das? Das ist es nicht. Eher* modest, shy, sober, grave, composed, *meinem Eindringen in die Schlafbaracken gegenüber. - Chr ist zurück, verdreckt, erschöpft, erzählfreudig und mit den Gedanken ganz woanders. Die Sprache ist da für das, was nicht ist.*

Freitag. *Vielleicht sind die Kopfschmerzen nur ein Vorwand. Der ganze Sack voller Selbstmitleid hat gar keinen Platz auf dem Papier. Der Versuch, sich wieder einzukuscheln in ein Nest, das für ein langes Jahr verlassen war, will nicht gelingen, und dieser Freitag-Abend-Frust in der Kapelle drüben bringt das Faß zum Überlaufen. Ein dumpfes Dahocken, ein Geplapper, und die heimliche Träne rann im trüben Licht der Buschlampen. Der an der Trommel, nach ein paar leicht dahinhüpfenden Rhythmen zu einem primitiven Liedchen, wurde müde, stützte den Kopf auf, und neben mir saß Chr. Es half nichts, dankbar zu sein, daß er wieder da ist. Es ist alles eine Wüste, in der kein Hälmlein wächst. Was ist's, das da immer mehr schrumpft und verschrumpelt? Vor allem: Was will ich denn? Einen Skandalroman kann ich mir nicht einmal ausdenken, so brav, so fromm und so feige bin ich. Hier ist keine Gelegenheit, mit der eine wie ich auf- und davongehen könnte. Erstens bin ich zu alt, zweitens habe ich den falschen Beruf, und drittens nicht einmal den falschen Ehemann. Aber wovon soll ich leben in dieser Zeit des Übergangs an diesem dürftigen Ort? Es ist da nichts als eine triviale Innerlichkeit, Tagträume, Manna der Inhibierten. Und alles das: Luxus, den sich leisten kann, wer trotz allem Gekrisel einen letzten festen Grund unter den Füßen hat. - Später. Eine halbe Tablette und die Kopfschmerzen sind fast weg. Wo ist ein Ersatz für Psychopharmaka? Wo eine sanfte Droge? Eine langsam steigende Ekstase, die niemals ihr Ziel erreicht. Auf dem Dachboden quietschen die Ratten. Wenn wenigstens ein Stück Gedicht aus dem bißchen Getrommel sich ergäbe - es müßten hüpfende Daktylen sein. ‚Möge der Rhythmus der Trommel...' irgendwas mit ‚verwehende Kadenzen', aber sicher keine ‚zuckende Lust der Synkopen' - wenn sich für etwas so Einfaches nur ein Ohr und keine Worte finden, was soll's dann?*

Sonnabend. *Die Langeweile der Wochenenden. Mir ist wieder einmal nach Auflösung zumute. Über einen Zaun kann man reden, über Ameisen auch. Aber eine mürrische Verschlossenheit, gegen die angeredet werden muß, trägt nicht eben zur Aufheiterung der Gemütsdüsternis bei. Immerhin ist Chr lieb und freundlich, während diese Art von Trübsinn nicht weiß, an welchem verregneten Grün sie sich ab- und anlagern soll. An Agaven- oder an durchnäßtem Musazeengrün. ...*

‚Mit Anstand über die Runden kommen', das ist Chrs vernünftig-fromme Devise im Umgang mit Unrast, Mißmut und Ratlosigkeit, die ich ausdünste. Aber was nützt die Einsicht zur Rechten, wenn es zur Linken davongaloppiert. Nur da, wo das äußere Decorum in Frage steht, hält sich die Neigung zum Chaos zurück. Ungenaue, ins Peinliche schielende Verdächte für den Fall, daß ich mich vor der Zeit davonmachen würde, dürfen nicht aufkommen. Es müßten sich gute Gründe finden. Was hier umtreibt, stolpert nach innen, pirscht durch Stimmungsdickicht auf der Suche nach - nun eben, nach der Muse aus dem Grasland. Nach etwas jenseits des Phantoms und Phantasmas, das hier herumgeistert. Dort hinauf zieht es. Chr ahnt es. - Gegen Abend. Den halben Tag verschlafen. Es regnet leise vor sich hin. Die Sandfliegen stechen.

Sonntag. *Die geisttötende kultische Langeweile, breit und massig. Enttäuscht und müde krieche ich ins Tagebuch. Chr verkrümelt sich in seine Bücher. Ich bringe keinen Rundbrief zustande für den, dem ich die Inspiration zu dem Fragment Bethabara verdanke, das in Chrs Rollschränkchen, von den Kakerlaken angefressen, vergammelt. Ich tagträume von einem Tanz- und Trommelfest, zu dem ‚an unforeseen guest' sich einfände, musazeengrün oder taubenblau.*

Montag. *Ich bin dankbar, aber ich will glücklich sein. Darin besteht das Problem: daß ich nicht weiß, was ‚Glück' wäre. Tanzen? Schreiben? Schöne Formulierungen erfinden für Kleinigkeiten, die eine irritierte Geste wegwischen möchte? Wenn etwa eine Vorgesetzte hinüber zu den Schlafbaracken muß und als Frau in eine halbnackte Männerwelt eindringt, kann es sein, daß mit einem Zögern zwar und mit langsam über der Brust sich kreuzenden Armen Gelassenheit und kühle Höflichkeit begegnen. Etwas, das wie klares Wasser über schwarzen Basalt rinnt - und in eine solche Formulierung.*

Nüchternheit wie ein Kristall – wie Chr anderen Frauen gegenüber. Ist es nicht ein köstlich Ding, einen tugendhaften Mann zu lieben, der sich zu beherrschen weiß?

Am Vormittag ein Indiz gegen historische Kritik: ‚He approached the burning bush, although he saw that it was dangerous' – das Indiz war der interessierte Blick aus der hinteren Ecke, und ein kryptisches Lächeln, fast konspirativ und als wehte ein numinoser Hauch aus der Wüste von einst in die Lichtung im Regenwald der Gegenwart herüber. In welchem freilich das Dunkel des Nichtwissens drum herum so dicht ist, daß alles mögliche und unmögliche sich einbilden kann.

Abends. Der erste Blitz hat eingeschlagen. Wer nicht glücklich sein kann, will wenigstens leiden, um festzustellen, ob er noch lebt. Es ist nur ein Als-ob: ein Blitz in einen Eukalyptusbaum schlägt und eine Brandspur von oben bis zu den Wurzeln reißt, draining away life. Ein Blitz, ein Biß: das gelbe Schlänglein ist wieder da. Ein Gift, das schwindlig und schwachsinnig macht. Das bloße Nebeneinander zweier Namen auf einem öffentlichen Papier deutet an, daß eine Bindung besteht, wo lose Enden vermutet wurden. Gibt es nur das ‚Rätsel Weib'? Scharfsinnig und sensibel müßte das ‚Rätsel Mann' sich für eine Frau darstellen und mit einer ungewissen ‚Ausstrahlung'. So ungewiß, daß sich nicht sagen ließe, wie. Etwas, das imstande ist, auf Abstand, unbeabsichtigt und völlig unbewußt, Selbstgefühl zu induzieren durch eine wirkliche oder scheinbare differentia specifica. Es könnte auch alles nur Einbildung sein. Ein Wunschbild, das einen schwarz-weiß-gestreiften Bajazzo-Kittel durch wolkenvergrautes Mondlicht trägt, surrealistisch anmutend, einer überholenden Bemerkung Unverständliches nachmurmelnd.

Dienstag. Noch immer der Versuch, einen Rundbrief zu schreiben für den Einen, der verstanden haben könnte und zugleich der Andere ist. War. Ich kann doch meine Tage nicht so hinbringen – like a ghost and a stranger. Aus dem Vollen des lebendigen Gefühls schöpfend wird Schreiben zur Notwendigkeit, wie in den Tagen von Bethabara; aber es wird nicht unbedingt Literatur. Die freien Rhythmen des Fragments verdankten sich einem späteren Willensentschluß. Ich paddle hier so durch. Auch im Halbschlaf. Aber es sinkt nichts auf sumpfigen Grund. Wenn etwas ist, ist es immer Chr.

Donnerstag. *Gestern Abenddogmatik, Hermeneutik. Kaviar. Und ich kann keinen Ersatz vorsetzen. Ich rede auch viel zu laut, weil die Grillen schrillen und die Nacht in Stücke sägen. Heut morgen ein Wortereignis: es fuhr einer auf und bezichtigte eine Vorgesetzte der Unterdrückung. Daß dieses Phlegma in der hinteren linken Ecke einmal aufbrodelte, überraschte angenehm. Denn was mir ansonsten zuteil wird, sind kühlkorrekte, distanzierte Respektbezeugungen mit hängenden Armen und vorgeschobenem Bauch. Ich leide an der Unmöglichkeit zu sagen, was ich leide.*

Freitag. *Es ist alles so freudlos, daß jede Kleinigkeit ärgert. Die Nachtträume wissen, was los ist. Wie das Leben hier in einen Rahmen geklemmt ist, der des inneren Sinnes verlustig geht. Das Tagebuch hält einigermaßen im Gleichgewicht. Aber diese Stimmungsskizzen und was sich an Reflexion darum rankt - es ist zu wenig. Was ich an Wissenschaft hinter mir habe, geht mir nach, wenn ich über das Wesen der Gnade nachdenke und wie nahe es dem Wesen anderer Unverfügbarkeiten kommen kann. Auf englisch ‚fällt' man - ‚in love' wie in eine Falle, die zuschnappt. Oder wie in eine Pfütze. Unberechenbar. Man reiht die Leidenschaften zwar unter die Triebe ein und weiß, daß es sich letztlich um Naturgesetze handelt; die Physiologie, die Hormone, die ‚Treiber', funktionieren halt so. Aber dann bleibt immer noch die Frage: Warum fällt man auf den einen herein und nicht auf die andere? Warum Dante auf Beatrice und Julia auf Romeo? Da behilft man sich mit dem ‚Schicksal'. Es lassen sich freilich auch Äußerlichkeiten als einnehmend oder verfänglich feststellen. Eine naive Unbefangenheit etwa. Oder eine gewisse Schwerfälligkeit und freilich - ‚zwischen diesen Lidern dieser Glanz'.*

Trommeln, Mond und Seelenelend

Was nützen die Denk- und Schreibübungen vom Nachmittag, wenn am Abend jenseits der Bougainvillea das Höhenkultfest der frommen Jugend steigt. Das Trommeln dringt herüber. Ein Vollmond ist auch hinter dem Berg hervorgekrochen, und das lautlos strömende Milch-und-Wasser-Licht vergrößert das Elend der Vergeblichkeit hienieden. So wenig würde genügen. Der allerehrbarste Rahmen bliebe gewahrt, keine Ausschweifungen des Fleisches; nicht einmal Alkohol; nur das Glück der Trommelrhythmen, sich verkörpernd in ein wenig Tanz, Auf-

stieg ins Leichte, Entrückung, Verklärung; es bedürfte nicht einmal der Verführung eines Lächelns oder der Verdoppelung in ein Gegenüber. Tanz als Zwang, der als Freiheit empfunden wird - weil ich will, was die Hände des Trommlers auf der Trommel anordnen. Im Rhythmus aus dem Jenseits der Grenzen, die mir gesetzt sind, schlägt das Herz - falls es überhaupt noch schlägt. Welchen Anteil habe ich am Leben der Lebendigen, in diesem Hause, mit Chr auf dem Lotterbett, ein Buch vor der Nase, eine Wissenschaftsmumie, taub und toter als ich. Wieder sehe ich, sieben Jahre zurück, Bethabara; die Hingabe an vulgäre Disco-Rhythmen, sich ausliefernd kritischer Distanz, und den Sog geschlossener Augen, hinab in die Einsamkeit der Ekstase. Vielleicht wirkt es nach und projiziert sich hinüber ins flackernde Dämmerlicht der Buschlampen: ein Nach-innen-Verglühen, entzündet am Rhythmus der Trommel, und am Ende: eine tiefe, glückhafte Erschöpfung. Das Schreiben hält im Gleichgewicht. Was soll ich sonst machen? Wo kann ich hingehen? Was soll ich anstellen, um aus der Misere herauszukommen? Fragen, ob allen Ernstes ein Mitmachen wünschenswert wäre, in dem lärmenden Haufen da drüben. Vermutlich nur, wenn da einer wäre, an den Glücksforderungen offenstehen. Eine Art Tugendwächter von der traurigen Gestalt und - auf was für dürftige Surrogate ist eine solche Mittsommerkrise angewiesen! Damit ist der Abend vertan, ein vierundzwanzigster Oktober; Seelensubstanz konvertierend zu Salzwasser und Gekritzel. Es fehlen nur noch Schmähworte an den Mond ...

Sonnabend. Es könnte eine schlimme Zeit werden, dieses siebente Jahr. Kein Aufatmen, keine Erholung; kein Neuanfang. In den ehelichen vier Wänden schweigt man wieder einmal an einander vorbei. Eingesperrt in diesen Campus ist freier Auslauf nur im Tagebuch. Für den Rundbrief, etwas, das wenige vielleicht lesen, nur einer verstehen würde, fehlt es an Inspiration. Das vergangene Jahr ist wie ein Ufer, da sich immer weiter entfernt. Notieren sollte ich die Möglichkeit der Selbsttäuschung: zu meinen, es sei da etwas, wo in Wirklichkeit nichts ist. Malvolio. Ich hatte immer Mitleid mit ihm. So geht es abwärts. Chr kann mir auch nicht helfen. Wie soll er verstehen, was ich selber nicht verstehe. Gestern abend versuchte er zu trösten, es war gut gemeint, aber es rührte an eine offene Wunde, und da stieß - wer? Ich? - es stieß zu mit vergiftetem Dolch: ‚Du bist noch toter als ich!'

Die letzte Woche im Oktober hat im Tagebuch nur impressionistische Spreu hinterlassen, leere Hülsen auf flacher Hand. Als solche hingehalten im nachhinein, ergeben sie eben eine Seite.
Sonntag. *So abstoßend, so mißgestalt, so enttäuschend. - Eingesperrt im Haus, cognacbraun und lilienweiß, ruhelos wie ein hungriges weißes Huhn in einem Käfig. Sonntags nie.*
Montag. *Erschöpft. Drei Stunden lang Vernünftiges reden, wenn so viel Unvernunft und Ratlosigkeit im Inneren hocken. Das soll mir mal einer nachmachen. Schlafen. Am hellen Vormittag wegschlafen - Abends. War das geträumt? Drüben, im ungewissen Halblicht der Buschlampe, an den Türrahmen gelehnt mit hängenden Armen, den Kopf zur Seite gewandt, dem fragenden Blick ausweichend und mit aufgeknöpftem Hemd, nackt bis zum Nabel: eine melancholische Vision.*
Dienstag. *Das irregeflogene Büchergepäck ist doch noch gekommen. Weniger Grund, mürrisch zu sein, wie Chr meint? - Ein unerquicklicher Tag. Was wäre beängstigend an Zuverlässigkeit? Was ist es, das mich so konfus und nahezu trottelig macht? So gehemmt und unfähig, eine Situation zu erfassen?*
Mittwoch. *Nur so. Aufschreiben, daß die Zeit vergeht. Daß die Tage und Nächte kommen und gehen, blind, farblos. Sobald ich den Unterricht hinter mir habe, sacke ich ab und weiß nicht, wohin mit mir. Röslein von Chr, dessen Dasein immer attrappenhafter wird. Er ist mehr in meinem Bewußtsein, wenn er abwesend ist.*
Donnerstag. *Einst ging die Rede über Differentialgleichungen und Kegelschnitte. Zwischen Wandtafel und Millimeterpapier blühte ein Teppich von Veilchen und Anemonen, zitternd im Frühlingswind. Jetzt geht die Rede über Dinge, die ich mir aus dem Ärmel schüttle; aber zwischen Wandtafel und den linierten Heften liegt graues Geröll und struppig dürres Gras. Da blüht allenfalls eine Distel. Aschviolett, duftlos.*
Freitag. *Der Zwischenruf, in der Diskussion nach meinem Vortrag, gestern abend, ‚Because you are - ' nach dem Genus klassifizierend: sollte er oder es mich ärgern? Ein ingenu?*
Freitag. *Mißvergnügen drüben in den Schlafbaracken. Man will weg von hier. Ich bin auch nicht glücklich. ‚Why are you so disgruntled?' Demure wie ein Schuljunge vor seiner Lehrerin. ‚As long as you do not have a wife - '. Der Abendhimmel, rot, aquamarin und orange, vergeht zu schnell. Warum bin ich bisweilen so unsouverän, so inhibiert?*

November
Durchdrehen? Durchhalten!

Sonnabend. Halbnackte Jugendblüte, das Buschmesser schwingend, Gras schlagend unter dem Fenster, schräg vor dem Schreibtisch: wie sollte das nicht vom Denken abhalten?! Kj in apollinischer Körperpracht, viel zu schön, viel zu männlich, um noch nach geistigen oder moralischen Qualitäten fragen zu lassen. Das hübsche Bürschchen Kp, der schlanke Ephebe, erschwitzt sich dunklen Bronzeglanz mit Eleganz und Geschmeidigkeit. So etwas färbt in mein Tagebuch ab. Wie das Musazeengrün eines Kittels, das sich in den Garten verzog. Wo soll ich mich hinverziehen?

Sonntag. Die Modenschau, faute de mieux. Wieder Cognacbraun bis zu den Knöcheln, das Lilienweiß der Volants und die himbeerlila Geschmacklosigkeit einer Kunstseidenstola. Wäre der Garten nicht, ich fiele ins fast Leere. Eine Planke, sich daran zu klammern, ist immerhin das gemeinsame Unglück im Ehegehäuse. Darüber läßt sich noch reden. Il n'y a pas d'amour heureux, mais c'est notre amour à nous deux. Chr hat seine Feldforschung. Was habe ich? Ich weiß, was ich nicht wollte, aber was ich will, ist noch nicht sprachreif. Die Muse ist ein Irrwisch. Wäre es nicht denkbar, daß in solcher Situation irgendein Geheimnis zum inneren Überleben verhelfen kann? Wenn der Beruf, aller Ehren wert, nicht mehr völlig ausfüllt; die Ehe ein öffentlich Ding und nach innen hin auf natürliche Weise abgenutzt ist, muß da der Rest an Lebensbedarf nicht in eine zwielichtige, poetisch ausstaffierte Innerlichkeit abwandern? Typisch Weib?

Montag. Eine neue Woche, der alte Trott. Ungute Träume, beim Frühstück erzählt: Pest- und Fluchtvisionen, faulendes Fleisch. Jg einen Augenblick nahe und wieder verloren. Wohinein kann ich mich gehen lassen? Was macht mich so irre? Was guckt mir so bekümmert nach, wenn ich mich zufällig umdrehe? Freundlich, heiter, gelassen, das wäre ich gern. Aber ich bin gehemmt, mürrisch und gereizt. Ich verliere die Herrschaft über mein Englisch. Ich fühle mich alt und bin worried. Die Hunde im Campus machen ein Affenspektakel, der Soror Hündin ist läufig. Schauderhafte Analogien und

Ableitungen. Wie weit ist der Weg von der ‚tierischen Brunst' zum platonischen Eros? Wo zweigt die Agape ab? Wo die Philia, das Schillersche Freundschaftsideal? Der Mensch als Triebbündel. Bis er vertrottelt. - Wieder das gelbe Schlänglein, wenn schon sonst nichts. (Das Profil bleibt gewahrt; mein diplomatisches Schreiben an die Spitzen der Hierarchie wurde allseitig mit Lob bedacht.) Aber wie ist das möglich - beim Grasschlagen am späten Nachmittag, beobachtet vom Fenster der Bücherei aus, durch die Glaslamellen, da, beim Anblick eines grünen Kittels, daraus sich ein Lachen mit Mädchenschäkern verschränkte, züngelt es giftiggelb herein und in die Schläfe schlägt ein Zahn, spritzt das Gift in die Blutbahn und bewirkt eine Sterbensmüdigkeit, die sich flach auf den Zementboden legen und wegsein möchte. Die Lebensgeister kamen zurück in der Vor-Spannung zwei Stunden später, im Advent des Zugehens auf den Tulpenbaum, darunter es wie wartend stand. Sie kamen zurück und sogen sich so fest an Gegenwart und Augenblick, daß das Gedächtnis versagte. Gedämpfte Freundlichkeit, Sachliches beredend. Heißt: nach außen hin beherrscht; alle Verworrenheit ist innerlich.

Mittwoch. *Die weißen Rosenrankengardinen, die uns seit vier Jahren die Schlafzimmerfenster verhüllen, ich verleihe sie. Es sind bessere vorhanden, und die Fensterhöhlen der Schlafbaracke drüben gucken so leer über die Hecke. Es stört mich. Ich verschleiere gern. - Sportnachmittag. Volleyball. Hingehen und zuschauen wäre unverdächtig, wenn Chr mitkäme; aber er ist von seinen Büchern nicht wegzukriegen. An den Spielen der Jünglinge möchte ich mich erfreuen wie ein alter Grieche: Vorwand oder Ablenkung? Es bleibt wieder einmal nur das Tagebuch. Das Mädchen, die Neue, spielt auch mit. Desgleichen vermutlich das gelbe Schlänglein. Sollte eine Aufsichtsbefugte zu sittsamer Zurückhaltung ermahnen? Sie halte zunächst und vor allem sich selber zurück. Verhindern ließe sich durch Moralpredigt sowieso nichts.*

Freitag. *Es gibt nur Kümmerlichkeiten zu notieren. Die Zweige der Staude mit den weißen Sternenblumen wollen keine Wurzeln treiben im Wasser; sie verfaulen. Ein Gleichnis. - Drüben beim Elefantenpfad schleicht einer der Unbeweibten wieder und immer noch herum, wie schon vor zwei Jahren. Geht es um die arme Sue? Was geht's mich an. Hier sucht Mann eine Frau zum Kochen und zum Kinderkriegen; der bloße Gedanke* an eine platonische Romanze à la Bethabara würde naivem Befremden anheimfallen. Aber nüchternen Abstand von sich selbst, Tugend als *virtus*, männliche Selbstbeherrschung und Rechtschaffenheit, das scheint es zu geben. Tugendfelsen, an welchem kleine Wellen- und Wogen-Nixchen scheitern müssen. Es hat seinen Reiz. Hölzern Schwerfälliges mit Leuchtspuren.

Sonnabend. Chr wieder ab ins Feld der Forschung. Gestern abend im grellen Aladinlicht der Kapelle Kugelaugen, babyhaft, grotesk. Die spitzwinklige Ellipse eines Horusauges wirkt hoheitsvoller. Die Soror kam und erzählte von der ‚armen Sue'. Das sieht nach kyprischem Kummer aus. Beidseitigem?

Sonntag. Die Träume der Nacht, Verwechslungen auf einer Ebene, zu der es bei Wachbewußtsein nicht hinunterzieht. Weniges genügt und errettet. Und jetzt ein offizieller Auftritt. - Abends. Was den lieben langen Feiertag vertrieben hat, die kultischen Darbietungen, eine Festtagsrednerin, schwarzweiße Klischees reproduzierend, viel zu affektiert, und wie danach eine gute Mahlzeit trösten kann, drüben, und nebenan ein Pfarrkaffee ertragen wird in mühsamer Geduld - es läßt leer zurück. Der Abend gähnt. Vom kargen Tisch der Möglichkeiten fiel mir kein Krümel, an dem ich kauen könnte. Korrekt und völlig stumpf ergab sich im Vorübergehen Antwort auf eine beiläufige Frage. Was fang ich an mit dem Abend, allein und unsichtbar in diesen modrigen Räumen?

November-Solo

Danach. - Vielleicht wird einmal Literatur daraus. Aus dem düsteren Glanz, der flackernden Einsamkeit, dem Nicht-Wahrgenommenwerden. Aus dem Narzißmus und der Wiederholung, bestickt mit dicken Mondrosen, schleifend über das triste Grau des Bretterbodens. Aus den Spinnweben in den Ecken, darin die Traditionsgespenster hocken; aus der ‚wandelnden Elegie', der ‚unbekannten Molltonart'. Es glitzert ein wenig nach einem Wenigstens im großen Kehrichthaufen der Vergeblichkeit. Es war wieder und demonstrativ *diese* Vulgärplatte, schwarzrillig, auf die ein vor Widerwille erbleichender Finger weist. Es ist zum Heulen. Wie es war im Mai vor einem Jahr. Wäre Chr da, statt sich im Feld der Forschung herumzutreiben, wäre so eine Spirale nach unten nicht möglich gewesen. Durchdrehen? Durchhalten!

Montag. *Wieder eine neue Woche. Die Seltsamkeit des Heckenschnitts ist eines. Viel seltsamer möchte ein Blick aus der hinteren linken Ecke anmuten, der eindringlich prüfend Stellung zu nehmen schien zu einem hermeneutischen Problem. Ich bin aber nicht die Kandake von Meroe. Zuvor saß man und hörte sich Erbauliches über Trinken und Trunkenheit, Wein und Weib an. So korrekt, so kühl. So moralisch. Und ich wußte nicht, wo ich hingucken sollte. - Zwei Hellgrün, eins davon gehäkelt in Kasackform, vertragen sich nicht in einem Campus wie diesem. Ich verzichte auf Farbenspiele à la Bethabara. Dennoch. It's the only colour which I would not mind being suspected with.*

Dienstag. *Was ist los. Ich fange an, durch die Gegend zu schusseln. Träume wild durcheinander, nachts und nachmittags, ein Jagen nach Nebelfetzen, ein Haschen nach Schatten des Möglichen. Life's glories pass away Und die Müdigkeit. Und das Redenmüssen. Wie leicht ist es, Moral zu predigen. Wo ist die Unbefangenheit hin? Ich reagiere zwischendurch wie bescheuert, grüße nicht, überhöre, und überkompensiere dann. Es ist beunruhigend; aber ich merke es immerhin noch.*

Mittwoch. *I continue hopeless. Husten, Schlappheit. Kommt einer heraufkutschiert, der immer noch auf die Nerven geht mit affektierter Rhetorik. Hat ein kultisches Ornament auf der Brust baumeln und ist immer noch sehr schlank. Die Wirklichkeit ist falsch zusammengesetzt. Auf die Frage, nebenbei, nach einem unserer Kandidaten, der bei ihm Praktikum gemacht hat: ‚Well, he is a bit slow. He could be smarter.' - Ich traue mir alles zu an Konfusion, bringe mal eben Wochentage und Unterrichtsstunden durcheinander, kann mich aber immer noch abfangen im Stolpern und ich stehe gerade. Vielleicht strengt das so an, daß ich hinterher auseinanderfalle.*

Donnerstag. *Wieder Hustenanfälle. Der Benjamin, smart und charmant, wie ein frischer Frühlingswind, macht mir bewußt, wie alt ich bin. Ist es verwunderlich, daß in dieser Mittsommerkrise eine schwerfällige Rechtschaffenheit, eine gewisse Schwermut und Einfalt, dazu hin ein reines Herz, geprüft durch Unglück, am ehesten inspirieren könnte? - Beinahe noch den Abendvortrag vergessen. Jemand stellte die blendende Gaslampe genau in die Diagonale, so daß ich völlig inhibiert das Gerede über mich ergehen lassen mußte.*

Freitag. *Das tägliche Leben, das unhörbar dahingleitet, gelegentlich von Hustenanfällen unterbrochen. Wie schön wäre es, wenn hin und wieder ein Lächeln im Vorübergehen Düsternis aufhellen würde; wenn da irgend etwas wäre, an das die bedürftige Seele sich hängen könnte, traurig, resigniert, ungläubig, till with the vision glorious her longing eyes be blessed... Wie über eine Dornenhecke in ein Jenseits, dessen Tür offensteht, jedoch, von windgewölbten Schleiern verhängt, keinen Einblick gewährt. Man wüßte: es ist da. Es ist dort drüben. Immer wieder ein Augenblick, der dem Leben ein Gefühl von mehr als Vegetieren geben könnte.*

Beliebige Kleinigkeiten zusammenscharren, um anderweitigem Ärger auszuweichen. Kamen die beiden Damen zu spät zum Wochenschlußappell, das Mädchen drängelte sich zwischen zwei Unbeweibte. Deren einer erhob sich und quetschte sich mit einem Hockerchen seitwärts ins tote Eck neben der Tür. Dem dachte ich nach. So lange Fremdheit und Unbefangenheit noch eins sind, mag jede schickliche Gelegenheit dazu dienen, Nähe auszuprobieren, in aller Unschuld sozusagen, beim Durchsuchen von Karteikarten etwa oder auch etwas öffentlicher. Erst wenn einer anfängt, sich zu entschuldigen, wird Ungehörigkeit bewußt. Das Mädchen hat sich nichts Ungehöriges zuschulden kommen lassen. Ihre einzige Schuld wäre, daß sie ein Weib ist unter diesen Männern. Wenn da einer ausweicht, heißt das, daß er in Ruhe gelassen werden will. Bei Tisch machte Chr die Bemerkung, daß dieser Ehrenwerte, den er sich zum Sekretär ersehen hat, über die Ferien zwar schlanker geworden sei, nun aber doch wieder Speck ansetze. Es lenkt ab vom Ärger mit dem Gästezimmer.

Raus und weg!

Nicht durchdrehen. Durchhalten. Der Campus wird mich nicht mehr lange haben. Ich will hier raus und weg und hinauf ins Grasland. Eine Reise nach Lah, noch in dieser Trokkenzeit, verhindert Chrs Feldforschung. Aber in einem Jahr. So lange muß es noch auszuhalten sein. Die letzten Lebensenergien, vielleicht werden sie dort oben ein Ziel und einen Sinn finden. Kann ich sie nicht auf einen Un-Beliebigen werfen, dann vielleicht gleich daneben, in den falben Sand zwischen veilchenblauen Bergen. Chr kam mir mit einem Glas Wein entgegen. Sein Dasein hält mich bei Vernunft.

Sonnabend. Manches ist nur möglich wegen der Unmöglichkeit, die als Mauer dazwischen steht. Ein offenes Feuer ist gefährlich; wenn es in einem Ofen brennt, kann man darauf sein Süppchen kochen. Man kann ganz nahe herangehen, ohne sich zu verbrennen, es ist ja Eisen oder Asbest dazwischen, und der Blick schweift zur Höhenlinie des Berges in der Abenddämmerung der hinteren Veranda.

Sonntag. Ist es nicht schade, wenn Tugend so hölzern korrekt und wie auf Krücken daherholpert? Ganz in Weiß, meinetwegen, und dann außer Sichtweite. Warum kann es nicht ein bißchen geistvoller sein? Die Langweile der Sonntage. - Langer Spaziergang mit Chr, schweigend. Einst, vor allem Ehe-Trieb-und-Trott, haben wir einander mit geistreich-tiefsinnigen Gesprächen verwöhnt. Es ist noch immer der Güter höchstes, daß wir einander haben. Ich wüßte nicht, wo ich festeren Grund suchen sollte. Aber ich könnte ohne räumliche Nähe ein weiteres Jahr für mich leben, um mir äußerlich Selbständigkeit zu beweisen und mein eigenes Abenteuer zu suchen: Der Graslandmuse nachzulaufen.

Montag. Kleines Glück auf Taubenfüßen am Nachmittag. Wie ein Nachwehen von dem, was vorgestern abend nicht notiert wurde: daß, als auf der hinteren Veranda die Entfernung groß genug war, Lächeln und Verbeugung sich sozusagen nachwarfen, wie aus einer plötzlichen Erlösung heraus, wenn keine Zweifel mehr bleiben, daß alles mit rechten Dingen zugeht. Wenn keine Gefahr besteht, daß man irgendwo unversehens und plattfüßig hineintappt. Die Taubenfüße von vorhin, sie trippelten über das Geländer der vorderen Veranda und über mehrere Zeilen wohlformulierter Fragen auf einem großen Blatt Papier. Vielleicht ein Interview für die akademische Zeitung. Das Täubchen füßelte zierlich und freundlich einher wie ein Lächeln, das die Seele streichelt. Dann flog es auf, streifte flüchtig über das breite Revers eines taubenblauen Jacketts und machte sich über die Schulter wieder davon. Ein Nachmittagstraum, blaßviolett, der an den Nadelstreifen eines blaugrauen Polohemdchens entlangstreifte. Freundlichkeit und ein seltenes Lächeln - wie ein schattiger Garten voller Veilchenduft. Völlig entspannt, frei von jeglicher Beklemmung oder Verwirrung. Und solches in merkwürdigem Gegensatz zu dem Wortgefecht von heut vormittag, wo unerbittliche Logik Klingen kreuzte.

Volleyball und Systematik

Mittwoch. *Sie spielen wieder einmal Volleyball, und ich stand hinter den Gardinen wie hinter einer dicken Milchglasscheibe, durch die manches verschwommen sichtbar, aber keine Teilhabe möglich ist. Ich habe nur dieses mein Tagebuch und kann mir Gedanken machen, auch nach rückwärts, nach Bethabara, und wie es sich vielleicht eines Tages beschreiben ließe. Wenn die Systematik mir nicht in die Quere kommt. Sie sitzt mir im Gehirn als déformation professionelle. Statt mitten hinein und drauflos, wie beim Volleyballspiel, suche ich Durchblick und Übersicht. Über die verschiedenen Weisen kyprischen Umgangs etwa miteinander. Es wird durchnumeriert. Da ist (1) die unbefangen lachende Art und Weise. Man stürzt auf einander ein, kindlich wild und glückberauscht. Dann ist da (2) die schwermütig-zögernde; man weicht einander nach Möglichkeit aus, leidet lange stumm und versucht es dann auf Umwegen über irgendwelche Gemeinsamkeiten. Man versucht ‚ein Gespräch zu sein' und die Seelen mit einander zu verknoten. Schließlich gibt es noch (3) die zornig verzweifelte Weise, die zum Dolch greift und zustößt: Du quälst mich – odi et amo, nec tecum nec sine te – und mit dem anderen zugrunde gehen will. Das ist der Stoff für Tragödien, Phädra, Penthesilea. Dazwischen gibt es die Mischformen; außerdem können die drei Typen auch Stadien auf einem Wege sein. Als No 4 gäbe es noch die heroische Fassung samt Entsagung: Ehre und Ethos, Standesschranken, Staatsinteresse, Stammeszugehörigkeit – oder eine bereits bestehende Ehe. Das Gestrüpp der Verhinderungen kann nur verhindern, daß es zu einem happy end kommt; im übrigen zieht das Unmögliche eher an und schaukelt auf. Was vermögen Vernunft und Moral gegen die Irrationalität der Gefühle und besonders gegen das Vernichtungsgefühl der Eifersucht. Es ist ein unbeschreibliches Gefühl des Versinkens im Nichtsein. Nun sind sie wohl fertig drüben mit dem Volleyballspiel.*

Freitag. *Gleich ist wieder eine Woche vergangen und da ist nichts, das sich halten ließe. Kurze Anfälle von Euphorie, beim Breirühren in der Küche etwa, und dann wieder das innerliche Weinen und die literarische Impotenz, die außer diesem Gekritzel nichts zustande bringt. Ich lebe auf kein Ziel zu, obschon der Tod sicher kommt. Es dreht sich im Kreise. Dankbar sein, daß das Leben so friedlich verblutet... Daß es seit* einem Vierteljahrhundert keine Möglichkeit mehr gab, nach Herzenslust zu tanzen, das könnte mich freilich dermaleinst noch am Rande des Grabes veranlassen, diesem Leben, dem ich doch bislang mehr Gutes als Böses zu verdanken habe, einen Haderlumpen hinzuwerfen. Einen kleinen.

Zurück von der Wasserburg, auf der ich gestern probeweise mit der Soror herumgeklettert bin. Heute große Reinigungsaktion und lauter vergebene Gelegenheiten. Aber ich traute mich hinauf inmitten der Jungmannschaft, kletterte auf Felsen und Zement herum, saß da und sah zu. Zwei fällten Bäume mit dem Buschmesser. Alle die starken jungen Männer. Einer der Älteren stand unten am Auffangbecken untätig und wie verloren herum, sah hoch und machte aus der Entfernung den ungewohnten Eindruck eines schwächlichen Kindes. Dann, als der Baum in seine Richtung fiel, machte sich unten Ängstlichkeit bemerkbar und oben regte sich Besorgnis: bin ich hier nicht verantwortlich? Nach beendeter Aktion wollte ich als letzte den Felsen verlassen, wie der Kapitän das Schiff. Da standen aber zwei und blieben stehen, als fühlten sie ihrerseits Verantwortung. Sie standen da und sahen zu, wie es rückwärts auf allen Vieren über brüchige Zementreste und schmale Gesteinsvorsprünge abwärtstastete. Dann verließ mich der Mut. Ich lief zurück alleine.

Ein weiteres Fädchen

Nun hat der Tag doch noch einen Sinn. Über dem wenigen, was ich über die ‚arme Sue' weiß, flügelte herbei der Gedanke, ein gutes Werk zu tun. Und zwar vermittelt über einen, den die Sache angeht, und wer weiß, wie nahe. Wo sonst wäre vor zwei Jahren das gelbe Schlänglein hergekommen. Den Betreffenden und Betroffenen also hieß ich kommen, ich selbst als meine eigene Abgesandte. Drüben stand man gerade unter der Dusche. ‚May he come to my office. A matter of urgency'. Er kam umgehend und bekannte geradeaus: ‚Yes, you always see me going to her house.' Und, alle Vermutungen abschneidend: ‚She has a fiancé.' Warum hab ich nicht nach dem Namen gefragt? Es schob sich der Riegel eines völlig sinnlosen Verzichts vor: es hat mich nichts anzugehen. Es liegt ein Fall von Hilfsbedürftigkeit vor, das genügt. Mit dem ausgehändigten Betrag ist einer, der sich so angelegentlich um den Fall kümmert, nun mit einem weiteren Fädchen angebunden.

Sonnabend. *On ne badine pas?* On badine - un tout petit peu; aber wiederum nur in aller Öffentlichkeit und am sichersten im eigenen Revier, vor den Schlafbaracken der Junggesellen, wo eine Vorgesetzte nicht ansteht, sich abhängig zu zeigen von dem schlechten Englisch derer, die gehalten sind, besseres zu lernen und außerdem noch Französisch. ‚You fit learn your Pidgin fine.' ‚You fit learn you French fine.' Leicht und heiter, ein Ping-pong-Spiel, wie es weder im Garten noch auf der hinteren Veranda und am wenigsten im Arbeitskabinett möglich wäre. Wes alle Zeuge sein können, das ist statthaft.

Sonntag. Ein Traumrest, ehe die Amtsgeschäfte beginnen. Unter dürren Apfelbäumen, im trüben Mondlicht, abgewiesen zu werden - was soll das? Wenn etwas sich der Grenze des Begreifens von etwas nicht ganz Geheuerem nähert, wird es vorsichtig und leise. Und dann kann es sein, daß ich überhaupt nichts mehr verstehe. Wie kann etwas eben deswegen, weil es unmöglich und im Grunde auch nicht erwünscht ist, einen Reiz ausüben? Am Felsen fest, an dem es scheitern sollte. Man müßte sich das Verhinderungsmittel aller Torheiten sorgfältig aussuchen. Wenn man Glück hat, schaufelt es einem der Zufall zu. - Danach. Das Pidgin ist den homiletischen Bach hinunter. *Les relations sociales sont si compliquées.* Außer einer Initialkorrespondenz zwischen Türhüterfrühlingsgrün und tiefernster Amtstracht quer durch den ganzen Raum, zu Beginn - nichts. Für manche Sonntagsüberdrüsse gibt es eine schlichte Lösung: schlafen. - Danach. Es geht gegen Abend. Immerhin weiß ich jetzt, womit ‚man' drüben die Sonntagnachmittage zubringt. Heut in einer Woche soll endlich der Empfangsabend stattfinden. Was vor zwei Jahren unbefangen möglich war, wäre es inzwischen nicht mehr. - Chr kam zurück mit ein wenig verdorrtem Gemüse. Er merkt nicht, daß neben ihm auch etwas langsam verdorrt.

Montag. Es gibt nur einen einzigen Weg, den ich jederzeit unverdächtig wandeln kann: der schmale Pfad hinüber zur Bücherei. Aber dort - was will ich dort? Wenn ich alleine bin, brauche ich mir keine Haare auszuraufen wegen unbegreiflicher Blödigkeit. Wenn aber nicht, dann kann ein Gefühl völligen Ausgelöschtseins so überhandnehmen, daß mit Mühe zwei Fragen zustande kommen. Es ist, als ob im Modergeruch der Bücher zwischen den Regalen eine Spannung sich aufbaute, die sich in keine harmlose Frage ableiten läßt.

Mittwoch. Als Zuschauer am Fußballfeld, was gab es da zu sehen - außer dem Star-Typ Kj auch dürre Beine, die mit zu viel Bauch belastet hinter dem Ball her stakten und schließlich doch noch ein Tor schossen. Dann ein Zusammenprall mit dem Benjamin - der Jüngling humpelte zerknautscht davon, der Mann stand fest wie ein Mehlsack. - Kaffee nebenan, wo die Soror von ihren Lebensrettungen erzählte. An ihr erkenne ich die abgehobene Modalität meiner Existenz.

Freitag. Bescheiden sein. Sich vorstellen, wie es wäre. Wenn ein lesend versunkenes Gesicht sich still und kurz von einem Buche hebt in ruhigem Aufblick, vertrauensvoll, in träumender Unschuld, als blickte die Seele eines Kindes oder eines abgeklärten Heiligen aus dunklen Himmelstiefen. Ich habe so etwas noch nie bei einem Manne gesehen; außer einst bei Chr. - Kg schickt Einladung zu seiner Ordination, und ein kurzes Gedicht, davon zwei Adjektive erinnern: ‚One too far fierce and sweet'. Wild und süß, das war sein Jünglingsdasein einst, eine herb-wilde Süße, dazu angetan, ein alterndes Herz zu bezaubern. Aber nun - You have grown too fat, my dear son, upon your suzuki. Alle schönen, sokratisch-subtilen Gefühle sind dahin. Alles ist umsonst, und bisweilen ist es schlicht zum Heulen. Es verfault vor lauter Anstand. Der Garten ist auch kein unvermischtes Glück. Was ist dieser Campus für eine merkwürdige Insel, wo frau auf dem Trockenen sitzt, beansprucht von einem treuen Ehemann, und drum herum ein Harem von überwiegend jungen Männern: Gebanntes, Verbotenes. Ich schrumpfe förmlich in mich hinein, übrig bleibt ein Anstandsgerippe, aufrecht an der Alltagswand. Husch, da fällt's in Asche nicht: in Graphit und Wortgeraschel ab.

Sonnabend. Durchhalten, nicht durchdrehen! Die Trockenzeit knistert im Nervengeflecht. Wortwechsel mit der Nachbarin wegen ungebetener Gäste und Hausfrauenpflichten. Die häuslichen Verstimmungen rücken gegen einen Grenzwert. Ich hungere hier aus. Ich zehre nur noch vom Verzicht. Und Chr, verbuhlt in seine Wissenschaft, sieht nichts, merkt nichts. Will nur seine Ruhe haben und empfiehlt mir, um das Maß voll zu machen, empfiehlt mir Rückzug ins Schlafzimmer. Dahin also gehört - das Weib! Wenn ich an der glatten Wand hochginge, oder an einer Palme, würde ich unweigerlich auf die Nase fallen. Aber zurückziehen werde ich mich in der Tat - ins

Grasland! Ja, das werde ich. Vorerst ist nur der Rückzug ins Tagebuch und in Tagträume möglich. Da suche ich eine Insel im Windschatten ehelicher Mißstimmung. Keine Insel der Glückseligkeit, nur eine mildere Gegend, wo zwischen der Tugend der Radieschen und einer wortkargen Gegenwart der Unterschied unerheblich wäre. Und wo es abends im Grase singen würde, something like ‚Dancing on a rainbow'.

Sonntag. Nach den gestrigen Unerquicklichkeiten schießen die Tagträume ins Kraut und hinauf ins Grasland. In das geheimnisvolle Dorf in den Bergen, wo weniges notwendig wäre: ein Häuschen, Wasser vom Bach und Maisbrei. Es wandert durch die Gegend, tagelang, zu zweit. Man rastet, und die Sprachlosigkeit eines harmattanverhangenen Himmels ist darüber und darunter das störrische gelbe Gras. Die Landschaft erzählt sich selbst, gibt sich hin im bloßen Vorhandensein und bis an Grenzen, wo der Herzschlag stockt. Vielleicht kann ich mich über die Misere hinwegträumen und sogar Skizzen anfertigen wie diese, für später, sofern die Muse mir je holder werden sollte. Chr ist mürrisch und redet nicht. Ich aber will es mir abgewöhnen, in seiner Gegenwart dem Aufquellen und Davonfließen des Elends in der Form von Salzwasser nachzugeben.

Wo ist etwas oder jemand, der oder das mich erretten könnte vor mir selber? Ich kann nirgendwohin gehen. Dieser Campus ist ein Gefängnis. Um mich vor einem Seelenstündchen mit Chr zu retten, muß ich hier schreiben. Und mich schreibend flüchten in eine Gegend, wo ein wenig Freundlichkeit und ein Hauch von Geheimnis mich anwehen. Das wäre die Vorstellung von einem, der wäre wie Jg war und Chr auch einst, in frühen Zeiten und ehe die Wissenschaft ihn umgarnte. Es könnte alles nur Aufguß und Abklatsch sein; aber ich bin so arm und will nur wenig. Die große Traurigkeit des Einsam-Leidens ist wie ein Stein, der in die Tiefe zieht, wo im Schlamm alle ungelösten Probleme Giftgase bilden, die immer wieder an die Oberfläche steigen. - Ein Gedanke, vielleicht inspiriert vom feenhaften Wehen der Voilevorhänge drüben: etwas zu stiften von den Ersparnissen, die ich habe, und zwar in den Bergen von Lah. Ein Denkmal setzen diesen letzten Vergeblichkeiten. Und heut abend? Vor zwei Jahren war es Januar. Zum Abschied, im Juni - nichts, außer einer weißen Muschelkette. Gibt es keine Wiederholung?

Kleine Doppelszene 1/2
Hungerblümchen und Almosen

Wie war es doch gewesen im ersten Jahre einer *Valse triste* auf einer Lichtung im Regenwald Afrikas? Es tat sich auf der Träume Gruft, und es stiegen herauf jene in Mumienbinden gewickelten Tagträume, die da träumten, Tanzen würde sie des vergangenen und vergehenden Lebens einen Hauch verspüren lassen. Solchen Tagträumen war ein *ingénu* entgegengekommen: unbefangen, harmlos, naiv wie es im Wörterbuch steht. Was sich über den Zement bewegte, war freilich kein Walzer; es war etwas ganz und gar Unähnliches. Es war alles, was zu haben war auf einer Lichtung im Regenwald..

Es hatte sich ergeben im Januar des ersten Jahres. Gut gemeint, vielleicht sogar als Pflicht erachtet von der einen Seite, von der anderen als peinlich enttäuschend empfunden, als traurig, als *triste* fürwahr. Ansonsten einsame Soli, des Abends hinter zugezogenen Vorhängen, in eine Malaria hineintaumelnd im März, im Mai heimgesucht von einem verzehrenden *Saturday night fever*, das am nächsten Tage besorgte Fragen nach dem Befinden zeitigte. Das Tagebuch hat es nachgekaut mit der tristen Genüßlichkeit eines Appetitus, der jedes Erlebniskörnlein zwischen Wort und Satz zu Brei zermahlt.

Auch im zweiten Jahre wurde es in der Träume Gruft wieder lebendig. Vielleicht aus Langeweile. Vielleicht weil es weitergärte aus Säften ungelebten Lebens. Denn die Luft in der Gruft, unterhalb der Schwelle täglicher Pflichterfüllung, war nicht modrig dumpf. Es blühte da etwas wie Veilchen im Moose und Narzissen im zweiten Frühling. Es duftete dunkelviolett nach bescheiden Wenigem, zu dichten Biedermeiersträußlein der Erwartung gebunden. Es duftete reinweiß und feinherb nach hochstilisiert Langstieligem mit Sternblüte am oberen Rand. Daß es keine Dichternarzissen waren, ließ sich leicht übersehen. Daß es oben am Tageslicht und bei guter Vernunft einem blassen Hungerblümchen glich, mag das Selbstgefühl erst im nachhinein kränken.

Es kränkte, aber es inspirierte auch und irgendwie. Die Doppelszene: ein Solo, einsam drei Wochen zuvor hinter zugezogenen Vorhängen; sodann ein Duo, ein zweites und in aller Öffentlichkeit – ist so etwas nicht wie geschaffen für literarische Bearbeitung? Sie soll hier erinnert werden. Die Drittfassung fügt sich in die Spätfassung der Monologe einer *Valse triste*.

November-Solo ,Hungerblümchen'

Es war kein lyrisches Präludium. Es war, nach drei Takten Elegie und Müdigkeit, eine geballte Faust vor die eigene Brust und des Schicksals Sterne darin. Sie taumelten. Das Tagebuch fing sie auf. *Vielleicht wird einmal Literatur daraus. Aus dem düsteren Glanz...* Im späten Blätterwald flüstert es...

Noch einmal vorm Vergängnis... Da ist als erstes und pseudonym eine Kusine, erfunden und herbeigeflogen aus europäischem Winter in tropische Trockenzeit am Äquator. Malariakrank liegt sie danieder nach glückhaft durchtanzter Nacht. In ihre Fieberträume drängeln sich die Erinnerungen einer Doppelgängerin: *Da ist es November, und nichts bewegt sich vom Fleck. Und niemand nimmt ihn wahr, den düsteren Glanz deiner Seele, gewickelt in ein maronenbraunes Mondblumenkleid, eine wandelnde Elegie, eine unbekannte Molltonart... Und plötzlich. Und dann. Matt und naß. Besser als gar nichts. Ein Schrumpfglück.*

Da sind zum anderen Erinnerungen an ein Schwellenjahr im Regenwald Westafrikas, brav und bieder heruntererzählt mit einer Prise Mystifikation am äußersten Rande. Zum Rand gehört das Solo Mitte November.
Wie ist es auszuhalten, ohne durchzudrehen... Niemand sieht, wie in diesen modrigen Räumen ein Gespenst seinen armen einsamen Narzißmus spazierenführt... Am Himmel hängt ein erbärmlich magerer Mond, eine abgenagte Kaninchenrippe... Mit dem Tagebuch als Therapeutikum ist es diesmal nicht getan. Es überkommt. Ein Anfall von Tanzwut... das Schöne und das Unmögliche umarmen einander, es hangelt hinauf ins Mondsüchtige... Aber es ist nicht das Außer-sichsein einer vergangenen Maiennacht, die in einem Winkel der Erinnerung kauerte mit heißen Händen und irrem Blick...

An Stelle einer Drittfassung, die hier einzubauen wäre in eine langhinschleifende *Valse triste,* soll die nachträgliche Einsicht genügen: Es war nicht gut, allein zu sein in einem alten Haus im Regenwald und dazu hin an einem Sonntag. Das Heilmittel Tagebuch versagte. Es hätte einer wohldurchdachten Tanztherapie bedurft. Im alten Europa wäre sie möglich gewesen, beschwingt vorbei an den Heilsangeboten professioneller Seelensezierer. Da etwas dergleichen nicht zu haben war, blühte im ewigen Grün zwar dieses und jenes; aber keine Dichternarzisse. Der zweite Frühling brachte Kümmerliches hervor, vegetierend auf karger Halde: etwas wie ein Hungerblümchen.

Die Wiederholung: ein Almosen

Eine Empfangsfeierlichkeit am letzten Abend im November war öffentlicher Rahmen für ungenau Erhofftes. Es ergab sich anders als erträumt: wiederum so trüb, so *triste,* daß Jahrzehnte später eine mit ‚Valse' betitelte Fassung dessen, was sich drei Jahre lang über eine Lichtung im Regenwald zog, sich das Beiwort nicht allzu weit herholen mußte. Der Ehemann, tags zuvor im Tagebuch noch bitter angeklagt, erwies sich als verständig, vielleicht mit ironischer Überlegenheit, vielleicht ein wenig von Mitleid behaucht: er schob zu, was ohne seine Vermittlung nicht hätte zustande kommen können.

Über fünf Seiten hin zieht sich die Erzählung einer Doppelgängerin am Bett der malariafiebernden Kusine. In ausgewählten Zitaten aneinandergereiht ergibt sich etwa dies:
Der Tulpenbaum hat abgeblüht... Das einzige Vergehen ist die Vergänglichkeit des Lebens... Ein Empfangsabend. Das dürftige Kleidchen unter der Würde der offiziellen Gewänder, ein ausgefranstes Fähnchen, aschviolett mit Flimmereffekten im Gewebe... Der Spielball einer Anrede, quer durch die Halle, über alle Köpfe hinweg... Das geduldige Gehoppel, ehelich und zum Einschlafen langweilig... Da wirst du des Gewühles müde, Kusinchen, mein alter Ego, und entweichst unter das Vordach, lehnst dich an die Brüstung mit der Nacht im Rücken. ‚Lieschen, willst du nach Hause?' ‚Ich weiß nicht. Ich dachte –.' Und deines Lebens innerer Halt und Sinn, Halbes ahnend und Harmloses gönnend, geht hin und du bekommst, wonach du

gegreint hast... Schräg daneben... Es blüht kein Glück; es kümmert ein Zweitfrühlingshungerblümchen in rissigem Zement. Möge es ein Ende nehmen. Wird hier nicht, der es zukäme, eine Gunst zu gewähren, als einer Bedürftigen eine solche gewährt?

Knapp, kühl und nüchtern präsentieren die Erinnerungen an ein Schwellenjahr Selbstüberlegenheit auf silbernem Tablett: *An diesem Abend vermittelte die Großmut des Gemahls einer Prinzessin in stahlblauer Robe einen weiteren Tanz. Ein bißchen unbeholfenes Gehoppel. Wenigstens etwas und nicht nichts. Ein Almosen, das schon irgendwie zum Überleben verhalf. Ein höflicher Mensch, dieser undionysische Denis.*

Der Drittfassung als Monolog müßte die Erinnerung an zwei Minuten Trübsinn unter dem Vordach der Festhalle vorangehen und an das bunte Gewimmel, daraus es sich langsam hervorschob und als kompaktes Schweigen zur Seite lehnte, Nacht im Rücken. Ein dumpfes Nicht-Geheuer, aus schwarzen Poren grüne Fünklein sprühend. Ungemütlich. Ein Ruck. ‚Shall we –?' Wie schief, wie irgendwie nicht ganz bei guter Vernunft.

Tagebuchmonolog

Sonntag. Danach. - Gestern abend der Kadaver einer kleinen Maus, hier im Boudoir. Heut abend - dies. Es wird vielleicht einmal zu einem Stück Frustrationsliteratur werden. Es gab eine Wiederholung, zu verdanken war sie Chr, der mir einen Zögernden schickte, und so tanzte ich halt, in Anführungszeichen zwischen Peinlichkeit und Resignation. Es verhilft mir irgendwie zum Überleben. Mit dem Redner einer schönen Festrede tanzte ich. ‚I have difficulties to catch the rhythm.' ‚It's not difficult.' Die Fremdheit bloßer Höflichkeit. Im nachhinein erscheint es noch viel schlimmer: es war ein zugeschobenes Almosen. Zugeschoben vom eigenen Ehemann, und ein Gefallen-tun war es von dem, der sich schieben ließ. So stand ich da in einem erbärmlich dürftigen Bettelkleidchen. Immerhin etwas. Etwas, das vor gänzlichem Erfrieren bewahrt. Und es ist wie ein innerer Winkel, in dem eine kleine weiße Flamme glüht, vielleicht auch nur ein Irrlicht. Etwas zum Darüberhinausträumen in Schöneres.

Dezember
Traumschloß hintere Veranda

Montag. *Es schleift nach. Wie auch nicht. Es will heut morgen schöner erscheinen als gestern nacht. Es sucht nach schönen Formulierungen. Wie schön, daß Chr mir das Wenige gegönnt hat, trotz und inmitten aller ehelichen Querelen. Schön war es, daß er eine ganze Weile so geduldig mit mir ‚tanzte', also auf- und abhoppelte und mit den Füßen scharrte, und dann, daß er im richtigen Augenblick das Richtige erriet und tat und mir einen Zögernden schickte - hinaus in die Nacht unter das Vordach, wo ich stand und am Versinken war ins Abgründige der Enttäuschung, und wo dann zweie standen, wenige Herzschläge lang an die hüfthohe Brüstung gelehnt, und es an mir war, das Schweigen abzumessen ins Geziemende. Da gingen wir also zurück in die bunte Menge, um zu tun, was die übrigen taten. ‚You made a nice speech.' ‚Thank you.' Es waren da Reste von Geistesgegenwart. Die Rede, ein gut durchdachtes Stück Rhetorik, deren Klimax diagonal durch die Halle flog - auf das Podium und mich zu. Die Schallplattenmusik war miserabel, ein Geplärre. Es hätte nicht gestört, wäre da eine Möglichkeit gewesen, aus sich herauszugehen in Richtung auf ein langärmeliges Nadelstreifen-schwarz-und-weiß-Gegenüber; aber die Rüstung war eisern und das Visier geschlossen - bei mir. Abgewürgt alles, was Tagträume so leicht und lebendig macht. In gemessenem Abstande, mit hängenden Armen, gesenktem Haupte, gesenkten Blickes - ja, leider. Vielleicht bin ich tagebuchgeschädigt. Das Heilmittel könnte zugleich ein Gift sein. Aber was will ich denn? Einen Tugendhaften mit Lyrik umranken? <A man of good manners, most virtuous and prudent...>*

Mittwoch. *Wenn ein Blick, der zurückgeben möchte, was sich entgegenbringt, sich losreißt, weil das Leise, das Zögernde, das Vertrauensvolle, das da ist, wie wenn ein Kind den Weihnachtsbaum anträumt oder einen blühenden Kirschbaum - wenn dergleichen begegnet in der Abenddämmerung, dann schiebe ich von mir, was ich halten möchte; denn jede Erwiderung müßte diese träumende Unschuld zu Bewußtsein erwecken. Das wäre peinlich. Selbst wenn neben Vernunft und Tugend auch irrationale Momente denkbar wären.*

Donnerstag. *Augenblicke gibt es, da vergesse ich alles - was gestern war und was ich eben noch sagen wollte. Etwas Unterschwelliges will nur noch reine Gegenwart und stumme Nähe, wort- und willenloses Wahrgenommenwerden. Eine ruhige Stimme, die Gleichgültiges sagt, genügt. Dann plötzlich bricht es ab und schickt fort - wie aus Angst, daß es überhandnehmen und hinreißen könnte. Mag Unbescholtenheit sich hingeben dürfen in einem Lächeln. Ich darf es nicht.*

Sonntag. *Erschöpft - wovon? Von gestern abend? Alle waren da. Hab ich zu viel geredet und erzählt? Von der Flucht 1945, wie lange Chr und ich uns schon kennen; von der Wissenschaft und dem vergangenen Jahr. Wen wollte ich's wissen lassen? Einer saß auf dem Platz, der ihm zugedacht war, und sagte den ganzen Abend kein einziges Wort. Eine Lachsalve, einer Winzigkeit wegen, zeigte, daß man Präferenzen zur Kenntnis nimmt. Energisch-konfus die Reaktion. Wer wird sich hier einschüchtern lassen. Ich nicht. - Lustlos hänge ich herum. Wer kann immer hellwach sein. Morgen die große Einkaufsfahrt hinab an die Küste. Die ärgerliche Gewürzkrämerei. Ich hätte den Nachmittag lieber verträumt statt mich bei Kaffee und Kuchen nebenan verstockt zu zeigen.*

Dienstag. *Zurück. Die Verlottertheit der Herberge, wo einst erlesener Kolonialluxus herrschte. Die peinliche Gier des Großeinkaufs im Supermarkt. Die köstliche Garnelen-Minimalie, Chrs lukullischer Einfall. Das Tiefdunkelbraun eines Festgewandes vom Straßenhändler. Im Foyer, am Schwimmbecken unter Palmen, fiel mir, inspiriert vom Touristenbetrieb, eine Novelle ein: Tropennacht, Musik und Alkohol, und ein afrikanischer Playboy, der sich seine abenteuerhungrigen Opfer aus Europa sucht. Die Touristin ist Vierzig; eine Studienrätin, die es satt hat, alles, einschließlich sich selber. Der exotische Ausflug ist genau das Richtige. Sie schafft es in ein paar Tagen, richtiger: Nächten, Schwarzer Tango, und hat für den Rest des Lebens Zeit, darüber nachzudenken. In Gegensatz dazu die fünf bis sieben Jahre, die es dauert, bis in einem frommen Campus wie diesem hier einer Honoratiorin die Gelegenheit zufällt, mit anderen Gegenüber-Füßen als denen des Ehemanns ein bißchen auf Zementboden hin- und herzuscharren. Denn es herrscht ein Gesetz, das sich nur mit vorsichtig lächelnder Höflichkeit ein wenig biegen läßt - denn zu brechen gibt es nichts.*

Mittwoch. Das war schon die nächste Exkursion ins Tiefland, o-oh, sweet mother, I never forge-et you-hu, Fortunatus, Jünglingsglück am späten Nachmittag - es reißt leider nicht mehr hin. Es legt nur noch in ehrwürdigem Ritual Hände auf. Ansonsten geht es um Geld und Höflichkeiten. Allenfalls Mujchen hätte noch Chancen, mich einzuwickeln mit geistreichem Knabencharme. Mit ihm feuerwerkte ich herum, bis Specksack Um sich herbeidrängelte. Da war ich bilateral auf beste versorgt mit hochprozentiger Flirtation.

Freitag. Vor welcher Instanz wären all die Vergeblichkeiten einklagbar? Der Verzicht. Die Resignation. Die Krümel, die vom Tisch der Möglichkeiten fallen. Aus Langeweile und Verdruß beobachte ich. Wie heut morgen in der Kapelle Nähe verweigert ward, die dann während der Wochenschlußstunde zuteil wurde. Es war grad noch ein Platz frei, und so saß man Arm an Arm und Haut an Haut, und sie hatten auch noch mit einander zu flüstern, Stirn an Stirn. Und ich? Was suche ich noch, auf dem Weg hinab in den Hades? Arm bin ich bei all meinem Reichtum, und der besteht noch immer in Chrs Dasein-für-mich. Warum verkommt das Gefühl der Dankbarkeit? Ich möchte etwas anderes, kühl und flüchtig, am äußersten Rande der Wahrnehmung. Vor allem aber möchte ich weg von hier. Hinauf ins Grasland. Reisen. Allein sein und zu schreiben anfangen, richtig, nicht dieses Gekritzel. Es ist, als verkomme meine Ehe am Ehelichen und weil ich nicht zum Eigentlichen, zu literarischem Schreiben komme, wie Chr zu seiner Wissenschaft.

Gegen Abend. Was war das? Eine plötzliche Leichtigkeit, die an Leichtsinn, an silliness grenzte. ‚Le petit Prince', zu Ende des ersten Jahres ausgeliehen, wurde zurückgebracht, vorhin: es sei doch zu schwierig. Wie auch nicht. Aber dann, wie war das möglich? Diese Frontal-Naivität längs der Küchenveranda, sich für etwas zu bedanken, das als Gunstbezeigung in die andere Richtung gilt: ‚Thank you for dancing with me' - ! Eine Sekunde danach wußte ich genau, was da Unkluges entwichen war. Kurz zuvor aber hatte sich das Hirn offenbar zur Luftblase evakuiert. Ein leichtes, höflich-verlegenes Lachen ließ schnell und anderes weiterreden, erinnernd an eine Rüge, die einst erteilt worden war. ‚You remember?' Das Lachen war unbefangener, ‚Oh yes - '. Es brach ab in ein Schweigen. Der Koch in der Küche muß alles gehört haben.

Sonnabend. Gestern nacht, bei schmaler Mondsichel, das Bedürfnis, zu verweilen. Aber Chr rannte davon. Er begreift nichts von dem, was mich umtreibt. Ich hänge mich an das Wenige, weil es zum Überleben verhilft. Welch eine Bettelarmut. – Ich renne rast- und ziellos durch den Campus, lande ex officio in der Gemeinschaftsküche, wo man mir erklärt, jeder esse, wann es ihm beliebt. Ich stand da völlig ,beclouded' und mit dem Gefühl: was habe ich hier zu suchen?

Sonntag. Konturenlose Zeit. Ein Tag verlorenes Leben. Was zu haben war, stieß ab mit kahlem Schädel. Die Irritationen des ersten Jahres; da hilft auch kein kultisches Weiß mit Silberknöpfen auf dem Bauch. – Das ging knapp an einem Lachkrampf vorbei, die gesangliche Abendperformanz da drüben. Die Trockenzeit ist wie bröckelnder Lehm in der Seele.

Montag. Während des Mittagsschlafs kommt es hoch, hüpft eine Straße entlang über eine Barrikade hinweg und singt: ,Warum hat jeder Frühling ach nur einen Mai?' Aufbegehren gegen eine Mittsommer-Tristesse, die sich nur das *middle class midlife crisis wife* leisten kann? Für ein ,Abenteuer' brauchte ich Chr als Rückendeckung nach außen und sein Vertrauen als letzten Grund unter den Füßen. Vor einem Jahr war ich im Clinch mit der Wissenschaft; jetzt vertrödle ich Zeit. – Freßegoismus. Wenigstens habe ich noch ein schlechtes Gewissen dabei, wenn auch kein ungutes Gefühl. Muß mit gutem Essen kompensieren, wer sich seelisch ausgehungert fühlt? Es ist alles so mühselig und so zwecklos. – Immer wieder: ich will nicht viel. Ich bin mit wenigem zufrieden. Aber das wenige wird mir nicht oder quälend selten zuteil. Wenn ich Chr sagen würde – wenn er es überhaupt zur Kenntnis nehmen wollte – was los ist, er würde mir das Wenige kaputtmachen mit Ironie oder Mißverstehen. Er ist wieder auf dem Sprunge zu einem Höhenkultfest mit dem Motiv hochehrbarer Feldforschung. Meine Höhenkultfeste sind rein innerlich und außerdem nicht weniger ehrbar. Nur habe ich keinen ,richtigen' Mitspieler.

Freitag. Die Weihnachtsferien brechen aus. Ein verworrener Abschied, hastig und elliptisch, hier in meinem Arbeitskabinett. Muß denn alles an ehrbaren Möglichkeiten verramscht und verschleudert werden? – Die Kurve doch noch gekriegt, Initiative ergriffen, drüben in der Schlafbaracke. Da stand man und beredete Sachliches langsam und bedacht, und mir ist wohler zumute. Es ist mir gelungen, Hast und Unbeherrschtheit zu überholen, konnte mir sogar, was bisher noch nie möglich war, Einzelheiten einprägen (Alkoven, Kleiderleine, erstaunlich viele Bücher, ein großes Foto mit Xylophon). Das ist doch ein gutes Zeichen. Dafür, daß ich noch ein bißchen normal bin.

Sonnabend. Die übliche Ferienleere, auf dem Bett liegend, träumend durch die Gardinen und dem Tage nach - was ich von ihm hatte und was nicht. Noch keine Lust zum Lesen. Meine eigenen Stimmungen, und mögen sie noch so dünn dahinsickern, sind mir kostbar. - Nun doch ein Blick in Shakespeare, Twelfth Night. Das Phantom der Peinlichkeit, Malvolio. Glaubt, er sei heimlich geliebt, sucht nach ‚Zeichen', benimmt sich kompliziert und hat am Ende Mühe, im Gefängnis der Subjektivität nicht verrückt zu werden. - Jean Paul hat mich zurückgesaugt ins Westlich-Abendländische. Nach der ‚Wuz'-Lektüre ein Heulanfall. So ein Schrumpfleben. Und ums Haus herum der beginnende Kampf um Machtsphäre. Trillerpfeife und Gästezimmer. So bringe ich die Zeit und das Leben hin. Nichts bringe ich zustande, außer diese Tagebuchfetzen. Sieben Jahre danach kann ich das Bethabara-Fragment nicht mehr vollenden. Und aus dem Rundbrief wird auch nichts. Dieser Campus ist Szenerie für ein Drama, das nicht stattfindet. Es rumort nur in den Kulissen. Es flüstert im Souffleurkasten eines Tagebuchs.

Sonntag. Ich bin eine Königin in meinem Schloß, tief im Walde verwunschener Wünsche und flüsternder Geheimnisse. Hier auf der hinteren Veranda, statt drüben kultische Langweile abzusitzen. Chr ist wieder unterwegs, und ich mache mir meine Einsamkeit schön. Ich hänge vor mich hin meine Festgewänder - lauter abgetragene Träume. Der Drachenbaum zum Berg hin blüht mit roten Rispen. Es ist stille hier hinten, bis auf ein paar zirpende Vogelstimmen, und die Rosen verblühen. We are all strangers to each other. (Na und?) We cannot know each others thoughts and feelings. (All the better.) We have each our secrets which we will not share. (Binse.)

Der trillernde Bo-Bengel ist wieder ums Haus. Ich verteidige mein Recht auf Privatsphäre, auch gegenüber anderer Leute Gästen. - Wenn ich nicht schreibe, grenze ich ans Nichts. Nachts und im Halbschlaf träume ich Abenteuer, die um so *spannender sind, je näher sie am Bereich des Möglichen bleiben. In diesen Ferien hatte ich nach Lah reisen wollen. Der Wunsch ist unterirdisch herangewachsen, im Dunkeln, wie ein bleicher Champignon sozusagen und seit ich das Bildchen sah. Chr weiß noch nichts davon, ich muß es ihm demnächst sagen. Ich müßte auch Die Betrogene noch einmal lesen. Die hatte ich gelesen 78 im September. Und dann ist es passiert. Das Beste, das sich daraus machen ließe, wäre Literatur. Später werde ich mir ein Lauchsüppchen kochen. Später werde ich das hier lesen und bin schon darüber hinaus. Was mich gestern bei Jean Pauls Wuz so bewegte, war das Mitempfinden des vergehenden kleinen Lebens. Wo ist Gott in dem allen? Ich denke zurück an die irre Anspannung im Heimaturlaub 78 und dann 79/80; es liegt noch kein halbes Jahr zurück und alles ist nur noch wie eine riesige Schutthalde, unter der das Gras ungelebten Lebens platt am Boden bleicht.*

Montag. Vormittags im Teppichschloß. Die Soror brachte eine Karte von den Mbebete-Schwestern: ein Funke, der Tagträume zündete. Es sei aufgeschrieben, obwohl die Sprache es nicht erreichen kann; sie humpelt wie ein Klumpfuß hinter der Schwerelosigkeit einer Traumballerina her. - 1. Teil. Szene am Philosophenstein. Während der Harmattan weht, der alle Welt umdunstet, kommen zwei Besucher zu den frommen Damen, sagen Guten Tag und gehen weiter, ›we want to see the big stone over there‹. Durch die staubdürren Felder und hinauf auf den Felsbrocken, der eine kleine Anhöhe krönt. Da sitzt man gut, aber ohne Weitsicht. Hier nun wird auf der einen Seite philosophiert über das Leben und seine Vergänglichkeit; auf der anderen Seite stehen dem Begreifen gewisse Schwierigkeiten entgegen. Wie läßt sich intellektuelle Überlegenheit vermitteln an ein lauteres Gewissen und moralische Wachsamkeit? Das Schweigen und Schweifen der Gedanken muß mit Reden überwältigt und gebändigt werden. Es bewegt sich auf dem schwanken Boden einer doppelten Ebene. Auf der unteren breitet sich das Substrat aller Geschichte. Darüber lagert eine solide Schicht Vernunft, Frömmigkeit und Einsicht ins Aussichtslose. Kurz wäre die Freude, ewig währen würde der Schmerz. - 2. Teil. Szene am Bach. Weiter durch die Februar-Felder von Mbebete. Da ist dann ein schattiger Raffiagrund, und man steigt, heiß und verstaubt, hinab in die Kühle. Zieht Schuhe aus, taucht Füße und Arme und das Gesicht ins Wasser, und der Durst ist auch da. Einfach trinken, hier, wo Landesfremde jeden Tropfen Wasser abkochen und filtern? ‚It is clean. It is pure.' Und da trinkt es aus beiden Händen. Schöpft noch einmal und hält es hin, eine Schale, vorsichtig umfaßbar, eine doppelte Wandung, nicht zerbrechlich, aber lose zusammengefügt. Die Macht der Symbole.

Gegen Mittag. Chr kam und räumte als erstes und wortlos mein Teppichschloß weg. Er würde alle meine Traumschlösser ebenso gedankenlos zerstören, wenn er darum wüßte. Da liegen wieder die kahlen, ungeschrubbten Planken der äußeren Wirklichkeit. Denn die innere ist auch eine Wirklichkeit. Wozu Geschichte, wenn es um ewige Wahrheiten geht? Würde die Wahrheit unwirklich bleiben ohne das leidige Fleisch der Geschichte? Inkarnation. Die Wahrheit braucht einen Ort, wo sie gedacht werden kann. Das menschliche Großhirn. Derweil - ist der Fruchtsalat weg.

Dienstag. Chr will nichts als seine Ruhe und gewisse Rituale, die durch sein sonstiges Desinteresse ihren Sinn verlieren. Jean Paul ist doch nicht mein Geschmack. Beim Lesen ergötzt er, aber der Nachgeschmack ist fad. Ich lese noch einmal ‚Die Betrogene'. Der Stil ist Plüsch mit Stecknadeln. Die Symptome sind recht gut beschrieben. Altersunterschied statt sozialer Fallhöhe. Ich würde gegen mich selber leben, wenn mir so etwas Peinliches passierte. In meinem Kopf ist die klumpfüßige Tochter Anna. Worin unterscheidet sich Selbstbeherrschung oder Bravheit von Verklemmtheit oder Feigheit?

Donnerstag. Weihnachtsfeiertag. Wir verzogen uns schnell von drüben, wo ein Pulk arrivierter Söhne und Töchter des Dorfes, zu Besuch aus den USA und hohen Positionen, auftauchte. Das ist die Wirklichkeit, die Chr angeht: *rapid social change*. Die neue Elite, die auch wir mit heranziehen, macht uns überflüssig. - Gestern abend rauschten die Soror und ich in großer Robe auf und zu Tisch; man schenkte einander Kleinigkeiten. Anschließend *small talk* nebenan. Das neue Fledermausgewand ist schön. Die Haare habe ich mir nicht gewaschen. Wozu? Chr sieht es nicht.

Freitag. Die Rundbriefe anderer Leute. Manchen merkt man den literarischen Ehrgeiz an; die meisten sind unbedarft. Ich habe kein Bedürfnis, anderen (außer allenfalls Jg) etwas mitzuteilen. Ich lebe, privatim, introvertiert für mich. Chr liest desultorisch meine Wissenschaft. Und ich schreibe. Das Tagebuch ist mein eigentliches Leben. Um die äußere und innere Wirklichkeit einer einzigen Stunde zu beschreiben, auch nur einer einzigen Minute oder eines Augenblicks - es wäre schon ein ganzer Roman; denn die Subjektivität ist unendlich. Alle Bewußtseinsinhalte zu beschreiben ist unmöglich. - Ich weiß, daß der Dunstschleier dünn ist, mit dem ich mir die äußere Wirklichkeit vernebele. Ein Spinnengewebe, das sich wegwischen ließe, wenn ich wollte. Aber ich will nicht. Ich brauche etwas, das meine Einbildungskraft beschäftigt. Es müßte erfunden werden, wenn da nichts vorhanden wäre. Wenn da nun einer von anderen als solide und zuverlässig beurteilt, allenfalls als zu langsam gerügt wird - ist das nicht langweilig? Rechtschaffenheit und alle Synonyme, ungefähr das, was altertümlich als ‚Tugend' bezeichnet würde: wie weit hinter dem Mond ist das?

Sonntag. Aufs Ende des Jahres zu. Seit drei Tagen schreibe ich Briefe, um das Sozialprofil abzurunden. An fünf Leute, die mit meiner Wissenschaft mehr oder weniger zu tun haben und weil ich nicht einfach wieder so untertauchen kann in der Geschichtslosigkeit meiner Existenz. ‚Der Gedanke, daß ich nach zehn Jahren diese Arbeit doch noch zu Ende gebracht habe, steht mir wunderlich im Gemüte' - ich werde poetisch, meine Herren; ich bin leider nur eine Frau, behaftet mit gewissen Ressentiments, und hake meine Abhängigkeiten einfach ab. Dankbarkeit kann ein zwiespältiges Gefühl sein.

Mittwoch. Wenn Chr meine Wissenschaft ‚geschwätzig' nennt, kann das meiner Lethargie abhelfen - ich könnte ihm wie eine Katze, der man auf den Schwanz tritt, ins Gesicht springen. Wenn dann plötzlich aus dem Elefantengras ein irregegangener Tourist auftaucht, werde ich nachdenklich: ob wir, wenn das Jahrtausend zu Ende geht, auch einmal so angekraucht kommen und verwundert in die Gegend gucken werden? Ein alter Herr. - Ich versuche noch immer, einen Rundbrief zu schreiben; bin indes nicht überzeugt von der Notwendigkeit des Unternehmens. Ich kann den Leuten, die das möglicherweise lesen, doch nur Sand in die Augen streuen. Was geht andere das an, was nur mich angeht? Jg ist mit seinem eigenen Unglück beschäftigt. Er will nicht erinnert werden. - Heut ist Silvester. In einem Jahr um diese Zeit muß ich auf ein Ziel im Grasland zu planen.

Trockenzeit
Übergänge

Januar 1981
Brombeerlikör

Donnerstag. *Es ist Sommer. Die Bougainvillea blüht. Das Grün ist noch nicht verstaubt. Chr sitzt neben mir auf der vorderen Veranda beim Kaffee und liest mein Opus zu Ende. Er ist mal wieder lieb und freundlich. Aber die Langeweile ist überall da, wo bestimmte Irritationen nicht sind. Ich fühle mich wohl in dem neuen, dem Fledermausgewand. Wenn ich über den Campus wandle und der Wind sich in den Falten verfängt, stelle ich mir Begegnungen vor, unbefangen glückhafte.*

Sonntag. *Chr hat sich von der ‚Unlesbarkeit' meiner Wissenschaft überzeugt. Ich mag das Zeug auch nicht mehr lesen. Mein Tagebuch ist viel interessanter. Die Ferien sind zu Ende. Ich warte. In den Beerenbüschen lärmen Kinder. Das ist neu. In diesem großen Hause kultivieren wir unseren Individualismus. Hier habe ich mich zweieinhalb Jahre lang herumgequält, neben dem Beruf her. Hier sind Entscheidungen gefallen. – Was war das? Eine Explosion vor dem Kühlschrank. Es ist immer noch Sonntag und wir müssen uns selbst versorgen. Chr fuhr mich an. Das ist ganz ungewohnt, und ich schalt zurück. Beim Tee benahm man sich wieder höflich resigniert. – So viel Ärgerliches zerfasert mich. Wir haben es bisher wohl zu gut gehabt in diesem Hause, Ruhe und Privatsphäre. Nun wünschte ich mich in das Häuschen im hintersten Winkel des Campus. Und beginne zu träumen von einem Häuschen in Lah. Schon eine Hütte würde genügen.*

Montag. *Einige sind zurück. Bald werde ich wieder wissen, wozu ich hier bin. Hinzu kommen Neuigkeiten aus einer Gegend, in die ich manchmal denke: der Mireille gehe es gar nicht gut. Der Reinfall ins große Glück; nun fällt es von ihr ab, und sie klammert sich weiterhin an einen, der ihrer nicht wert ist. Ein großes, alle kleinlichen Bedenken verachtendes Gefühl ist schön. Wenn es sich in die Wirklichkeit wagt, kann es in solche Sackgassen geraten. Da sitzen dann die Moralisten, wiegen weise die Köpfe und sagen: Siehste.*

Le don. Diesmal waren es Mohrrüben, die der athletisch Schöne als Begrüßungsgemüse aus seiner Basttasche kramte, während ich dastand blank und blöd und nicht wußte, was sagen. Ich fühlte mich wie nicht vorhanden. Muß wohl erst langsam wieder aus dem Tagebuch hervorkriechen. Dann, während einer Moralpredigt wegen Trunkenheit an Silvester, kam ein ungenau Erwarteter, sich sozusagen zurückzumelden. Ich gab ihm die Hand, eine karge Phrase fiel mir ein, und er ging wieder, eine kurze Farbirritation. Hoffentlich wird er sich fortan sorgsamer um den Garten kümmern. - Ansprache ex officio an die Junggesellen drüben. Ich muß mich wieder üben im Diskutieren und Rechthaben. - Abends. Die schönste Gelegenheit würde verkommen under the cover of night and half-light. Es rührte sich meinerseits kein Finger, als die kultischen Utensilien in der Küche abgeholt wurden. No, let it not be. - Wieder einer ‚ganz in Weiß' und vorne ein neues grünes Tuch über dem Pult. Daß fortan Abendandacht stattfinden soll, sagt mir zu. Ein Schlaftrunk vor dem Schlafengehen. Vielleicht wenigstens ein paar Tropfen, die auf das Trockene, auf dem ich sitze, träufeln könnten.

Donnerstag. *Statt Kant und Hegel auf Briefmarken zu kleben, wasche ich Gardinen. Es kommt mir der pädagogische Eros immer mehr abhanden. Es reißt nichts mehr hin zu großer Fahrt. Es schlingert nur noch. Irgend etwas Außerplanmäßiges müßte behutsam wiederkommen, softly, gently...*

Freitag. *Ich bin aus den Ferien und aus dem Tagebuch noch nicht ausgekrochen. Daher wohl die Trance, drüben in den Schlafbaracken., ratlos Pflichten durchziehend.*

Sonnabend. *Der erste Ereignis-Tag des Jahres. Heut vormittag, ein gelbes Blümchen im Knopfloch von Chrs schwarzem Hemd, als ich ihn ein Stück Wegs hinab begleitet habe: da hab ich auf dem Weg zurück unter den Brücken Nixen gesehen; das kühle Bier danach, der Hasenbraten und der Schlaf - ein hoher Genuß. Das Haar war graugestreift vor Erschöpfung. Gegen Abend dann die Kartöffelchen ....*

Sonntag. *Man zeigt sich in neuen Textilien, Weihnachtsgeschenken. Ein dezentes Puderbraun, gepunktet, sehr unauffällig, fiel mir auf. Auch ich rausche neugewandet, faltenreich und seidenleicht und dunkelbraun einher.*

Montag. *Das ist kein Theophaniemorgen. Schade, daß auch dieses Thema der Müdigkeit und der Resignation verfällt. - Danach. Diese drei Stunden haben mich wieder erschöpft. Ich versuche umsonst, in Worte zu fassen, was mich einst bewegt hat, die Erscheinung des Heiligen als des Schön-und-Schrecklichen. Der Versuch, kühl und leise zu bleiben, mißlingt; ich gerate in ein Gedankendickicht und erzähle plötzlich Dinge, die mir im nachhinein peinlich sind. Was ist Bekehrung? Chr behauptet, ich glaubte sowieso nichts. Woher weiß er das. Ich bete kaum noch, da ist wahr. Ich lebe in einem Gefühl der Schlechthinnigkeit. Während der Diskussion insistierte einer besonders nachdrücklich; Blicke bohrten sich ineinander, keiner wollte nachgeben. So etwas kommt selten vor. Ich redete und redete, und es war am Ende dann doch mehr als ich erwartet hatte.*

Abends. *Beim Wein erzählte die Soror von ihrer afrikanischen Resignation. Sie bleibt nüchtern, mit leisem Bedauern. Wenn ein Afrikaner eine Weiße heiratet, will er in erster Linie Geld und Beziehungen nach Übersee. Und was bewegt weiße Frauen, sich in Afrika zu verehelichen? Der Duft eines exotischen Abenteuers? Torschlußpanik? Der Wunsch, in einem Lande zu leben, wo es immer warm ist und man gewisse Privilegien genießt? Freundschaft setzt Gleichheit voraus, losgelöst von materiellen und sexuellen Interessen.*

Mittwoch. *Das Leben zerrinnt in Tagträumen. Half-light, refinement, sophistication, subtlety, mystic impossibilities, suspense and ecstasy. Will death reveal the final meaning of life? Es fängt wieder an, wie schon einmal, in mir auf englisch zu denken und zu formulieren. Später werde ich das alles nicht mehr verstehen. Wie man einen Zahnschmerz oder einen Alkoholrausch nicht versteht, wenn man ihn nicht mehr hat. An den Nachmittagen, wenn sie Volleyball spielen und ich dasitze und zusehe, kommt das Vorwegwissen des Endes von diesem allen hier über mich. Der Berg bleibt stehen. Ich vergehe.*

Donnerstag. *Der Tourismus rollte an. Ein VIP-Gemisch, und ich gehöre auch dazu. Sitze aber lieber in der abendlichen Kapelle als an Nachbars Kamin im lokalpolitischen Palaver. Das einzige Weib in der Runde ist ein Kuckucksei. Man hätte es natürlich schon immer gewußt, wenn man's gewußt hätte - so ironisch ist mir gar nicht zumute. Ich weiß, wie ich mit Chr* zusammenhänge und daß er auch nach mir und meiner Zurechnungsfähigkeit eingeschätzt wird: für irgendwelche zukünftigen Pöstchen. Meine gesellschaftliche Rolle spiele ich aus dem Stegreif. Es ist schön, sich unabhängig zu fühlen, wo andre um Gunst und Eindruck buhlen. Ich fühlte mich leicht und unverkrampft in der großen Versammlung. Das neue Oberhaupt stolperte in seinem Englisch herum.

Freitag. Chr wieder ab ins Feld der Forschung. Gestern alles friedlich-freundlich, heute wieder der Ärger, mit den Schülern von jenseits des Elefantenpfades und den lärmenden Kindern in den Guaven hinter dem Haus. I am restless. Ich weiß nicht, ob ich wache oder träume. Ich suche etwas, und weil ich es nicht finde, lasse ich mich von ärgerlichem Kleinkram irritieren. Warum bin ich so ruhelos und so lustlos? - Die Gäste-Reste mußten verfüttert werden; der Benjamin kam zusammen mit dem Gartengehilfen. Man redete über ‚when pastors misbehave' im Zusammenhang mit clerical collars.

Sonnabendmorgen. Brombeerlikör! Das Traumbewußtsein weiß Bescheid. Es stand da eine Flasche mit süßem Zeug, dunkel, Kakao oder Brombeer. Eher Brombeer. Es gehörte mir nicht, aber ich nahm und es schmeckte; ich trank leer und versuchte dann, die Sache zu vertuschen. Es wurde aber entdeckt. Hätte ich alles sofort zugegeben, man hätte gelacht und es wäre erledigt gewesen. Aber ich heuchelte Erstaunen und Nichtwissen und konnte nicht mehr zurück. Man fand die Wahrheit, ich war entlarvt, und das war ein schlimmes Gefühl, weil ich nicht irgend jemand war, sondern somebody in a high position, respected and trusted. Beschämung und Demütigung und außerdem noch ein Gerichtsverfahren, in einem Hörsaal. Zwei Ehemalige sollten Protokoll führen. Ich stand da also angeklagt, und plötzlich - plötzlich, mitten in der Demütigung, überkam das Gefühl: Ich habe doch etwas gehabt, das mir niemand mehr nehmen kann! Dieses süße, fast-schwarze Zeug hat mir geschmeckt. Der Gedanke hob empor wie ein Luftballon über allen Schimpf und alle Schande. Allein und verlassen und dennoch plötzlich glücklich und allen überlegen - damit erwachte ich. Höchst zwiespältig. Es könnte sich zurückbeziehen auf Bethabara. Dort aber starb in einem anderen Traumfragment in einem Gartenhäuschen ein alter Mann, ein Afrikaner. Niemand regte sich auf. Der Nachbar sagte, man solle ihn waschen und beerdigen. Finish.

Sonntag. *Diese tropischen Mondnächte, und die Lilien drüben am Zaun... Etwas Verwunschenes wünsche ich mir. Etwas Zögerndes, besinnlich Besonnenes. Es stand eine Lilie zu meinen Häupten in traumloser Nacht, und der Mond wandelte über den Himmel. Im Laufe des Tages wird sie dahinwelken. Ich sitze und trinke meinen Tee und schreibe, weil ich niemanden zum Reden habe. Chr will übermorgen zurück sein. Überreife Bananen riechen penetrant. Die Lilie wird auch bald stinken. Ich fühle mich wohl in dem cognacbraunen Satinrock und der satinweißen Volantbluse. Das und frischgewaschenes Haar ist so ziemlich alles, was von einem Sonntag zu haben ist. Eine harmlose Variante von Narzißmus. Damit werde ich mich jetzt wieder hinüber ins Unvermeidliche begeben und die Zeit absitzen.*

Montag. *Nachdenken über Nähe und Vergänglichkeit. Wie zog es mich einst in das Häuschen am Rande des Campus, wo jetzt der Kollege Prinzipal haust, den ich beneide um die Friedlichkeit seiner Randlage. Damals war dort die Bücherei; es hausten da auch der Unbeweibten einige und weiße Sternblumen blühten. Der Blick schweifte über die Baumkronen ins Tal hinab und es war schön, fierce and sweet, auf den Steinstufen zu sitzen. Eine schöne Illusion. Ein Brief von Kg bringt mir's zu Bewußtsein. Die genialische Handschrift, noch immer; aber nur auf dem Umschlag, wo mein Name auf so idiotische Weise abgekürzt ist, daß es nur Schludrigkeit sein kann. Es ist ein getipptes Dankeschön mit Fehlern und in so liederlichem Englisch, daß ich ihn nicht mehr für Harvard empfehlen würde. Ach, wie sauer ist das Süpplein geworden. Und wie unterbelichtet sind diese Aspiranten.*

Dienstag. *Ich schlafe gut, aber ich träume Eskalation im Kampf mit den Schülern von jenseits des Elefantenpfades, die am Hause vorbeidefilieren. Was könnte mich bewahren vor dem Bösen? Ich muß nicht mein Recht haben, ich will nur meinen Frieden, meine Ruhe, und außerdem müßte mir etwas begegnen, flüchtig wie ein Flügelschlag und kühl wie ein Quell, eine Kühle, die erschauern und alles andere vergessen ließe. - Chr ist zurück. Schüttete den Sand seiner Schuhe auf den frisch gebohnerten Boden. Desinteresse. Schweigen. Die lärmenden Kinderhaufen reißen jetzt nicht nur die Guaven, sondern auch die Lilien an der Hecke vorne ab. Warum stört es andere nicht, nur mich?*

Freitag. Wie kann ein Tag so ausgefüllt und dennoch leer sein. Ich besuchte einen Kranken, bat einen Gesunden, jenem eine milde Gabe in der Form von Dosenmilch zu bringen. Am Nachmittag hielt ein Specksack von Pater einen Vortrag auf Französisch, Chr profilierte sich als Übersetzer; ich dachte darüber nach, welche Besänftigung von einem ruhig träumenden Blick ausgehen könnte und welche Welträtsel das Phänomen ‚sinnliche Trauer' aufgeben kann. Nicht post, sondern ante. - Das Tagtägliche wird mühsam. Das Tagebuch ist keine Notwendigkeit mehr, nur noch Gewohnheit. Zur Abwechslung mal kein Wasser im Haus. Morgen eine Exkursion zu Fuß in vergangene Kolonialgeschichte.

Sonnabend. Zurück und geschlafen, ungewaschen. Ohne Wasser kann man nicht existieren. Und alles ist käuflich. Die gute Tat, weder vom Gesetz noch vom Gewissen und einem kategorischen Imperativ diktiert, noch hoffend auf Lohn oder Anerkennung - sie ist auch nicht ‚frei'. Sie wird von einer Befindlichkeit motiviert, das heißt: bewegt. Sie rollt auf der schiefen Ebene einer Neigung. Das christliche Ideal der guten Werke aus Gottesliebe: wem ist es angeähnelt? Was tut nicht Mutterliebe alles Gute, und ist doch alles andere als frei. Es kommt auf die ‚Richtigkeit' der Bindung an.

Sonntag. Beim Elf-Uhr-Tee mit Chr als gutem Engel der Vernunft: beherrschtes Ignorieren einer giftgrün gestrickten Provokation, hier dicht vor dem Haus, unter den Fenstern: eine vollbusige Schülerin von jenseits des Elefantenpfades, die sich umständlich fotografieren ließ. - Gegen Abend. Ein großer Regen ist gefallen. Chr hat sich um Wasser bemüht. - Es ist stockdunkel. Ich komme von drüben, wo im Durchgang zwischen den Klassenzimmern, im abgesenkten Licht der Taschenlampen eine halbe Stunde Gespräch hinrann wie dünner, hellroter, zartsäuerlicher Wein. Aber nicht Wein ist lebenswichtig, sondern Wasser. Es ging um die ‚arme Sue'. Ich erfuhr den Namen ihres Verlobten und kann die Sorge um das arme Mädchen nun leichteren Herzens teilen. Möglich, daß sie krank ist, weil sie den nicht haben kann, der sie auch gern gehabt hätte. Meine Hilfsbereitschaft ist zu kalkuliert. Ich sichere mich zu sehr ab. Und mache manches falsch aus unmittelbarem Gefühl heraus, ohne Überlegung. Es geht zickzack zwischen dem Ärger mit den fremden Schülern und der Besorgnis um kranke Studenten hin und her.

Montag. *Nachmittags. - Die Wasserträgergeste hat sich nicht wiederholt. Chr ging sein Duschwasser selber holen. Er suchte auch nach der Ursache und fand sie. Ich gehe auf Provokationen ein, rastlos, kopflos, wie eine Getriebene. - Wie kann man nur - aus dem Hause rennen und das Tagebuch offen auf dem Schreibtisch liegen lassen!*

Dienstag. *So fett. So schwerfällig. Aller Zauber liegt im obersten Stock, wo die Seele sich aus dem Fenster lehnt. Es kränkelt wieder unbestimmt herum.*

Mittwoch. *Was war das? Eine Geistererscheinung? Wie beschreibt man so etwas? Ich traute meinen Augen nicht. Es kam und lehnte hier am ‚Spiegeltisch'. Nun hackt es unten ein bißchen im Gebüsch der Zwillingspalme herum, während hier oben im Tagebuch Gedanken über Grundsätzliches sich niederschlagen. Darf poetische Inspiration sich destillieren aus nicht-eigenem Leiden? Das moralisch Bedenkliche wäre, daß in einem solchen Falle die leidende Person (eine bestimmte und nur sie allein; von einer anderen würde ein solches ästhetisches Erlebnis nicht ausgehen) sich zu einem Akzidenz verflüchtigt. Das inspirierend Trancehafte der Begegnung verselbständigt sich. Das Leiden, derart abgelöst, löst sich auf in eine Art Stimmung, die sich genießen läßt. Schlimmer noch: es verwandelt sich in ‚schöne Worte', wo nicht gar ins abgehoben Ironische, das nur um das eigene Erleben kreist. (‚Ach, du Unglücksrabe.') Kann das moralisch verantwortbar sein? Nein. Es ist die Unmoral eines Dorian Gray. Kommt dieses Haschen nach Impressionen nur daher, daß ich mich inmitten all des Ärgers langweile und nichts Rechtes mit mir anzufangen weiß?*

Freitag. *Keine Lust zu Schreibtischarbeit. Nach dem Unterricht schlaffe ich ab, schlafe oder hänge im Hause herum, barfuß. Aber nun will ich, damit mir der Faden nicht reißt, ich will das Bild noch einmal hervorholen: die schmale Drahtpritsche, die wenigen Habseligkeiten. Wie in einem Flüchtlingslager sieht's da drüben aus. Und da liegt man krank in eine graue Decke gewickelt, und es tröpfeln überflüssige Fragen auf einen herab, von einem Niveau, das unerreichbar und unbegreiflich bleibt, eine Pflichtübung mit Verschiebungen hin zu ein bißchen Mitleid.*

Sonnabend. *Das Schreiben wird nur dann zur Notwendigkeit, wenn da ein winzig Weniges ist, das sich poetisch aufplustern oder systematisch auswalzen läßt. Wieder beginnt ein Wochenende. Chr ist nach Nd getappt, wo heut auch eine Rallye stattfindet. O diese Leere im Campus! Wenn sich in dieses Dasein doch irgend etwas Poetischem verirren würde! Wenn doch ein wenig Wind der Inspiration wehen wollte, daß die Seele sich dehnen und wölben könnte wie die Voilevorhänge da drüben, die mit den Rosenranken, die ich gestiftet habe, um das Elend ein wenig zu verschönen. Die da drüben waschen ihre Wäsche und haben wenigstens was vor. Ich habe nur dieses Tagebuch vor mir und nicht genug Gedanken, die es wert wären, aufgeschrieben zu werden. - Der Tag vergeht und ich tue nichts. Drei Stunden Schlaf am Nachmittag, und dann hänge ich herum. Warum ist alles erloschen? Warum kann ich, wenn ich alleine bin, nichts mehr denken? Geist existiert oder entzündet sich offenbar nur in einer Beziehung - zu Amöben, zur Kernphysik, zu Geld oder auch zu einem Menschen. Statt ‚Geist' müßte man vielleicht ‚Bewußtsein' sagen, weil die Übergänge zwischen Körpergefühlen und Geistesbeschäftigung doch recht fließend sind. So. Damit wäre mir noch etwas eingefallen, das des Schreibens wert erscheint.*

Kleine Doppelszene 3/4
Trockenzeit-Trance jenseits-diesseits

An das Ende der Tagebuchmonologe im Januar reiht sich die zweite Doppelszene. War es im November das geheimeinseitige Bedürfnis nach Tanz gewesen, das sich vom einsam-ekstatischen Solo zu öffentlich-gemessenem Paartanz verdoppelte, so war es im Januar ein Ausdruck des Gegenteils: eine Beinahe-Lähmung der Lebens-, der Denk- und Bewegungsfähigkeit. Es ging etwas hinüber, es kam etwas herüber, beidemal auf zwei Beinen, aber so geisterhaft wie in einem Dämmerzustande, wie abgetaucht in eine Unterwasser-Trance der Trockenzeit. Die Ursache? Luftdruck, Blutdruck, heimlich Bedrückendes aus Seelengrüften? Es mutete an wie ein Abstieg von der Hochebene und Helle des Tages hinab in Tallandschaften und Abgründe voll grauviolett wogender Nebel, wie ein Dahinwallen nahe am Niedersinken und der Selbstaufgabe…

Hinüber ins Jenseits

Der junge Januar war hochgewölbt blau und kühl; es zwitscherte in allen Wipfeln, aber es half nichts. Im Inneren dümpelte es vor sich hin; in breiten Fladen klatschten Ärgerlichkeiten dazwischen; die täglichen Pflichten mühten sich ab mit Dingen, die den Geist weder erhoben noch mitrissen. Im dürren Sand der Tage kümmerten die Kleinigkeiten, die das Tagebuch gierig aufsaugte. Es war der zweite Freitag. Die Pflicht rief hinüber ins Jenseits. Wie wäre es mit ‚Ganz in Weiß' und ein paar Tropfen Eukalyptusöl hinterm Ohr? Des Hauptes Zierde, ausgedünnt zu einem Rattenschwanz, hing traurig herab. Auf und hinüber! Mühsam gegen Zögern und Resignation ankämpfend überquerte Pflichtbewußtsein das Fußballfeld – mußte man von drüben die Inspektorin nicht kommen sehen? Spannte nicht etwas wie Abwehr sich der Annäherung entgegen? Die Tür stand auf. Da stehe ich schon, in einer der elenden Schlafbaracken. Was will ich hier? Ach ja. Ordnung und Sauberkeit in den Behausungen der Unbeweibten zu überprüfen ist mir aufgetragen. ‚What shall I inspect?' Stumm stehen die drei Inwohner herum, und besonders ‚demure' der eine, der Älteste. Unstet und geistesabwesend schweift der Blick – wo darf er sich niederlassen? Auf dem Spind, auf einer Blechbüchse mit Sonnenblumen? ‚It's nice.' Auf den kärglichen Büchervorräten? Allenfalls flüchtig vorüberstreifend über ein Bett, so weiß und reinlich wie das einer altertümlichen Jungfrau. Eine armselige Pritsche, dort, unter der Schräge des Wellblechs, alkovenhaft neben duftig verhangener Fensterhöhle. Weißer Voile mit Rosenranken. Geschenkt nicht, nur geliehen. Und warum? He! Aufwachen! Wer darf hier herumstehen, in Trance wie eine Schlafwandlerin! Irgendeine Tat tun, eine Handbewegung machen, ein Heft aufschlagen, das auf dem Tische liegt, und mit dem Zeigefinger auf irgendeine Stelle zeigen. Unleserlich wie das stumme Herumstehen. Vielleicht in ehrliches Nachdenken versunken; vielleicht, um Unbefangenheit zu zeigen (oder etwa umklammert von ähnlicher Trance?), legte ein zweiter Zeigefinger sich parallel daneben, liegt da wie Hölzchen neben Stöckchen unter acht Augen, bis der Benjamin herzukam und das Rätsel löste. Fort! Weiter! Nur weiter! – Danach schreibunlustig vor dem Tagebuch: *Ich bin aus den Ferien noch nicht ausgekrochen. Daher wohl die Trance, drüben in den Schlafbaracken, ratlos Pflichten durchziehend.*

Herüber ins Diesseits

Der vergehende Januar kündigte jenseits der Bougainvillea uneindeutiges Trockenzeitkränkeln an, dessen Keime sich dem Mikroskop verheimlichten. In sich uneinig war, was äußerlich nach Hilfsbereitschaft aussah. Verfilzte Motive. Soll ich, sollte ich lieber nicht? Benommen, nahezu mürrisch guckte es am Vormittag aus dem grauen Gewickel einer Bettdecke unter der Schräge des Wellblechs. Als ob der Besuchseifer störte. Als ob das Glas Honig zu klebrig sei. Am frühen Nachmittag dann, bei weit offener Tür, kam es herüber- und herbeigeglitten, langsam und lautlos, sich auflösend in Atmosphärisches. Etwas Kühl-Verträumtes, abgedunkelt von Müdigkeit, schwebte über die Schwelle des Arbeitskabinetts und lehnte an der Seekiste, die als Spiegeltisch diente, im Abstand von zwei Armeslängen. Dem fragenden Blick in leichter Schräge aufwärts begegnete eine Mattigkeit von nahezu melassener Zähflüssigkeit, in flach und schwerfällig herüberschwappenden Wellen jede höhere Gegenfrequenz wohltuend überlagernd und dämpfend. Das Unerwartete der Erscheinung machte ratlos. Das Unerklärliche. Ein Schlafwandeln am hellen Tage? Mit leiser Stimme ging die Rede hin und her über ganz alltägliche Dinge (über ein Wörterbuch und eine Schreibmaschine, über die Gartenarbeit). Es spann sich daraus hervor etwas, das wie mit süßklebrigen Fäden alles dicht umwickelte. Etwas, das angenehm lähmend bis in die feinsten Verzweigungen der Nervenbahnen drang. Ein Hauch Unheimlichkeit mischte sich hinzu, anmutend wie von weit her. (*As I was sitting in my closet – and with a look so piteous in purport...* wäre indes von zu weit her geholt.) Es kam aus dem Innen, wiegte sich sacht herüber und hinüber, eine Trance wie ein lauwarmer Wind in der Zwillingspalme hinter dem Haus, unter der dann noch ein wenig herumgehackt wurde, während es sich im Tagebuch Gedanken machte. *Was war das? Eine Geistererscheinung?*

Februar
Juju, Fieber und Phantasien

Sonntag. Ich überlebe mich und meine kleinen, introvertierten Passionen. Ich stochere in verglühenden Resten herum. Das harmlos Wenige, das zum Überleben verhelfen könnte, ist wieder einmal da, wo ich nicht bin. Eine ungewohnte Müdigkeit zieht aufs Bett am hellen Tage und in traumlosen Schlaf. Während Chr wieder durchs Feld der Forschung pirscht, sitze ich herum, gehemmt und wie gelähmt. Die Beine, die zum Tanzen eben noch taugen würden, könnten keine Sprünge in irgendein Abseits mehr wagen. Nur Lah will ich noch erreichen und im Grasland umherstreifen, so für mich hin. Das traue ich mir noch zu. Daran hängen die Tagträume. Ansonsten - ich müßte flunkern, um die Dürftigkeit dessen, was mir je und dann zuteil wird, in poetische Sphären zu heben. Ach, flackerte doch ein Flämmchen, das sich hüten und schüren ließe! Anstand und Selbsterkenntnis ziehen in die eine, die richtige Richtung; was ist es, das in die andere, die krumme, schiefe und lebendig schöne zieht? - Was mische ich mich, bei Kakaolikör und faute de mieux, in der Soror delikate Querelen? Ohne Menschenkenntnis quacksalbadere ich in Chrs Abwesenheit so herum, zwischen zwei schwelenden Kartoffelkrautfeuern hockend, heuchelnd ein trübe flackernd Flämmchen hütend, das mir der Verursacher fast ausbläst, ausschweigt, einfach ausgehen läßt. - Abendliche Szene am Brunnen vor dem Gartentore: hat es wieder angepustet.

Mittwoch. Ein riesiger dürrer Ast vor dem Fenster wird mir zum Rätsel, zum Wunder und zum Symbol. Der ihn gestern pflanzte, ist heute wieder krank. Muß ich da wieder hin? Ich weiß nicht, was sich gehört. Ich romantische Symbol-Eule mit meinen weißen Papierrosen. Da sitze ich in der Patsche. Hustenanfälle. Lustlosigkeit. Für wen denke und rede ich? Soll ich? Muß ich gehen? Nein, ich gehe nicht. Ich sinniere dem Juju nach, das mir da vors Fenster gepflanzt wurde. Ich weiß nicht, was soll es bedeuten...

Donnerstag. Von der Nacht hab ich den Schlaf, aber was hab ich vom Tag? Wieder Hustenanfälle, wie gestern schon. Gestern nachmittag war ein Kranker wieder auf und saß schlapp am Rande des Fußballfeldes, heute war er wieder abwesend, und ich weigerte mich, zu reden. Schützte eine kaputte Stimme vor und ließ Fragen schriftlich beantworten. Jemand sagte: Malaria und er habe die ganze Nacht nicht geschlafen. Was also nun? Muß ich hinüber? Wer krank ist, Fieber und Schmerzen hat, will der Besuch? Ich würde lieber in Ruhe gelassen werden. Aber hier sind die Sitten anders. Was soll ich tun, was lassen? Chr, kaum zurück und schon wieder auf dem Sprunge hinab an den Atlantik, hat keine Zeit, mir einen guten Rat zu geben hinsichtlich dessen, was meine verdammte Pflicht und Schuldigkeit wäre. - Ich gehe nicht gern, aber ich muß.

Es ist getan. Befindet sich wirklich elend, lag da in Lindgrün, ohne Decke, setzte sich auf, als ich kam und knappe Fragen stellte, von oben herab. Denn ich fürchtete mich. Denn ich bin keine Krankenschwester. Denn ich bin selber krank.

Freitag. Wenn der Dämon metaxu ein paar Federchen verloren hat, als der Ehe-Käfig zuklappte, dann flattern die frei herum und eignen sich bisweilen als Schreibkiele fürs 'Poetische'. - Ich huste die Gegend voll, denke: hoffentlich ist Chr gut angekommen, und bin froh, daß ich gestern meine Pflicht getan und den Kranken besucht habe. Heißer Tee mit Milch und Honig, eine hell-purpurne Rose in dunkelvioletter Vierkantvase. Ich stelle mir vor, welche Harmlosigkeiten den Weltlauf und den Campus durcheinanderbringen könnten. So eine rote Rose etwa, wenn nicht Chr der Beschenkte wäre.

Sonnabend. Warum kann ich mich in andere kaum einfühlen? Können Wohltaten auf die Nerven gehen? Kann Gott den Menschen auf die Nerven gehen? We think about God in terms of our own experiences and human relations. Immanenz: Gott tritt dem Menschen zu nahe, macht sich zu vertraut, bis hin zur Vernichtung durch Verachtung. Transzendenz: Entfernung bis hin zu deistischer Indifferenz. Unter Menschen: the king and the beggar maid - no problem. Denn der soziale Status der Frau ist nicht wichtig. Aber wie ist es mit der Prinzessin und dem Schweinehirten, wenn der kein verwunschener Prinz ist? How a personal relationship can bring the world back to chaos: den Gesellschaftskosmos. Jenseits der Kultur ist nicht nur die Barbarei, sondern auch die Dekadenz, eine Kulturmüdigkeit, die sich ins Unordentliche als dem Außerordentlichen zurücksehnt. - Nach dem Fußballspiel werde ich noch einmal nach dem Kranken sehen gehen. Es gehört sich.

Heut ist der 7. Februar. Es ist Nacht und die Grillen fiedeln. Hab ich nun, was ich wollte? Darauf war ich nicht gefaßt. Eine Fieberphantasie? Was für ein Häuflein Elend saß da, Fieberschweiß auf der Stirn, die Stimme so schwach, daß ich kaum verstand. Das klebt nun alles - irgendwie. Es klebt auch an der Hand, die hier schreibt. Aber der Blick - völlig unberührt. Wenn man krank ist, kann einem vieles egal sein. Nur die Höhe des notwendenden Geldbetrages ist wichtig.

Kleine Doppelszene 5/6
Fieberwandelnd bei Nacht. Wartend im Hibiskuswinkel

Was an jenem 7. Februar wie eine Fieberphantasie anmutete, ist im kompositorischen Nachhinein die erste von zwei Szenen, die, mit einer Woche Ungewißheit dazwischen, der zweiten Szene bedarf wie ein Brückenbogen eines zweiten Pfeilers. Beide Szenen gehören zusammen wie die Flügel eines Triptychons, die das Bild in der Mitte den Blicken entziehen, wenn man sie zuklappt. Würden sie aufgetan, zeigte sich ein Clair-obscur von ungewissem Reiz; etwas, das der späteren Inspiration in Öl auf Pappe vom 17. April ähnlich sähe.

Der linke Flügel. Eine Fieberphantasie?

Malariaanfälle und Nervenreizungen gehören zur tropischen Trockenzeit wie das hirnzersägende Grillengefiedel mancher Nächte. *The grass is singing.* Aber alles andere ist anders; keine Tragödie, eher eine gewisse Tristesse als Folge langwieriger Verfeinerungen auf höherer Ebene, hangelnd nach literarischer Darstellung. Frühe Miniaturen haben sich an diese Februarszene ähnlich wie an die vom November gewagt.
Zum einen. *Die Beschwörung sei vollbracht. Wieder hat ein Mond sich gerundet... Und was nun? Vielleicht – die Wiederholung? Es flackert durch die Jahre wie nächtlicher Grasfeuerschein über die Abhänge des immerhin Möglichen – flüchtig angedeutetes Mitleid auf flacher Hand, feucht und hastig zurückgezogen, Sorry, I am worried.' Als Erwiderung nichts als Erschöpfung im unbefremdeten Blick. Hinter den weißen Voilevorhängen hing das schwarze Pantherfell der Nacht, vibrierend, delirierend im Gefiedel der Grillen – damals.*

Zum anderen. *Trockenzeitfieber. Februar. Fiebermonat, ‚mixing memory and desire.' Eng und ärmlich ist das Stübchen... Das Fieber, das übliche, üble... Schweigende Gegenwart in künstlicher Dämmerung... Vertauschte Rollen... Es möge sich wiederholen, spiegelbildlich. Unbesonnenes fordert sich zurück. Erfordert einen Übergriff. Eine Handvoll Mitleid. Kühle spendend. Mit priesterlicher Gebärde hinwegnehmend, was an Irrsalen sich angesammelt hat hinter fieberflackernder Stirn...*

Es mag genügen. Was sollte eine Drittfassung hinzufügen? Nur das Geld, um das gebeten wurde? Nur das Befremden? Nicht auch, was für ein Häuflein Elend, schweißperlend vor Schwäche, im grellen Licht der Aladinlampe am Tische vor den durchsichtigen Gardinen saß? Es veranlaßte – nun, auch den Gang zum Kollegen nebenan, der Besorgnis über den Geisteszustand eines Kranken Ausdruck zu geben. Mit Fieber bei Nacht und im Schlafanzug! Was war dem Fieber auf der einen Seite, was der Phantasie auf der anderen anzulasten?

Die Woche dazwischen

Sonntag Hoffentlich geht das gut. Ginge es um mich, der Landrover stünde zur Verfügung. Dieser da muß sehen, wie er, fiebernd und schwach vor Schlaflosigkeit, an die hundert Kilometer Taxifahrt übersteht. Wie überflüssig ist das, was ich mitgegeben habe - Ananas, Honig, Zitrone: was nützt es, wenn man krank ist und keinen Appetit hat. Vielleicht wollte ich die Sache damit von mir wegschieben. Ein Almosen und jetzt geh. Es ist so überflüssig wie gewisse subtile Impressionen, die durch ein filigranes Nervensystem flirren, sich in Worte fassen oder gar zu einem Gedicht fügen lassen. Ein ganzer Haufen Kulturraffinement wird überflüssig und sogar Schuld, wenn es ums Überleben geht. Das weiß ich sehr wohl und flundere trotzdem im Ästhetischen umher. Freilich ist da auch eine Art Gegenbewegung, ein verdächtiges Helfersyndrom. Im übrigen bin ich müde und wäre am liebsten auch krank.

Montag Husten weg, Chr zurück. Eine Sorge weniger. Müde. Zog die Vorhänge zu, döste auf dem Bett vor mich hin. Es fällt mir gar nicht schwer, einen freien Tag mit Nichtstun zu verbringen und mit ein wenig Gekritzel. Zwischendurch ist mein

Denkapparat mit ein wenig Erkenntnis gesegnet zum Thema ‚Geist und Agape'. Warum nimmt man den ‚Kelch des Leidens' mit einer gewissen Hingabe aus der Hand dessen, dem man zugetan ist? Das Phänomen ist nicht erklärbar, nur beschreibbar. Phänomenologie: Verzicht aufs Prinzip der Kausalität, der Wirklichkeit ‚dahinter'. - ‚Yesterday's grace cannot carry today's burden' - kann die Erinnerung an erlebtes Glück nicht doch den Faden der Dankbarkeit ausziehen bis in eine trübsinnige Gegenwart? ‚Und vergiß nicht, was Er dir Gutes getan hat'. Auf der anderen Seite: ‚Wenn meine Schmerzen schweigen, wer sagt mir dann von dir?' Ich werde Freitagabend ein Drama aufführen lassen: wie Liebe und Treue einander bedürfen. Die Liebe: blind, die Treue: lahm.

Freitag. *Chr ist schon wieder weg. Ich mußte eine fromme Delegation empfangen und bequemte mich sogar zu Französisch, als sie gar zu jämmerlich herumstotterten. Mein ganzes neuerworbenes Lokalgeschichtswissen wurde ich los beim Mittagessen, zu dem ich sie einladen mußte. - Das Liebe-und-Treue-Drama war ein voller Erfolg. Und dann beteten sie unentwegt weiter für den Kranken, ‚because of our love'. Warum lieben sie ihn so sehr? Wegen seiner Erwachsenheit, Besonnenheit und Freundlichkeit? Wegen seines integren Charakters? Oder weil er es versteht, sich bei allen Liebkind zu machen durch Hilfsbereitschaft? Ist das etwas - Anrüchiges?*

Sonnabend. *Chr ist zurück. Eine Sorge weniger. Ich gebe der anderen um einen Abwesenden Ausdruck. Er sucht mich zu beruhigen, aber nur nebenbei. Das Tagebuch trocknet aus wie ein Bach, dessen Quellen versiegen. Ich warte.*

Sonntag. *Chr erzählte einen Traum: Er habe einen Brief bekommen von einer unbekannten Freundin in meiner Tagebuch-Kritzelschrift. Man möchte den langjährigen Gefährten behalten, hätte ihn aber gern anders, als er jetzt ist. Weniger abgenutzt. Freundlicher und geheimnisvoller. Ich bin müde und selber halb krank. Ich warte.*

Montag. *Habe ich auf ein Mondscheintaxi gewartet? Es ist erst halb vier. ‚Munter und repariert', sagt Chr, sei da vorhin einer zurückgekommen, und er habe ihn schon begrüßt. Merkwürdig. Nicht einmal ein Seufzer der Erleichterung. Als sei damit alles erledigt. Kann ich mich nun wieder anderen*

Dingen zuwenden? Dem verwildernden Garten meiner eigenen Innerlichkeit. Statt froh zu sein, schleicht graue Tristesse wieder herbei, verheddert mit dem Ärger um die ‚private passage' des Agavenwegs, wo ich ‚trespassers' abfange und zurückschicke. Ich möchte wegschlafen, hinauszögern. Entweichen hinauf zu dem halben Mond, der so zwiegesichtig, halb Nymphe, halb Mönch, so schizo zwischen hell und dunkel am Himmel hängt. Ich werde im Hibiskuswinkel warten.

Der rechte Flügel. Hibiskusmond.

Die kleine Szene, die hier anschließt, hat, wie die Trockenzeit-Doppel-Trance, bislang noch keinen Anreiz zu einer Darstellung geboten. Sie ist ja so klein, so bescheiden und so abseits. Auch hier fiedeln die Grillen, aber es ist eine andere Melodie. Nichts befremdet, nichts gerät aus den Geleisen; im Gegenteil – alles schwingt wieder ein ins Gewohnte; die Erwartung aber übertrifft, wie so oft, die Erfüllung.

Die Szene ist ein lauschiger Winkel aus Hibiskusbüschen und halbem Mondlicht. Vier Schritte vor dem Arbeitskabinett führen eine Tür und eine Treppe von der nach Osten mit Glas und leichtem Kunststoff verkleideten Veranda hinab ins grüne Gras. Auf der obersten Stufe sitzend, die linke Schulter ans Gemäuer des Anbaus gelehnt, im Rücken die leichte Klapptür, zur Rechten halbhohes Hibiskusgebüsch, schweift der Blick über einen schmalen Teil des Campus hinüber zu den ansteigenden Hängen des Berges, wo ohne große Verschiebungen durch Regen und Trockenzeiten hindurch Sonne und Mond aufgehen. Hier ist es so friedlich, so abgeschieden schön. Hier kann das Warten sich einschmiegen ins Verwunschene. Dem Lied der Grillen zuhören, in milchigem Mondlicht baden, die Seele losbinden, auf daß sie, ein großer romantischer Nachtfalter, eine kleine melancholische Fledermaus, dem Mond entgegenflügle und einem tagelang mit Besorgnis Erwarteten, dessen Rückkehr am frühen Nachmittag als frohe Botschaft durch den Campus lief. Nun ist es später Abend. Nun muß Dankbarkeit kommen, Geheiltsein: Da bin ich. Geheilt und dankbar für zuteilgewordene Hilfe. Es läßt auf sich warten. Es spart sich auf. In dieser wie in anderer Hinsicht. Ist es nicht etwas Schönes? Es ist etwas Seltenes. Der Mond ist erst halbmonden. Er steht halbhoch. Er stimmt lyrisch. *Mit halber Stimme rede ich zu dir...* Da ist kein *bitteres Kräutergesicht*. Es hängt nur etwas müde im feinverteilten Dunst. Von poetischen Vorstellungen belebt, sucht das feinfädig in sich verwobene Gespinst der Seele sich einzunisten in der zerblätterten Schwärze des nahen Gebüschs, das hinauffingert ins kühle Halblicht. Könnten Hibiskuslaub und Mondlicht Hell und Dunkel miteinander tauschen, es ließe ein Schwarzmond sich herabziehen in bleiches Hibiskusgebüsch... und stiege daraus empor als Hibiskusmond... Schöne, ins Bizarre abdriftende Abendstunde... Schon wollte eine sanfte Ekstase sich tiefer und höher ins Lyrische ausbreiten, da klappte das Gatter der Veranda und gedämpftes Husten näherte sich. Es klopfte an die Tür des Kabinetts. *Fin de l'idylle.*

Erhebe dich und tritt hervor! Würdig gefaßt die harmlose Überraschung zu inszenieren, daß der Erwartete eine Wartende unversehens im Rücken hat. ‚Welcome back. Are you restored? Come in.' Das elektrische Licht; der hölzerne Sessel, zurückgelehnte Bequemlichkeit, schwarz-weiß gestreift, breit, vertikal. Erzählen steigt daraus hervor, leise und langsam. Von der großen Müdigkeit und dem Wunsch, unterwegs, wartend auf ein Taxi, am Wegrand einzuschlafen. Von den Kräuterträklein, die ein Heilkundiger spät in der Nacht noch braute. Von der Besorgnis, die im Campus zurückblieb. ‚We were worried.' Daß anderntags jemand hinabgeschickt worden wäre, um Kunde zu bringen. Ja: deshalb die Rückkehr schon heute. Seltsam. Dank für - ‚what you gave me.' Die nachgesprochene Vermutung eines Kollegen, die Schlaflosigkeit sei psychologisch bedingt gewesen, lief ins rhetorisch Abweisende. ‚What psychological problems should I have?' Ein jeder behalte seine für sich.

Danach. Wenn ich es aufschreibe, werde ich mich später erinnern. Wenn nicht, wird es hinabsinken für immer in den Schlick des Vergessens. Wie beschaulich schön die halbe Abendstunde auf der Treppe im Hibiskuswinkel war. Ich saß wie im Verwunschenen, das Grillenzirpen spannte sich wie ein schwingendes Netz aus filigranem Silberdraht über das Gras, ein zeitloses Wohlbefinden war dabei, das Dasein loszubinden, in sanfter Ekstase abzuheben und davonzuschwimmen, da klappte das Verandagatter, und es war vorbei mit der Mondscheinromantik. Das ist seltsam: wie Erwartung so oft lyrischer gelagert sein kann als das, was dann prosaisch in einem Sessel sitzt. Ich mußte mich wieder auf meine Rolle besinnen, nüchtern und wachsam auf einer Ebene balancieren, die allein von Verbindlichkeit sein kann. Ich ließ den späten Besucher also erzählen, und ohne Hörprothese hätte ich manches nicht verstanden, so leise war die Stimme, so alt bin ich schon. Bleibt eine Seltsamkeit. Die Rückkunft heute statt morgen hat mich vor einem öffentlichen Bekenntnis meiner Sorge um diesen Mann bewahrt. Woher wußte er, daß ich morgen jemanden hinabgeschickt hätte?

Dienstag. *Chr hat inzwischen Amöben und schluckt Antibiotika. Das kommt vom* native chop *im Feld der Forschung. Einen Ausgleich schafft bei Tisch allhier der Griff zum besten Stück des Stallhasenbratens – ach, was soll die lieblose Mißgunst aus häuslichem Überdruß. Ich möchte zurück ins Mondlicht von gestern und in die Tagträume. Selbst das Absurde kann seinen Reiz haben, wenn sonst nichts da ist, die freien Stunden und Tage auszufüllen und der Seele Nachtfalterflügel wachsen zu lassen. Auch als Fledermaus würde ich mich wohlfühlen im Mondenschein. Der Krankheitsfall hat mir sozusagen ein paar moralische Planken unter die Füße getan; jetzt falle ich wieder ins Leere, wenn ich nicht ins Spintisieren ausweichen kann. Es betrifft nur die Freizeit. Offiziell funktioniere ich weiterhin und wie gewohnt.*

Mittwoch. *Es gibt nicht genug passende Adjektive, um diesen Stimmungsmischmasch zu beschreiben. Man tut genau das Gegenteil von dem, was man möchte. Erwartung kann so blind machen, daß sich das Kommen des Erwarteten nicht mehr wahrnehmen läßt. Oder es fallen die einfachsten und selbstverständlichsten Fragen nicht ein. Ich machte ein paar Kontrollgänge, um die Zeit totzuschlagen. In die Bücherei, in den Gemeinschaftsgarten, vorbei an den Schlafbaracken. Dann, ehe der Regen kam, eine Szene längs der hinteren Veranda, von oben nach unten dekliniert, eine Frage und eine Antwort, die sich vorsichtig heraufreichte. Das sind so Trivialia, die dann und hier in Sprache umgesetzt werden. Wie schön der Regen rauschte, der auch den Garten goß. Jetzt* versuche ich noch etwas zu komponieren aus den Elementen ‚Theophanie' (für affektive Apperzeption) ‚Grün' (verschiedene Tönungen zwischen pastell und türkis) und der Furcht vor sichtbarer Übereinstimmung. Es gibt da einen Häkelkasack, den ich nicht zu tragen wage in diesem Campus. Wie schön wäre ein Lächeln im Mondlicht. Ich würde mir vor Glück die Kehle wund singen wie eine exaltierte Nachtigall.

Donnerstag. Morbide Träume. So etwas schreibe ich nur auf, um standzuhalten einer Selbsterkenntnis, der ich lieber ausweichen würde. Wo kommt das her, so nahe an der Möglichkeit? Ich begrub meine Mutter zusammen mit meiner Dissertation. Anschließend sollte ich selber aus unerfindlichen Gründen aufgehängt werden, auf einem Balkon. Erst wollte ich mich wie in etwas Unvermeidliches fügen. Dann bekam ich aber doch Angst und wollte weg. Es tut wahrscheinlich qualvoll weh, dachte ich; es war ein so dünner gelber Faden. Es ging unentschieden aus. Hier müßte sich eine Klammer öffnen. Ein Traum dieser Art bringt zu Bewußtsein, auf welcher Ebene ich mich hier in Afrika bewege: auf der eines glimpflichen Davongekommenseins aus einem Weltkrieg und des Nicht-daran-denken-wollens. Ich bilde mir bisweilen ein, ich lebte hier ein verzichtvolles Leben. Das ist aber nur der Blick in die eine Richtung - in die der westdeutschen Wohlstands- und Anspruchsgesellschaft, die bei aller Tüchtigkeit der Pleonexie verfallen ist und außerdem alles so bequem wie möglich haben will. In der anderen Richtung liegen die Leichen und die Asche aller derer, die nicht davongekommen sind. Sie liegen überall, es gibt zu viele davon und ein normaler Mensch kann das erinnernd nicht verkraften. Hier in Afrika sind solche Katastrophen nicht bekannt. Einiges zwar liegt in ferner Vergangenheit, im Sklavenhandel; aber Stammesfehden und Kolonialaufstände sind mit den Weltkriegen der Weißen unter einander nicht zu vergleichen. Also - ich will davon nichts mehr wissen. Die Fluchtträume früherer Jahre tauchen nicht mehr auf. Aber ganz dicht ist es da unten offenbar doch nicht. Klammer zu.

Muß einer, der einen Vortrag zu halten hat, sich so herausputzen? Wozu Festgewand und Fez. Für wen? Mich durchrieselte ein irrationaler Grimm. Werden hier Wunschträume ins Leere projiziert? Immerhin ward die Sache dann nüchtern und würdig vorgetragen. Aber der Aufzug gefiel mir nicht.

Freitag. Chrs Rasierwasser als Parfüm hinter hochgeschlossenen Kragen gießen? Ich warte auf Pizza und Butterkuchen, das gibt's aber erst morgen. Jede Inspektion ist trial and temptation für mich. Einer der Jüngeren sprang noch halbnackt herum, als ich kam. In der Eile stieß ich mit dem Kopf an einen Beutel, der da von einem Balken hängt. ‚What is this? A medicine bag against witches?' Schnell wieder raus und weg. Die Schlaf- und Dusch-Sphäre dieser Männer- und Jünglingswelt verwirrt ein wenig. Ein weißes Geistwesen gerät zu nahe an die Ausdünstungen von schwarzem Fleisch.

Sonnabend. Die Seelenlandschaft liegt wieder einmal wüst und leer. Eine Kraterlandschaft verjährter Schicksalsmeteorite, bedeckt mit dem Staub zerfallener Gefühlsbrocken. Und überm abendlichen Berg eine Riesenbutterblume.

Sonntag. Das war ein Stein, knapp an meinem Kopf vorbei in noch mondloser Dunkelheit, auf dem Weg zur sonntäglichen Abendandacht. Eine Folge meines Bestehens auf Privatsphäre rund ums Haus? Es ist kein Rechthaben möglich in einer geschichtlichen Konstellation, in der jeder Weiße, und sei er noch so philanthrop motiviert, latent die ideologisch gefaßte Schuld von zwei Jahrhunderten Kolonialismus mitzutragen hat. Es kann Bequemlichkeit, aber ebenso gut Provokation sein, wenn die Schüler von jenseits des Elefantenpfades ihren Weg ins Unterdorf durch den Campus und am Missionshaus vorbei abkürzen. Da wohnt nun nebenan nicht mehr eine schwarz-weiße Familie, sondern eine weiß-weiße, und schon kann der bislang respektierte Status dieser paar Quadratmeter als ‚private quarters' als Ausdruck von ‚Apartheid' diffamiert werden. Diese handlichen Keulen. Der Stein flog, als ich die Taschenlampe auf grölende Jugendliche richtete. Chr kümmern meine Ansprüche auf Ruhe ums Haus nicht. Er sitzt mit dem Rücken zu allem, was mir auf die Nerven geht.

Das Gekritzel der letzten Februarwoche ist wie eine Handvoll Regenwürmer (‚Mit gier'ger Hand nach Schätzen gräbt...') Berechnungen und Begegnungen ohne Lustgewinn. Aschlila zum Zeichen einer Mißgestimmtheit. Das Nachmodellieren einer visuellen Langzeiteinstellung. Ein ‚Fest' mit den Frauen: völlig danebengeplant. Eine Abwesenheit, die unwirsch stimmt. Statt Fieberphantasien und Mondschein Mißvergnügen. Tristesse.

Montag. *Offen vor aller Augen müßte ich mir nehmen, was in freier Wildbahn nicht zu haben ist. Zorn Gottes und Satan: wer dogmatisch scharf denken muß, um in einer Diskussion zu obsiegen, wie kann der sich Impressionen leisten?*

Dienstag. *Gestern gefiel mir der allzu aufmerksame Blick nicht, mit dem ein Blatt Papier entgegengenommen wurde. Heute fällt mir von fern wieder einmal ein kleiner runder Schädel auf, der einen großen Holzklotz transportiert.*

Donnerstag. *Ich sitze auf der schiefen Ebene der Großzügigkeit und rutsche langsam nach unten. ‚The money which I took, it really helped me.' So what? Soll es verrechnet werden mit Lohnarbeit wie vor zwei Jahren die teure Europa-Reparatur einer Armbanduhr? Damals entschied ein männlich-nüchternes Erziehungsprinzip in Abwesenheit weiblicher Mildherzigkeit, die es nun nicht fertigbringt, dem gleichen Prinzip zu folgen. ‚You need not return it.' Die Trockenheit des Tons und das Kurzangebundene waren vermutlich dem Einspruch des pädagogischen Gewissens anzulasten. Eine gar traurige Begegnung war das, ganz ohne Lustgewinn.*

Freitag. *Eine aschlila Bluse zum Zeichen der Resignation. Vielleicht, wenn alles andere danebengeht, gelingt das Formulieren einer Impression. Das Objekt der Betrachtung stand in geringer Entfernung neben Chr; daher es möglich war, den Blick länger verweilen zu lassen. Es muß Einmischung von einem Nachbarstamm sein, der scharfe, fast - nun, wegen mir plagiatorisch ‚kirgisische' Züge ausprägt, zwei schmale Horizontalen, die in Spannung stehen zum kleinkindhaft Rundschädeligen. Es affiziert wie geschliffenes Metall, etwas, das sich spitz und kalt ins Gemüte ritzt. Passion ist ein Leiden, das sich nicht wehren, nicht zum Gegenangriff übergehen kann. Es gibt den Schmerz, den man flieht, und den, zu dem es hinzieht, wie durch Dorngestrüpp, in dem ein Röslein blüht.*

Sonnabend. *Das Fest, das ich mir ausgedacht und organisiert habe, ist keins. Alle, die es hätte herbeilocken können, gehen auswärts anderen Pflichten nach. Hat sich Gott nicht die ganze Schöpfung nur eines Einzigen wegen ausgedacht?. Grollen werde ich statt Belle vie zu kredenzen. ‚for an unforeseen guest'. Es ist schon hart an der Grenze einer Groteske.*

März
Vierundvierzig. Irritationen

Sonntag. Ärger. Eskalation. Ein Bazar im Unterdorf, zu dem Chr mich schleppte. Ichgefühl als Grenzgang: es gelang, unter Alkoholeinfluß über alle Stolpersteine hinweg geradeaus zu gehen. - Zwei Glas Wein sind schon zuviel. Alkohol macht weinerlich. Morose Gefühle kultivieren sich von alleine. Möge die Abendandacht mir ein Krümelchen Genießbares gönnen. Eine abendliche Traumdosis zum Einschlafen. - Danach. Herzensreinheit? Diplomatie? Das eine oder das andere suchte durch Nähe den Vorwurf der Pflichtvergessenheit zu mildern. Es war schön. Es ist das Schlafmittel, dessen ich bedürftig bin. Ein Hauch Zufriedenheit, denn Chr ist auch freundlich. So aufgehoben und im Gleichgewicht zu sein zwischen zwei Polen: es erinnert von fern an Bethabara. Le bonheur war anders als in dem Film und wie Chr es dann mißverstand.

Donnerstag. Seit Montag nichts. Nur Ärger und Irritationen. Und die Willenskraft, die sich aufbieten muß, um Tagträumen auszuweichen, wenn sie sich mit leerem Blick und sozusagen nackt, jeder anderweitigen Meidung enthoben, genau gegenüber befinden. Warum war es in manchen Stämmen verboten, dem Häuptling offen ins Gesicht zu sehen? Es dürfen nur privilegierte Einzelne, und die auch nur in ritualisierter Form, ‚die Augen erheben'. Wenn beim Fußballspiel, wenige Meter vor fühllosen Füßen, ein Spieler stürzt und, sich über die Schulter abrollend, wieder aufsteht und weiterspielt, dann ist das nichts als peinlich. So nahe vor besagten Füßen. Es fing an zu regnen, sie spielten im Regen weiter. Die Tage vergehen sang und klanglos, und dazwischen schwappt Ärgerliches rund ums Haus bis herauf auf meine Veranda.

Freitag. Seit drei Tagen steht weißer Oleander in einem Glaskrug auf dem roten Bord vor meinem Arbeitskabinett. Sollte etwas Schönes die Seele nicht aufhellen können? - Wie wenig würde genügen, um Ärgerliches (unwillkommen, steatopyg) wo nicht aus der Welt zu schaffen, so doch wenigstens einzuschläfern. Nur ein innerer Anhauch. Kein Wind, der alles in die Pfütze der Wirklichkeit blasen würde. - Es windet. Es bläst das Juju-Bäumchen um.

Montag. *Nichts. Tagelang nichts. Außer Enttäuschung, Ärger, Grimm. Kribbelig, irritiert, womöglich eifersüchtig - worauf? Ich plane überflüssige Dinge, nur um Arbeit zu beschaffen, etwas herzustellen und dazubehalten. In der Dienstbesprechung sagte ich meine Meinung, intellektuell überzeugt und in bester feministischer Manier, aber gefühlsmäßig durch und durch in Heuchelei verstrickt. ‚Woman is woman's most sophisticated enemy'. Ich steckte noch im Stachelpanzer, als der Chefredakteur der Zeitung mit seinen Anliegen kam. Harsch und kurz angebunden sagte ich auch ihm meine Meinung, faßte ihn scharf ins Auge, sah kaum Pupille, so klein und kaum unterscheidbar vom Dunkelbraun der Iris, und das stand und hielt meinen Grimme stand mit Freundlichkeit. Es half nichts. Dieser Mann agaciert mich mit seinen ‚several things at the same time'.*

Dienstag. *Hier sitze ich vor der zahmen Meute der Klausuren Schreibenden tatsächlich und nicht zum ersten Male in sieben Jahren mit meinem Tagebuch - wie mit einer Planke, an die ich mich klammere, um nicht unterzugehen in einem völlig unromantischen Schiffbruch der Gefühle. Ich ziehe mich zurück in meine aschlila Bluse. In der Morgenandacht wurden wieder einmal ‚dunkle Leidenschaften unterdrückt'. Was kann man hier anfangen mit Phänomenen wie ‚Theophanie' und ‚Ekstase'; dergleichen zu definieren wäre selbst Chr kaum zuzumuten. Ich werde jetzt meine eigenen Fragen beantworten, paralysiert durch den Verzicht auf alles, was in der Diagonalen möglich wäre. Ein Schritt zu weit und aus einer prophetischen Tempeltheophanie wird eine Huldigung an Astarte. - Stumbling-stone und stepping-stone können ein und dasselbe sein. Man stolpert, fällt hin, rappelt sich wieder auf und tritt auf den Stolperstein, um ihn als Trittstein über eine Barriere hinweg zu benutzen.*

Mittwoch. *Tropische Amaryllis und Neumondlilien. Education sentimentale ist für dekadente Generationen, die Muße haben, subtile Gefühle und Illusionen zu kultivieren. Ich bin müde und muß Klausuren lesen. Ich müßte meine Gotteslehre durchformulieren. Irgend etwas muß doch bleiben von diesem siebenten Jahr; sicher kein Roman. Allenfalls Stimmungsstudien. Fieberkurven. Vielleicht auch etwas wie eine Vision vom Throne Gottes mit Rechenschaftsabgabe: dieser-da.*

Donnerstag. Wenn sonst nichts zu haben ist, dann wenigstens ein Datum. Ansonsten hängt es herum wie etwas Halbwirkliches und wirkt aufgrund von Halbdurchsichtigkeit. Es gleicht der Ästhetik eines radialen Spinnennetzes. Ein Gewebe träumender Naivität und berechnender Nüchternheit. Ich möchte nicht das Mücklein sein, das da hineinfliegt, und wie lange zapple ich schon darinnen. Eines Tages wird es zerrissen sein. Etwas Klebriges, das man irritiert abwischt.

Abends. Tagträume, immer wieder herbeigezerrt, oft zum Einschlafen, sie sind numerierbar. (1) Tanzen möchte ich. Ehrbar mit einem älteren Ehrbaren in einer ehrbaren Bar. In einer Provinzstadt im Grasland oben. Also auf höherer Ebene. (2) Durch die Felder vom Mbebete möchte ich streifen, hin zu dem großen Philosophenstein, und nach Möglichkeit nicht allein. (3) Nach Lah will ich, im Dezember dieses Jahres, wenn der Harmattan weht. In einer Hütte aus geflochtenen Matten möchte ich wohnen, im Schatten großer Bäume. Tulpenbäume. Alles, was ist, ist nur kraft der Einbildung. Was muß ich tun, planen, manipulieren, damit wenigstens etwas davon Wirklichkeit wird? Sorge tragen muß ich, daß der soziale Rahmen stabil und das Imitsch honorabel bleibt. Durch eigensinniges Bestehen auf Privatsphäre ist es vermutlich schon angekratzt. Jetzt kommen auch noch die Schafe aus dem Dorf in den Campus. Ich suche sie mit Steinen zu vertreiben, manche sind aber stur und kommen immer wieder.

Freitag. Ein dreizehnter. Der böse Venustag. Einen ganzen Nachmittag rastlos verbracht, auch Mohrrüben geerntet, Blusen gewaschen, keine Lust mit Chr spazieren zu gehen. Gestern abend legte er Theodorakis auf, wollte mit mir reden über seine Sorgen und seine Wissenschaft, und die heimliche Träne rann. Chr - manchmal freundlich und friedlich und sanft wie ein Bett, in das man sich ermüdet fallen lassen kann. Es fehlen die richtigen Worte, ihm zu sagen, was los ist. Ich weiß es ja selber kaum. Es ist alles nur halbwahr, halbwirklich. Wenn ich einen Band Lyrik aufschlage, auch nur flüchtig durchblättere, merke ich, in was für einer beschränkten und primitiven Welt ich hier vegetiere. - Diese grölende Meute: sind das dieselben, die sonst so gesittet in den Bänken sitzen? Irritiert und mißtrauisch schlich ich durch die Halbmondnacht hinüber zur Bücherei. Wie unterscheidet sich der afrikanische Materialismus vom westlichen? Ist dieses Festefeiern, Geburt und Tod und immer mit dem gleichen Durst, mit Singen und Tanzen, ist das das ‚wahre Leben', von dem ich so wenig abbekomme? Ringelt sich da eine entfernte Verwandte des gelben Schlängleins durchs Gras?

Sonnabend. Tief in dogmatischen Gedanken, mit vier dicken Bänden IDB auf den Armen, schleppte ich mich über den Campus, sah eine Gruppe von links kommen, erkannte jedoch keinen, bis einer mich anrief. Da ging ich auf sie zu und bemerkte wider Willen, wie ein anderer - es bleibt mir ein Rätsel. Es: Etwas urtümlich Unwillkürliches? Me I deh cause this-kina-thing? Wer oder was übt hier Störfunktionen aus? Ich war zu überrascht, um freundlich zu sein. Ich dachte, sie seien schon über alle Rallyeberge.

Sonntag. Sie sind zurück. Der jugendbewegte Lärm da drüben irritiert mich. Sie trommeln und tanzen. - Das war's. Es war nicht schön. Hier vor meiner Veranda, mir zu Ehren. Das Hemd im Rücken naßgeschwitzt, das Gesäß in enge Jeans gezwängt, und mit den Beinen, den Beinen, da ging's krick-krack: ein abstoßender Anblick; so grotesk, so lächerlich, so waldschratthaft. Mir wurden die Knie weich; ich hatte Mühe, der Stimme einen forschen Ton zu geben. Kj im Hintergrund an der Trommel, und vor meinen beleidigten Augen diese Farce mit gebogenen Beinen und eckigen Bewegungen - ein bucklicht Männlein nicht, ein nahezu Satyr. Ein Anblick zum Abgewöhnen. Geradezu therapeutisch.

Montag. Ich habe sie eingesperrt in die Bücherei, die beiden, von Anfang an ausersehen, den Schein eines Günstlings-Gleichgewichts aufrechtzuerhalten. Sie wechseln sich weiterhin an der Leistungsspitze ab. Jetzt ist ihnen Extra-Arbeit für Extra-Vergütung aufgetragen. Ich konzentriere mich auf eine Attributenlehre. - Zurück von meiner Aufsichtspflicht zwischen den Büchern drüben. Chr kam dazwischen mit seiner präventiven Ironie bezüglich Günstlingswirtschaft. Darf Leistung nicht honoriert werden?

Sonnabend. Wenn ich dieses nasse Grün beschreiben könnte und die Leere im Campus, die Stille und den schweren Duft der Lilien im Glaskrug auf dem roten Bord. Oder die welke Rose von gestern beim Abendessen zu viert und den gewaltigen Mondschein danach. Oder das Wenige beim Verlassen der

Bücherei, am Mittwochmorgen: Adjektive, abgezählt auf flacher Hand: kühl, träumend, traurig, vertrauensvoll, ein langsamer Blick im Weggehen, der stundenlang festhielt. – Chr hat Lobeshymnen bekommen für seine Rundbriefe und von berühmten Leuten. Ich nehme mich beiseite, hoffend auf die Muse aus dem Grasland. Auf das gläserne Glück, das sie verspricht, behutsam in beide Hände gewölbt, naiv und kühn, zutraulich und verhalten in schöner Verflochtenheit. Aus jeder anderen Gegend wäre es peinlich oder eine Beleidigung; aus dieser einen aber ist es wie ein Arm voller Amaryllis und Lilien. Ein Spiel bis ans Ende der beschiedenen Zeit, ohne in Sackgassen zu laufen, frei und in geheimem Einverständnis aller Unmöglichkeiten. Die Stille im Campus, bis auf ein sanftes Donnergrollen. Das Alleinsein. Das Tagebuch.

Sonntag. Tagträume, die vieles erträglich machen und die ich festbinden will mit wenigen, ganz dünnen Fäden. Wenn unterwegs irgendwo ein großes Gewitter kommt, und der Notwendigkeit, sich flach auf den Boden zu werfen, ein Kittel untergebreitet wird. Denn die Gegend ist dürr und dornig. Es strömt herab, es klatscht auf nacktes Felsgestein dicht daneben, wo es keine schützende Höhle gibt. Was sich wölbt, ist ein Sichwundern darüber, daß nicht sofort alles klatschnaß durchweicht ist. Eine größere Spannung verträgt die Sehne des Bogens nicht. Der Donner reißt das Maul auf. Das Gewitter verschlägt die Sprache. Ich wüßte noch einen Tagtraum: von einer Dorfschullehrerin, die zwei Jahre lang in dem unbekannten Lah leben möchte. Nach der Melodie ‚Ach könnt ich mir schöpfen aus rieselndem Quell...' Trotz der Müdigkeit morgen hinab ins Tiefland; die übliche Einkauferei.

Dienstag. Wie wird man vierundvierzig, eine halbe Stunde, ehe es etwas zu essen gibt? Mit sanft einschleichendem Kopfschmerz, verzögerter Weib-Leiblichkeit und frisch gewaschenem Haar, das Tagträume inspiriert. Ich sitze allein. Chr ist auf und davon, weg vom Frühstückstisch, den er mir immerhin mit Bougainvillea dekoriert hat. Muß ich aufschreiben, wie es gestern im Tiefland war, als der Gott der Kühle durch eine heiße Kehle rann? Und wie ich mich heute wieder in Erschlaffungen ergebe und Wünsche wie Seifenblasen aus siebenjähriger Verfemung steigen, sechs Tage älter, sechs Jahre jünger? Es entwindet sich dem erinnernden Gefühl. Was eine Frau im Spätsommer träumt ist viel poetischer, weniger dumm *und ungereimt als das, was das Lied ihr im Frühling unterschiebt. Im Spätsommer findet sie sich möglicherweise interessanter als je zuvor, pflegt mit apart ergrauendem Haar einen subtilen Narzißmus jenseits ehrbar-ehelicher Verfassung. Chr sieht überhaupt nichts mehr; das ist völlig in Ordnung. Die großen weißen Lilien duften so stark, daß es auf Dauer unerträglich wird. Der Duft im Vorübergehen weckt eine gewisse Sehnsucht; wenn jeder Atemzug damit belastet ist, wird's lästig. – Zwei junge Männer, Guavendiebe, hab ich angefallen, aus dem Mittagschlaf gerissen, einer Mänade gleich von der Veranda hinabflatternd. So wird man vierundvierzig.*

Freitag. *Die Tage vergehen ohne Tagebuch. Ich lese Mary Kingsley. Morgen ins Grasland. Der Fahrer vom Dienst nicht verfügbar. Die Reise ein erhöhtes Risiko. Das Tagebuch nehme ich diesmal mit. Ich wüßte sonst nicht, woran ich mich klammern, wohin ich mich flüchten sollte.*

Die Tage im Grasland

Montag. *Da sind wir. In der Provinzstadt. Auf dem Kirchenhügel. Eine Notunterkunft. Ein paar Tage sind nachzuholen. Vorgestern die Halluzination beim Hinabrollen von der Paßhöhe: seitwärts an der Straße, eine geflochtene Matte. Gestern wurde meine Mutter dreiundsiebzig. Die Tochter sitzt in Westafrika und läßt sich, dreifach betitelt, beklatschen in großer Versammlung. Das war vorhin. Wie irreal. Chr wieder ab ins Feld der Forschung. Ich sitze allein im Hintergrunde und schaukle davon in die Eukalyptusbäume. Etwas Unbestimmtes ist in der Luft, das in kleinen Wellen kommt und geht.*

Dienstag. *Vorgestern abend, im Foyer, eine kleine Unterredung. Heut vormittag, der Glanz über der Felsenbrüstung ob der Stadt, unterwegs zum Buchladen, daselbst das Spinnlein im Halbdunkel zwischen den Regalen; vorhin noch ein abendliches Bier mit Chr in einer Bretterbude. Mein Schlaf ist warm und gut. Statt in Selbstmitleid zu zerfallen, sollte ich die Tagträume, die um mich herumschleichen, packen und zu Papier machen. Wozu sonst spähe ich so sehnsüchtig nach der Graslandmuse aus? Sie ist eine Heuschrecke, immer wenn ich nahe komme, schreckt sie auf und ist weg. Aber irgendwann wird vielleicht auch das real-symbolische Spinnlein von heut vormittag literarische Gestalt annehmen.*

Kleine Szene 7
Metamorphose der Muse

Ein Spinnlein, von der Sperrholzdecke trudelnd über einen nackten Arm hinlaufend – huhu, wie gruselig. Ach, wie allerliebst. Hoho, was soll das! Im Halbdunkel am hellichten Tage, umstellt von Druckerzeugnissen, dicht gedrängt in wackeligen Regalen, dazwischen die Enge der Durchgänge. Draußen, auf breiter Straße, flutet das Licht der Übergangszeit, treibt die bunte Menge der Provinzstadt vorüber. Der Buchladen ist eine Bruchbude, weithin berühmt. Es gibt nicht viele dieser Art im Lande. Hier materialisiert sich Sprache; die Kunst des Schreibens feiert kleine und größere Orgien in allen Verzweigungen des schöpferischen Geistes. Die Stadt ist ländlich und der afrikanische Äquator nahe; daher auch Ratten, Kakerlaken, Tausendfüßler, Mücklein und Spinnentiere aller Art zwischen Lyrik und Philosophie ihr Wesen treiben. Aber auch die Muse geht um zwischen den Regalen; wen sollte es wundern. Belletristik ist zweisprachig vertreten. Dort ein dicker Dickensroman aus dem Elend Europas und des vorigen Jahrhunderts, hier ein dünnes Heft Lyrik aus einheimischer Feder, *crossing the colour border,* inspiriert von der Abenteuerlust emanzipierter weißer Frauen, die sich von einem schwarzen Mann mit langem Bart faszinieren lassen. Nein, das brauchen wir nicht. Das haben wir schon – in unserer frommen Bücherei, in der auch Unfrommes stehen darf, nur weil es einen autochthonen Autor hat und Heinemann so etwa verlegt. Wir wollen Unverfängliches, das näher liegt, durchblättern. Hier, wie wäre es mit ‚Preaching to the Simple in Mind. An Introduction' – ? Mit Beispielen, auf Seite 27 etwa zu der Bitte *Und führe uns nicht* – Was war das? Hat die fromme Bitte die Muse vergrault? Hat sie den Anlaß zur Metamorphose wahrgenommen? Immerhin, sie ließ sich nicht als schwarze Kakerlake fallen. Als Spinnlein ließ sie sich von der Decke herab, ein graugrünes, harmloses Kügelchen, das sich kühl anfühlt, überquerte mühelos mit acht Beinchen das lichte Gehege der Härchen und verschwand. ‚I think, we have what we need.' Ein Dutzend Bücher für eine Bücherei, die ein Büchereibeauftragter zurück zum Tagungshügel trägt.

Übergang zur Regenzeit
Übereignung

April
Fernes rückt näher

Mittwoch. *Diese Tage im Grasland. Ich sauge mich voll mit dem Wenigen, das zu haben ist und finde kaum noch Zeit zum Schreiben. - Unter allen Ehemaligen hier interessieren mich die Schweigsamen und Vorsichtigen. Im übrigen keine Gelegenheit, das vergehende Leben tanzend auszuleben. Es bleibt nur das Schreiben, auch wenn der Geist seiner Geistigkeit zwischendurch müde wird und sich verkörpern möchte in rhythmisierte Bewegung. - Ein Kollege unguter Erinnerung wird ab nächstem Oktober wieder im Campus sein. Ein Grund mehr, Nza'ag vorzeitig zu verlassen.*

Freitag. *Rückfahrt, Tankstelle. Ich sitze gern allein im Landrover, wartend auf die anderen. Aber ohne Tagebuch geht es nicht. Chr ist mit Taxi feldforschend vorausgefahren. Er will vor uns zurück sein. Ein Haufen zukünftiger Amtskollegen fährt mit, aus Osterferien ohne Ostern. Es wird warm. Ich könnte wie die anderen in die Stadt laufen und etwas kaufen; einen hübschen Kittel für Chr etwa. Denn für wen sonst.*

Zurück in Nza'ag

Abends. Zurück. Froh, daß Chr auch heil vorhanden ist. Er denkt freilich nicht daran, zu tun, was er von mir als selbstverständlich erwarten würde: Wasser warm zu machen zum Duschen. Ich bin erschöpft. Weniges, aber doch etwas, hab ich zum Träumen und Einschlafen. Ein Lachen der Überraschung auf offener Straße. Ein ironisch anmutendes Nachglimmen im Rückspiegel des Landrovers.

Sonnabend. *Etwas wie ein Neubeginn. Tagtraumhaftes wie ein offenes Fenster, das wartend entgegensieht; wie ein Empfangsteppich breitet sich das kühle Grün des nassen Grases, darüber hin in weißen Stiefeln und mit Regenschirm Auftrag und Einladung nahen. Drinnen in der ärmlichen Behausung kam es mir langsam entgegen, frühlingshaft wie das Grün des Grases,* ein verregnetes, kühles Glück, sanft und mit halber Stimme. Es tastet nach dem Wenigen, das zu haben ist und sein darf. Denn nur das Wenige ist sinnvoll und schön. Alles Mehr wäre gröber und würde zerstören. Ein Hälmchen Gras zwischen zwei Fingern ist mehr als eine ganze Handvoll. Es könnte auch ein schmales Rinnsal sein, wie das Wässerlein in der Schlucht, die hinab ins Nachbardorf führt; das da rinnt neben dem Fußpfad von oben her dicht an der Schulter vorbei; man brauchte sich nur ein wenig zur Seite zu neigen und es würde über einen hin plätschern. Die Berührung der Kühle zu spüren ist schön. Un effleurement. Das ist etwas anderes als pudelnaß dastehen und sich einen Schnupfen holen.

In einer hochdifferenzierten Gefühlskultur wäre Mme. Arnoux, zwanzig Jahre älter, eine wünschenswerte Rolle. In diesen Breiten, in einem Glashaus mit Urvätergebälk, ist so etwas nicht möglich. Eine Versuchung zu sein, an der Tugend sich bewährt. An den Rändern unmöglicher Möglichkeiten entlangzulavieren. Nichts abschätzig Berechnendes; nur das, was im blauen Dämmerlicht träumender Unschuld möglich ist. Davon könnte ich leben auf dem Wege hinab. Eine kühle Nähe, un effleurement. Ein Falter, mit samtbraunem Flügel vorüberschwebend, eine Art Tagpfauenauge, begegnete wenig später auf der vorderen Veranda, als ich mit einer Bücherliste zurückkam durch den Regen. Heiliges lächerlich machen: die einzige Sünde wider den Heiligen Geist.

Lah ist eingefädelt

Das kleine Kamel ist durchs große Nadelöhr gegangen. Eine Traumschliere Möglichkeit kristallisiert und wird greifbar. Eingeladen zum Mittagessen (die Gemeinschaftsküche ist noch geschlossen), saß der Gast bei Tisch, ließ sich von einem Feldforscher ausfragen nach dem matrilinearen Erbrecht seines Stammes und nahm Kenntnis von Reise- und Besuchsplänen. Das bunte Bildchen rückt in den Bereich des Erreichbaren. Ich werde mein Montsalvatsch sehen. Störend wirkten lediglich Chrs ironische Andeutungen meiner Motive. Ich hatte von unserem Besuch bei Kg in den Mangroven erzählt und von meiner Angst im Einbaum auf dem Atlantik. Als ich sagte, daß ich ins Grasland übersiedeln wolle, kam die befremdete Frage. ‚So you want to stay without -?' Ich sagte etwas von Briefen als sinnvollem Ersatz. Meine Rhetorik war wie

Holzhacken, mechanisch-dumpf, beinahe verdruckst und gänzlich ohne Eleganz. Nach Tisch in den Garten, das Unkraut zu inspizieren. - Beim Abendessen zu dritt erzählte man Geistergeschichten. Chr freundlich und sanft. Endlich ein bißchen Entspannung. Ein guter Tag. Ein kleines Glück.

Sonntag. *Warum reagiert Chr nun schon wieder irritiert? Der Gast kam abwaschen, der Koch hat ja frei, und warum sollte ich Dienstmädchen für gleich zwei Männer spielen? Da zeigt sich doch ein deutliches Hierarchiebewußtsein. Der weiße Mann ist über alle Dreckarbeit erhaben. Der weißen Frau als Ehefrau ist sie zuzumuten, aber von Berufs wegen steht sie, wo nicht über dem Afrikaner als Mann, so doch über ihm in der Hierarchie. Ich wurstelte auch ein bißchen mit herum, ließ mir ein paar Fragen einfallen und erfuhr, was ich schon aus der Lektüre der Lebensläufe wußte.*

Montag. *Durch Schreiben lassen sich Symbole und Illusionen erschaffen. Das Reich Pseudo hat viele Provinzen. Von der faustdicken Lüge in der Mitte bis zu den Randgebieten des Irrtums und der Selbsttäuschung ist es weit. Da irgendwo liegen auch die selbstbezogenen Vorstellungen, gegen deren Doppelbödigkeit und einseitige Hermeneutik sich ein anderer nicht wehren kann: noch immer das Bethabara-Problem und warum das Fragment nur in einer hinreichend verfremdeten Form an die Öffentlichkeit gelangen dürfte. Es darf ‚der Andere' nicht kompromittiert werden durch eine, meine Interpretation von etwas, das für ihn eine ganz andere Bedeutung oder überhaupt keine gehabt haben kann.*

Dienstag. *Nervös. Für wen rede ich, wenn ich von Amtes wegen, eingehüllt in diese schwarzen Falten, reden muß? Allenfalls Chr könnte etwas verstehen. - Überstanden, mit ein wenig Geschussel. Wenn man lange gedarbt hat und dann zu viel bekommt, tut das nicht gut. Es bringt aus dem Gleichgewicht. Die Tage im Grasland und seit der Rückkehr von dort sind wie gehortete Schätze. Ein Nest voller Ostereier. Eine Glasschale voller Pitangakirschen, two for you, two for me. Da war der Morgenglanz dort oben unter dem Harmattan und das Erscheinen der Muse als Spinnlein. Kurze Begegnungen, Augenblicke und wenige Worte längs des Geländers schwankender Brücklein, die sich regenbogenfarben über die Abgründe einander fremder Lebenswelten schwingen.*

Mittwoch. Abgeschlagenheit und Schmerzen in den Beinen. Malaria? Eine, mit der ich schon lange kokettiert habe durch unregelmäßige Prophylaxe? Und drüben, beim Fußballspiel, das war auch zum Umkippen. Was da schwappte, was da schwitzte und Schaum hervorquellen ließ: es war widerlich. Philosophie vorbereiten für morgen.

Sonnabend. Ich habe sie gehabt, ‚meine' Malaria. Sie kam, langsam, unausweichlich. Sonst wiederholte sich nichts. Kein Krankenbesuch wie vor zwei Jahren. Chr kümmerte sich freundlich. Nun sitze ich wieder, nach zwei Tagen sine linea, und kritzele. Während ich krank lag, wurde der Campus heimgesucht von einem Tod im Kindbett und einer glücklichen Entbindung. Die Tochter des kleinen Lehrers, die wir Silvester 73 meergrün gewandet als mami-wata in einer Bar tanzen sahen, ist verblutet. Ansonsten kolportierte mir Chr, worüber meditiert wurde in meiner Abwesenheit: ‚People in authority fear public opinion'. Wer das weiß, braucht sich nicht zu fürchten. Das Fieber ist gewichen, die Müdigkeit hält noch umklammert. Es gibt Halbschlaf-Grenzen, die auch das Tagebuch respektiert, weil mir keine Sprache dafür zur Verfügung steht. Könnten Chr und ich einander nicht hintergehen, freundlich-ironisch, um des lieben Friedens willen? Wieder ein Wochenende, und ich warte.

‚Und schüttete das dunkle Licht der Augen...' Könnte das bloße Hinnehmen nicht genügen? Aber was ist es, wenn es nicht Sprache wird? Ich lebe doch von Sprachpartikeln, die sich im Tagebuch sammeln wie Staub, der einer Auferstehung harrt. Das Warten wurde unterbrochen nahe am Nullpunkt der Wahrscheinlichkeit, daß es so bald ein Ende nehmen werde. Die Nachfieber-Schwäche am Schreibtisch, des Schreibens fähig, des Redens kaum, sank noch tiefer, hob sich mit großer Mühe an die Oberfläche und hielt sich hin - dem von hier da drüben, wo es - es - am Spiegeltisch, an der hochkant aufgebauten Seekiste, lehnte wie schon einmal und sich verschüttete, so geradeaus und überbordend ins Emporgewandte, Hingehaltene, daß nur eine Wendung hinweg das Verstrudeln höflicher Ergehensnachfrage mit einem Schwindelgefühl verhindern konnte. Glücklicherweise ergab sich sogleich Sachliches, den Garten betreffend. Mit einer ungewohnten Geste der Ehrerbietung, die Hände flach zusammengelegt, bezeugte sich Herkunft aus dem Grasland. - Kartoffeln von dorten, mit

Butter und Salz - eine Delikatesse. So werde ich im Grasland schlemmen. Während ich mich solchem Genuß hingab, erschien unter dem Fenster am Wasserhahn der Gartengehilfe, wusch ein paar Mohrrüben und biß herzhaft hinein.

Sonntag. In mein Sonntagsboudoir schwebte soeben ein dunkelbrauner, goldgefleckter Schmetterling, setzte sich auf Satin und Cognacbraun und segelte wieder davon. Ich glaubte ein leises Schwirren zu vernehmen. Wer hat mir das geschickt? Das Musazeengrün eines hüftlangen Kittels hat mich schon lange nicht mehr mit bloßem Anblick von ferne inspiriert.

Donnerstag. Tourismus als Kulisse für Begegnungen. Chr wieder ab ins Feld der Forschung. Hausarbeiten unter dem Strich, auch die besten. Einer mit nur 44 Punkten senkte die Stirn, schirmte das Gesicht mit der Hand ab und war stille. Es sagte auch sonst niemand etwas zu dem Disaster. Das sind die Sternstunden der Dozierenden, wenn sie, wie Zeus das Schicksal, ihre Noten austeilen - ach, ich durchschaue mich. Aber es geht nicht anders. Es gibt *rules and regulations.* - Es war nicht einfach, einen Übersetzer für diesen besonderen Freitag zu gewinnen. Ich mußte reden und schieben; schließlich hat der, den ich wollte, es doch gepackt. - In den Andachten singt man die traurig-frommen Lieder von der leidenden Liebe. Seit Bethabara weiß ich, wie das zusammenfließt, sich kräuselt und schäumt, die Süße und das Bittere.

Kühle Zurückhaltung in nächster Nähe. Bethabara: Nähe, die nichts von mir wollte, am wenigsten materielle Vorteile, und die wegen solcher Abgehobenheit etwas ausstrahlt, das wie Nordlicht am Nachthimmel steht. In einer Ehe gibt es kein Nordlicht. Da gibt es einen warmen Ofen im Winter, und in heißen Sommern Schatten, in den man sich verkriechen kann. Nordlicht ist Luxus. Warum sehnt die Seele sich danach?

Karfreitag. Wo sollen hierzulande Sinn und Empfindung herkommen für den hohen Gedenktag? Was hätte ich mir zu predigen gehabt? Die Ohnmacht der Liebe? Die Sinnlosigkeit des Opfers? Ich versuche es mit guten Werken, ohne mir das geringste vorzumachen. Ich helfe der ‚armen Sue' mit erklecklichen Beträgen, weil da ein Mittler ist. - Chr, gestern mit schlechten Erfahrungen zurückgekommen (man hat ihm den Film aus der Kamera gedreht), wird nach dem Mittagessen wieder abmarschieren. Heut morgen erzählte er Traumfragmente: von Europäerinnen, die hier in Afrika das wilde Abenteuer suchten und es nur mit vernünftigen Männern zu tun bekamen. Mireille hat kein ‚wildes Abenteuer' gesucht. Sie ist in eine selbstgestellte romantisch-exotische Falle getappt. Und was andererseits die subtilen Seelenabenteuer angeht, so sehe ich keine Möglichkeit, etwas wie Bethabara in dieser realistisch-materialistisch kalkulierenden Kultur zu kultivieren. Die Vernunft des vernünftigen Afrikaners würde darin bestehen, materiell so viel wie möglich aus einer infatuierten Weißen herauszuholen. Denn sie wäre vermutlich wohlhabender als er. ‚Es' würde sie ein halbes, wenn nicht das ganze Vermögen kosten. Mit der einseitigen Vernunft aber wäre am Ende nicht nur die edle Tugend bewahrt, es wäre vermutlich auch ein gutes Werk getan, denn die gesamte Sippschaft würde von der Vernunft des einen und dem Spleen der anderen profitieren. Chr hat einen nachdenkenswerten Traum geträumt.

Er ist wieder auf und davon. Als wir mittags in der Küche herumwurstelten, kam der Mann aus Lah und wir plänkelten zu dritt über pots and pans. Er kam wegen der ‚armen Sue'. Die kam dann selber, und ich gab ihr einen kleinen Auftrag. - Dazwischen eine edle Lauchcremesuppe und eine seltene Belohnung für Großzügigkeit, die Kindern erlaubte, Guaven von den Bäumen zu holen: es entdeckte sich mir in der Nähe ein Strauch voller knallroter Pitangakirschen. Gibt es eine Äquivalenz von geistig-seelischen und materiellen Gütern?

Ein Freitagabend auf der vorderen Veranda

Ich schreibe, weil ich allein bin und dieser Freitag doch ein besonderer ist. Weit entfernt von seinem Sinn. Verblühende schöne Stunden unsichtbar im Hell-Dunkel eines ungewissen Wartens. Eine braun-silberne Draperie in einem Holzsessel. Die Sonne erbleicht blaßgold hinter den Eukalyptusbäumen. Ich träume mir herbei eine Stunde der stillen Gespräche nach der Weise Bethabara. Mit Chr gerät alles zu scharf, zu geistreich, zu ironisch. Es zerstört, wonach mir der Sinn steht: das Poetisch-Sentimentale. Chr kann nicht stille sitzen und in die Bäume gucken. Derweilen ist es, als wartete ich auf etwas. Schiebe ich oder werde ich geschoben? Wenn ich bei guter Laune bin, zahlt es sich aus. Was noch? Es gibt ein Problem, dem ich nachdenke: das des faciens quod in se est. Der Mensch bekommt viel mehr als er verdient; aber er soll etwas vorweg tun. Absolute Gnade ist absolute Willkür und wäre zudem von einem unpersönlichen Schicksal nicht zu unterscheiden. Es ist pädagogischer und gerechter, durch Forderungen von der einen oder kleine Geschenke von der anderen Seite hindurchzulavieren. So ist es hierzulande. Man bringt ein paar Eilein und erwartet das große Gegengeschenk in barem Geld. Das ist das eine. Das andere wäre ein dreifaches Ach - vorbei am tiefsten Sinn dieses Tages.

Ach, warum und wozu dieses Einsamsitzen und sich festlich fühlen?! Wozu ist die männlich stilisierte, die langbehoste Korrektheit des Berufsalltags fraulicher Selbstdarstellung gewichen; wozu hängt locker in künstlich hingedrehtem Geringel das Haselnußhaar, silbrig durchsponnen von erstem Altweibersommer, über die Schultern herab?! Hier sitze ich auf der vorderen Veranda im letzten Tageslicht, angetan mit dem Edelbitter-Seidenglanzgewande vom Dezember und jener Fahrt hinab in die Stadt am Atlantik, die der Erinnerung eine Garnelen-Fatamorgana über der breiten Flußmündung eingeprägt hat. Ein Festgewand, wie es mir noch nie zuteil ward. Ein königlich-gelassenes Einherschreiten wäre ebenso schön und möglich wie ein beschwingtes Vorüberrauschen im selbstentfachten Faltenwind - Wunder der Verwandlung wirkt das Gewand; aber ach, wo hätte da einer am Wege gestanden in stummer Bewunderung? Es ist da nur ein angebrochener Spiegel in einem Boudoir, zurückwerfend seltene Augenblicke narzißtischer Versunkenheit. Wohlige Melancholie und ein drittes Ach! sitzen in einem hölzernen Sessel und sinnen den verblühenden schönen Stunden des Daseins nach. Hätte ich hier nicht Papier und Bleistift, ich würde durchdrehen oder mich in nichts auflösen...

Es ist immer noch Karfreitag. Ich sitze immer noch auf der vorderen Veranda und lasse die Zeit vergehen. Und warte. Warte ins Unbestimmte, ins Unwahrscheinliche, ins kaum Vorstellbare. Ich habe meine Pflicht getan und geamtet. Ich mag nichts anderes arbeiten an einem solchen Tag. Die Grillen zirpen dem ersten Frühlingsvollmond entgegen. Ein bleicher Widerschein der untergegangenen Sonne geistert ihm voraus; ich sehe kaum noch, was ich hier kritzle. Soll ich mich noch einmal befragen nach dem Sinn dieses Tages? Was würde ich mir selber - da kommt wer.

Kleine Szene 8
Das Glück des Augenblicks

Die vordere Veranda eines alten Missionshauses. Ein Viertelstündlein wohl vor Mondaufgang. Eine kleine Szene, im nachhinein ausgesponnen, durchhaucht von einer Stimmung, die in abgründige Tiefen eines hohen Feiertages nicht versinken mochte. Blickte nicht die junge Frömmigkeit dieser Breiten unbekümmert darüber hinweg auf die Freude drei Tage danach? ‚Good Friday' war dazu da, den Tag vergehen zu lassen. In abgelegenen Gegenden ließ man sogar alte Kultmasken tanzen, und ein frommer Feldforscher war ausgezogen, einen evasiven Geheimbund-Floh zu fangen. Die zurückgebliebene Frau des Hauses verlegte sich aufs Grillenfangen.

Daseinsphilosophische Tagebuchkritzeleien wechselten ab mit dem Betrachten der Eukalyptusbäume. Sie standen als rauchige Schattenrisse vor einem blaßgold-fliederfarbnen Abendhimmel in dämmernder Erwartung einer tropischen Vollmondnacht. Neben dem Sessel stand ein Schemel, der seine Ebenholzfarbe billiger Schuhwichse verdankte. Darauf ein Glasschälchen mit Pitangakirschen, gepflückt am späteren Nachmittags. Ein Rot, an welchem alle Vergleiche abprallten. Es duldete nur sich selbst neben tiefem Schwarz und reinem Weiß. Das Weiß stand in einem Wasserglas: langstielig, lanzettblättrig und mit einer einzigen Blüte. Etwas, dessen Name sich entzog und Erinnerungen weckte an Dichternarzissen: eine ‚Sternblume'...

So weit die Kulissen im letzten Tageslicht. Die fliederfarbne Dämmerung. Die Gedanken- und Gefühlsgespinste, das Gekritzel im Tagebuch und allgemach daraus emporsteigend die Verdunkelung wohliger Melancholie ins Trostlose tieferer Trauergefühle. Sie verkrochen sich in die Falten des Festgewandes und verharrten da wie wartend – worauf? Auf den ersten Frühlingsmond? Auf Unbestimmtes, kleine Blüten, kleine Blätter, Kakaopulver und Cassavamehl ineinanderstäubend?

Da geschah es.

Das Glück des Augenblicks war rund und funkelte. Es rollte, hüpfte, stolperte wie über Klippen. Es bahnte sich eine hart synkopierte Leuchtspur durch das dunkelviolett verengte Geäder der Abendschwermut. Einfach und einfältig wollte Lieschen lispeln: Mein armes – und besann sich. Hier sitzt eine Vorgesetzte; luzides Selbstbewußtsein bestätigt sich Genußfähigkeit. Ein Schauspiel äußerer Gelassenheit bietet sich dar.

An der Verandabrüstung gegenüber lehnten Anlaß und Ursache, ruhig und freundlich, freundlich und ruhig empfangen. Es stand an den Pfosten gelehnt, der das Vordach stützte, ein wenig zur Seite geneigt, ausweichend der Unschicklichkeit, auf eine Sitzende hinabschauen zu müssen. Gegen das abnehmende Licht stand, nahezu gesichtslos, ein kompakter Schatten. Stand und sprach so leise, daß ein ertaubendes Ohr erraten mußte, welches Anliegen sich vorbrachte, ohne Jackett, ohne Krawatte, unfeierlich an einem Feiertage. Vom Blechgrau der Verandaverkleidung kaum abgehoben eine Andeutung von Beige bis zum Gürtel, darüber eine Vermutung von Staubbraun sich selbst abhanden kam im Widerstreit von unzähligen Blümchen oder Pünktchen: der Blick von unten klammerte sich daran in dem Bemühen, zu verstehen, was in kurzen Sätzen höflichen Abstand überwand.

Eine Vorgesetzte saß in ihrem Sessel, ein wenig an den Rand des Alltags gerückt, klärende Fragen stellend, das Schweigen abmessend, abwägende Augenblicke aussparend – wie, wenn? Wären da nicht Kulisse und Gelegenheit für eine Stunde stiller Gespräche, entlangrankend an dünnen Sinngerüsten? Ach, es war da wohl einmal ein Gegenüber gewesen, vertraut mit Gesprächen über Rilke, Benn und Hofmannsthal. Dem Einverständnis nahe war ein Plastikbecher erst erhoben und zum Munde geführt worden, nachdem –. Nun, man war nicht über die irische See gesegelt; man hatte als Gruppe in der Impfschutzabteilung einer Klinik gesessen, kurz vor der Ausreise, damals. Vorvergangenheit. Hier nun und seitdem und trotz aller Verfeinerung: Einfühlsamkeit bis zu romantischem Gleichklang der Seelen? Ein Luxus, eine Ungehörigkeit, undenkbar außerhalb des Käfigs, in welchem Vernunft und Frömmigkeit ein ehrbares Dasein führten und eine ironische Zunge von allen schönen und traurigen Gefühlen mit geistreichem Witz den Goldbelag hinwegzuätzen pflegte. Übrig blieb sentimentales Blech... Schließlich: worum ging es in dieser Abendstunde? Es ging um das Übliche.

In diesem Falle und des genaueren ging es um Palmöl und Petroleum, Feuerholz und ein Bettgestell. Es ging darum, ein gutes Werk zu tun und der armen Sue zu helfen. In der Dämmerung stand der Fürsprecher wie ein Heiliger am Marterpfahl in Erwartung einer teilnehmenden Frage nach der Ursach' solcher Plage. Eine Anmutung. Eine Vermutung. Alles nur Einbildung? Wieder einmal schoben sich zwei Welten vorsichtig an einander vorbei. Fragen nach der Höhe des benötigten Betrages zur Beschaffung der Mittel, ein ärmliches Leben weniger ärmlich zu fristen, waren schnell erschöpft. Was wäre darüber hinaus auf leicht abgehobener Ebene möglich gewesen? Wie ein schwerfällig Wohlbeleumdeter den Feiertag verbracht habe, das ginge eine Vorgesetzte bei aller Vorgesetztheit vermutlich nichts an. Auch dem religiösen Sinn des Tages nachfragen, wäre verfehlt gewesen. Es hätte die vordere Veranda mit der Lehr- und Lernarena verwechselt. Gar darauf hinzudeuten, daß der erste Frühlingsvollmond zu erwarten sei – welch romantische Abwegigkeit. Es gab keine Möglichkeit, außerhalb der Dienstzeiten und dazu noch auf einer Veranda und in Abwesenheit des Hausherrn ein anspruchsvolles Gespräch zu führen. Nicht einmal, den Namen der weißen Blume, die da blühte, zu erfragen oder gar die roten Beeren zu teilen, lag im Bereich harmloser Möglichkeiten. Dem Gegenüber am Verandapfosten war mit sachbezogener Gesetztheit zu begegnen. Petroleum und Palmöl also. Und mit dem Entschluß, die Szene zu beenden, sobald das leiseste Gefühl aufkäme, es könnte Schicklichkeit sich verletzt fühlen.

Der Bittsteller ging, als ihm bedeutet wurde, er dürfe gehen. Den Enteilenden verschlang die schnell einfallende Dunkelheit. Die Sternblume leuchtete weiß dem entschwundenen Tageslicht nach. Die roten Pitangakirschen wurden schwarz. Die Welt und der Campus auf einer Lichtung im Regenwald waren im Gleichgewicht geblieben. Ereignet hatte sich Sein im Wahrgenommenwerden. Als eine derart ins Sein Erhöhte sich erhob, erfüllt von dem Gefühl, daß der Abend dem Tag einen Sinn gegeben hatte, stieg ein voller Mond durch die Eukalyptusbäume und spiegelte sich im Tagebuch wider. Am nächsten Tag kam der Feldforscher zurück, hochbeglückt. Er hatte tief im Busch den Geist der Geheimbünde brüllen gehört, der die Frauen erschrecken und in Schach halten soll. Der Floh, den er sich ins Ohr gesetzt hatte, war ihm, vermittels Scharfsinn und diplomatischer Tricks, in die Falle gegangen, während auf der vorderen Veranda die Grillen eine kleine Szene umzirpt und das Wenige sich zur Inspiration verdichtet hatte. Das Tagebuch konnte diesmal nicht alles fassen. Am nächsten Vormittag entstand in Öl auf Pappe das Gemälde ‚Sternblume'.

Echo im Tagebuch und ein Gemälde

Es war verrückt. Wie kann Erwartung so kopfüber in die Erfüllung fallen! Aber da, vom Verandageländer her, gegen das abnehmende Licht, strömte eine langwellige Ruhe, die hohe Frequenzen alsbald überlagerte. Es beruhigte sich umgehend. Zumal in den ersten Augenblicken gar nicht sicher war, ob da nicht hochverdichtet Einbildung sich aufbaute und eine Trauminsel vorüberschwamm. Zeit lassen. Schweigen aushalten. Eine Frage zuschieben. Sein-im-Wahrgenommen-werden genießen. Jenseits der Bougainvillea steht eine Fensterhöhle offen. Das orangeblonde Licht einer Buschlampe verklärt die Voilevorhänge. Vom Unterdorf herauf tönen Trommeln. Morgen wird man das Totenfest für die im Kindbett verblutete junge Frau feiern. Ich habe noch teil am Leben und weiß nicht, wo ich es hintragen soll. Niemand will das, was mich je und dann umtreibt, mit mir teilen. Auch Chr nicht. Nur dieses Tagebuch hält mich aus. Hab ich doch wenigstens ein gutes Werk getan heute, für ein Bettgestell und Feuerholz gesorgt für ‚die arme Sue'. Und dann Selbstgespräche auf englisch gehalten, von einer virtuell anderen Seite her. ‚Why is she sitting here alone, with open hair and in this attire? She is a woman. Treating the sick and poor with concern. Caring. Saying she was worried. Wonderfoolish. O, no trespassing. Yield not to temptation. It may be, nobody knows how.

Der Nachthimmel ist so hell, daß man keine Sterne sieht und schreiben kann. Ich sitze noch immer und wieder und gucke in den Mond. Sein Aufgang, kurz nach dem Weggang, als ich ein paar Schritte Richtung Hibiskuswinkel ging: Prachtvoll. Fürstlich. Welch eine Gürtellinie! Kaum zu fassen. Auch mit beiden Armen nicht. Und dann, und später, um Mitternacht? Ach, ganz so. Jedes Glück steigt auf wie ein klatschmohnroter Aprilmond, wandert durch trüborangene Ernüchterungen hinüber in ein alltägliches Maisbreigelb, steigt weiter und steht schließlich, wenn es Glück hat, das Glück, und keine Wolken es verdunkeln, in konzentrierter Abgeklärtheit klein und farblos im Zenit. Und wäre ohne das geliehene Licht der schönen Gefühle – eine Platterbse.

Soll ich mich, da es zum Schlafengehen noch zu früh ist, noch einmal fragen, was eine Karfreitagspredigt mir sagen müßte? Sie müßte mich erinnern an das Schlimme früherer Jahre, hier, in diesem Haus. An den Karfreitag 78, als ich einundvierzig wurde und schreibend (Tagebuch? Einen Brief an Chr?) im Gästezimmer saß, um mich in einem letzten Versuch zu einer Entscheidung hindurchzuquälen. War das Nein ein Karfreitag? Eine gekreuzigte, eine geopferte Möglichkeit, anstelle des Risikos eines Selbstopfers? Um das, was nicht ist, habe ich bislang noch nicht gelitten, trotz aller verräterischen Träume. Gebunden bin ich an Kreuz und Heil meiner Ehe, unauflöslich, so weit das Gefühl nicht trügt. Alles andere gehört anderen Dimensionen an. Ich habe heut vormittag meine Berufspflicht getan und hatte den Rest des Tages für mich. Möge Chr gut angekommen sein da, wo er hin wollte, und herausfinden, was er sucht. Ich habe auch etwas bekommen: die Inspiration zu einem Bild, das ich morgen malen könnte.

Sonnabend. Komm, mein einziges Stück Überleben für kurze Zeit, Tagebuch. Die Vollmondnacht war voll bunter, undurchsichtiger Träume. Letzte Hormonschauer. Der immer wiederkehrende Konfekttraum hat offenbart, daß ich gestern abend in der Dämmerung bekommen habe, was ich wollte: diesmal gelang es mir, ein par Krümel von dem zarten Zucker-Mandelgebäck zu essen, von dem eine vornehm-weißhaarige Dame sagte, es sei gut. Ich hatte es erst nicht kaufen wollen. Die Preise in der Konfiserie waren exorbitant. Es war ein feiner Laden; ich kaufte Rumkugeln und ein kleines, mandelförmiges Konfekt und bezahlte mit einen 200-DM-Schein. Als *ich das Gebäck anfaßte, blätterten ein paar Krümel ab, die leckte ich ungeniert von der flachen Hand und sie schmeckten zart und süß - Geschmacksempfindungen im Traum. Das Unterbewußtsein weiß also: das ‚große Glück' ist nicht für mich. Es würde mir den Magen verderben. Ich habe es zwar gekauft, aber ich komme nicht zum Essen. Nur ein paar Krümel. Da wünscht sich manche Enttäuschte offenbar etwas Abenteuerliches mit ungebrochener Naturgewalt. Es wäre mir zuwider. Für sentimentale Intellektualität liegt geschmacklich näher etwas Zögerndes, in mildem Tugendlicht Glimmendes. Mir steht der Sinn rückwärts nach dem Frühling von Bethabara: blaßgold, hellgrün, kühl und voll weißer Narzissen. Von den Erdbeeren in der Glasschale, damals, wollte ich nur den Duft im Vorübergehen. Ich wollte nur den Augenblick, aus dem ein Traum aufblüht. Und ein Gedicht entsteht. Oder ein Bild. Wozu hat Chr mir die Ölfarben geschenkt. Am Ende des ersten Jahres entstand das Gemälde ‚Epiphanie', die grünen Edelsteindoppelknospen im grünen Halbmond. Die Szene von gestern abend - wo ist der Malkasten?*

Abends. Ein Gedicht von einem Bild ist mir gelungen, über die Mittagszeit, in drei, vier Stunden. Abenddämmerung im Hintergrunde, grünblau, Pitangakirschen auf einem schwarzen Schemel, eine weiße Sternblume in einem Wasserglas; ein dunkelbraunes Gewand, fließend gelocktes Haar und ein staubbrauner Kragen wie eine Vogelschwinge. Pfirsichfarbnes im Glas und eine Brombeerlache am unteren Rand. Die Komposition ist nicht ganz geglückt, aber die Farben stimmen. Bis auf das Braun. Es ist nicht ganz so dunkel wie die Wirklichkeit. Jetzt hinüber zu der Totenfeier.

Danach. Es ist doch fast nur ein Freß- und Sauffest für die Leute. Wer trauert denn da? Als ich den Vater der Toten sitzen sah, während die Leute lachend und schwatzend aufbrachen, da packte mich doch das Mitleid: wie die Trauer so alleine bleibt im Gemeinschaftsrummel. Der Mann sah ins Leere, und die Leute lachten an ihm vorbei. Ich hätte diesen Tod im Kindbett mit einbeziehen sollen, gestern.. - Chr kam zurück, verdreckt, beglückt. Kurz zuvor, als ich mit Buschlampe und offenem Haar in der Küche hantierte, wurden zwei kleine Rettiche gebracht; es ging wieder um die arme Sue. Dieser Karfreitag und sein Nachspiel in Öl auf Pappe heute: für mich ein seltsamer Seitentrieb österlicher Stimmung.

Malaria, Verstimmung und wieder allein

Sonntag. *Was ist an diesem Ostersonntagabend dem Tagebuch zu sagen? Erfreuliches. Am Vormittag stand drüben offiziierend ein bodenlang geradliniges Etui aus Tiefschwarz und Mattgold; hier vor dem Spiegel hernach die herbe Anmut des Verblühens. Endlich, zwischen Vierzig und Fünfzig, gehe ich nicht mehr hochnäsig an mir vorüber. Der Nachmittag war voller Rollenspiel auf der vorderen Veranda; den Nachbarskindern Märchen vorlesend; das Wohltätigkeitsprojekt brachte den Fürsprecher der armen Sue wieder herbei, das gleiche zu bereden wie gestern abend. Zwischendurch rauschte ich hinüber zur Bücherei, nur um den Wind in den Falten des Fledermausgewandes zu fühlen und nebenbei zu bemerken, daß der eine der Junior-Schönen mit Büchern auf den Knien neben der Miss saß und der andere, der Dandy, Shakespeare las. Dazwischen, weder mit körperlichen Vorzügen noch mit außerordentlichem Bildungseifer begabt, bewegt sich mit schwerfälliger Würde und frommem Biedersinn der Mann von Lah, fett wie Hamlet, ungenau schuld daran, daß sich das Phantom der Muse in diesen Campus verirrte. Das Tagebuch häuft Rohstoff an. Für die Sue wurde erstellt eine lange Hilfsgüterliste, in der es herumfingerte, hier im Arbeitskabinett, Schulter an Schulter, nachholend, was so lange sorgfältig vermieden ward nach jenem allerersten Anfang, drüben in der Bücherei, Material für literarische Fingerübungen, kleines Fingerklavier, alle die ‚Stilübungen‘, schon früh in den Schulheften, so naiv und so zufällig, mit Bleistift, mit Kugelschreiber. Sie nahm ihn, schrieb etwas und gab ihn zurück in die Hand. Es kam kein ‚erster Satz‘ zustande (vom Typ ‚Von den Bananenblättern tropft das Mondlicht‘). Es übertrugen sich nur die winzigen Partikelchen eines Beinahe-Nichts, äußerste Molekülschichten, Elektronen, die absprühen in feinsten Nervenreizen. Das schob sich mir zu, Krümelchen, es lud sich auf mit Bedeutung, und es wurde trotzdem keine Literatur daraus. Aus dem Rundbrief für Jg ist auch nichts geworden.*

Dienstag. *Gestern nichts; heut nur die traurige Verwunderung darüber, wie manche der Älteren, die immer einigermaßen schlank aus den Ferien kommen, hier im Campus wieder Speck ansetzen. Macht Studieren dick? Hab ich nicht auch ein paar Kilo zugenommen, als ich monatelang (bei Eiscreme und Edelkäse) über meiner Wissenschaft saß?*

Mittwoch. Ein schöner, gewaltiger Sturm brach los, während ich dozierend in III saß. Wild und schön mit großem Regen. Man müßte sich da hineinwerfen können, dachte ich; hatte aber keinen Regenschirm. Man lieh mir einen, und als ich vor das Haus kam und Chr mir mit einem Schirm entgegenkommen wollte, da fielen wir beide in die Pfütze ehelicher Mißstimmung, weil statt Chrs Zunge diesmal meine spitz und ironisch wurde. Nun schmollen wir wieder an einander vorbei. Röslein zurück; allein bei Tisch, und im Arbeitskabinett hat der Sturm mit dem dürren Juju-Ast eine Scheibe eingeschlagen und eine große Lache hereingeregnet.

Sonnabend. Wieder ein Malariaanfall, zwei Tage lang elend, patschnaß geschwitzt, und Chr - ach. Die Dämonie der Kleinigkeiten. So im Alleinsein zauberte ich einen großen Sturm herbei. Helle und dunkle Wolkenmassen schoben sich ineinander, auf Erden suchte es Schutz, amidst the sky's commotion und zog Erschrecken auf sich nieder. Sweet though in sadness rannen die Stunden dahin. Ihrer zwei seien gekommen, sagte Chr, sich zu erkundigen. - Ich warte. Zum einen darauf, daß Chr Anstalten macht, die Verstimmung zu bereinigen (Leute aus dem Dorf rennen ihm schon den ganzen Tag die Bude ein), schließlich will er morgen abreisen. Zum anderen auf einen, der mir die Attributenlehre auf Matrizen setzen soll. - Eine träge Masse, die man kneten muß. Mit Bezahlung. Schließlich bequemte man sich. Wo nähme hier jemand die irre Meinung her, eine Arbeit würde umsonst getan. Schließlich bekommt man ja auch das ganze Studium bezahlt. Und nun soll da gar noch eine schwierige Handschrift entziffert werden. Den Gründen der Weigerung, im Gästezimmer zu arbeiten, fragte ich nicht nach.

Sonntag. Chr fuhr los, war nach zehn Minuten wieder da (hatte was vergessen), und ist nun für die nächsten zwei Monate weg. Es kam gestern abend noch zu Aussprache und Versöhnung. Aber wir leben doch in recht verschiedenen Welten. Um mich abzulenken, lese ich Tagebuch. Und betrachte mit Wohlgefallen das neue Ölgemälde.

Montag. Ist etwa dies das Begehren alternder Weisheit, einen Kranz von halbnackten Jünglingen um sich zu haben, Gras schlagend? Alle haben vor zehn Minuten wie auf Verabredung ihre Hemden ausgezogen, und einer legte seinen grünen Kittel über die Verandabrüstung. Und ich - ich muß stramm und selbstsicher auftreten, um bestehen zu können und falle innerlich auseinander in Weib und Vorgesetzte. Dürfte ich dem Wunsch nachgeben, dazustehen und ungeniert zuzusehen? Vielleicht würde es sie verlegen machen, und dann würden sie lachen. This woman in high position, she feels attracted by our naked skin. She is at our mercy outdoors, as we are at hers when in class. So etwas kann ich mir vorstellen. Und es denkt weiter ins Theoretische. Warum liebt Gott das Unwürdige? Aus Mitleid, heißt es. Ist Mitleid eine freie Regung oder auch ein Trieb? Die Entscheidung der Agape für das Unwürdige ist frei. Sie könnte auch anders. Im Machtbereich der Kypris aber ist eine Grenzlinie, die ich nicht genau erkenne. Unterhalb der Linie ist Willenlosigkeit, Versklavung durch den Trieb. Man liebt den Unwürdigen, obwohl man es als Entwürdigung empfindet. Oberhalb der Linie ist der platonische Eros, der das Schöne und Gute liebt, weil er sich zu ihm hingezogen fühlt. Die Wirklichkeit ist vermutlich ein Gemisch von beidem. So hab ich mich von der nackten schwarzen Haut im grünen Gras hinwegphilosophiert.

Dienstag. Nahe beim Haus, da, wo wir 1972 saßen und auf ein Taxi warteten, steht ein Avocadobaum. Es fiel mir bei, darin nach ‚Birnen' zu angeln. Ich hatte einen Rechen zur Hand und mühte mich damit ab. Im Rücken stand ein gelbgoldener Sonnenuntergang; der Tag war klar und strahlend gewesen. Das Licht floß durch das dunkelgrüne Laub, und wie ich mich umsah, stand da einer, der sich nun der Rolle des Sekretärs anbequemt. Er wollte natürlich helfen; ich bezweifelte den Erfolg: zwei Zentimeter mehr reichen an keine Avocado, die ich selber nicht erreiche. Da ich etwas Diesbezügliches sagte, war da wieder das trockene, krampfhafte Lachen, das wie ein Husten in der Kehle steckt. Papier für die Notes, bittesehr. Im Gehen, unterhalb der Veranda, knabberte ein ausgewachsener Mann am Daumennagel und murmelte etwas. Es ließ sich zum Glück erraten. Als die gewünschten 2'000 ausgehändigt waren, vernahm ich noch: ‚Your handwriting is very difficult.' Sonderzulage? - Das Gehalt für Mai-Juni wurde mir ausgehändigt und ich staunte - 40'000 mehr im Monat. Das läßt sich kaum noch als ‚Bedarfsgehalt' definieren. Es zeigt aber auch, was an einem Tutorenehepaar gespart wird: fast eine Million im Jahr. Jetzt hab ich so viel wie eine Krankenschwester oder eine Sekretärin zur Verfügung.

Mai
Alleinsein. Schock und Gegenschock

Freitag. *Heute fliegt Chr. Ich rede mit ihm vor mich hin, noch immer Bethabara betreffend. Es läuft auf den Vorwurf hinaus, daß er mir nicht beigestanden hat mit Verständnis.* Ich kann es auf Umwegen nachfühlen; es hat sich nicht als Schock ausgewirkt, sondern als Depression und ist rational nicht auflösbar. An die Stelle von Rechtsansprüchen und Verfügbarkeit tritt auf einer höheren Ebene das Gefühl des ‚Seins-im-Zugewandt-Sein'. Abwendung erzeugt dann ein Gefühl der Annihilation. So könnte es Chr ergangen sein, deshalb ist er für meine Klage nicht erreichbar. Es bliebe nur die gemeinsame Trauer über ein Verhängnis. Jg ist aus meinem Gefühl wieder hinausgedriftet, schmerzlos, wie ein Bächlein unter Erlen sich in einer Wiese verläuft. Es blühen da Vergißmeinnicht: die Erinnerung bleibt. Was da war, soll eines Tages darstellbar werden. Diese Hoffnung gebe ich nicht auf. Selbst wenn die Kakerlaken in den wenigen Gesängen rascheln, die in Chrs Schublade modern.

Alleinsein. Viel Zeit. Wohin damit, wenn nicht ins Tagebuch, das alles frißt, was man ihm vorwirft. – Hier in Afrika gibt es zwei Charaktere, die der Darstellung wert wären. Kg war der eine, der Jüngling, spröde, stolz, intellektuell und abstrakt, erratisch, dickschädelig und *sophisticated.* Unklar bleibt, wieviel ich von mir aus hinzugetan hab. Kg hat, obwohl bedürftig, nie einen Finger krumm gemacht für Geld. Der andere Charaktertyp ist umgänglicher und dienstwilliger, demütig und berechnend zugleich. *Stooping to conquer.* Außerdem interessiert mich, wie eine Reliquie entsteht. Etwas, das anzieht und nach sich zieht, bis dahin, daß man sich davor niederwerfen möchte. Etwas, an das man sich verrät; das einem sich selbst verrät: traditio; sequor, non sequitur. Vermutlich ist es ein Substitutionsphänomen. Weil das Eigentliche nicht vorhanden oder nicht zu haben ist, übertragen sich Wünsche und Gefühle auf etwas, das mit ihm in Verbindung steht oder stand. Reliquienkult ist an Realien orientiert.

Später Nachmittag. Chr müßte sich noch über Afrika befinden. Mir ward hier im Kabinett bei offener Tür eine Viertelstunde lang, aufrecht auf Abstand, Seelenfrieden zuteil, um mein

Dasitzen drapiert wie ein leichter Seidenschal. Einer Nähe, die schräg gegenüber am Eckschrank lehnte, habe ich mich züchtiglich erfreut. Kein Rhythmus beschleunigte sich, keine blöden Verlegenheiten verhedderten das Sagbare. Eine wohltuende Langsamkeit ging herüber und hinüber, und ‚alles ist leise gesagt'. Es ging wieder um Palmöl und Kerosin für die arme Sue. Es ist mir bewußt, daß Chr unterwegs ist nach Europa und daß er mich festhält über alle Entfernungen hinweg. Aber solch eine kühle, musazeengrüne Gegenwart, einen seltenen Frieden, der durchs Wiesental der Seele zieht, den möchte ich doch haben und eine Weile behalten dürfen. Ich bleibe diesseits des Gitters, ich will nicht hinaus und hinüber in ein Ungewisses, das sich mit dunklem Blick bald zu-, bald abwendet. Es genügt, daß es an einem Eckschrank steht und etwas Wohltätiges vor sich hin murmelt. Der See, in den es sinkt, liegt still unter einem blaßblauen Himmel. Möge Chr gut in Bethabara ankommen. Und die Sue könnte übers Wochenende abwaschen kommen, damit nicht alles nur geschenkt ist, das Feuerholz und das Bettgestell und alles was ich für sie tue, vermittelt über einen, von dem ich nicht weiß, wessen ich ihn verdächtigen soll. Das Mädchen ist doch mit einem anderen verlobt.

Sonnabend. Der Gegenstand eines Gesprächs kann Brücke und Brandmauer zugleich und an sich gleichgültig sein. Im Bereich des Religiösen gibt es die unnahbare Mitte und darin die Hochspannung, die das Heilige erzeugt (in Subjekt-Objekt-Uneindeutigkeit) und es als Apperzipiertes zum Tabu macht. In der Mitte des Numinosen ist Sige, das Schweigen, wie ein Strudel, der ansaugen und hinabziehen könnte. Deshalb darf man reden nur von dem, was drumherum ist: vom Hypostasenkranz der Attribute – oder hier im Kabinett von Kerosin und Palmöl. In diesen Rändern, in die Es ausstrahlt, läßt sich das Eigentliche gefahrlos umspielen. Außerdem und überdies wird hier ein gutes Werk getan.

Der Ärger über den Mißbrauch des neuen Landrovers verflog, als jemand kam, dem Koch beim Annageln eines vom Sturm losgerissenen Stücks Verandaverkleidung zu helfen. – Der hauseigene Fußballsieg war nicht einem langsam-linkischen Links-Außen zu verdanken, der sich am Rande herumdrückte. – Man brachte mir einen Brief von Chr und meinen Paß. Heißt: ich muß noch im Mai hinab an den Atlantik.

Sonntag. Statt in selbstversponnener Tristesse vor mich hin zu verblühen, will ich lieber denken und Gedachtes aufschreiben. Worin besteht das Wesen von ‚Untreue' auf höherer Ebene? Kann es da eine Art Wechselspannung geben wie beim elektrischen Strom? Wie es sich vor sieben Jahren zwischen Chr und Jg hin- und her umpolte, das war etwas anderes als ‚Your lips are here but where is your heart?' Ich war ‚ganzheitlich' bei Chr, wenn ich bei ihm war. Dann war ich wieder in Bethabara und Jg zugewandt - allein mit der Seele, und das war das Schöne. Wenn eine Frau, die zur Ehe eigentlich nicht taugt, eine Art Artemisverwandte, den Ansprüchen oder der stummen Resignation dessen, den sie doch liebt, entgehen will und dazu der eigenen Abneigung, was soll sie machen? Um einer Verkrampfung zu entgehen, die alles nur verschlimmern würde, flieht die Seele zu etwas anderem und zu einem, der nichts von ihr will. Das wäre eine Trennung von Körper und Seele, wie man sie Prostituierten nachsagt. Und der Grund, weshalb die bürgerliche Ehe im vorigen Jahrhundert so oft so nahe daran war. Was ist das, was ich hier gedanklich in den Griff zu bekommen versuche? ‚Transformation' bedeutet doch, daß sich ein Ich von Zeit zu Zeit bis zur Nicht-Identität verändern kann. Die Volksweisheit ‚La donna e mobile' erfaßt die konsekutive Polyandrie der Seele nicht. Mit Chr bin ich verehelicht. In Jg, dem Unbeweibten, noch Hippolyt, suchte ich das, was in einer Ehe nicht sein kann: das Nur-Geistige. - Herumstreunen trotz vieler Arbeit: ich afrikanisiere mich. Sonette an Orpheus und eine Lauchsuppe. Marmelade kochen, Bildchen an die Tafel malen. Möge Chr sich wohlfühlen in Bethabara. Ich bin hier noch mit allerlei diesseits des Gartens beschäftigt..

Montag. Wortwechsel mit dem Koch der Gemeinschaftsküche. Er wurde frech und ich autoritär. Gleich danach die arme Sue: sie sei wieder krank. Ich ging zu ihr, da wo ich sie untergebracht habe. Noch dabei, mich zu sammeln, mit dem Gefühl einer mächtigen Fee, leise und beinahe drohend, trat ich ein. Sie saß am Tisch, vor sich ein Heft, Decrivez une personne que vous aimez. Ich las flüchtig: die Mutter. Ich sah, daß sie ihre Handschrift angleicht: Ausdruck des Nahe-sein-Wollens. Es packte wieder zu mit spitzen Zähnen. Ob ihr jemand helfe bei den Hausaufgaben. Ja. Eine traurig verwickelte Geschichte. Höflich, freundlich, hilfsbereit: der, welcher der Armen beisteht und mich ausbeutet ihr zuliebe.

Was noch möglich wäre und Volleyball

Dienstag. Es könnte mir egal sein, wer den neuen Landrover zu Schrott fährt, wenn ich nicht auch auf das Vehikel angewiesen wäre. Um ein wenig schlafen zu können in der Mittagspause, brauche ich ein Schlafmittel. Ein Denkproblem oder einen Tagtraum. Immer wieder der kanonische Fall von Eifersucht. Was muß der Mann gelitten haben. Immer wieder, stell ich mir vor, sprang es auf und packte ihn mit spitzen Zähnen, und er fühlte sich machtlos. Flüchtete zu seinem Gott, um die Wunde der Tigerzähne zu kühlen, und dichtete ihm schließlich seine eigenen Leiden an. Oder ein Grasland-Traum. Eine Hütte, ein Häuschen, darin ich mich unterbringen könnte. Immer wenn etwas Schönes ins Ideale hypertrophiert, reduziert sich das Materielle, weil das Ideal mit seinem Glanz die Welt von innen her verwandelt. Die Welt der Dinge und ihre Habhaftigkeit würden das Wesen des Ideals mindern oder von ihm ablenken. Die Hormonschauer der Jugend - Trunkenheit ohne Wein. Man lebt von ‚Luft und Liebe'. Darüber denkt man erst nach, wenn man alt wird. Es kann nicht lange währen. Es ist ein Frühling, der schnell verblüht. Für mich war er vom Geist atrophiert. Jetzt wäre noch möglich ein Jahr unter dem Harmattan, um restliche Hormone in Tagträume und Poesie zu verwandelt. Zwei, drei Monate in einer Hütte in Lah, wartend auf den Besuch der Muse. And is all this, o my restless heart, nothing but - a chemical reaction? Die Insolenz der Hormone? Die Gnade des zweiten Frühlings? Und weit und breit kein Kristallisationspunkt. Nur das Warten auf die Muse, der ich hier einen Teppich von Tagebuchmonologen hinbreite, während der athletisch Schöne und ein ‚Igelchen' den Hohlraum unter dem Haus gegen die streunenden Schweine aus dem Dorf verbarrikadieren. Eigentlich sollte ich mich mit Nkrumahs Polittragödie befassen. Heut abend wieder Dogmatik, Gott als Schöpfer, die Hormone als sein Wille und darüber das Gebot, wie solches zu verwirklichen sei. Die alten Griechen haben es anschaulicher und dramatischer hingekriegt, indem sie Aphrodite und den geflügelten Knaben erfanden.

Mittwoch. Wenn ich vom Zuschauen beim Volleyball komme und mich statt aufs Tagebuch auf Nkrumah stürze, was bedeutet das? Es war so entspannend, da drüben zu sitzen. Drei der Unbeweibten saßen auch da, zu alt oder zu faul zum Mitspielen. Kinder wuselten herum, der Benjamin hechtete nach dem Ball, der athletisch Schöne ließ die Muskeln spielen, und ich saß da und ließ die Zeit vergehen, eine ganze Stunde, im schattigen Wohlgefühl von erwünschter Nähe und sanft hinfließender Zufriedenheit.

Der Tag ist noch nicht zu Ende und ich muß schon wieder über den kanonischen Zeitgenossen Hesiods nachdenken. Vielleicht ließ der Schmerz der Eifersucht ihn fühlen, daß er noch lebte. Vielleicht überraschte ihn immer wieder, wie schonungslos der Dolch bohrte durch Mark und Bein und so, daß ihm schwindlig wurde und er wie benommen durch die Gegend taumelte. Ein Gefühl so vernichtend, daß es zu jedem Blödsinn fähig machen könnte aus reiner Notwehr. Und da hörte er eines Tages die Stimme seines Gottes: Diese Unmögliche ist dir bestimmt. Warum sollte man nicht psychologisieren dürfen? Was hat man von Redaktionsgeschichte? Auch nur Vermutungen. Der arme Mann war eifersüchtig verliebt, nur leider in eine, die aus dem ihm gemäßen Rahmen fiel. - Das ist das eine. Das andere wäre eine Analyse am Faden einer modifizierten ‚Phädra' entlang, einer Racine'schen. Die Unglückliche entdeckt Hippolyt und Aricie nicht im gleichen Bett, aber den einen in der anderen Nähe, und es wirft sie um. Es benimmt ihr den Atem. Was sie begreift, und was ihr im Begreifen quasi den Lebensfaden abschneidet, sind die Magnetfelder, die alle Seelenströme Hippolyts zu Aricie hinlenken, obwohl, und darin läge eine Modifikation in Richtung Shakespeare, Aricie schon vergeben ist. Alles, was von Phädra zu Hippolyt hinstrebt, stürzt ab und ins Leere. Sie begreift, daß es das Nicht-haben-können ist, das jede Nähe zwischen den beiden auflädt. Und daß in diesem Spannungsfeld Seelenpotentiale verschmelzen. Solches Begreifen schlägt wie ein Blitz ein; es entsteht ein Kurzschluß - es ist, als zerfiele etwas zu Staub. Ein Augenblicksgefühl. Es hält nicht an. Aber der Augenblick genügt, um zu offenbaren, was der Fall ist.

Donnerstag. Kann Nächstenliebe in Unverschämtheit umschlagen? Schön wäre ein christlich-kristallines Gewissen, schöner als ein stoisches Achselzucken. In der einen Ecke, gestern abend, saß die arme Sue, in der anderen der, welcher sich so angelegentlich um sie kümmert. Überall steht er mir im Wege. Das Betteln für das Mädchen hört nicht auf. Noch ein Brett für das Bett. Was soll ich machen. Ich bin schon verstrickt im Netz der guten Werke. Growing a bit weary...

Freitag. *Wohin gehört der seltene, an Luxus grenzende Genuß heißen Duschens aus löcherigem Blecheimer in verschimmeltem Bad? Nebst dem Duft von Eukalyptusöl - nebst! - vermischt mit seltsamen metabolischen Düften? Wie lockt man, grauweiß gestreift, den scheuen Leuen eines Tagtraumfragments aus seiner Höhle? Langärmelig in Schneeweiß kam es herbeigeschlichen in spitzem Winkel, stellte sich sozusagen zur Verfügung: hinab in den Garten. Ein Rosenstock, der sieben Jahre lang Aurora-Rosen trug und dann verdorrt ist, steht nicht mehr. Ich stand wie gelähmt von einer langsam steigenden Trance und dachte an Lilien.*

Sonnabend. *Kam einer im Rieselregen ohne Schirm, mit beiden Händen die hellen Hosenbeine hochziehend, und guckte ‚bedüppelt' herauf in meine forsche Ansprache von der Veranda herab. - Beim Kramen in den Regalen der Bücherei drüben kam ein Büchlein zum Vorschein: ‚Can sex spoil love?' Es geniert mich fast, aber es ist genau das, was mich beschäftigt: Verfeinerung. Vergeistigung. Es entspringt eigner Erfahrung, ich habe nichts Besseres weiterzugeben und weiß doch, daß die Mentalität hier eine andere ist. - Ein Tabuthema, auch fürs Tagebuch, es läßt sich nur andeuten: wie meine Mutter sich an mich klammert. Die verschimmelten Marzipankartoffeln, die heut ankamen, rühren mich fast zu Tränen. Es regnet dicke Bindfäden. J'aime le chant de la pluie. Im Grasland redet man eine ältere Frau mit einer Silbe an, die so viel wie ‚Mutter' bedeutet und sich leicht verschlucken läßt.*

Sonntag. *Müssen charakterlich integre Männer Seelenschönheit mit irgendeinem körperlichen Defekt büßen? Sonntägliche Freßgelüste auf Dinge, die nicht zu haben sind: Entenbraten, Sauerkraut, Quark, Erdbeeren und Schlagsahne. Während mich hier auf der vorderen Veranda die Sandfliegen fressen. - Worüber man sich mit einer guten Lauchsuppe trösten kann: über einen Gefühlswirrwarr ohne jegliche Menschenkenntnis. Kann Eifersucht komische Formen annehmen? Religion hat mit Komik nichts zu tun, mit Humor auch nicht. Homers Götter spiegeln schon ionische Aufklärung wider. Religion ist tragisch oder ekstatisch, wie bei den alten Griechen, oder moralisch-geschichtsmythisch, wie im alten Orient. Heut mittag, als man zuhauf im Refektorium saß, kam ein großer Regensturm, so daß ich einen schicken mußte, den Schreibtisch vom Fenster wegzurücken. Wen wohl. Wie fahl und* strähnig ist mein Haar, obgleich gestern gewaschen. Es fehlt ein Hormonzuschuß. Es geht halt abwärts. Aber im Spätsommer und Frühherbst gibt es immer noch schöne und köstliche Tage. Chr's Bildchen mit dem § 44 hängt am Lampenschirm über meinem Schreibtisch.

Montag. Muß ich als weiße Zerberussin auf der vorderen Veranda liegen und die schwarzen ‚trespassers' verbellen, um bei Übelwollenden den Verdacht ‚Apartheid' zu erregen? - Eine Denkübung zum Thema Umkehrung des Herkömmlichen im Verlaufe sozialer Umbrüche. Wenn die höheren geistigen Tätigkeiten und die dadurch bedingte soziale Stellung auf der einen Seite und auf der anderen Abhängigkeit davon, verbunden mit ‚Werktätigkeit' (nicht geradezu Sklavendienste) dem Genus nach anders verteilt sind als gewöhnlich und dazu in einer Gegend, wo nur Geld und gute Beziehungen zählen, müßte es da zu jähem Absturz kommen? Könnte es nicht ein vermittelnd Drittes geben, ein hohes Ethos und allerlei Sublimierungen? Was hat das hohe Mittelalter alles zustande gebracht an ‚hoher Minne' zu höfischem Zeitvertreib. Der hohen Frau Knie zu umfassen war allenfalls im Traume vorstellbar. Das Haus war zweistöckig. Im oberen Stock geisterten die Ideale und es stand da ein Bett, ein blütenweißes, damastglänzend. Da sich hineinzuwerfen, fiel dem edlen Ritter nicht ein. Er besang das damastene Ideal. - Morgen hinab ins Nachbardorf zu einer Beerdigung.

Mittwoch. Gestern, die Müdigkeit und das Haar so grau, fast weiß, als sei alle Lebenskraft daraus gewichen. Heut Vormittag Aufmunterung bis zu Herzklopfen im Wortgemenge wegen ‚a woman protects a man'. Ausweichmanöver in freier Wildbahn. Ein Brief von Chr mit Details der Tragödie Mireille. Ich verstehe es nur zu gut. Sie akzeptiert das Kind eines Ehebruchs, weil es auch das Kind des geliebten Mannes ist. Sie hat das Schwierige gewagt. Der Preis, den sie nun dafür bezahlt, ist hoch. ‚Courte et bonne': das kann ihr niemand mehr nehmen. Chr schreibt, er sei gut aufgehoben in Bethabara, inmitten seiner ‚Freundinnen'. Ich gönne es ihm.

Wieder Volleyball. Ein wenig Dabeisein genügt, an einen Baum gelehnt, hinter dem Schiedsrichter versteckt, schräg in der Diagonalen sitzend, während ein zunehmender Mond, mit dem Rücken nach oben, durch die Himmelslagunen schwimmt. Die Zeit wehmütiger Erinnerung an solche Glücksschnipsels, wird sie dermaleinst kommen? Du Naher und Ferner, du gläserner Mond am herabgefühlten Tropenmaihimmel... Wenig später. O du hellgrüner Lattich, du Lieblingskraut der Inanna, gleich nach dem frischen Lauch! Wieder Abendsonne im Rücken; aber diesmal angelte ich mit einer Zehn-Meter-Bambusstange nach den Avocados. Wer wollte da hinaufklettern? Die Äste sind morsch. I will not permit. I am responsible if anything happens. Is this the interpretation of the oracle? Maybe. Who encouraged Miss Sue to take the liturgy? Take care of your French. You might have to write exams. Das Lachen. Ein sonderbares Gemisch aus unbekümmert und verlegen. Man kann recht gut wissen, was man will und an welchen Fäden weiterzuspinnen sich lohnt. Aber vorsichtig. Es schleicht so wildkatzenhaft graugestreift an den eisernen Gitterstäben entlang, innen. Es faucht auch bisweilen. Ist der Käfig absolut ausbruchsicher?

Zurück zu Chr und den Anfängen denke ich. An die Illusion, der er sich hingab, da er ein Jüngling war und ich die Ältere, die er für die Weisere hielt und ich war es nicht. Ich wollte nicht Diotima sein; ich war zu jung, um einen Jüngeren mit dem mütterlichen Eros ‚große Freundin' zu umgeben, auf daß der also Umgebene sich alsbald, aufs subtilste erzogen, dem Allgemeinen zuwende. Jetzt wäre ich so weit. Aber wo ist ein würdiges Objekt? In dieser Weltgegend befinde ich mich am unrichtigen Ort. Und überhaupt. Die alternde Frau als Mystagogin, das ist Romantik und ein Nachflackern bei Flaubert. Die Gefahr, daß sie sich in Illusionen verrennt, liegt nahe. Wenn sie das weiß, ist sie in Sicherheit.

Donnerstag. *Traumtransformationen. Ich wollte Blumen säen. Es waren große Kerne wie von Pitangakirschen. In freiem Feld, an einer Landstraße, auf einem kleinen Fleckchen vor einer Reihe Tomaten, wollte ich sie säen. Jemand rief mir von ferne zu, ob ich Torf brauche. Nein, ich säe nur Blumen. Säte eine Reihe statt fünf, eilte zurück, hatte eigentlich keine Zeit. Da kam jemand einen Abhang herauf mir entgegen; ich wollte vorbei, wandte mich aber um, spielte überrascht. Ich sah beschriebenes Papier, das sich in einen blühenden Mandel- oder Apfelzweig verwandelte. Es war eine Aufgabe zu lösen, die ich auch eifrig anging, obwohl ich keine Zeit hatte. Ich spürte die belustigte Reaktion Umstehender. Sie hat keine Zeit, aber* dafür hat sie Zeit. Das zu lösende Problem war ein technisches, an einem kleinen Holzmodell, wo bestimmte Vorrichtungen einrasten mußten. Es war auf einmal Chr, der die Aufgabe stellte und mich für erste erfolgreiche Lösungen belobte. Es erforderte Geduld und Geschicklichkeit, wie gestern das Angeln nach Avocados mit der Bambusstange. Vielleicht geht es eher um Schicklichkeitsübungen.

Empfang zweier Lichtblicke im Arbeitskabinett. Der eine kam wegen seinem Freund, der heut im Unterricht zurechtgewiesen wurde. Sehr höfliche, sehr zurückhaltende Vorhaltungen. Während ich darauf einging, klopfte es an die geschlossene Tür, und der andere kam mit Fragen zur Handschrift des Manuskripts. Er sei bei ‚jealousy' und ‚erotic sublimation' und einiges sei unleserlich. Ich las vor, er ging wieder und ich machte weiter mit dem anderen, dem Dandytyp, der in vieler Hinsicht differenzierter, aber auch labiler ist als der hölzerne Tugendklotz, den ich mir zum Sekretär ersehen habe. Am erfreulichsten von den dreien an der Leistungsspitze ist der Benjamin, der Ephebe, nicht nur beim Volleyballspiel, sondern auch in der Arena des Geistes. Zwar nicht so charmant wie einst sein Landsmann Muj; dafür auch nicht so spröde wie die andere Begabung, die verflossene Inspiration Kg.

Freitag. Sachlichkeit auf der einen Seite, klinisch steril; auf der anderen ein Hin- und Herschwingen, Sinuskurven. Nach oben hin im Koordinatenkreuz Zutraulichkeiten als Ausdruck eines reinweißen, von keiner toerischen Morgenröte überhauchten Bewußtseins und Gewissens; nach unten hin nicht selten ein lauernder Ausdruck des Mißtrauens, düster, diffident, physiognomisch so zusammengekniffen, daß die Frage ‚What's the matter?' am Platze wäre. Was darf hier nicht sein? Das leiseste Anzeichen von Verlegenheit wäre peinlich. Es liegt ein Vierteljahrhundert zurück, daß ein junger Lehrer ein einziges Mal den ansonsten kühnen Blick niederschlug vor einer zehn Jahre jüngeren Schülerin, die sich anders nicht mehr zu helfen wußte und das Äußerste wagte, mitten in der Diskussion von Kegelschnittkurven. Das darf nicht sein. Es darf Machtkämpfe geben; aber nicht solche. In manchen Situationen der Öffentlichkeit, beim Zuhören-müssen, wenn andere reden, fällt die Selbstbeherrschung am schwersten. Es bedarf eines eisernen Willens, den Eindruck von Gleichgültigkeit zu erwecken. Nennt man so etwas Verklemmtheit?

Sonnabend. Der Abendvortrag einer blondlich-marineblauen Medizinfrau, vornehm, grazil und graziös, gab mir zu denken. Wie absonderlich mag mein viereckig-burschikoses Gebaren wirken, meine Grimassen, Emotionen und pädagogisch-erratischen Peitschenhiebe? Danach wollte ich noch einen Dia-Abend planen, ließ aber davon ab angesichts einer mürrisch-abweisenden Miene. Da ging ich hinweg und guckte in den Mond, der schon hoch stand, umgeben von einem kalten Regenbogenhof. Ein bißchen herumrätseln regt den Geist an. Chr rätselt schon lange nicht mehr. Er glaubt, daß er mich durchschaut hat. Und da ergibt es sich nun in diesem siebenten Jahr, daß ich meiner eigenen Wege gehen und weg will.

Sonntag. Wo kommt das nun wieder her? Ich träumte eine Art umgekehrten ‚Tod in Venedig': es war ein 14-jähriges Mädchen, das sich in einen Sechzigjährigen verliebte und an den von ihr selbst als ‚Perversion' empfundenen Gefühlen starb. Ich las es einerseits als Roman und sah andererseits das Grab mit einem Gefühl von Hoffnungslosigkeit und dumpfem Schmerz. Was hat das mit mir zu tun? Ich könnte doch allenfalls noch die ‚Betrogene' spielen. Was in Reflexion aufgehoben ist, ist nicht wirklich, denn es bewirkt nichts.

Das ist nun das Ende ‚missionarischer Existenz' aufs Ende des Jahrtausends zu: Leben auf Sparflamme, Reflexionen, Selbstbespiegelung. Ein rhetorisches Zeugma, arrangiert aus frisch gewaschenem Haar und delikaten Gefühlen. - Abends. ‚Temptation'? Gar manchem habe ich widerstanden, das süßberauscht auf Purpurwellen durch breite Kanäle mit vielen Abzweigungen bis hinein in die engsten Kapillaren hätte schaukeln und sich zwängen können. Die feinsten Verfeinerungen verlieren sich im blauen Dunst der Vergeistigung.

Montag. Ein winziges Blüten- und Blättchenmuster in verschiedenen Brauntönen intrigiert mich. Ab heute ist es aus mit dem traulichen Dämmer in der abendlichen Kapelle. Nun sieht man alles elektrisch genau und fühlt dafür weniger. Ein Traumfragment? In der Dämmerung eine Anhöhe hinauf bewegte sich langsam etwas Verwachsenes, ungewöhnlich klobig und mit hängenden, vom Körper abstehenden Armen. Mit breiten, vorgeschobenen Schultern wie ein Gorilla. Hinter so etwas schwebte ich seltsam abgehoben einher und dachte an des Alkibiades Symposion-Rede auf Sokrates.

Dienstag. *Im Spiegel: schlaff, zerknittert, grau: am Verwelken.* Auf dem Bett mit leicht steigender Temperatur. Da bereitet sich auch Absterben vor, aber anders als bei den Tomaten der hinteren Veranda. Metall klirrte gegen Stein; es drang in die dumpfe Dämmerung von Müdigkeit und weggeschwemmtem Schlaf. Was hat eine lust- und ratlos abgerissene weiße Blume auf der Küchentreppe zu suchen? Das Hochbinden einer kriechenden Dahlie - wozu das alles? Torheit und Lächerlichkeit Hand in Hand. Kulturkreise haben ein Zentrum und eine Peripherie. Mit den Peripherien berühren sie einander. - Ruhelos mit Nebendingen beschäftigt. Der Benjamin kam, Paprika anzubieten. Ich ging mit ihm hinüber in den Gemeinschaftsgarten, bewunderte Mais und Erdnußpflanzungen, gab dem athletisch Schönen einen Auftrag, lud einen ältlichen Ungeschlachten aus Gründen zu wahrenden Gleichgewichts für übermorgen zum Abendessen ein. - Daß Macht korrumpiert, weiß ich. Auch die Macht, die in Ausstrahlung und Anziehung besteht, kann den, der darum weiß, korrumpieren. Der, der nicht darum weiß, ist der Heilige, dem man sich willig zu Füßen wirft. Wußte Jesus um seine Macht? Wenn ja, wie entging er der Korruption? ‚Temptation is most terrible when it comes from those we love': da hat der fromme Kollege ein wahres Wort gesprochen.

Mittwoch. *Wie schrittweise Unbefangenheit in Verlegenheit übergehen kann: es muß ein Störfaktor auftreten.* Was sich derweilen für Geschichten dichten. Da war einmal ein kleines, schmächtiges Bürschchen, dem der Vater wegstarb und das sich fortan überall zu Hilfsdiensten verdingen mußte, um durchs Leben zu kommen. Rührend? Der Kollege Nachbar gab die eine Hälfte der Kaution, ich die andere, um den zuverlässigen Fahrer loszukaufen. Heute wird auswärts gefeiert. Für morgen ist ein Shakespeare-Vortrag vorzubereiten. Ich könnte aus dem Stegreif reden.

Zurück. *Als VIP auf einer Tribüne: etwas für einen Rundbrief, wenn je noch einer zu schreiben wäre.* Das Tagebuch muß anderes verarbeiten, durch die Denkmühle drehen, sprachlich verkneten und backen. Wie wäre das Phänomen physiologisch zu beschreiben? Wie ein Malaria-Anfall. Es kommt immer wieder, eine Art Wechselfieber, bald leichter, bald stärker, ein Schüttelfrost vermischt mit einem ziehenden, zehrenden Schmerz, der Lebenskraft entzieht. Es genügt wenig: der Stich einer Mücke, und das parasitäre Gefühl vermehrt sich ins Unbeherrschbare. Ein böser Geist ergreift Besitz. Ist Othellos innerer Aufschrei nicht begreiflich? Sein Tötenmüssen und seine Unfähigkeit, weiterzuleben. Er ist vernichtet, im Innersten zerstört, ohne Zentrum, haltlos ins Leere taumelnd. Wer versteht so etwas? Wie läßt es sich sagen?

Donnerstag. Es geht mich nichts an, wenn einer so bedrückt umherschleicht und herumhängt. Es geht den Kollegen Nachbarn an. Es geht nicht an zu fragen: What's wrong? You look tired and worried. Es könnte einen fast rühren. Wäre aber auch ein Sujet zu Studien- und Übungszwecken. Es genügt eine Hand. Sie hebt sich langsam und bedeckt, während der Rest, sitzend, eine Schulter müde an die Wand lehnt, Stirn und Augen, als sei das künstliche Licht zu hell. Dann hängt sie in die leere Luft, die Hand, schlaff, schicksalsergeben. Oder wie nach einer hilfreich anderen Hand suchend. Was geht mit dem Rest vor? Sammelt sich darin ein Meditieren über eine Aussichtslosigkeit? Über das Unglück, auf der Suche nach der Richtigen an eine bereits Vergebene zu geraten? Wie kommt es, daß die Melancholie des Unglücksrabenhaften von besonderem Reiz sein kann? Wenn zwei Hoffnungslosigkeiten einander begegnen, wozu führt das? Am ehesten vermutlich zu Mißverständnissen. - Am Nachmittag große Fotografiererei, auch ein Paßbild für mich.

Freitag. Gestern abend, während Shakespeare gestikulierend vorgetragen wurde, saßen einige mit düsterer Miene im Publikum, teilnahmslos an der Grenze zur Unhöflichkeit. Hat mein autoritäres Durchgreifen am Vormittag so verstört, gar ergrimmt? - Und hier die harten Realitäten: den teuren Flug muß ich aus eigener Tasche bezahlen. Wenn man sich das zu Gemüte führt, da vergeht der innerseelische Firlefanz. Das heißt, auch ich bin über ökonomische Härten und Zumutungen nicht erhaben. Wie schön wäre es, wenn da nun ein Spielzeug zu haben wäre, ein bißchen Ablenkung sich herbeiließe, eine Handvoll Glückskonfetti vom Himmel fiele, gerade so viel, daß sich Ärgerlichkeiten (schnöden Mammons wegen!) vergessen ließen. Blauer Himmel und weißes Gewölk reichen nicht hin. Statt beflügelten Fußes über grünes Gras im Abendsonnengold hinzuschweben, Askese: das Einüben fromm ergebener oder zähneknirschender Beherrschung, wie sie jeden Morgen liturgisch heruntergeleiert wird: ‚Keep my eyes from looking at vanities'. Vanitas ist ‚emptiness, something of no avail, a passing away into nothingness'. Nichtigkeit. - Definitionsfragen am Abend und was alles ins Bewußtsein dringen kann, ohne daß der Blick sich darauf richtet Ich werde nie über die literarischen Gepflogenheiten des 19. Jahrhunderts hinauskommen. Immer aussparen oder metaphorisch verhüllen. ‚Braucht ein Spinnwebfaden, der sich von einem Fenster im Diesseits zu einen Fenster im Jenseits spannt, eine Lücke in der Hecke?' Die Abendsonne schlägt Schatten durchs Gras.

Sonnabend. ‚You see, I was angry, yesterday evening.' Ach, nein? Wer hätte das gedacht. Wer heimlich zu oft Grenzen überschreitet, weiß am Ende nicht mehr, wo sie verlaufen. Habe ich mich als Vorgesetzte je zu einer Entschuldigung genötigt gefühlt? Wäre es ein Zeichen von Stärke oder von Schwäche? Es balanciert auf einer schmalen Grenze. Als Mann würde ich auf der breiten Straße der Selbstverständlichkeiten selbstsicher einherschreiten. Als Frau muß ich auf schmalem Pfade und wie mit Bleistiftabsätzen vorsichtig einen Fuß vor den anderen setzen. - ‚You better go.' Und ich ging lachend davon. Das Intermezzo drüben vor dem Refektorium, wo ich meinen Pflichten nachkommen wollte und man mich wegschickte. Ein Mensch in einem redenden Beruf, der nicht weiß, was er sagen soll, macht sich unmöglich. Du lieber Mond, so silberzart... Schweigende Nähe, schwarz-weiß gestreift, narkotisierend - oder verblödend - bis zur Bewußtlosigkeit.

Sonntag. Echte Symbole sind Kristallisationspunkte starker Gefühle. Eine ausgerissene Gurkenpflanze etwa. Eine mit zierlich gezipfelten gelben Blütchen, unfruchtbar. Ich hätte sie blühen lassen, so vor sich hin. Und wenn ich mitten aus elegischen Meditationen heraus aufspringe, um Schweine zu verjagen und dabei bis in das Nachbarhaus vordringe, um den Schweinebesitzer zur Rede zu stellen, so ist das, wie wenn man sich im Fieber von einer Seite auf die andere wirft. Ich lebe auf weite Strecken inkongruent mit der Wirklichkeit. Ich umnebele mich mit Grasland-Illusionen wie andere mit Alkohol oder psychedelischen Drogen. Mein Unglück ist, daß ich nur wenig will und das Wenige nicht bekomme. ‚Alles' wollen, samt der Katastrophe, das wäre - ein Roman. Und dazu hin ein schlechter. Ich will nur eine Novelle - schreiben. Wünschte, ich wäre gelassener, weniger mißtrauisch und nüchterner. Chr würde mir vermutlich erläutern, wie ein *filou* funktioniert: einer, der ein Spielchen mitspielt innerhalb der Grenzen des Schicklichen und Profitablen. Alles andere wäre abseitig und überdies vielleicht sogar peinlich. Wie war das mit der Nixe, die kurz emportauchte, um Überblick zu gewinnen und im nächsten Augenblick schon wieder abgetaucht ist ins Korallenreich der Tagträume?

Hin zum Refektorium und wieder nichts. Alle Pötte leer. Niemand honoriert meine Pflichterfüllung. Es bekümmert mich. Es macht seelisch müde. Ein unfruchtbares Herumhängen und Trübsalblasen bei so viel unerledigter Arbeit. Religion der Innerlichkeit ist: wenn man etwas hat, das ganz ausfüllt, so daß das Drumherum nebensächlich wird. Sei es Glück oder Leid oder beides. Aus einem Nagel, der eine Hand durchbohrt, blüht eine Rose. Ich brauche etwas, wenn kein Glück, dann ein romantisches Leiden, um produktiv zu sein; aber was tu ich? Die Freizeit mit diesem fruchtlosen Gekritzel hinbringen.

Was kann der Mensch für seine Kurzsichtigkeit? Er wünscht sich Dinge, die, wenn sie in Erfüllung gingen, nicht mehr das wären, was sie im Medium des Wunsches sind. Chrs Abwesenheit ändert nicht viel an meinem Daseinsgefühl. Er war sowieso mehr in seinen Büchern und im Felde der Forschung als bei mir. Trotzdem bleibt er der Grund unter meinen Füßen. - Ein klarer Sternenhimmel und ein bißchen Lust, sentimental zu werden. Was bliebe von meinem Leben ohne die Tagebücher? Um eines Tagtraums müde zu werden, brauchte er nur einen Fuß über die Schwelle zu setzen, die in die Wirklichkeit führt.

Montag. Wieder vier Stunden geredet und geredet und wieder nichts. Mit dem Unterrichten ist mein Lohn dahin. Ich fiel erschöpft aufs Bett; vorbeiziehende lärmende Schulkinder weckten mich immer wieder auf. Ich fühle mich benommen. Wenn ich so zerknittert und verschlafen bin und kaum aus den Augen gucken kann, will ich auch niemanden und nichts sehen. Auch keine drei Rettiche und keinen, der sie bringt und mir ansieht, wie müde und überarbeitet ich bin. - Gegen Abend. Ich mußte hinüber zu den Schlafbaracken, mich um die streikende Schreibmaschine kümmern. Zwei der Insassen saßen da. Ich setzte mich an den Tisch und fing an zu inspizieren. Der, den es anging, kam, stand da und sah zu. Es wurde schnell dunkel, er zündet eine Buschlampe an. Ich löste das Problem und ging. So ist der Tag vertan.

Dienstag. *Der Tag ist anders als Nacht und Halbschlaf. Zum Glück und wie auch anders. Innerer Schrein - let me abide in it. Man muß sich nicht alles eingestehen. Aber es ist wahr: Ich träume vom Grasland; vom Säuseln in den Eukalyptusbäumen, das in die Seele sinkt wie ein seufzend unaussprechliches Geheimnis. Die Augen der Landschaft, die Kraterseen und ihre mythischen Tiefen möchte ich sehen. Ich kann sie mir vorstellen. Bottomless mysteries. If I am not careful, I will fall into and drown. Poetische Liebeserklärungen, gesprochen für Unansprechbares, beim Anblick eines Steilabfalls etwa über einer weiten Tallandschaft, über welcher der Glanz eines frühen Aprilmorgens sich wölbt. Dergleichen ist annehmbar. Erst wenn die Apostrophen beginnen, wird es unerträglich für ein vorstellbares Nachhinein.*

Ist die Vater-Sohn-Beziehung in der Trinität eine ‚social distinction', von der gesagt werden kann, sie existiere nicht? Wie anders kann das Eins-Sein analogisiert werden? Das Mysterium der leidenden Liebe ist nach meiner Vermutung ein Fremdling hierzulande. Vielleicht ist es auch ein Gefühlsluxus. Die inneren Abhängigkeiten und Versuchungen rein seelischer Beziehungen - wem ließe sich so etwas in der Form eines spekulativen Essays in die leeren Hände spielen? Das sitzt in einer Ecke und spannt den Blick diagonal herüber, aufmerksam, mit leichtem Lächeln, fluktuierend zwischen ungläubig und überrascht.

Mittwoch. *Brief von Chr, Freundliches; Indirektes über die ‚ideale Frau', von der er träumt. Er fühle sich ‚vergreisen'. Ein bißchen früh. Ich fühle mich jung. Schon zu spät? Wieviel Koketterie ist dabei auf beiden Seiten? Chr meint, ich arbeite zu viel. Ich habe eher den Eindruck, ich träume zu viel. Ich bin krank geworden vielleicht auch, um von Chr ein bißchen umsorgt zu werden, aber das ging daneben, beim zweiten Mal. - Die Abendsitzung über Evil, suffering, love machte deutlich, in welche Beschränktheit hinein ich redete. Da ist keiner, der sich, wie einst Kg, zu Sätzen hindenken könnte, die ich bis heute weiß und deren Tiefsinn mich noch immer angeht. ‚We love among impossibilities of love.' ‚Gifts make love real.' Dergleichen Existentialsätze gelingen nicht einmal einem der drei Besten, die eben nur Mittelmaß sind. Kann Charakter ersetzen, was an Intelligenz fehlt? Morgen hinab an den Atlantik. Zur Deutschen Botschaft wegen einem neuen Paß.*

Großstadtschock

Donnerstagmorgen. *Am frühen Morgen. Eine Ratte ließ mich kaum schlafen. Es kratzte und raschelte. Ein Traumfragment mit Hamlet, auf einem Tische sitzend, meine Tristesse widerspiegelnd. Es tauchte vorhin hier auf mit einem Heft, Abgetipptes für Chr, und einem weißen Rettich für mich. Mir fiel nichts ein, aus Angst, es könnte das Falsche sein. Schiebe es weg (Nun geh schon!) und es bleibt ein Gefühl der Kühle zurück. Mir ist maudlin zumute. Zwei Tage ohne Tagebuch.*

Freitagabend. *Die Gegenwart ist immer das Wichtigste: daß ich verrichteter Dinge, nämlich mit neuem Paß, und gesunden Gliedern zurück bin. Dazu mit einem schicken, maronenbraunen Dior-Polohemd, weißer Kragen, für 5'000 und einem Fingerring aus angeblichem Elfenbein für 500. Die sieben Stunden alte jüngste Vergangenheit ist ein Großstadtdiebstahl, den ich hier nicht ausbreiten werde. Nur dies: daß auch zwei Fotos weg sind, eins von Chr, eins von mir. Damit das Tagebuch Bescheid weiß. Ich will sie hier beschreiben, um den Verlust durch Worte aufzuheben.*

Die beiden Fotos mit der Helvetia-Briefmarke, Rosen pro iuventute, dazwischen. Das Foto von mir, zehn Jahre alt, ist noch einmal vorhanden im alten Reisepaß, fleckig und ausgeblichen, Dreiviertelprofil von rechts, zwischen kühler Skepsis und romantischer Empfindsamkeit. Eine schöne Täuschung in gar mancher Hinsicht. Die Aufnahme von Chr: ganz ungewöhnlich und älter. Er könnte sechsundzwanzig gewesen sein, blickt schmal und arrogant drein und mit einem befremdlichen Hauch von Don Juan. Ein seltsames und seltenes Foto von ihm, wie ich sonst keines kenne. Augen, die nackt erscheinen, weil das Blond der Wimpern keine Schatten wirft; ein kühl distanzierter, aufmerksamer Blick seitwärts vorbei. Hochmütige sinnliche Trauer. Eine fast zu große Stirn, ein ‚byronischer' Mund, auch zu groß; und ein fast nicht vorhandenes Kinn. (Daher der kurze Bart seit zwei Jahren den Mangel recht gut kaschiert.) Ein seltsames Gemisch aus intellektueller Anmaßung und erotischer Provokation, wie ich sie nie an ihm gesehen habe. Auf dem Foto stehen diese Züge dem Moralisten Chr höchst sonderbar zu Gesicht, und das Foto ist weg, steht nur noch vor meinem geistigen Auge. Damit ist Zeit hingebracht mit etwas Sinnvollem. Aber der Schock sitzt tief.

Kleine Szene 9
Maientrost am Februartisch

Der Mai war gekommen, der Feldforscher vorweg nach Europa geflogen; in düsteren Räumen mit Veranda rund herum vertiefte sich das Gefühl der Einsamkeit: das Tagebuch hat es ausgemalt in melancholischen Farben. Dreimal täglich allein bei Tisch, allein mit allerlei Ärger, und schließlich eines Abends allein mit seelischen Turbulenzen, die ein ungutes Widerfahrnis während einer Reise in die Großstadt am Atlantik ausgelöst hatte. Allein mit dem Tagebuch.

Allein mit Tee, Brot und Radieschen an dem großen Tisch im Eßzimmer, an welchem im Februar der erste Teil einer Doppelszene sich abgespielt hatte. Wieder stand hinter den weißen Mullgardinen die Nacht; aber es fiedelten keine Grillen, denn es war Regenzeit, und das Fieber, das da wühlte, war anderer Art als das vom Februar. Das Widerfahrnis saß tief im Seelengefaser, fraß und nagte wie eine Ratte und wollte sich von keinem Lichtschein der Vernunft verscheuchen lassen. War ein Straßendiebstahl, war ein kleineres Großstadtdelikt, solchen Aufruhrs wert? Es war doch nur Geld abhanden gekommen und, freilich, zwei Fotografien von nicht geringem Erinnerungswert. Sie beschreibend ins Tagebuch zu retten half wohl über eine Weile hinweg; aber ein Abend ist lang.

Wie in jener Februarnacht klopfte es an die Glastür und hereingebeten ward ein Willkommener, der diesmal nicht als Bedürftiger kam. Als Vorwand ein paar weiße Rettiche aus dem Garten auf den Tisch legend, stand die Unterbrechung der Abendeinsamkeit unschlüssig da und ward genötigt, sich zu setzen. Eine menschliche Gegenwart. Ein Ohr, das zuhört. Ein freundlich stummer Blick, Mitgefühl bekundend, vielleicht aus bloßer Höflichkeit, es genügt ja. Bedürftigkeit ist dankbar für weniges. Ein Campus voller Seelsorger und solcher, die welche werden wollen, und keiner, wenn der eine, der leibeigene, nicht da ist, kein einziger steht zur Verfügung, wenn es ernst wird. Der Kollege Nachbar war mit seinem Besuch beschäftigt. Zudem war das, was in Aufruhr versetzte, von außen betrachtet eine Bagatelle, lächerlich, der Worte kaum wert. Wohin also mit einer irrationalen Überreiztheit, deren Energien über das Tagebuch hinausdrängend nach Verständnis suchten?

Es saß so brav und still am Tisch, an dem gleichen Tisch, im Lampenlicht; ließ sich erzählen von ‚very bad experiences', blickt verständnisvoll drein und es ist tröstlich und traurig zugleich. Tröstlich, daß ein menschliches Wesen von gutem Ruf und solidem Charakter, *aetate provectus* und gleichwohl an die zehn Jährchen jünger, möglicherweise zusätzlich gereift durch gewisse Enttäuschungen, denn wie sonst wäre zu erklären, daß – nun, was soll's. Tröstlich ist, daß ein solch Wohlbeleumdeter zuhört. Traurig stimmt, daß und wie anders nicht möglich, ein breiter Graben, angefüllt mit mentalen Eigenheiten und kulturellen Unterschieden, die Welten trennt. Nur das ökonomische Gefälle verbindet, schafft eine gewisse Abhängigkeit und führt, klug auf den eigenen Vorteil bedacht, zu vorsichtigem Lavieren zwischen den Möglichkeiten. Läßt sich daraus nicht, wenn auch keine Gleichheit, so doch ein nicht unbeträchtliches Maß an Verfeinerung ableiten – oder einbilden?

Es tat also einerseits gut, jemanden und keinen Beliebigen ein Viertelstündchen lang als Zuhörer an selbigem Tisch gegenüber zu haben. Es besänftigte Aufgewühltes vorübergehend. Es war freilich nur ein Strohhalm. Und als Strohhalm wiederum besser als nichts und gänzlich sich selbst überlassen zu sein in der Nacht der Nichtung allen Selbstbewußtseins, sobald das lächerliche Bild einer Weißen, die in einer afrikanischen Großstadt Straßendieben nachrennt, sich aufdrängte. Ein Strohhalm war es; der Schatten einer Zuwendung die halbe Nacht hindurch, da ein beschädigtes Selbstgefühl, überwach herumgeworfen, immer wieder Zuflucht nahm und fand in Apostrophen, die sich statt metaphysisch-frommer Ferne Näheres als ansprechbar vorstellten. Nach wenigen Stunden Schlaf war am nächsten Morgen nichts vorbei. Das Tagebuch nahm hin, was sich an Formulierbarem fand. Erst ein ästhetischer Gegenschock stellte das innere Gleichgewicht wieder her.

Hilft das vielleicht? Daß da einer kam und sich erzählen ließ? Es ist traurig. Niemand in diesem Campus, wenn Chr nicht da ist, kein Mensch, dem man so etwas erzählen könnte, um es los zu sein. Das Tagebuch hilft kaum. Es wundert mich, aber so ist es. Ich mußte es diesem - nun, einem erzählen, der es sich freundlich anhörte. Da guckt die Muse dumm um die Ecke. Plötzlich ist sie nicht mehr gefragt. Gefragt ist ein solider Charakter, dem aushilfsweise die Rolle des Seelsorgers zugemutet werden kann. Ein Rollentausch. Das mag ein Wechsel sein. Ich mußte mich irgendwie ablenken. Der Schock sitzt wie ein Klumpen in mir.

Erschöpfung. Ich heule vor Erschöpfung. Vielleicht ist es auch Erleichterung. Man greift nach jedem Strohhalm. Es hat doch geholfen, das Erzählen. Jemandem. Diesem. Vorübergehend wenigstens war es gut. So müßte Religion wirken, so besänftigend und die Wogen glättend, jedes Ärgernis und das Gefühl der Vernichtung auflösend. Den Klumpen eines häßlichen Vorfalls hinwegwälzend von der Seele. Eine Wunde mit dem Balsam stiller Freundlichkeit beträufelnd.

Sonnabend. *Lange nicht eingeschlafen. So aufgewühlt. So überwach. Statt einer Ratte das Nagen und Kratzen dieses an sich trivialen Diebstahls. Dieses Leichtsinns, mit einem Geldbeutel in der Hand am Straßenrand einer afrikanischen Großstadt Tomaten kaufen zu wollen. Ich mußte mir die halbe Nacht hindurch allerlei einfallen lassen, Apostrophen, Beschwörungen, Mysterienspiele, um nicht aufzustehen und wie im Delirium herumzulaufen. Das Formulieren von kurzen Sätzen auf englisch half ein wenig, darüber hinweg und woandershin zu kommen. ‚It was haunting, it was hunting me down. It was good somebody came and listened. It resettled an upset inner balance. I am grateful. It is funny. That there should be something that ought not to be, mingling gratitude and resignation, innocence and gentleness. A possible illusion. It just happened. Unprepared. Attentive and calm. Music unknown, the darkness of light in a remote corner. Selfcontrol, coolness, correctness, and the fear of corruption. A conscience untroubled, a helper in need. God the Creator and Lawgiver. Worried, with a gladsome mind. - Ich lebe, bei allem ruhestörenden Ärger rund ums Haus, ein viel zu abgesichertes Leben. Dieser Campus ist noch immer Idyll im Vergleich mit der täglichen Großstadtkriminalität.*

Gegenschock

Warten, den ganzen Vormittag. Ich bin bei Apostrophen angelangt; das ist nicht gut. Vielleicht bedürfte es eines Anti-Schocks, um wieder ins Gleichgewicht zu kommen. Ich müßte mir vorstellen etwas ästhetisch ‚Fürchterliches', das alles Frühere ‚am Boden zerstörte'. Etwas mit glattgeschorenem Seehundschädel oder mit Narrenkappe, mit vollgefressenem Magen und Bauch, der über den Gürtel hängt. Der Anblick müßte wirken wie eine Gehirnerschütterung, so daß man alles vergäße, was man sagen oder fragen wollte und kaum imstande wäre, ein konfuses Lächeln zu erwidern. Merkwürdig: es hilft: die Groteskvorstellung und ihre Versprachlichung. - Fancy: in solcher Unförmigkeit kam es leibhaftig herüber. Ich bin wieder austariert. Drüben hängt es inzwischen leer auf der Leine, musazeengrün und ohne Bauch.

Sonntag. Aufgewacht heut morgen mit schweren Gliedern, kaum imstande, mir eine kalte Abreibung angedeihen zu lassen. Der Kollege von jenseits des Elefantenpfades schickte eine Notiz: ‚I need a Passage to India'. Die befindet sich in der Tat unter meinen Bücherbeständen. Mir schwebt eine ‚Passage to Africa' vor. Nebenan Familienfest, wo ich auch mitmachen muß. - Danach. Warum hingen sie alle so gloomy herum, die Gäste von drüben, so weit sie bei der Festivität erschienen waren? Depressiv und befangen und genau in meiner Blickrichtung saß der Seelentröster von vorgestern und sah mit großen Augen voller Tristesse an mir vorbei. Tanzte auch den Reihentanz nicht mit, während ich im Fledermausgewand und mit hochgebundenem Haar ein bißchen mithoppelte. Ich nahm auch wahr, was mir gestern schon begegnete. Peinvoll und beklemmend unschön. Etwas wie ein ‚Meister Proper', ein Metzgergesell, ein feister Haremswächter. Etwas von solch beleidigend unästhetischer Leibesbeschaffenheit, daß mir beinahe schlecht wurde. Sie fressen zu viel. Aus Frustration? Außerdem schienen alle erschöpft von der Rallye und nur aus Höflichkeit dazusitzen. Wie ich auch.

Abends. Die Soror ist so besorgt wegen dem Grenzkonflikt. Ich hatte das alles schon wieder vergessen. Ich denke für den Fall eines bewaffneten Konfliktes nur an meine Tagebücher. An all das ungelebte Leben, das da zu Papier geworden der Vernichtung entgehen und überleben sollte.

Juni
Ein Plüschpullover. Verzicht

Montag. *Bin ich schon so alt, daß ein Traum frühe Kindheit hochzuspülen vermag? Von dem Haus in Kunow hab ich geträumt und glaubte alles wiederzuerkennen. Wenn die hier ein bißchen Krieg machen, dann sind meine einzige Sorge die Tagebücher. Ich verstehe die Mönche von Qumran: nur die Schriftrollen sollten gerettet werden. Meines Lebens überlebender Sinn ist in den zu Worten gemachten Stimmungen und Reflexionen der Jahre im Abseits Afrikas. Ich bin schon in der vorweggenommenen Vergangenheit. – Ich bin in meinem Dozier-Element, und manche sind sehr stille. ‚Monade ohne Fenster' stimmt nicht ganz. Augen können Fenster sein, daraus die Seele sich lehnt. ‚We deceive each other. We remain a mystery to each other': ich sage die Wahrheit zu laut. Es macht verlegen. Es macht, daß sanft und steinern zugleich, wie ein schwarzes Marmorbild im Mondlicht, Es mich aus der hinteren linken Ecke diagonal herüber anmutet. Es – ich weiß nicht, was. Und darüber hin Glaubenslehre aus Individual-Erfahrung, verallgemeinert ins streng Unpersönliche.*

Dienstag. *Der geschenkte Maiskolben: ein hübsches phallisches Symbol. Eine Verhüllung. Freilich nur für Anhänger einer bestimmten Psycho-Sexomanie. Für mich etwas, das sich mit Genuß, Salz und Butter benagen läßt. Die Gabe lag in der Küche. Dergleichen wird ringsum verteilt. – Wie friedlich der Campus trotz mittäglich lärmender Schulkinder ist, fällt erst auf, wenn sich ein Fischverkäufer herauf verirrt und pausenlos den Lautsprecher dröhnen läßt. Das andernorts den ganzen Tag: da muß man ja taub oder verrückt werden.*

Mittwoch. *Warum kann ich nicht gelassener sein, auch ungebetenen Gästen gegenüber? – Ein stummer Blick aus einer bestimmten Ecke könnte besagen: Diese acht Fehler waren wohl ein gefundenes Fressen – for you, my dear tutor. Durchaus dazu angetan, eins auszuwischen, wenn mir schon sonst nichts anzuhaben ist. – Eine allzu nahe abendliche Nähe da drüben macht mich wieder ruhelos, fast böse. Ich sah, was ich lieber nicht gesehen hätte. Morgen der große Pfingstausflug. Ich fahre nur mit, weil alle fahren.*

Donnerstag. *Letzter Eintrag? Das Tagebuch bleibt hier. Ich kann den Gedanken nicht affektiv-betroffen denken; er mutet so literarisch an: daß ich von dieser Reise nicht heil und lebendig zurückkomme, Chr hier meine Sachen zusammenpackt samt den Tagebüchern und sie eines Tages auch liest. Mit dem Diebstahl indes hatte ich auch nicht gerechnet, und plötzlich war's passiert. Religion aufgelöst in Liturgie und Dogmatik; Frömmigkeitsreste teils moralisch, teil existential, zu Chr hin; daneben das Platonisieren und der Daimon metaxu, der mich psychisch und geistig anregt.*

Ein Affekt und ein Essay

Montag. *Es ist irre, aber es ist wie es ist. Es ist nicht die Kälte, die mich zittern macht. Es ist wie ein Sturz in kaltes Wasser, ein Schlag ins Gesicht der guten Vernunft: dieser irrationale Affekt, der mich aufs Tagebuch wirft. Da drüben - wie am Abend vor der Reise, nun am Abend des Tages nach der Rückkehr. Was kann die arme Sue dafür. Sie sitzt da ganz unschuldig, und eben so unschuldig sitzt es neben ihr. Mir aber nimmt ein flüchtiger Blick alles, was da war während der drei Tage. Es ist wie in den Staub getreten. Ich weiß, was es ist, was da sirrt wie ein böses Insekt. Ich warte, daß es vergeht.*

Das war Pfingsten in der Hauptstadt: einen Essay wert, an dem ich den ganzen Tag geschrieben habe. Da bin ich wieder; dies ist mein Arbeitskabinett, und es ist kalt. Richtig kalt von dem vielen Regen; aber was da zittert, das bin nicht ich. Alle wohlabgewogenen Abstände und Zufälligkeiten, jede Nähe ohne Anspruch auf anything - wenn dergleichen einem nachebbenden Gefühl davon plötzlich unter den Füßen wegrutscht, dann nimmt es Atem und Besinnung. Dann erhebt sich die große Klage: warum geht das Schöne so schnell kaputt. Eine große Müdigkeit überkommt. Ein Gefühl, das nur weg sein will. Es grenzt an das Gefühl eines Zusammenbruchs, den man sich nicht leisten kann. Es entzieht sich dem Willen. Es ist wie eine Krankheit. Es nagt an der Seele, es frißt sie auf. Es korreliert mit einer fürchterlichen Illusion. Ach, wenn es doch die ungewohnte Kälte wäre. Oder die Erschöpfung nach der Anspannung der drei Tage sight-seeing, die nun Gespenster sieht statt - was auch immer. Einen Abglanz von Frühlingsanemonen im Ausdruck selbstversunkener Trauer oder ein architektonisches Kunstwerk mit silbernen Gittern vor dem dunklen Maronenbraun schmaler Fensterschlitze. Statt dessen Gespenster aus Fleisch und Blut mit Kopftuch. Und daneben ein stiller Ausdruck völligen In-sich-Ruhens. Ein Bild der Unschuld und eines guten Gewissens. Wer Krankhaftes in Sprache zwängen kann, bleibt vielleicht gesund.

Dienstag. Wer viel erlebt, der schreibt wenig. Es ist die Erlebnisarmut (Ärgerlichkeiten gibt's genug) dieses Campus, die zu einem Schreiben treibt, das jedes Krümelchen zusammenkratzt, jeden Wimpernschlag notiert und harmlose Zufälligkeiten mit Bedeutung auflädt. Ein Lächeln, erwidert mit flüchtig-charmanter Nuance; der Sinn einer Begegnung bestünde im Ausweichen und in der Stimmungsnachdrift aus dem Jenseits ins Diesseits.

Mittwoch. Eine Stunde Zuschauen beim Fußball, und ich fühle mich entspannt, trotz der vielen Arbeit. Das Wohlbefinden des späten Sommers. Die Seltenheit eines klaren Teints, getönt von der Sonne dreier Tage unter wolkenfreiem Ausflugshimmel. Ich schlafe gut. Ich fühle mich noch ein bißchen leben unterm Silberflimmern der Empfindungen, inspiriert von den Farbspielen des Gefühls. Der feste Boden unter den Füßen ist Chr. Was er nicht versteht ist, daß ich darauf tanzen möchte. Ehe ist eine ernste Angelegenheit von bisweilen trister Alltäglichkeit. Spiele von der Art, wie ich sie liebe, sind lauter Abschiedswalzer und ein wenig Hofmannsthal aus dem Prolog zu Schnitzlers ‚Anatol': ‚Also spielen wir Theater ... die Komödie unsrer Seele'. In Bethabara war es möglich, hier nicht. Oder nur auf der Ebene einseitiger Einbildung. Ausweichmanöver um die gleiche Ecke. Ein Essay, der zu denken geben könnte – wem? Es geht Unbestimmtes um.

Donnerstag. Der Versuch, in dieser Weltgegend griechische Tragödie, einschließlich Phädra, als Bildungsgüter zu übermitteln, ist Luxus. Ist Ausweg und zwiespältiges Vergnügen. Importierte Mann-Frau-Anthropologie: Versuch und Versuchung. Der eine stellt Fragen, der andere grinst, ein dritter regt sich auf. ‚Erotic' und ‚sexual' soll zweierlei sein. – Abends. Während der Bericht eines Beliebigen über den Ausflug Lachsalben hervorrief, saß ich da, stellte Abwesenheit fest und beschäftigte mich mit dem Benjamin. Ein hübsches Bübchen; aber noch zu jung, zu unentwickelt. Es ist noch unklar, was außer Intelligenz in ihm steckt.

Freitag. Die Stimmungen wechseln wie die Wolkenbilder über dem Berg. Da ist schon wieder einer krank. Immerhin nur Kopfschmerzen. Ein Fall für die Soror. - Manche Entschlüsse und die daraus folgenden Handlungen ereignen sich so schnell, daß das Bewußtsein nicht mitkommt und wie ausgeblendet bleibt. Es ist als rasselten Jalousien runter. Man steht da und weiß nicht, was man sagen soll, und das Schweigen weicht den Boden unter den Füßen auf. Es ist, als drücke sich die Klinke einer Gittertür von selbst nieder, um aus dem Käfig alles, was da eingesperrt bleiben sollte, entkommen zu lassen. Alles, dem Daseinsberechtigung nur zugestanden werden kann, wenn es hinter Sprachgittern und Wortverschlägen in Sicherheitsgewahrsam bleibt. Solche Verlegenheiten kann ich mir nicht leisten. Ich entfloh. Zum wievielten Male in diesem Jahre habe ich mich dem Lager eines Unnahbaren genaht? Kopfschmerzen ungeklärter Genese.

Das unaufhaltsam vergehende Leben. Nutzlosigkeiten, daran die Tage sich abschaben; Leiden mit stumpfer Spitze und morschem Schaft. Ein wohlig-warmes Moor, durch das ich barfuß wate, nach Wollgrasflöckchen im Wind haschend, um sie wieder loszulassen; langsame Bewegungen beobachtend, Zeitlupenfallen wie Sonnentau. Ein tiefhängender Himmel breitet Schwermut darüber. Natur ist von ihrem Ursprung her Trieb und Entelechie. Wo zweigt das ab, was sich zu einem goût de l'absolu vergeistigt? Das Absolute ist das, was losgelöst von natürlichen Zielen existiert. Aber merkwürdigerweise einer ethischen Verwurzelung bedarf. Etwas verständnisvoll Mütterlich-Väterliches. Das kann Chr nicht zugemutet und abverlangt werden. Die Ehe hat ihn verankert im Allgemeinen. Von da bricht er auf zu Lehre, Wissenschaft und Forschung. Ich bin auch mit Beruf und war mit Wissenschaft beschäftigt. Jetzt fehlt ein neues Ziel. Das, was ich suche, bringt mich ein Stück weit von Ehe und Chr weg. Es ist wenig, freundlich-still, dunkel-müde, ein Schlaftrunk nicht nur, sondern auch Anreiz zum Schreiben, hier und jetzt und das ist die Hauptsache. Denn es soll doch - ach, zum wievielten Male!

Sonnabend. Die Sache mit der Blümchenkarte in Bethabara, vor sieben Jahren, nein, nun sind es schon acht. Maiglöckchen und Veilchen aus einer Packung Schokolade, und mit der Notiz: ‚Ich bin allein. Ich hole mir Dein Radio.' Hier habe ich ein Lesezeichen mit den gelben Anemonen von Pfingsten, aber was soll mir ein Gedicht von George Herbert, ‚Love bade me welcome'? Es sagt anderes als: ‚Let not your heart be troubled; and your eyes, enlightened by knowledge, may they not look low upon neediness.' Je mehr man spürt, daß einem etwas auf der Spur ist, desto geflissentlicher weicht man aus. Im Reich der Einbildung gibt es auch Grenzen; aber sie sind undeutlich, zerfasert, vernebelt. Bisweilen mag das Spiel im Zwielicht um seiner selbst willen reizvoll sein. Dann wieder überwiegt das Gespür für die Gefahr, die von Freundlichkeit ausdünsten kann. Seid nüchtern und wachsam. Für den, der schon in der Falle sitzt, hilft kein Predigen mehr. Ich systematisiere die Sünde. Ich zerhacke sie in Paragraphen. That which looks like a misconstruction and that which ought not to be. Es ist kalt, feucht, neblig; richtig zum Sicherkälten, um einen Schnupfen zu kultivieren.

Sonntag. Hinüber in die Bücherei, um daselbst allein zu sein mit einem tristen So-vor-sich-hin. O diese Sonntage! Das Demonstrativpronomen zeigt mit anklagendem Finger auf Einsamkeit, Trübsalblasen und die Unfähigkeit, sich etwas Sinnvolles vorzunehmen, zu lesen, Briefe zu schreiben - immer nur dieses Tagebuch und die Klage um das verrinnende Leben, das in niemandes Gegenwart und Aufmerksamkeit hinüberfließen kann. Nichts. Kein ‚O mein veilchendunkles Geheimnis!' oder dergleichen. Schätze suchend, die gar nicht vorhanden sind. Ich schütte mich hin und klaube mich wieder zusammen, im Staub zu - na, was sollen da unberührbare Füße wie im Garten am Ostermorgen. Dennoch. Wie ein Bettler auf einer unübertretbaren Schwelle liege ich und wimmere in mich hinein. - Immerhin ein Tropfen ins verdürstende Dasein; es kam einer und brachte Post, auch eine Karte von Chr. Das ist doch wenigstens etwas. Etwas wie ein Strohhalm.

Da ist auch ein ehrenvoller Brief aus der fernen Heimat vom höchsten Repräsentanten der Institution, die mich examiniert und rite berufen hat und der ich dienstverpflichtet bin. Huldvoll richtet man sich an die in weiter Ferne Weilende, directement an die, als die ich hier offiziell wirke und gelte. Nichts von Ehefrau etcetera. Ich-selbst freilich: wer oder was ist das? Es lebt völlig im Abseits der öffentlichen Rolle zwischen Tagträumen und Tagebuch. Etwas, das sich vorweg ins nachträglich Literarische zu stilisieren versucht. Es verhilft gewißlich und irgendwie zum inneren Überleben. Aber. Der brave Kollege Seelenhirte vom Dienst moralisierte so penetrant über Gedankensünden; es paßte alles so wunderschön, die guten ins Töpfchen, die schlechten uns Kröpfchen, man darf sich nur nicht verschlucken. Meine Gedanken‚sünden' gehen den allwissenden Gott und sonst niemanden etwas an. Chr könnte damit vermutlich nicht viel anfangen. Er würde diesmal nicht trauern, sondern ironisieren. Dieses Tagebuch aber, wiederum demonstrativpronominal ausgezeichnet, ist hier und jetzt Therapeutikum und Abraumhalde. Später könnte es Rohstoffhalde sein, von der sich holen ließe, was literarisch verwertbar erscheint.

Montag. Auch wieder vorbei, die drei Stunden am Beginn einer neuen Woche. Ich füttere die Mannschaft weiter mit Mann-Weib-Anthropologie. Manche versuchen, mich in Verlegenheit zu bringen, und dem smarten Dandy, Schulter an Schulter mit verdrucksten Schweigen, wäre es beinahe gelungen. Mit einer trockenen Bemerkung ließ es sich gerade noch beiseiteschieben. Wer dürfte sich träumen lassen, so ein Glanzstück zuwege zu bringen. Ich fühle mich als Graue Eminenz, die hier und da an ein paar Fäden zieht. So etwas kann seinem Begriffe nach nicht selber an der Angel hängen. - Ein weißes T-shirt kam ins Arbeitskabinett hereinspaziert und schaffte mir Damenbesuch aus Europapa vom Halse. Wie sich aus dem Darbringen von Salat ein kompliziertes Ritual machen läßt, weiß ich jetzt. Zartes, helles Blattgrün, lieblich anzuschauen, hingehalten, kühl und fluchtbereit. Entgegengenommen, zurückgespielt, ‚Let me wash it.'

Mittwoch. Wüste. Gestern nichts und heute nichts. Wolle verteilen, ausweichen, vorbei an Volleyball, wo manche schon auf dem Altenteil sitzen. Ich hänge herum trotz eines Überpensums an Pflichten. Die abgezogenen Notes wurden auch verteilt. In die Anthropologie hab ich die ganze Resignation des Alterwerdens hineingeheimnist. Beim Mittagessen, so alleine seit Wochen, kam es hinterrücks angeschlichen, würgte und löste sich in Salzwasser auf. Es tröpfelte vor sich hin die ganze Vergeblichkeit dieses siebenten Jahres. An so vielem, das in aller Unschuld vielleicht zu haben gewesen wäre, bin ich verzichtend vorübergegangen - warum? Weil es sich nicht gehört. Oder es hat sich entzogen. Es macht so selbstmitleidig. Kaum ist die eine Quälerei zu Ende, kommt die nächste. Könnte nicht der Augenblick kommen, wo man es nicht mehr erträgt und zerstören möchte, was da zieht und zerrt? Was da heut morgen meditiert wurde über ‚secret and sacred' ging über alle Köpfe hinweg. Wo hätte es sonst auch hingehen sollen. Was geheim ist, das ist in Sicherheit; es kann nicht plattgetreten werden auf allen Wegen. - Nach dem Gastvortrag. So ein überreifer weißer Backfisch bin ich hoffentlich nicht. Und gerate doch bisweilen an die Grenze solch exaltierten Gehabes. Kein Spiegel zeigt dann warnend und korrigierend mein Mienenspiel. Herb, streng, spröde: das Ich-Ideal.

Weg von hier! Ein Darlehen

Donnerstag. Eine Rose ist gestohlen, abgerissen, weit oben. Nur weg von hier! Weg, sobald es sich gut begründen läßt. Und zwar nach Lah oder in die Nähe. Let me live in the remoteness of a small village. Let me have a hut there. I want to write a book, undisturbed. Except for a visitor, from time to time.' Lah, von dem ich nur ein winziges Bildchen gesehen habe: mein Innisfree. - Es ist alles Schutt. Ich kriegte mein Fufu nicht, drüben bei den Unbeweibten; dafür beinahe einen Fußball an den Kopf. Ich brüte über Klausurfragen. - Ach, wie ist das langweilig. Nichts. Immer woanders. Und dieses just-for-nothing ohne Traumkontext und Komma nachmittäglichen Phanto-o-men - oh! org oder erg, as oder es: Gras darüber; es wächst genug davon. Es paßt weder ins artemisische Selbstbild, noch ins Narzissen-Kramgärtchen.

Freitag. Nun also, in Stiefeln, aufrecht im Regen ohne Regenschirm, unter dem wiederaufgerichteten Rispenbäumchen, ein schmaler schwarzer Schatten über dunklem - wie, meine Muse, du bist doch sonst nicht auf den Mund gefallen?! - Ich kriegte diesmal mein Fufu, unterhielt mich gut, und dann das Eigentliche: ein Darlehen, und gar nicht wenig. Es kostet eben Geld, und es ist wohlverdient mit Extra-Arbeit, zu der sich sonst keiner bereitfinden würde. Wo gäbe es einen völlig materiefreien Idealismus. Es wäre Naivität, so etwas zu erwarten. Man muß sich hineinfühlen in die Groteske, die sich ergäbe aus reinem Seelengesäusel bei Wasser und Brot hier, und im Gegenüber zu Nachtigallenzungen in Pastetchen bei Champagner - Der Kollege Fiesling von einstens streicht schon durch die Gegend. Einer von jenseits begrüßte ihn und es gefiel mir nicht. Testfall für mein Machtstreben und den Appetit auf eine Extrawurst. Nicht nur habe ich nicht das mindeste feministische Interesse an einer Nachfolgerin. Das Experiment mit einer damals Bemitleidenswerten genügt mir. Die greulichen Eifersuchtsanfälle, während ich auf jede Weise behilflich war und einer Hilflosen sogar die Stunden vorbereitet habe. Schlimmer als ein Mann es sein könnte bin ich auf meine privilegierte Ausnahmestellung hier bedacht. Das wird ein erholsames achtes Jahr werden, mit diesem Exemplar von Kollegen im Campus. Ich spüre Dauergereiztheit voraus. Noch ein Grund mehr, das Feld zu räumen. Ich habe dieses Urväterhaus und diesen verlotternden Campus - satt. Es reicht.

Sonnabend. So viel Arbeit und ebenso viele Illusionen. Ich hätte noch manches weiterzugeben, an Weisheit und Resignation, während das Leben vergeht, aber es ist niemand, der es fassen könnte. Von allem, was mitteilbar wäre, ist vieles vergebens. Ich fühle mich elend, aber ich habe kein schlechtes Gewissen. Was da in Wellen kommt und geht, muß ertragen werden. Sogar mit einer gewissen Dankbarkeit für ein lauwarmes Unglück. Psychotherapie ist verzichtbar, weil sich der Seelenmüll im Tagebuch abladen läßt. Bisweilen wirkt heilsam, was da immer wieder durch das Blickfeld driftet, so out of proportion und mit zusammengequetschtem Profil, so eine paillasse, ein Strohsack, besonders neben den edlen Konturen des Dandy. Das Gerangel zwischen Ethik und Ästhetik. Ich bin in einen Brunnen, eher noch in ein Wasserloch gefallen und quake das Tagebuch damit voll. Wie mißverständlich ist gar so vieles. ‚Was für ein Name, Freund, bleibt alles so verhüllt, wird nach mir leben' - vielmehr: würde es auf unfrisierte Tagebuchweise offenbar. ‚Erkläre mich - ': wem? Chr gäbe einen schlechten Horatio ab. Er könnte es nicht einmal sich selber erklären. Vielmehr, er könnte schon, aber nur von seinen, nicht von meinen Voraussetzungen her. Ich weiß selber alles, was Chr mir sagen könnte. Warum hilft es nichts? Ich verstehe nachträglich die Hermeneutik von Bethabara. Eine perfekte Symmetrie. Chr so mit seinem Schmerz beschäftigt, daß er mich in meinem nicht und ich so sehr mit meinem, daß ich ihn in seinem nicht verstehen konnte. Aber hier ist nicht Bethabara. Was hier ist, versuche ich zu verstehen. Denn ich weiß es im Grunde und trotz aller poetisch-ironischen Selbstanalysen - ein Mittsommernachtstraum?! - ich weiß es nicht. - So viele Rosen stehen auf meinem Schreibtisch - ach, ihr gleichfalls Vergänglichen! Ich warte wieder einmal, bewaffnet mit Hörprothese und Resignation.

So lange das Warten währt, muß ich schreiben. Es hat sich im Laufe dieses siebenten Jahres allerlei angesammelt, Interessen und Berührungspunkte. Der Garten war das eine und die Hauptsache. Dann die Schreibarbeit, die ich auch selber hätte machen können. Schließlich kam noch die arme Sue hinzu, brav und fromm, leider und zum Glück schon vergeben. Kann Tugend verführen? Weil sie nicht mehr zu haben ist, kümmert der Unglückliche sich um so angelegentlicher um ihr Wohlergehen, und es kostet mich einiges an Mildtätigkeit. Um der träumenden Unschuld im dunklen Blick und einer anfänglichen Unbefangenheit willen, die eines Tages aufwachte, Gefahr spürte und auswich ins höflich Korrekte. Bleiben übrig materielle Vorteile. Erst für die arme Sue, dann für den eigenen Vetter. Heiter, frei und gelassen möchte ich sein, langsam und leise, und weiß, daß es mir nicht gelingen wird.

Stolz auf technische Begabung? Es war Verbiesterung. Ein Erfolgserlebnis inmitten so vieler Frustration: das Herumbasteln, fast eine Stunde lang, an einer defekten Steckerverbindung; alle Drähte erst dreimal falsch gewickelt, dann doch richtig, und das Licht leuchtete wieder. Aladinlampe wollte ich nicht; ich brauchte Ablenkung von unerwarteten Darlehensgesuchen und dem, was da in der Dämmerung des Kabinetts einen hölzernen Sessel okkupierte, unförmig wie ein Sack Cocoyams, ein verkrüppeltes Riesenbaby mit wölbigem Bauch. Ein hübsches Sümmchen ward genannt, und plötzlich ging grell das elektrische Licht an – da also ist es mir anschließend gelungen, ein Lämpchen mit dem Schalter im Schlafzimmer zu verbinden und die Konnexion der Schreibtischlampe mit Zange und Taschenmesser zu reparieren mit unendlicher Geduld und zur Beruhigung.

Sonntag. Der letzte Vollmond schrumpfte vorgestern. In zwei Wochen fliege ich. Wenn man sich alles gestattete, nur keine direkten Aussagen: wäre das ‚Kunst'? Die Morgensonne scheint indirekt. Sie wirft den Schatten der Hibiskusbüsche auf die trüben Scheiben der Verandaschutzwand. Auf dem grauen Bretterboden liegt das Licht wie dünnes Blattgold. Vogelstimmen, Hähnekrähen. Ich sitze beim Frühstück bei weit offener Tür, neben dem Tee das Tagebuch. A hut, a mat, a piece of cloth. Die Hütte in Lah wird zur Obsession. I will tell you something to be kept secret. Wenn es vorbei ist, wird es lächerlich anmuten. Peinlich. Ein Mittsommernachtstraum mit Eselsohren. Diesen Luxus der Gefühle, diese romantischen Passionen ohne geeignetes Objekt kann nur die Langeweile sich leisten, die neben angespannter Geistesarbeit her durchs grüne Gras kriecht und an den Wurzeln nagt. Es läßt sich hinüberdenken ins Theologische. Was erwartet der arme Mensch vom ewig-reichen Gott? Laß mich am Leben. Mach mich gesund. Gib mir zu essen und einen warmen Pullover, wenn ich friere, sonst bedeutet mir deine Liebe nichts, du lieber Gott. Aber: nur der ewig-reiche Gott kann von solchem Luxus herabsteigen in den Staub von Armut, Leiden, Tod, wenn das Mitleid ihn überkommt mit der Gewalt einer erotischen Passion, die von Erbarmen kaum zu unterscheiden ist. Dem Reichen, dem Mächtigen kann man schmeicheln oder sonstwie zu Willen sein um erhoffter Vorteile willen. Wenn Gott aus erbarmender Liebe herab- und ans Kreuz steigt, was hat die arme Kreatur davon? Sie will einen mächtigen Gott, von dem sie profitieren kann. Wenn du mir geneigt bist und wohlwillst, dann hilf mir. Gib mir ab von dem, was du hast. Was will ich? Kann man den Luxus einfachen Lebens mit Geld erkaufen? Es kann offenbar ein Punkt der Umkehr kommen.

Was will ich in Lah?

Eine Hütte will ich, denn die Zeiten des Flüchtlingsdaseins in Weinberghäuschen und Baracke sind schon so weit weg. Eine Hütte für mich und die Graslandmuse. Ein Bambusbett. Eine Latrine hinterm Haus. Und sonst? Einen Garten? Kochen auf drei Steinen? Man würde mich versorgen. Und viel von mir erwarten. Ich wäre in einer noch ärmeren Umgebung noch reicher, noch abgehobener. Wenn alles sonst friedlich und Chr einverstanden wäre. Chr, materiell völlig unabhängig von mir wie ich von ihm. Das Freundschaftliche, Philia mit den flimmernden Rändern, war eine Weile möglich und schön, für mich jedenfalls; da mußte es mit einer Ehe belastet werden. Ja doch, gewiß: es wurde ‚aufgehoben'. Aber warum will die liebe Seele dann immer noch etwas darüber hinaus, das zugleich ein Vorheriges ist? Etwas, das zu keinem Ziel kommen kann und nicht aufhebbar ist, sondern von selber vergeht? In einer Ehe wird dem Vergehen ein Korsett umgeschnallt, ohne das ich nicht leben könnte und das trotzdem - beengt. Irgend etwas Unverbrauchtes quillt zwischen den Fischbeinrippen hervor und läuft davon. Ein wohliges Elend. Ein Spleen. Die Hingabe an ein Phantasma und das Durch-

schauen der Situation halten einander die Waage. Ich spüre keinerlei Gefahr, daß irgend etwas umkippen könnte. Die einzige Gefahr wäre dieses Tagebuch, sollte es Chr oder sonstwem im Rohzustand in die Hände fallen. Das ist die Gefahr therapeutischen Schreibens: alles unzensiert auszuspucken, wo doch sogar das nächtliche Traumgewölle der Zensur unterliegt.

Nach der kultischen Langeweile. Unwirsch, weil frustriert. Was nützen die weißen Lilien vor dem Haus. Auch das Getrommel war nicht das präzise, leichte, fontänenhafte. O Afrika! Trommeln und Tanzen! Unerfüllte Träume, die mit mir ins Grab sinken werden! Es versackt alles ins Leibhaft-Ungestalte, steif und lächerlich und schlecht verpackt. Was bleibt für die arme Seele? Mimische Minimalia, von altgriechischen Vasen- und Schalenmalern unnachahmlich in schwarze Linien gebannt: Alkaios vor Sappho, Aigeus vor der Pythia. Der Kult fällt aus dem äußeren Rahmen in die Nymphengrotten der Innerlichkeit. Während die öffentliche Rolle sich souverän herunterspielt, calm and cool and social, erscheint das Schweifen der Gedanken nachträglich auf dem Papier und auf englisch. Lyrische Prosa, die Muse ist um den Weg.

I tell you: the strange thing is that – I have lost something somewhere around here, under the eucalyptus trees. If you find it, by chance, handle it gently, it is so brittle a thing. It is so fragile. So – I don't know. With no evil intention fallen from heaven's most virtuous heights. A shooting star or a dry brown leaf, rolled like a scroll, with ancient stories inscribed, hieroglyphic. Some sacred secrets betrayed by a passing smile. Tread softly. It may be some small blue bird, almost dead, buried in deep green grass. Flying against the dark mirrors of your most innocent eyes it broke both wings against an impossibility. Bow down, let it die in hesitant hands. It is all for just nothing. It is – for the last time under this African sun.

Eine Hütte in Lah

Die Vorstellung ‚Hütte' verdichtet sich zur Obsession. Diesen Luxus der Gefühle, diese utopischen Passionen kann sich nur leisten, wer sonst keine Sorgen hat. Der Versuch, sich in die Situation des anderen zu versetzen, führt nur bis zu der Frage: Würde ich nicht auch versuchen, Vorteile aus einer solchen Konstellation zu ziehen? Oder wäre es nichts als peinlich? Eine Hütte, für die Muse in den Bergen von Lah....

Kleine Szene 10
Bazar auf der Sonntagsveranda

Der lange Rest des Tages endete in einer kleinen Szene, einer letzten von wenigen: die vordere Veranda verwandelte sich in einen Kramladen; es wimmelte von Wünschen, für wenige Pfennige zu erwerben, was eine *fraternal* los sein wollte: Kleider, Hosen, Oberhemden, Blusen, Pullover. Herbei strömten die Frauen der Beweibten von jenseits der Bougainvillea, eifrig eine Gelegenheit ergreifend, die Ruhelosigkeit und ein halb unbewußter Wunsch erfunden hatten. Kann nicht das öffentlichste Handeln dichteste Verhüllung sein? Nach unwirschem Absolvieren kultischer Pflichten und ein wenig improvisierter Lyrik im Tagebuch ergab sich wie von ungefähr und ihrer selbst nur halb bewußt eine Art List. Ein klebriges Fädchen aus dem undurchsichtigen Gewebe der Natur verwandelte sich unversehens zu einer List der Vernunft, herkömmlichem Wohlverhalten keine Blöße zu gestatten.

Die List, das ganze Theater, das wie nebenbei auch die von eins auf drei gestiegene Zahl der Gartengehilfen mit einbezog, war, um den Begriff der ‚Szene' weiter auszuwalzen, Schattendach, zu schützen vor den glühenden Argusaugen des Verdachts einseitiger Begünstigung. Denn lief nicht am Ende alles auf die Übereignung eines liebgewordenen Kleidungsstücks hinaus? Welch archaisches Ritual! Wenngleich in diesem Falle einseitig. Einst tauschten Helden auf dem Schlachtfeld ihre Rüstungen, eine goldene gegen eine bronzene; von dem, der die goldene hingab, sagt der Sänger, Gott habe ihm den Verstand genommen. War vielleicht auch im Verlaufe dieser kleinen Szene ein klein wenig Verstand abhanden gekommen? Es lag hier nicht einmal ein richtiger Tausch vor. Wiewohl der Gedanke, eines Tages um einen gewissen grünen Kittel, abgearbeitet und ausgewaschen, als Gegengabe zu bitten, bereits auf Taubenfüßen umherspazierte. Der Plüschpullover war neu und schön, ein sanftes Nougatbraun mit rosenholzfarbnen Blenden, so warm, so anschmiegsam; so wahrlich zum Sichhineinkuscheln. Die liebe Seele, bereits hinlänglich verletzt, riß sich davon los.

Die Übereignungsszene fand im Arbeitskabinett statt, das für die Zeit des Umkleidens zum Boudoir wurde, dessen Tür den Kramladenbetrieb auf der Veranda ausschloß. Da war einer mit sich selbst allein. Eine kurze Weile. Dann ein höfliches Klopfen, Einlaß und Begutachtung in wenigen, trockenen Bemerkungen. ‚You were slimmer when you came back in October. You are eating too much. You are growing too fat.' Eine sozusagen mütterlich Besorgte, die da steht mit kritischem Blick, darf solche Wahrheiten sagen. Das Lachen der Verlegenheit, das kurze, abgehackte, es wiederholte sich, als lässig und wie nebenbei, ach, was hab ich denn da noch? ein schmales Herrenaccessoire in seidig glänzendem Himbeerlila sich anbot, begleitet von der Erklärung ‚I wore it when I still wanted to be a man.' Wer soll das wie verstehen? So ist das mit monadisch von einander abgeschlossenen Bewußtseinssphären. Ein Tanz der Phainomena, daraus sich ein jeder den Sinn abzieht und zurechtmacht, dessen er bedürftig ist. Die zehnte Szene des siebenten Jahres zog zweierlei Bedürftigkeiten eine Hülle über: eine aus Plüsch, die andere aus feingesponnenem Seelengefaser, leichthinwehend wie Altweibersommer. Das Tagebuch dachte darüber nach.

Was ist alles über die Bühne gegangen in einer knappen Stunde! Dieser ad hoc improvisierte Kleiderbazar - nur ein Vorwand? Wie man sich selbst auf mildtätige Weise loswerden kann, hab ich heute durchgekostet. Ein schönes Gefühl. ‚Kühl und anschmiegsam, eine Liebkosung auf bloßer Haut': ich habe es hingegeben. Nicht ohne ein gewisses Verlustweh. Hätte das schöne Stück gern getauscht gegen ‚a piece of green cloth'. Wagte es nicht. Anyway. I will sleep well tonight.

Montag. *War wohl zu viel gestern, der Jahrmarkt auf der vorderen Veranda. Bin erschöpft, beschäftige mich mit aktenkundigen Lebensläufen und eigne mir Daten an, die Chr nicht interessieren würden. ‚I am not yet - ' ‚I hope to be - ' Es ritzt ‚die äußeren Häute des Herzens' wie mit der kalten Klinge eines silbernen Taschenmesserchens. - Nachtwind aus warmer Dunkelheit, ganz unverhofft, und eine Seelenmattigkeit, spiralnebelig, die nicht weiß, was sie tut. Und ich geb' dem Nachtwind - ein Brise Delirium zurück.*

Freitag. *Die Zeit läuft aus. Durch mit den Klausuren. Der Benjamin und der Mann von Lah haben die höchste Punktzahl, aber durchaus nichts Geniales zu sagen. Nur Richtigkeiten. Enttäuschend. - Warum schlafe ich so gut, jede Nacht, mit Träumen, die ich alle wieder vergesse? Die Zeit vergeht unbarmherzig. Unbarmherzig kann auch ein ästhetisches Vergehen zurückschlagen auf den, der es zu verantworten hat: Himbeerlila auf Musazeengrün. Überdies ereignete sich beim Verlassen der abendlichen Kapelle eine europäische Geste der Höflichkeit, die bei solcher Ungestalt ins vernichtend Lächerliche umschlagen mußte. Gelbe Strumpfbänder kreuzweis gewickelt, diesmal nicht um meine Waden.*

Chr läßt melden, die Soror und ich sollen Swiss Air fliegen. Bei einem Fest habe er alle seine 'Freundinnen' um sich versammelt gehabt, die dicken und die dünnen. Ich gönne es ihm so sehr. Er sitzt in diesem Campus auf noch Trockenerem als ich, für die auch nichts Rechtes vorhanden ist. Lauter Blödmänner, zweimal Mittelmaß und ein Tugendbold.

Sonnabend. *Strahlender Morgen. Verpaßter Kairos, feilschend um Ananas. Herumzupfen am Unterschied zwischen Euripides und Racine. Bei dem alten Griechen ist es nicht die Zurückweisung an sich, sondern die hinzukommende verbale Beleidigung, die macht, daß der Stolz einer Aristokratin zurückschlägt; bei Racine ist es reine Eifersucht, die einer anderen nicht gönnt, was sie selbst nicht haben kann. - Die vors Haus verpflanzten Lilien, vielleicht blühen sie im Januar, wenn ich in Lah gewesen sein werde. Vielleicht kommt alles auch ganz anders und ich werde Lah nie sehen. Warum ist mein Ton so rauh und mürrisch, klagend und befehlend durcheinander? Wie einseitig ist das Bild der Wirklichkeit in diesem Tagebuch - wie die dunkle Seite des Mondes, die nur ein gravitativ stark ins Subjektive gekrümmter Blick wahrnehmen kann.*

Kein drittes Mal. Verzicht und Alkohol

Sonntag. *Gestern abend Jahresabschlußfest drüben unter dem Wellblech. Hochhangelnde Erwartung und plattfüßige Enttäuschung: sie entsprechen den beiden Ansichten meiner selbst, die mir der Spiegel immer wieder vorhält. Wenn das Haar frisch gewaschen ist, silbrig, duftig und aufgebunden, dann bildet es en face einen reizvollen Rahmen um ein strenges*

Vierkantgesicht, und die Welt ist vom Selbstgefühl her ästhetisch in Ordnung. Im Profil und von hinten und wenn die schüttere Pracht herabhängt, ist alles flach und strähnig, hexenhaft. Dies als Quintessenz und Prolog zum gestrigen Abend, der mich Punkt 8 post meridiem aufs Bett und in wirre Träume warf. Es war ein Cocktail aus feuchtem Nebel, Alkohol, Verzicht und Nieselregen. Ich wollte tanzen. Ich hoffte wahrhaftig und gegen alle Vernunft auf einen dritten Tanz. Ich trank das herbsaure ‚schöne Leben‘ unvermischt, vermutlich weil das Unterbewußtsein oder eine Gegend, in welche die Vernunft sich verkrümelt hatte, wußte, daß es in Chrs Abwesenheit nicht möglich war. Nun bin ich froh und dankbar, daß ich bewahrt blieb vor einer öffentlichen Unschicklichkeit. Als ich begriff, ging ich: ein entschlossener Verzicht. Es ward mir immerhin das seltene Erlebnis einer Bewußtseinserweiterung durch Gefäßverengung: ein mäßiger Alkoholrausch. Von dem untergefaßt, schwebte ich über den Campus durch die Nebelnacht und den Rieselregen und fiel aufs Bett. Es gärte im Gedärm, konvulsivisch, der unvermischte Wein, Belle vie. Dies also der innerseelische Firlefanz, mit dem ich hier meine alternden Tage zubringe. Sehr verschieden von der Tagesvernunft, die mich gestern abend beinahe verlassen hätte.

Brav und langweilig: die kultische Performanz dessen, der mich und sich gestern nacht bewahrt hat vor dem Blödsinn. Was wären denn die ‚anderen Götter‘ heute? Mein Gottesbegriff verschwimmt wieder ins Pantheistische, und die Moira steht tief verschleiert auch im Unendlichen zwischen den Sternen. Das ausgesprochene Tetragramm jedenfalls gehört, wie Astarte, in die Religionsgeschichte des Alten Orients und nicht in christliche Glaubensaussagen. - Nachts. Der Tag war anstrengend. Ich nahm das Theater eines Relegierten zu ernst. Kommandierte herum wie ein Feldwaibel - es war äußerst unerquicklich.

Montag. Was alles noch zu erledigen ist, eher der Laden hier schließt und der Campus sich leert. Ich spüre, wie überflüssig ich auf einmal bin. Was unter Druck zusammenhält, fällt auseinander. Es bilden sich andere Zentren. - Eine im nachhinein ärgerliche Naivität ist mir bisweilen eigen: Kameraderie statt Autorität und Machtausübung durch Verschweigen. Zu Mittag hatte ich zwei Unbedarfte und denjenigen zu Tisch, um dessentwillen. - Den Nachmittag verwartet. Der

Abend und Abschied nüchtern (wie anders, wenn es um Geld geht) und trübsinnig (trotz der vielen Erkundungen) und nicht ganz schmerzlos im Verzicht. Rausche, Regen rausche... Wenn ich jetzt schlafen könnte statt small talk über mich ergehen lassen zu müssen! Hätte ich Chrs Menschenkenntnis, würde ich nicht so im Ungewissen herumflundern.

Dienstag. Was die Traumfabrik alles produziert und kompensiert. Leute an einem langen Tisch. Um zu meinem Platz zu gelangen, machte ich einen großen Bogen ums Kopfende. Das Ausweichen wurde bemerkt; von einem Herumlümmelnden ließ ich mich nicht stören, saß, wo ich ein Recht hatte zu sitzen, wandte der Ungehörigkeit den Rücken und die Aufmerksamkeit anderem zu. Eine langärmelige weiße Satinbluse bewirkte ein wunderliches Selbstgefühl. Gewebe wie eine leise, zaghaft fragende Berührung, die sich selbst aufgibt. - Was geht andere meine Absicht an, nur noch ein Jahr in diesem Campus zu verbringen? No, I am not happy. Why should I. Sieben Sachen für zehn Wochen packen. Ein blau-gelbes Nadelkissen? Weiße Voilevorhänge wehen dazwischen. Ich werde erst Ruhe finden, wenn der Laden da drüben dicht und das Taxi zum Dorf hinaus ist. Die Zeit wird kommen, wo das alles fern und unbegreiflich sein wird.

Mittwoch. Tagebücher lesen aus vergangenen Jahren wirft aus der Gegenwart hinaus. Chrs Tagebücher, die zu lesen mir gestattet ist, sind so anders als meine. Weniger selbstbezogen. Unpathetisch. ‚Wohin geht das Vergangene. Warum tut es weh.' Seine Erinnerungen an die wenigen weißen Frauen, denen er hier begegnet ist. Wie kann das Glück der Nähe auf die Dauer so langweilig und dann wieder so nervend sein. Man will nicht los von einander. Aber die Träume entfernen sich und gehen ins Abseits. Meine gehen ins Grasland. Eine Hütte bauen in Lah. Ein paar Jahre dort leben ohne krank zu werden. Über die Hügel wandern. Schreiben.

Mit der Soror hinab an den Atlantik. Sämtliche Tagebücher werden wieder im Handgepäck mit mir fliegen. Mein Doppel-Leben, ohne das ich nicht mehr leben kann. Ein Nadelkissen, ein Geburtstagsbrief und ein Kalenderkärtchen mit gelben Fresien sollen dem heutigen Tag Konturen geben. Damit hätte ich mich vorerst befreit von allem, was mich ein Jahr lang hier umgetrieben hat.

Zwischenstation am Atlantik. Die Soror, der Holzbock, und ich, wir schweigen einander beleidigt an. Wegen ihr sind wir hier 10 Minuten zu spät angekommen, sitzen vor verschlossenen Türen, und der Regen tropft aufs Dach des Landrovers.

Abends. Bei den gastlichen Katholiken. Daß man mich mit meinem so gut wie lupenreinen Englisch für eine Amerikanerin hält, das insultiert mich doch einigermaßen. Es brachte mich aber statt auf die Palme aufs Dach des Landrovers, wo ich, selbst ist die Frau, den Ersatzreifen losnestelte und mit der Soror Hilfe ins diebstahlsichere Innere bugsierte. Der Fahrer war nicht da. Das Fahren im Landrover mit ihm ist angenehm, fast erholsam. Die aquatische Landschaft in dieser Gegend hier. Impressionen der letzten Tage - immer ausgewichen, nie provoziert. Nur einmal, auf die Frage, was das Gewissen sage, ob fleißig genug gearbeitet worden sei - ein verlegenes Auflachen und ein flüchtiger Blick aus schmalgeschweiftem Dunkel. Es streifte nur eben so hin, a wheel of evanescence. Nun ist es bald Schluß mit dem Tagebuch des siebenten Jahres. Schlafen.

Freitag. *Flughafen. Schon im Bauch des großen Vogels. Ein ganzer Gemischtwarenladen abenteuerlicher Gestalten, die hier von Kontinent zu Kontinent fliegen. Ich wünschte, es wäre Nacht und ich landete wieder in der feuchten Wärme Afrikas.*

Erster Band
Überblick

Vorspiel – Nachspiel
Eine Hütte für die Muse
in den Bergen von Lah

Landschaft mit Graie
Graie im Büchergehäuse
Nachdenken über ein Tagebuch
Valse triste der Lebensmitte

Verfeinerung
und das Phantom der Muse
Das erste Jahr

‚Aller Glanz bröckelt ab…' (Rückblick)
Über malvenfarbener Wüste (Auftakt)
Das Phantom der Muse (Vorschau)
Ein Musazeengrün (Übergangszeit)
Oktober. Der Tulpenbaum blüht
November. Tanzträume: Mumien
Dezember. Das Schlänglein
Der Träume Gruft (Trockenzeit)
Januar. Es steigt herauf
Februar. ‚O Nacht, ich will ja nicht so viel…'
März. Ein Solo, Malaria, Verworrenes
Feinheiten, Frust und Ferneres (Übergangszeit)
April. Räucherfisch auf Reis
Mai. Frustrationen. Einsame Ekstase
Juni. Hintergründe. Album zum Abschied

Wissenschaft im Großformat
und die Vielfalt der Welten
Das Jahr dazwischen
Die große Welt. Mutterwelt. Die Wohlstandswelt.
Das Zeitgerüst der kleinen Welt
Aus dem Tagebuch der Innenwelt

Abstieg
in einen Gemüsegarten
Das zweite Jahr

Zurück in den Regenwald
Dann zogen die Monde vorüber...

Ich hatte einen Garten in Afrika
– Von Gemüse, Unkraut und Allotria
Schweiß, Ameisen, Irritationen
Allotria und ein Jujubäumchen
Pitangakirschen und Verwilderung

Diesseits des Gartens
– Das Tagebuch des siebenten Jahres
Die Wiederholung (Übergangszeit)
Oktober. Melancholie der Rückkehr
November. Durchdrehen? Durchhalten!
Dezember. Traumschloß hintere Veranda
Übergänge (Trockenzeit)
Januar 81. Brombeerlikör
Februar. Juju, Fieber und Phantasien
März. Vierundvierzig. Irritationen
Übereignung (Übergang zur Regenzeit)
April. Fernes rückt näher
Mai. Alleinsein. Schock und Gegenschock
Juni. Ein Plüschpullover. Verzicht

Anfang Juli: Flug nach Europa

◄►

Zweiter Band
Überblick

Hütte, Muse und Tagebuch
- Rahmen und Rückbesinnung

Wissenschaft im Kleinformat
Letzte Begegnung in Bethabara
Drei Monate dazwischen
Europa: andere Welten
Das Tagebuch
Bethabara

Aufstieg
ins Abseits der Berge von Lah und der Literatur
Das dritte Jahr
Zurück. Dreifacher Aufstieg
Dann zogen die Monologe vorüber...
Astarte ou le goût de l'absolu
– Die Wochen bis zur Reise nach Lah
Oktober. Der schöne Augenblick und sein Vergehen
November. Vergebliches. Verdrängtes. Resignation
Dezember. Abendstern auf Pappe. Alpträume
Die Reise nach Lah
- Medusenhaupt der Muse und Romanbeginn
‚Es war schon spät am Nachmittag…'
Vom Tagebuch zum Roman
Stufen ins Offene
– Der Rest der Zeit in Nza'ag
Januar 82. Straße und Melodie nach Lah
Februar. Im Ungleichgewicht
März. In einem Nebel durcheinander…
April. Glücksfall, Sitzungen und Mittelmaß
Mai. Mißstimmung und Pfingstmuse
Juni. Aufstieg mit V-Ausschnitt
Juli. Stübchen in Mbebete
  Drei Monate in Europa
  Das Jahr im Grasland: Ausblick

Von derselben Autorin:

Tagtraum Afrika
Auf der Hochebene des Lebens
ISBN 978-3-8334-2945-3
BoD Norderstedt 2005

Mbe-Mbong oder das ferne Leuchten
Reisen am Rande des Harmattan
ISBN 978-3-8334-3795-3
BoD Norderstedt 2005

Der Korb
Archivalien und Miniaturen
ISBN 978-3-8334-8544-2
BoD Norderstedt 2007